# Excel 2002 Para Dummies®

*Referencia Rápida*

P9-AQF-582

## Opciones de Escritura y Reconocimiento de Voz de Excel

Para desplegar la barra Language para que pueda usar la opción Speech Recognition para dictar las entradas de datos o dar comandos de voz, escoja Tools⇨Speech⇨Speech Recognition en la barra de menú Excel.

Para aumentar la precisión de la opción Speech Recognition, debería capacitarla para identificar sus patrones de voz y acento. Para hacer todo esto, haga clic sobre el botón Tools en la barra Language y luego escoja Current User seguido por el nombre del perfil del usuario (este es Default User, si no creó uno durante la instalación) en el menú. Luego, haga clic sobre el botón Tools de nuevo y esta vez escoja la opción Training en el menú para abrir el Training Wizard, el cual lo lleva a través de su sesión de capacitación.

Para dictar la entrada de datos que desea hacer en la celda actual, haga clic sobre el botón Dictation en la barra Language y diga el texto o valor en su micrófono. Para darle a Excel un comando, haga clic sobre el botón Voice Command y luego diga el nombre del comando del menú (como en "File," "Open") u opción del recuadro de diálogo. Para temporalmente desactivar Speech Recognition, haga clic sobre el botón Microphone en la barra Language para ocultar los botones Dictation y Voice Command. Para terminar su sesión con la opción Speech Recognition, haga clic sobre la casilla Minimize en la barra Language (la que tiene el guión a la derecha) y luego escoja OK en el recuadro de diálogo de alerta que aparece diciéndole cómo puede redesplegar la barra más adelante.

Para escribir a mano la entrada de datos que desea hacer en la celda actual con su mouse o un bolígrafo (si tiene una entrada o tableta de gráficos conectada a su computadora), haga clic sobre el botón Write en la barra Language.

Retroceso
**Backspace**

Entrar
**Enter**

Expandir
**Expand**

Texto
**Text**

Reconocer ahora
**Recognize Now**

Escribir en cualquier parte
**Write Anywhere**

Para hacer la entrada en un casilla lined, haga clic sobre el botón Lined Paper (si este botón no está desplegado, haga clic sobre Write y luego escoja Lined Paper en el menú). Luego escriba su entrada usando la línea que aparece en la casilla como su línea base.

Para hacer su entrada escribiendo en cualquier parte en la hoja de trabajo, haga clic sobre el botón Write Anywhere. Si este botón no está desplegado, haga clic sobre Write y escoja Write Anywhere en el menú; luego escriba su entrada. Tan pronto deje de escribir, Excel introduce lo que ha escrito en la celda actual.

Para eliminar alguna parte de la entrada en la celda, haga clic sobre el botón Backspace. Para completar la entrada de la celda, haga clic sobre Enter o Tab en el recuadro de diálogo Lined Paper or Write Anywhere. Para completar la entrada y mover el puntero de la celda en una dirección particular, haga clic sobre el botón Expand y luego haga clic sobre el botón de flecha adecuado.

LA SERIE DE LIBROS MÁS VENDIDOS

# Excel 2002 Para Dummies®

## Excel 2002 Para Dummies

La siguiente tabla le brinda una guía rápida de cuáles palabras necesita decir para obtener la opción Speech Recognition para introducir los símbolos y puntuación comunes.

### Palabras Usadas Al Dictar Puntuación y Símbolos Comunes

| Palabra(s) que Dice | Qué Introduce Recognition Enters |
| --- | --- |
| Ampersand | & |
| Asterisco | * |
| Arroba | @ |
| Barra hacia atrás | \ |
| Paréntesis de cierre | ) |
| Dos puntos | : |
| Coma | , |
| Guión | - |
| Signo de dólar | $ |
| Punto | . |
| Puntos suspensivos | . . . |
| Comilla final | " |
| Igual | = |
| Signo de Exclamación | ! |
| Mayor que | > |
| Guión | - |
| Menor que | < |
| Paréntesis de apertura | ( |
| Comilla inicial | " |
| Signo de por ciento | % |
| Punto | . |
| Signo de más | + |
| Signo de interrogación | ? |
| Comillas | " |
| Punto y coma | ; |
| Barra | / |
| Tilde | ~ |
| Underscore | _ |
| Vertical bar | | |

### Función (F1–F12)

| | F1 | F2 | F3 | F4 | F5 | F6 | F7 | F8 | F9 | F10 | F11 | F12 |
| --- | --- | --- | --- | --- | --- | --- | --- | --- | --- | --- | --- | --- |
| Ctrl+Shift+ | | | Crear Nombres | | | Libro de Trabajo Anterior | | | | | | Recuadro de Diálogo Print |
| Ctrl+ | Información Windows | Información Windows | Definir Nombre | Cerrar Ventana | Restaurar Ventana del Libro de Trabajo | Próximo Libro de Trabajo | Mover Ventana del Libro de Trabajo | Ajustar el Tamaño del Libro de Trabajo | Minimizar la Ventana del Libro de Trabajo | Maximizar la Ventana del Libro de Trabajo | Insertar Hoja Macro | Abrir Recuadro de Diálogo |
| Shift+ | Ayuda Contextual | Nota de Celda | Asistente de Función | Repetir Find or Go To | Find (Buscar) | Panel Anterior | Revisión Ortográfica | Agregar Modo | Calcular Hoja de Trabajo | Menú de Contexto | Insertar Hoja de Trabajo | Guardar Hoja de Trabajo |
| (Alone) | Asistente de Respuesta | Barra de Fórmula Edit Cell Y Activate Formula | Pegar Nombre | Repetir la Acción Última o Absoluta | Go To | Próximo Panel | | Modo Extend | Calcular Libro de Trabajo | Barra de Menú | Crear Cuadro u Hoja de Cuadro | Recuadro de Diálogo Save As |

### Navegación (Home, End, Pg Up, Pg Dn, flechas)

| | Home | End | Pg Up | Pg Dn | ↓ | ↑ | → | ← |
| --- | --- | --- | --- | --- | --- | --- | --- | --- |
| Ctrl+Shift+ | Seleccionar la Primera Celda | Seleccionar la Última Celda Activa | | | Seleccionar el Borde Izquierdo del Rango | Seleccionar el Borde Derecho del Rango | Seleccionar la Parte Superior del Rango | Seleccionar la Parte Inferior del Rango |
| Ctrl+ | Moverse a la Primera celda (A1) | Moverse a la Última Celda Activa | Moverse a la Hoja de Trabajo Anterior | Moverse a la Próxima Hoja de Trabajo | Moverse al Borde Izquierdo del Rango | Moverse al Borde Derecho del Rango | Moverse a la Parte Superior del Rango | Moverse a la Parte Inferior del Rango |
| Shift+ | Seleccionar el Principio de la Fila | Seleccionar en el Modo End | Seleccionar Up One Screen (Una Pantalla Arriba) | Seleccionar Down One Screen (Una Pantalla Abajo) | Seleccionar One Cell Left (Una Celda a la Izquierda) | Seleccionar One Cell Right (Una Celda a la Derecha) | Seleccionar One Cell Up (Una Celda Arriba) | Seleccionar One Cell Down (Una Celda Abajo) |
| (Alone) | Moverse al Principio de la Fila | Moverse en el Modo End | Moverse una Pantalla Arriba | Moverse una Pantalla Abajo | Moverse una Celda a la Izquierda | Moverse una Celda a la Derecha | Moverse una Celda Arriba | Moverse una Celda Abajo |

## Para Dummies: La Serie de Libros más Vendida para Principiantes

futuros libros de computación al hacerlos experiencias de aprendizaje interactivas que enriquecerán enormemente y mejorarán la capacitación de los usuarios de todos los niveles. Puede enviarle un correo electrónico a gharvey@mindover-media.com y visitar su sitio Web en www.mindovermedia.com.

En 1999, Greg empezó graduate school en el California Institute of Integral Studies (CIIS) en San Francisco. En el verano del 2000, recibió su grado de maestría en Filosofía y Religión en el área de Estudios Asiáticos y Comparativos. En el otoño de ese año, entró al programa de Ph.D. en CIIS, en el que ahora se está concentrando en el estudio de los lenguajes clásicos chino y tibetano y el estudio de la filosofía y religión chinas.

# Dedicatoria

A Chris y nuestro futuro.

# Reconocimientos del Autor

Permítame la oportunidad de agradecer a todas las personas, tanto en Wiley Publishing, como Mind over Media, Inc., cuya dedicación y talento se combinaron para obtener este libro y ponerlo en sus manos de forma tan maravillosa.

En Wiley Publishing, deseo agradecerle a Jill Schorr por su ayuda en lograr empezar este proyecto a Linda Morris como Editora de Proyecto y Teresa Artman, como Editora de Copias, por asegurarse de que el proyecto se mantuvo en curso e hizo su producción de manera que los amigos talentosos en el equipo de Producción pudieran crear el maravilloso producto final.

En Mind over Media, deseo agradecerle a Christopher Aiken por su revisión del manuscrito actualizado y aporte invaluable y sugerencias sobre cómo presentar y manejar nuevas opciones.

# Agradecimientos del autor

Estamos orgullosos de este libro. Por favor envíenos sus comentarios a través del formulario de registro que se encuentra en `www.dummies.com/register/`.

Entre las personas que ayudaron a llevar este libro al mercado se incluyen:

## Edición al Inglés

### Adquisiciones, Editorial y Desarrollo de Medios

**Presidente General del Proyecto:**
Nicole Haims
*(Edición Previa: Darren Meiss)*

**Editor General de Adquisiciones:**
Steve Hayes

**Editora General:**
Kim Darosett

**Editoras de Pruebas:** Jerelind Charles

**Editor Técnico:** Lee Musick

**Especialista en Desarrollo de Medios:**
Leah Cameron

**Coordinador de Desarrollo de Medios:**
Carmen Krikorian
Laura Moss

**Supervisor de Desarrollo de Medios:**
Richard Graves

**Editor General de Permisos:**
Jean Rogers

**Gerente Editorial:**
Jean Rogers

**Asistente Editorial:**
Jean Rogers

### Producción

**Coordinador del Proyecto:**
Dale White

**Diseño Gráfico:** Joyce Haughey, Barry Offringa, Jill Piscitelli, Jacque Schneider, Betty Schulte, Julie Trippetti, Jeremey Unger

**Correctores:** TECHBOOKs Production Services

**Índices:** Maro Riofrancos

---

### Publicación y editorial para Dummies de Tecnología

**Richard Swadley,** Vicepresidente y editor del grupo ejecutivo

**Andy Cummings,** Vicepresidente y editor

**Mary Bednarek,** Director ejecutivo de adquisiciones

**Mary C. Corder,** Directora de la editorial

### Publicación para Dummies de consumo

**Diane Graves Steele,** Vicepresidente y editor

**Joyce Pepple,** Directora de adquisiciones

### Servicios de composición

**Gerry Fahey,** Vicepresidente de servicios de producción

**Debbie Stailey,** Directora de servicios de composición

Este icono lo alerta sobre discusiones elevadas que pueda querer saltarse (o leer cuando nadie más esté cerca).

Este icono lo alerta sobre atajos y otras sugerencias relacionadas con el tema en cuestión.

Este icono lo alerta sobre información necesaria para recordar si quiere lograr el éxito.

Este icono lo alerta sobre información necesaria para recordar si quiere prevenir un completo desastre.

Este icono lo alerta sobre características nuevas nunca antes vistas hasta la versión Excel 2002.

# ¿A Dónde Ir Desde Aquí?

Si nunca ha trabajado con una hoja de cálculo de computadora, sugiero que, después de reírse con los dibujos animados, vaya primero al Capítulo 1 y vea con lo que está tratando. Si ya se ha familiarizado con lo que se puede hacer o no en las hojas electrónicas, pero no sabe nada sobre crear hojas de trabajo con Excel, brinque al Capítulo 2, en donde puede ver cómo empezar a introducir información y fórmulas. Luego, mientras las nuevas necesidades se presentan, (tales como, "¿Cómo copio una fórmula?" o "¿Cómo imprimo solamente una sección en particular de mi hoja de trabajo?"), puede referirse a la Tabla de Contenido o al Índice para encontrar la sección apropiada y dirigirse a esa sección para obtener respuestas.

# Parte I

# Entrar al
# Piso de Abajo

## La 5a Ola

**Por Rich Tennant**

"BUENO. OBVIAMENTE UNA DE LAS CELDAS EN
LA HOJA DE CÁLCULO NAVEGACIONAL
ESTÁ DEFECTUOSA".

# En esta parte . . .

**U**na mirada a la pantalla de Excel 2002 (con todas sus casillas, botones y pestañas), y se dará cuenta de todo lo que está ocurriendo allí. ¡No hay duda de esto por la adición de la barra de tareas Windows a la pantalla (ya sobre diseñada) de Excel 2002 y luego la lanzada de la Microsoft Office Shortcut Bar para reiniciar!

Bueno, no hay por qué preocuparse: en el Capítulo 1, desgloso las partes de la pantalla de Excel 2002 y le doy el sentido del montón de iconos, botones y casillas que verá día tras día.

Por supuesto, no es suficiente sentarse y tener a alguien como yo que le explique qué hay en la pantalla. Para sacarle provecho a Excel, tiene que aprender cómo usar todos estos pitos y campanas (o botones y casillas, en este caso). Ahí es donde entra el Capítulo 2, el cual le brinda el detalle de cómo usar algunos de los botones y casillas más prominentes para iniciar su hoja de cálculo. Con este humilde comienzo, tendió un viaje rápido al dominio de la pantalla.

# Capítulo 1

# ¿Qué Es Todo Esto?

*En este capítulo*

- Decidir cómo puede utilizar Excel 2002
- Ver lo básico de las celdas
- Iniciar Excel 2002 desde el menú Start o la Barra de Atajo de Office
- Hacer que la pantalla de Excel 2002 tenga sentido
- Obtener los datos de la barra de herramientas de Excel 2002
- Navegar por una hoja de trabajo de Excel 2002
- Seleccionar comandos de los menúes desplegables
- Seleccionar comandos de los menúes de atajo
- Obtener ayuda del Answer Wizard
- Obtener lo máximo de Excel 2002

Solamente porque las hojas electrónicas como Excel 2002 se han hecho tan comunes en las computadoras personales, como los procesadores de palabras y juegos, no significa que sean bien comprendidas o utilizadas. De hecho, he encontrado muchos usuarios, aún aquellos que tienen un conocimiento razonable en el arte de escribir y editar en Microsoft Word, que tienen muy poca o ninguna idea de lo que pueden o deben hacer con Excel.

Esta falta de conocimiento es una vergüenza — especialmente en estos días en los que Office XP parece ser el único software encontrado en la mayoría de máquinas (probablemente debido a que, en conjunto, Windows 98/ME o 2000 y Office XP abarcan tanto espacio en el disco duro que no queda nada para instalar otro software). Si usted es uno de los que tiene Office XP en su computadora, pero no distingue entre una hoja de cálculo y una sábana, esto significa que Excel 2002 solamente está ocupando un montón de espacio. Bueno, es tiempo de cambiar todo eso.

# ¿Qué Diablos Haré con Excel?

Excel es un gran organizador para todo tipo de información, ya sea numérica, textual o de alguna otra forma. Debido a que el programa cuenta con una gran cantidad de capacidades instaladas ya existentes, la mayoría de las personas recurre a Excel cuando necesita montar hojas de cálculo financieras. Estas hojas de cálculo tienden a ser abarrotadas con fórmulas para asuntos de computación tales como ventas totales, ganancias y pérdidas netas, porcentajes de crecimiento y ese tipo de cosas.

Las capacidades que tiene Excel para hacer tablas le permiten a usted crear todo tipo de tablas y gráficos de los números que tiene en sus hojas de trabajo financieras. Excel hace sencillo el que usted convierta las columnas y filas de números aburridos en blanco y negro a tablas y gráficos en colores brillantes. Luego, puede usar estas tablas para agregar fuerza a sus reportes escritos (como aquellos creados con Word 2002) o imprimir filminas utilizadas en presentaciones formales de negocios (como aquellas creadas con Microsoft PowerPoint).

Ahora, aún si su trabajo no incluye la elaboración hojas de trabajo con cálculos financieros con gran creatividad o tablas muy elaboradas, probablemente tenga muchas cosas por las cuales usted podría y debería estar utilizando Excel. Por ejemplo, probablemente tenga que guardar listas con información o armar tablas de información para su trabajo. Excel es un gran custodio de listas (aún cuando tendemos a referirnos a tales listas como *databases "bases de datos"* en Excel) y un gran creador de tablas. Por tanto, puede utilizar Excel en cualquier momento en que quiera mantenerse informado sobre los productos que vende, los clientes a los que le da servicio, empleados a su cargo, o cualquier otra cosa.

# Casillas pequeñas, casillas pequeñas . . .

Existe una buena razón por la cual Excel es un mago haciendo cálculos financieros por medio de fórmulas y guardando listas y tablas de información organizadas. Vea cualquier hoja de trabajo en blanco de Excel (la que se muestra en la Figura 1-1 estará bien) y ¿qué es lo que ve?, muchas casillas pequeñas, ¡eso son! Estas pequeñas casillas (usted puede ver millones de ellas en cada hoja de trabajo que encuentre) se llaman *cells "celdas"* en la jerga de las hojas de cálculo. Y cada porción de información (como nombre, dirección, cifra de ventas mensuales, o hasta la fecha de nacimiento de su Tía Sally) va en su propia casilla (celda) en la hoja de trabajo que está construyendo.

Si está acostumbrado a procesadores de palabras, esta idea de ingresar diferentes tipos de información en celdas muy pequeñas, puede ser difícil de aceptar, en alguna medida. Si está pensando en términos de procesamiento de palabras, es necesario que piense que el proceso de construir una hoja de trabajo en Excel es como montar una tabla de información en un documento de Word y no como escribir una carta o reporte.

## Envíelo a la dirección de mi celda

Como puede observar en la Figura 1-1, la hoja de trabajo de Excel contiene un marco utilizado para etiquetar las columnas y las filas. A las columnas se las nombra con las letras del alfabeto, y a las filas con números. Las columnas y filas deben etiquetarse debido a que la hoja de trabajo de Excel es enorme (la Figura 1-1 muestra solamente una pequeña parte de la hoja total). La etiqueta de la columna y fila actúan como los símbolos de las calles en una ciudad, le pueden ayudar a identificar su ubicación actual, aún si no lo previenen de perderse.

Como se ve en la Figura 1-2, Excel le muestra constantemente su posición actual en la hoja de trabajo de tres formas diferentes:

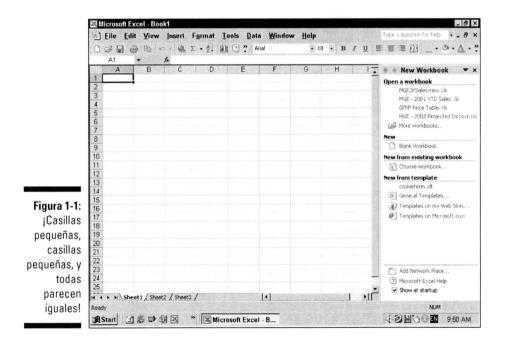

**Figura 1-1:** ¡Casillas pequeñas, casillas pequeñas, y todas parecen iguales!

## ¿Por qué los programas de hojas de cálculo producen solamente hojas de trabajo?

Los programas de Hojas de Cálculo como Excel 2002 se refieren a sus hojas electrónicas como hojas de trabajo en vez de hojas de cálculo. Y, aún cuando es perfectamente aceptable (incluso, es preferible) llamar una de sus hojas electrónicas, hoja de trabajo, nunca deberá referirse a Excel como un programa de hojas de trabajo, siempre se le llamará programa de hojas de cálculo. Por tanto, usted puede pensar que Excel es un programa de hojas de cálculo que produce hojas de trabajo pero no como un programa de hojas de trabajo que produce hojas de cálculo. (Por otro lado, en este libro me refiero frecuentemente a las hojas de trabajo como hojas de cálculo — y usted también puede hacerlo.)

Cuadro de nombres
**Current cell reference**

Letra de columna
**Column letter and row number shading**

Puntero de celda
**Cell pointer**

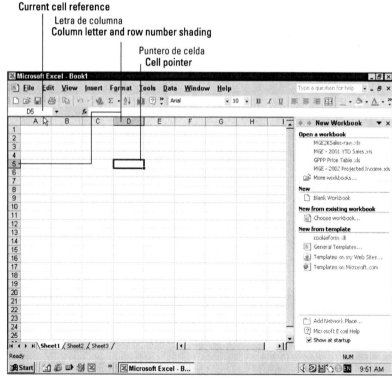

**Figura 1-2:**
Excel le muestra dónde está ubicado en la hoja de trabajo.

solamente como media docena, y voy a hablar de casi todas ellas.) Basta decir en este momento que todos los diversos métodos para iniciar Excel requieren que usted tenga Windows 98, ME, o 2000 instalado en su computadora personal. Después de eso, solamente tendrá que encender la computadora antes de que pueda utilizar alguno de los siguientes métodos para iniciar Excel 2002.

## Iniciar Excel 2002 desde los Programas o desde la Barra de acceso directo de Microsoft Office

Iniciar Excel 2002 desde la barra de acceso directo de Microsoft Office es la forma más sencilla de cargar su programa y ponerlo a funcionar. El único problema con este método es que no lo puede usar a menos que tenga la barra de acceso directo de Microsoft Office instalada en su computadora y seleccionada la barra de Office o de Programs (la cual contiene el botón de Microsoft Excel). Para mostrar la barra de acceso directo de Microsoft Office (asumiendo que ha sido instalada en su computadora), siga los siguientes pasos:

1. **Haga clic sobre el botón Start en la barra de tareas de Windows, para abrir el menú Start.**

2. **Seleccione la opción Programs en el menú de Start.**

3. **Seleccione la opción Microsoft Office Tools en el menú de Programs.**

4. **Haga clic sobre la opción de barra de acceso directo Microsoft Office en el submenú de Microsoft Office Tools (si esta opción no está disponible, esto significa que todavía no tiene instalada la Office Shortcut Toolbar en su computadora).**

Para seleccionar la barra de herramientas Office o Programs, haga clic con el botón derecho sobre el nombre actual de la barra de herramientas y luego seleccione Office o Programs en el menú que se despliega.

Una vez que la barra de herramientas Office o Programs aparece en su pantalla, puede iniciar Excel 2002. Ubique y haga clic sobre el icono de Microsoft Excel 2002 (el XL azul y estilizado) para iniciar el programa. (Puede ver el icono de Microsoft Excel 2002 en la Figura 1-3.)

**Figura 1-3:**
Para iniciar Excel 2002 desde la barra de herramientas de Office o Programs en la barra de acceso directo de Microsoft Office, haga clic sobre el botón de Excel 2002.

## Iniciar Excel 2002 desde el menú de Start de Windows

Aún cuando usted no elija iniciar Excel 2002 con la barra de acceso directo de Microsoft Office (debido a que, por alguna razón, usted quiere que se le facilite de otra forma), puede todavía iniciar Excel 2002 desde el menú de Start de Windows. (Hey, ¿le cuesta tanto como a mí manejar todos estos años diferentes?)

Para iniciar Excel 2002 desde el menú de Start, siga estos sencillos pasos:

1. **Haga clic sobre el botón Start en la barra de herramientas de Windows para abrir el menú de Start de Windows.**
2. **Seleccione Programs en la parte superior del menú de Start.**
3. **Haga clic sobre la opción Microsoft Excel 2002 en el menú de Programs.**

Una vez que ya haya completado los pasos anteriores, Windows abre Excel 2002. Mientas que el programa se carga, usted verá la pantalla de apertura de Microsoft Excel 2002. Después de que Excel termina de cargarse, se le presentará una pantalla como la que se muestra en las Figuras 1-1 y 1-2, que contiene un nuevo libro de trabajo en el cual puede empezar a trabajar.

## Cuando un clic es tan bueno como un doble clic

Mantenga en su mente que cuando utilice Windows 98 o ME, usted tiene la habilidad de modificar la forma en que abre los iconos en el escritorio de Windows. Si utiliza la opción de estilo Web o alguna de las Opciones del Custom Folder, puede abrir programas tales como Excel 2002, conjuntamente con algunas de sus carpetas y archivos en el escritorio, y en las ventanas de My Computer y Explorer solamente con hacer un clic sobre sus iconos. Si esta es la forma en que su computadora está configurada, sus días de hacer doble clic están llegando a su fin.

# Mover el Mouse

Aún cuando la mayoría de las capacidades de Excel son accesibles desde el teclado, en la mayoría de los casos utilizar el mouse es la forma más eficiente para seleccionar un comando o llevar a cabo un procedimiento en particular. Por esta razón, si necesita utilizar Excel regularmente para llevar a cabo su trabajo, vale la pena aprender varias técnicas diferentes del programa referentes al mouse.

# Prestar atención a los modales de su mouse

Los programas de Windows tales como Excel utilizan cuatro técnicas básicas para seleccionar y manipular diferentes objetos en el programa y en las ventanas del libro de trabajo:

✔ **Haga clic sobre un objeto para seleccionarlo:** Posicione el puntero sobre algo y luego pulse y libere inmediatamente el botón primario del mouse (el botón de la izquierda, a menos que sea zurdo y haya cambiado los botones).

✔ **Haga clic en el botón derecho sobre un objeto para desplegar su menú de acceso directo:** Posicione el puntero sobre algo y luego pulse y libere inmediatamente el botón secundario del mouse (el botón derecho, a menos que sea zurdo y haya cambiado los botones).

✔ **Haga doble clic sobre un objeto para abrirlo:** Posicione el puntero sobre algo y luego pulse y libere inmediatamente el botón primario del mouse dos veces seguidas rápidamente.

✓ **Arrastre un objeto para moverlo o copiarlo:** Posicione el puntero sobre algo y luego pulse y mantenga oprimido el botón primario del mouse mientras mueve el mouse en la dirección que desea arrastrar el objeto. Una vez que haya posicionado el objeto en la ubicación deseada de la pantalla, entonces suelte el botón primario del mouse para colocar allí el objeto.

Cuando haga clic sobre un objeto para seleccionarlo, debe asegurarse de que el puntero del mouse esté tocando el objeto que desea seleccionar, antes de hacer clic. Para evitar mover el puntero justo antes de hacer clic, tome los lados del mouse entre su pulgar (de un lado) y sus dedos anular y meñique (del otro lado), luego haga clic sobre el botón primario con su dedo índice. Si se queda sin espacio en su escritorio para mover el mouse, solamente álcelo y colóquelo en otra posición sobre el escritorio (esto no mueve el puntero).

## Hacer que el puntero de su mouse esté en forma

La forma del puntero del mouse puede ser cualquier cosa menos estática en el programa Excel. Mientras mueve el puntero del mouse por las diferentes partes de la pantalla de Excel, el puntero cambia de forma para indicar que existe un cambio en la función. En la Tabla 1-1, le muestro varias caras del puntero del mouse, así como el uso de cada forma.

| Tabla 1-1 | Prestar Atención a la Forma del Puntero del Mouse en Excel |
|---|---|
| *Forma del Puntero del Mouse* | *Lo que Significa* |
| ⊕ | Este puntero grueso en forma de cruz blanca aparece mientras mueve el mouse alrededor de las celdas de su hoja de trabajo actual. Usted utiliza este puntero para seleccionar las celdas que necesita para trabajar, el cual es luego esbozado por el puntero de celda. |
| ⬉ | El puntero cabeza de flecha aparece cuando usted posiciona el puntero en la barra de herramientas, en la barra del menú de Excel o en alguno de los bordes del bloque de celdas seleccionado por usted. Utilice el puntero cabeza de flecha para seleccionar los comandos de Excel o para mover o copiar una selección de celda con la técnica de arrastrar-y-saltar. |

## Tabla 1-1

| *Forma del Puntero del Mouse* | *Lo que Significa* |
| --- | --- |
| I | El puntero en forma de I aparece cuando usted hace clic sobre la entrada en la casilla Name o en la barra Formula; haga doble clic sobre una celda o pulse F2 para editar una entrada de celda. Usted puede utilizar este puntero para ubicar su posición cuando esté editando una entrada de celda ya sea en la propia celda o en la barra de fórmula. |
| + | La manija de llenado (cruz negra y delgada) aparece solamente cuando usted posiciona el puntero en la esquina inferior derecha de una celda que contiene el puntero de celda. Usted utiliza este puntero para crear una serie de entradas secuenciales en un bloque o para copiar una entrada o fórmula en un bloque de celdas. |
| ⟋? | El puntero de ayuda aparece cuando usted selecciona Help⇨What's This en la barra Menu o pulsa Shift+F1. Puede utilizar este puntero de ayuda para hacer clic sobre el comando del menú o la barra de herramientas para la cual usted quiere información descriptiva. |
| ⟷ | El puntero de flecha de doble cabeza aparece cuando usted se mueve al lado de algún objeto que puede ser modificado en su tamaño. Usted utiliza este puntero para incrementar o disminuir el tamaño de un objeto (una columna, fila o casilla de texto). |
| ╫ | El puntero de doble cabeza dividida aparece cuando coloca el puntero sobre la casilla dividida horizontal o vertical, o sobre la barra de tabulación dividida (Ver Capítulo 6.) Usted |

*(continúa)*

| Tabla 1-1 *(continuación)* | |
|---|---|
| *Forma del Puntero del Mouse* | *Lo que Significa* |
| | utiliza este puntero para dividir la ventana del libro de trabajo en diferentes paneles o para incrementar o disminuir el tamaño de la barra horizontal de desplazamiento. |
|  | El puntero de flecha de cuádruple cabeza cruzada aparece cuando usted selecciona Move en el menú de Control de un libro de trabajo o pulsa Ctrl+F7 cuando un libro de trabajo tiene un tamaño inferior al total. Usted utiliza este puntero para arrastrar la ventana del libro de trabajo a una nueva posición en el área que está entre la barra Formula y Status. |

No confunda el puntero del mouse con el puntero de celda. El *mouse pointer (puntero del mouse)* cambia de forma mientras se mueve alrededor de la pantalla. El *cell pointer (puntero de celda)* siempre mantiene su forma como un entorno alrededor de la celda actual o la selección de celda (después de lo cual se expande para incluir todas las celdas seleccionadas). El puntero del mouse responde a cualquier movimiento de su mouse sobre el escritorio y siempre se mueve independientemente del puntero de celda. Sin embargo, usted puede utilizar el puntero del mouse para volver a colocar el puntero de celda. Esto lo hace colocando el puntero de cruz blanca y gruesa en la celda que desea que contenga el puntero de celda y luego haciendo clic sobre el botón primario del mouse.

# Entonces, ¿Qué Hacen Todos Estos Botones?

En la Figura 1-4, identifico las diferentes partes de la ventana del programa de Excel que aparecen cuando usted inicia por primera vez el programa (asumiendo que no ha seleccionado un libro de trabajo existente en el momento en que el programa inicia). ¡Como puede ver, cuando se abre la ventana de Excel, está llena de todo tipo de cosas útiles, aunque potencialmente confusas!

**Figura 1-4:**
La ventana del programa de Excel contiene una verdadera variedad de botones y barras de herramientas.

# Retornar a la barra de título

La primera barra en la ventana de Excel se llama *title bar (barra de título)* debido a que le muestra a el nombre del programa que está operando en la ventana (Microsoft Excel). Cuando la ventana del libro de trabajo está de su tamaño total (como en la Figura 1-4), el nombre del archivo del libro de trabajo está después, como en

```
Microsoft Excel - Book1
```

A la izquierda del programa y del nombre del archivo en la barra del título, verá el icono de Excel (aparece como una *L* itálica en verde y cruzada para formar una X dentro de una casilla). Cuando usted hace clic sobre este icono, el menú de Control del programa se abre con todos los comandos que le permiten cambiarle el tamaño y mover la ventana del programa Excel. Si selecciona el comando Close (la

## Colocarlas una sobre la otra

Si prefiere tener acceso inmediato a todos los botones en las barras de herramientas Standard y Formatting *en todo momento*, puede hacerlo fácilmente colocando las dos barras una sobre la otra, en vez de lado a lado. (Esta es la forma en que las dos barras de herramientas aparecen en las tres versiones anteriores de Excel para Windows). Para llevar a cabo este cambio, haga clic en el botón derecho sobre algún lado de la barra de menú o la tercera barra con las dos barras de herramientas, luego seleccione el comando Customize al final del menú de acceso directo que aparece de pronto. Al hacer esto, se abre el recuadro de diálogo Customize desde el cual usted seleccionará la pestaña Options. Escoja la primera opción de la casilla de verificación en la pestaña Options llamada Show Standard and Formatting Toolbars On Two Rows para agregar una marca de verificación. Le prometo que nunca más tendrá necesidad de utilizar el botón Toolbar Options.

X grande en la esquina superior derecha) en este menú (o pulsa las teclas del acceso directo, Alt+F4), se sale de Excel y regresa al escritorio.

Los botones en el lado derecho de la barra de título son botones de ajuste de tamaños. Haga clic sobre el botón Minimize (el que se usa para subrayar) y la ventana de Excel se encoge y se convierte en un botón en la barra de tareas de Windows. Haga clic sobre el botón Restore (el que tiene una imagen de dos ventanas superpuestas) y la ventana de Excel cambia a un tamaño más pequeño en el escritorio, y el botón Restore cambia al botón Maximize (el que tiene una ventana única de tamaño completo), el cual usted puede utilizar para restaurar la ventana a su tamaño original. Si hace clic sobre el botón Close (el de la X), se sale de Excel (lo mismo que ocurre si selecciona Close en el menú Control o pulsa Alt+F4).

## *Experimentar con la barra de menú*

La segunda barra en la ventana de Excel es la *menu bar (barra de menú)*. Esta barra contiene los menúes desplegables, Desde File hasta Help. Puede utilizar estos menúes para seleccionar los comandos de Excel que necesite cuando esté creando o editando sus hojas de trabajo. (Pase a la sección "Ordenar Directamente desde los Menúes" para obtener más información sobre cómo seleccionar los comandos).

A la izquierda de los menúes desplegables, puede ver un icono de archivo de Excel. Cuando hace clic sobre este icono, el menú del archivo de Control (muy seme-

| | Sort Descending | Acomoda información en una selección de celdas en orden alfabético y/o numérico descendente, dependiendo del tipo de información en las celdas. |
|---|---|---|
| | Chart Wizard | Lo lleva a través de la creación de un nuevo gráfico en una hoja de trabajo activa. (Ver Capítulo 8 para más detalles.) |
| | Drawing | Muestra y esconde la barra de herramientas Drawing, lo que le permite dibujar diferentes formas y flechas. (Ver Capítulo 8 para más detalles.) |
| 100% ▼ | Zoom | Cambia la ampliación de la pantalla para acercarla o alejarla en la información de su hoja de trabajo. |
| ? | Microsoft Excel Help | Despliega la ventana Microsoft Excel en el lado derecho de la pantalla para que usted pueda hacer preguntas al Answer Wizard o buscar temas particulares para ayudarlo con el uso de los diferentes aspectos de Excel. (Ver "Coquetear con la Ayuda en Línea" más adelante en este capítulo para más detalles.) |
| ▼ | Toolbar Options | Despliega un menú que le permite mostrar las barras de herramientas Standard y Formatting en dos filas (si están actualmente compartiendo una) o en una fila (si actualmente habitan una fila cada una) y un elemento para agregar o remover botones. Si la barra de herramientas está incompleta (indicado por la adición de >> a este botón), este menú que aparece contiene una paleta con todas las herramientas que no pueden ser desplegadas en la barra. |
| Arial ▼ | Font | Aplica una nueva fuente a las entradas en la selección de celda. |

*(continúa)*

## Tabla 1-2 *(continuación)*

| *Tipo de Herramienta* | *Nombre de la Herramienta* | *Lo Que La Herramienta Lleva a Cabo Cuando Usted Hace Clic Sobre Ella* |
|---|---|---|
| 10 ▾ | Font Size | Aplica un nuevo tamaño de fuente a las entradas en la selección de celda. |
| **B** | Bold | Aplica o elimina la negrita de una selección de celda. |
| *I* | Italic | Aplica o elimina la cursiva de una selección de celda. |
| U | Underline | Subraya las entradas en la selección de celda (no las celdas); si las entradas ya están subrayadas, puede hacer clic sobre esta herramienta para eliminar el subrayado. |
| ☰ | Align Left | Alinea hacia la izquierda las entradas en la selección de celda. |
| ☰ | Center | Centra las entradas en la selección de celda. |
| ☰ | Align Right | Alinea hacia la derecha las entradas en la selección de celda. |
| ⊞ | Merge and Center | Centra la entrada en la celda activa a través de las columnas seleccionadas por medio de la combinación de sus celdas en una. |
| $ | Currency Style | Aplica un formato de numeración de moneda a la selección de celda para mostrar todos los valores con el signo de dólares, con comas entre los miles y dos lugares decimales. |
| % | Percent Style | Aplica el formato de número de porcentaje a la selección de celdas; los valores se multiplican por 100 y se presentan con un signo de porcentaje sin lugares decimales. |

| | | |
|---|---|---|
| | Comma style | Aplica un formato de número de coma a la selección de celdas para mostrar las comas que separan los miles y agrega dos lugares decimales. |
| | Increase Decimal | Agrega un lugar decimal al formato de número en la selección de celda cada vez que haga clic sobre esta herramienta; se revierte la dirección y reduce el número de lugares decimales cuando mantiene pulsada la tecla Shift mientras hace clic sobre esta herramienta. |
| | Decrease Indent | Reduce un lugar decimal al formato de número en la selección de celda cada vez que haga clic sobre esta herramienta; se reversa la dirección y agrega un lugar decimal cuando usted mantiene pulsada la tecla Shift mientras hace clic sobre esta herramienta. |
| | Decrease Indent | Reduce la sangría de la entrada en la celda actual hacia la izquierda en el ancho de un caracter del tipo de fuente estándar. |
| | Increase Indent | Aplica la sangría de la entrada en la celda actual hacia la derecha en el ancho de un caracter del tipo de fuente estándar. |
| | Borders | Selecciona un borde para la selección de celda de una paleta de estilos de bordes que aparecen de pronto. |
| | Fill Color | Selecciona un nuevo color para el fondo de las celdas en la selección de celda de una paleta de color que aparece de pronto. |
| | Font Color | Selecciona un nuevo color para el texto de las celdas en la selección de celdas de una paleta de color que aparece de pronto. |

*(continúa)*

| Tabla 1-2 *(continuación)* | | |
|---|---|---|
| **Tipo de Herramienta** | **Nombre de la Herramienta** | **Lo Que La Herramienta Lleva a Cabo Cuando Usted Hace Clic Sobre Ella** |
| ▼ | Toolbar Options | Despliega un menú que le permite mostrar las barras de herramientas Standard y Formatting en dos filas (si en la actualidad comparten una) o en una fila (si en la actualidad habitan en una fila cada una) y un elemento para agregar o remover botones. Si la barra de herramientas está incompleta (indicado por la adición de >> a este botón), este menú que aparece contiene una paleta con todas las herramientas que no pueden ser desplegadas en la barra de herramientas. |

## Chapusear en la barra Formula

La barra Formula despliega la dirección de la celda y el contenido de la celda actual. Esta barra está dividida en tres secciones:

✔ **Casilla Name:** La sección al extremo izquierdo que despliega la dirección de la celda de dirección actual.

✔ **Botones en la barra Formula:** La segunda sección del medio que está sombreada y contiene el botón desplegable de la casilla Name a la izquierda y el botón de Insert Function (etiquetado *fx*) a la derecha.

✔ **Contenido de Celda:** La tercer área blanca al extremo derecho que toma el resto de la barra.

Si la celda actual está vacía, la sección de contenido de la tercera celda de la barra Formula está en blanco. Tan pronto como usted empieza a introducir una entrada o a construir una fórmula en una hoja de trabajo, las secciones segunda y tercera de la barra Formula se activan. Tan pronto como introduce un caracter, los botones Cancel y Enter aparecen en la sección sombreada de botones de la barra Formula (ver la Figura 1-5). Estos botones aparecen entre el botón desplegable de la casilla Name (la cual cambia automáticamente a un botón desplegable Functions cuando edita una celda que contiene una fórmula) y el botón Insert Function. (Refiérase al Capítulo 2 para más información sobre el uso de estos botones.)

Después del botón Insert Function, ve los caracteres que escribió en la sección de contenido de celda de la barra Formula, las cuales reflejan los caracteres que aparecen en la propia celda de la hoja de trabajo. Después de que complete la entrada en la celda — haciendo clic sobre el botón Enter — Excel despliega la entrada completa o fórmula en la barra Formula, y los botones Enter y Cancel desaparecen de la sección de botones de la barra Formula. El contenido que usted introduce en cualquier celda de ahí en adelante, siempre aparece en la barra Formula cuando posicione el puntero de celda en esa celda de la hoja de trabajo.

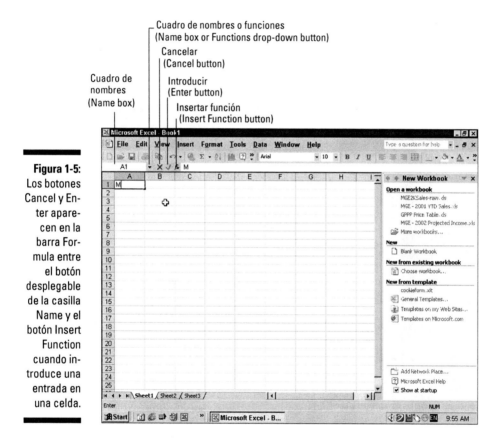

**Figura 1-5:**
Los botones Cancel y Enter aparecen en la barra Formula entre el botón desplegable de la casilla Name y el botón Insert Function cuando introduce una entrada en una celda.

## Concluir su camino a través de la ventana del libro de trabajo

Aparece un libro de trabajo en blanco de Excel en una ventana del libro de trabajo justo debajo de la barra Formula cuando usted inicia el programa por primera vez (asumiendo que no lo inicia haciendo doble clic sobre un icono de hoja de trabajo de Excel) acompañado por el panel de tareas New Workbook a su derecha. Como puede observar en la Figura 1-6, cuando hace clic sobre el botón Restore (ver la Figura 1-4) para hacer la ventana del libro de trabajo más pequeña, aparece el libro de trabajo en su propio espacio a la izquierda del panel de la tarea. Esta ventana del libro de trabajo tiene su propio menú Control (para encontrarlo haga clic sobre el icono del archivo de Excel), barra de título y botones de tamaños. Su barra de título también despliega el nombre del archivo del libro de trabajo. (Este aparece como un nombre de archivo temporal, tal como Book1, y luego Book2, cuando abre su nuevo libro de trabajo, y continúa así hasta que guarde el archivo la primera vez.)

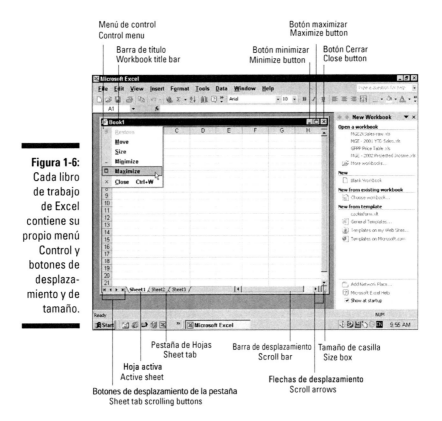

**Figura 1-6:**
Cada libro de trabajo de Excel contiene su propio menú Control y botones de desplazamiento y de tamaño.

En la parte inferior de la ventana del libro de trabajo, verá botones de desplazamiento de las pestañas de hojas, también verá las pestañas de hojas para activar varias hojas de trabajo en su libro de trabajo (recuerde que cada libro de trabajo nuevo contiene tres nuevas hojas para empezar), seguidas de una barra horizontal de desplazamiento que puede utilizar para ver nuevas columnas de su hoja de trabajo actual. Al lado derecho de la ventana del libro de trabajo, podrá ver una barra de desplazamiento vertical que puede utilizar para ver nuevas filas en su hoja de trabajo actual, (siempre teniendo en mente que está mirando solamente un pequeño porcentaje del total de columnas y filas en cada hoja de trabajo). En la intersección de las barras de desplazamiento horizontales y verticales, en la esquina inferior derecha, encontrará un recuadro de tamaño, el cual podrá utilizar para modificar manualmente el tamaño y forma de la ventana del libro de trabajo.

Cuando inicia Excel, puede empezar inmediatamente a crear una nueva hoja de cálculo en Sheet1 del libro de trabajo Book1 que aparece en la ventana maximizada del libro de trabajo. Para separar la barra de título del libro de trabajo, así como el menú Control y los botones de tamaño de la barra de menú de Excel, haga clic sobre el botón Restore de la barra de menú. Al hacer esto, reduce la ventana del libro de trabajo lo suficiente para poner todas estas cosas en su propia barra de título del libro de trabajo, como se muestra en la Figura 1-6.

### *Manipular manualmente la ventana del libro de trabajo*

Cuando está trabajando con una ventana de libro de trabajo más pequeña (como la que se muestra en la Figura 1-6), usted puede cambiar el tamaño y mover manualmente la ventana con la casilla de tamaño que aparece en la esquina inferior derecha en la intersección de las barras de desplazamiento horizontal y vertical.

Para manipular el tamaño de una ventana de libro de trabajo, posicione el puntero del mouse sobre esta casilla de tamaño, y luego cuando el puntero del mouse cambie de forma a una flecha de doble cabeza, arrastre el mouse tanto como sea necesario para ajustar el tamaño del lado o lados de la ventana. Note que el puntero del mouse no cambia a una flecha de doble cabeza a menos que usted lo coloque en el borde de la ventana (que se encuentra en algún lugar de la esquina). Mientras que el puntero esté colocado dentro de la casilla, este mantiene su forma de cabeza de flecha.

✔ Si coloca el puntero en el lado inferior de la ventana y luego arrastra el puntero hacia arriba, la ventana del libro de trabajo se acorta. Si arrastra el puntero hacia abajo, la ventana se alarga.

✔ Si coloca el puntero en el lado derecho de la ventana y luego arrastra el puntero hacia la izquierda, la ventana del libro de trabajo se vuelve más angosta; si lo arrastra hacia la derecha, se vuelve más ancha.

✔ Si coloca el puntero en la esquina inferior derecha de la ventana y luego arrastra el puntero diagonalmente hacia la esquina superior izquierda, la ventana del libro de trabajo se hace más corta y más angosta; si lo arrastra diagonalmente lejos de la esquina superior izquierda, se vuelve más larga y ancha.

Cuando el contorno de la ventana del libro de trabajo alcance el tamaño deseado, deberá saltar el botón principal del mouse y Excel volverá a esbozar la ventana del libro de trabajo a su nuevo tamaño.

Después de utilizar el botón de ajuste de tamaño para cambiar las dimensiones y la forma de una ventana del libro de trabajo, deberá utilizar de nuevo el botón de ajuste de tamaño y restaurar manualmente la ventana a su forma y dimensiones originales. Desafortunadamente, Excel no cuenta con un botón mágico Restore disponible para que haga clic sobre él y se restaure automáticamente la ventana del libro de trabajo que ha cambiado.

Aparte de cambiar el tamaño de las ventanas del libro de trabajo, también puede moverlas dentro del área entre la barra Formula y la barra Status en la ventana del programa Excel.

Para mover una ventana de libro de trabajo:

1. **Simplemente tómela por el cuello — la cual, en este caso, corresponde a la barra del título de la ventana del libro de trabajo.**

2. **Una vez que la tenga por la barra del título, arrástrela a la posición deseada y suelte el botón principal del mouse.**

Si está experimentando dificultad al arrastrar objetos con el mouse, también puede mover la ventana del libro de trabajo por medio de los siguientes pasos:

1. **Haga clic sobre el icono del archivo de Excel en la barra de título de la ventana del libro de trabajo para abrir su menú de Control y luego seleccione el comando Move o pulse Ctrl+F7.**

   El puntero del mouse cambia su forma de un puntero normal grueso y en forma de cruz blanca a un puntero con flechas cruzadas de doble cabeza.

2. **Arrastre la ventana con el puntero de cabezas de flecha en forma de cruz o pulse las teclas de flechas en el teclado (←, ↑, →, o ↓) para mover la ventana del libro de trabajo a la posición deseada.**

3. **Pulse Enter para establecer la ventana del libro de trabajo en posición.**

   El puntero del mouse regresa a su forma de una cruz blanca normal.

### Resbalar a través de las hojas

En la parte inferior de la ventana del libro de trabajo de Excel que contiene la barra de desplazamiento horizontal, usted verá los botones de desplazamiento de la pestaña de hojas seguidos por las pestañas de las hojas para las tres hojas en el libro de trabajo. Excel le muestra cuál hoja de trabajo está activa por medio del despliegue de la pestaña de su hoja arriba en blanco, como parte de la hoja de trabajo desplegada (en vez de pertenecer a las hojas de trabajo no visibles debajo) con el nombre de la hoja en negrita. Para activar una nueva hoja de trabajo (para colocarla en la parte superior y desplegar la información en la ventana del libro de trabajo), haga clic sobre la pestaña de la hoja.

Si agrega más pestañas de hojas a su libro de trabajo (refiérase al Capítulo 7 para más detalles sobre cómo agregar más hojas de trabajo a su libro de trabajo) y la pestaña para la hoja de trabajo que usted quiere no está desplegada, use los botones de desplazamiento de pestañas de hojas para visualizar la hoja de trabajo. Haga clic sobre los botones con triángulos negros que apuntan hacia la izquierda o derecha para desplazar una hoja de trabajo en cualquier momento y dirección (izquierda para desplazarla hacia la izquierda y derecha para desplazarla hacia la derecha). Haga clic sobre los botones con triángulos negros que apunta hacia la izquierda o derecha de las líneas verticales para desplazar las hojas para que las pestañas de la primera y última hoja de trabajo se desplieguen al final.

## Propósito de la barra de estado

La barra en la parte inferior de la ventana del programa Excel se llama *status bar "barra de estado"* ya que despliega la información del estado actual de Excel. La parte izquierda de la barra de estado despliega mensajes que indican el estado de la actividad actual que usted está llevando a cabo en el programa. Cuando inicia Excel por primera vez, el mensaje Ready (esquina inferior izquierda lejana) se despliega en esta área (como se muestra en la Figura 1-7), y le indica que el programa está listo para aceptar su nueva entrada o comando.

**Figura 1-7:**
La suma de los valores en las celdas actualmente seleccionadas aparece en el indicador AutoCalculate en la barra de estado.

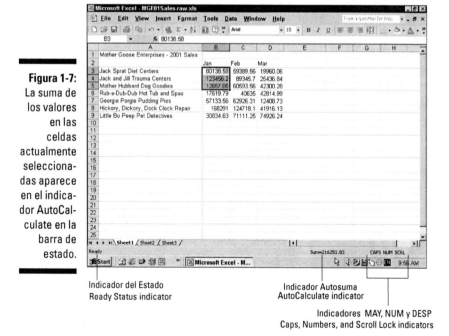

Indicador del Estado
Ready Status indicator

Indicador Autosuma
AutoCalculate indicator

Indicadores MAY, NUM y DESP
Caps, Numbers, and Scroll Lock indicators

El lado derecho de la barra de estado contiene varios casillas que despliegan diferentes indicadores que le dicen cuándo usted ha colocado a Excel en un estado en particular, lo cual de alguna forma afecta cómo trabaja con el programa. Por ejemplo, normalmente cuando inicia Excel por primera vez, el indicador Num Lock muestra NUM en esta parte de la barra de estado. Si pulsa la tecla Caps Lock para ingresar un texto en mayúsculas, CAPS aparece a la izquierda de NUM. Pulse la tecla Scroll Lock (para poder desplazarse a través de la hoja de trabajo con las teclas de flecha), y SCRL aparece a su derecha.

### Usted AutoCalcula mis totales

La casilla más ancha (la segunda de la izquierda) en la barra de estado contiene el indicador AutoCalculate. Usted puede utilizarlo para obtener el total de cualquier grupo de valores en su hoja de trabajo. (Refiérase al inicio del Capítulo 3 si necesita más información sobre cómo seleccionar grupos de celdas en una hoja de trabajo). Por ejemplo, en la Figura 1-7 usted ve una hoja de cálculo típica después de seleccionar una parte de una columna de celdas, muchas de las cuales contienen valores. El total de todos los valores en las celdas que están seleccionadas en esta hoja de trabajo aparece automáticamente en el indicador AutoCalculate de la barra de estado.

El indicador AutoCalculate en la barra de estado no solamente le indica la suma de los valores en las celdas que ha seleccionado actualmente, sino también le da otras estadísticas, tales como la cuenta o el promedio de estos valores. Todo lo que tiene que hacer es clic en el botón derecho sobre el indicador AutoCalculate para desplegar su menú de acceso directo y luego seleccionar entre las siguientes opciones:

✔ Para obtener el promedio de los valores en la actual selección de celdas, seleccione Average en el menú de acceso directo del indicador.

✔ Para obtener la cuenta de todas las celdas que contienen valores (las celdas que contienen entradas de texto no se cuentan), seleccione Count Nums en el menú de atajo de este indicador.

✔ Para obtener la cuenta de todas las celdas que se han seleccionado, sin importar qué tipo de información contienen, seleccione Count en el menú de acceso atajo del indicador.

✔ Para que se despliegue el valor más alto en la selección de celdas en el indicador AutoCalculate, seleccione Max en el menú de acceso directo del indicador. Para conseguir que el valor más bajo se despliegue, seleccione Min.

✔ Para que los cálculos no aparezcan en esta área de la barra de estado, seleccione None en la parte superior de este menú de acceso directo.

✔ Para regresar el indicador AutoCalculate a su funcionamiento normal, seleccione Sum en el menú de acceso directo del indicador.

### El indicador Num Lock y el teclado numérico

NUM en el indicador Num Lock le indica que puede utilizar los números en el tecla-do numérico para introducir valores en la hoja de trabajo. Cuando usted pulsa la te-cla Num Lock, NUM desaparece del indicador de Num Lock. Esta es su señal de que las funciones de movimiento de cursor, que también están asignadas a este teclado, están en vigencia. Esto significa, por ejemplo, que al pulsar 6, el puntero de celda se mueve una celda a la derecha en vez de ingresar este valor en la barra de fórmula.

## Domar los paneles de tareas de Excel 2002

Cuando primero inicia Excel con un libro de trabajo en blanco, Excel 2002 automáticamente abre el panel de tareas New Workbook a la dere-cha del libro de trabajo (como se mostró anteriormente en la Figura 1-4). Puede utilizar este panel de tareas para editar libros de trabajos recientemente abiertos o crear otros libros de trabajo nuevos (refiérase al Capítulo 2 para más detalles). Conjuntamente con el pa-nel de tarea New Workbook, Excel 2002 soporta otros dos paneles de tareas estándar: un panel de tareas Clipboard y otro Search.

Usted utiliza el panel de tarea Clipboard para ver y pegar cualquier información que corte o copie al portapapeles de Windows — puede ser desde cualquier pro-grama de Office XP, no solamente de su libro de trabajo en Excel (refiérase al Capí-tulo 4 para más detalles). Utilice el panel de tareas Search para ubicar archivos que usted ha creado (con cualquier programa de Office XP, no solamente de su li-bro de trabajo de Excel) o para guardar en el disco duro de su computadora (co-mo mensajes de correo electrónico). También puede utilizar este panel de tareas para encontrar valores y textos que usted haya introducido en el libro de trabajo actual (refiérase del Capítulo 4 para más detalles).

Además de estos tres paneles de tareas estándar que están disponibles en cualquier momento en que trabaje con Excel, también puede encon-trar paneles especializados de tareas que aparecen solamente cuando lleva a cabo una tarea en particular. Por ejemplo, si utiliza el comando Insert⇨Picture⇨Clip Art para insertar una parte de Office XP Clip Art, aparece un panel de tareas Insert Clip Art. Usted utiliza este panel para buscar un tipo de imágenes en particular que quiere insertar, así como abrir la nueva Clip Art Media Gallery en donde puede ver imágenes de arte por categoría que pueda querer usar (refiérase al Capítulo 8 para mayor información).

Usted puede cerrar el despliegue de cualquier panel de tareas de Excel haciendo clic sobre su recuadro Close ubicado en la esquina superior derecha de su ven-tana. Si cierra el panel de tareas mientras trabaja en Excel (como para maximi-zar el número de celdas desplegadas en la pantalla de su computadora), este permanece cerrado hasta que seleccione el comando View⇨ Task Pane en la ba-rra de menú Excel.

Cuando el panel de tareas está desplegado, puede seleccionar el tipo de panel que quiere abrir haciendo clic sobre el botón desplegable a la izquierda del recuadro Close del panel de tareas y luego elegir el tipo de panel por utilizar. Escoja entre New from Existing Workbook, Clipboard y Search. Después de seleccionar un nuevo tipo de panel de tarea puede desplazarse entre las diferentes alternativas haciendo clic sobre los botones Previous y Next (marcados por un icono en forma de flecha izquierda o derecha, respectivamente).

Si decide que no quiere que el panel de tareas New Workbook Task se despliegue automáticamente cada vez que inicia un nuevo libro de trabajo en Excel, puede desactivar esta opción removiendo la marca de verificación en la casilla de Show en la Startup en la parte inferior de este panel de tareas. También puede hacer lo mismo removiendo la marca de verificación de la casilla del panel tareas Startup que se ubica en la pestaña View del recuadro de diálogo Options y abrirlo seleccionando Tools⇨Options de la barra de menú Excel.

# ¡Tiene que Sacarme de Esta Celda!

Excel suministra diferentes métodos para manejarse dentro de cada una de las inmensas hojas de trabajo de su libro de trabajo. Una de las formas más fáciles es hacer clic sobre la pestaña de la hoja con la que usted quiere trabajar; luego utilice las barras de desplazamiento en la ventana del libro de trabajo para visualizar nuevas partes de esta hoja. Además, el programa le suministra un amplio rango de teclas que puede utilizar no solamente para mover y visualizar una parte de la hoja de trabajo, sino también para activar una nueva celda colocando el puntero de celda sobre ella.

## Los secretos del desplazamiento

Para entender cómo trabaja el desplazamiento en Excel, imagínese la hoja de trabajo como un rollo de papiro enorme pegado en rollos a la izquierda y a la derecha. Para visualizar una nueva sección en la hoja que está escondida en la derecha, usted gira el rodillo izquierdo hasta que aparece la sección con las celdas que quiere. De igual manera, para desplazarse y ver una nueva sección de la hoja de trabajo que está escondida a la izquierda, gire el rodillo derecho hasta que aparezca esa sección de celdas.

### Incluir nuevas columnas con la barra de desplazamiento horizontal

Puede utilizar la *horizontal scroll bar "barra de desplazamiento horizontal"* para deslizarse hacia adelante y hacia atrás a través de las columnas de una hoja de trabajo. Para desplazarse y visualizar nuevas columnas de la derecha, haga clic sobre el botón de desplazamiento de la flecha derecha, en la barra de desplazamiento horizontal. Para desplazarse y visualizar nuevas columnas de la izquierda (en cualquier momento, excepto cuando la columna A es la primera desplegada), haga clic sobre el botón de desplazamiento de la flecha izquierda.

Para desplazarse rápidamente a través de las columnas en una u otra dirección, haga clic sobre el botón de desplazamiento de la flecha apropiada en la barra de desplazamiento y continúe pulsando el botón del mouse hasta que la columna que quiere ver se despliegue en la pantalla. Mientras se desplaza hacia la derecha de esta forma, el *horizontal scroll box "recuadro de desplazamiento horizontal"* (ese gran recuadro sobreado entre los botones de desplazamiento de flecha izquierda y derecha en la barra de desplazamiento) se hace cada vez más pequeño — llega a ser muy pequeño si usted se desplaza lejos hacia la derecha, a las columnas en la región alejada, tal como la columna BA. Si luego hace clic y se mantiene pulsado el botón de desplazamiento de flecha izquierda para desplazarse rápidamente a través de las columnas hacia la izquierda, fíjese que el recuadro de desplazamiento horizontal se haga cada vez más grande, hasta que finalmente despliegue la columna A de nuevo.

Puede utilizar el recuadro de deslizamiento en la barra de deslizamiento horizontal para dar grandes brincos hacia la izquierda y derecha en las columnas de la hoja de trabajo. Simplemente, arrastre el recuadro de deslizamiento en la dirección apropiada a lo largo de la barra.

### Subir nuevas filas con la barra de desplazamiento vertical

Utilice la *vertical scroll bar "barra de desplazamiento vertical"* para desplazarse hacia arriba o hacia abajo a través de las filas de una hoja de trabajo. Para desplazarse a nuevas filas debajo de aquellas que se visualizan actualmente, haga clic en el botón de desplazamiento con la flecha hacia abajo, el cual está ubicado en la barra de desplazamiento vertical. Para desplazarse de nuevo hacia arriba a filas que ya no son visibles (en cualquier momento, excepto cuando se encuentre en la fila 1 que es la primera que se despliega), haga clic sobre el botón de desplazamiento con la flecha hacia arriba.

Para desplazarse rápidamente sobre las filas en una dirección o en otra, haga clic sostenga el botón de desplazamiento con flecha en la barra de desplazamiento apropiada de igual manera que lo hace en la barra de desplazamiento horizontal. Mientras usted se desliza hacia abajo con el botón de desplazamiento con la flecha hacia abajo, el *vertical scroll box "recuadro de desplazamiento vertical"* (ese recuadro grande sombreado entre los botones de desplazamiento con flechas hacia arriba o hacia abajo) se hace cada vez más pequeño — llega a ser muy pequeño si usted se desplaza hacia abajo a las filas 100 y más. Si usted luego hace clic y sostiene el botón de desplazamiento con flecha hacia arriba para deslizarse rápidamente hacia arriba de nuevo a través de las filas, fíjese que el recuadro de desplazamiento vertical se hace cada vez más grande, hasta que toma la mayoría de la barra cuando usted finalmente despliegue la fila 1 de nuevo.

Puede utilizar el recuadro de deslizamiento vertical para dar grandes brincos hacia arriba y abajo en las filas de una hoja de trabajo, arrastrando el recuadro de deslizamiento vertical en la dirección apropiada a lo largo de la barra.

### Deslizarse de pantalla en pantalla

Puede utilizar las barras de deslizamiento horizontal y vertical para deslizarse a través de las columnas y filas de su hoja de trabajo en una pantalla. Para hacer esto, haga clic sobre el área gris claro de la barra de deslizamiento que no está ocupada por el recuadro de desplazamiento o por los botones de desplazamiento en forma de flecha. Por ejemplo, para desplazarse hacia la derecha una pantalla de columnas cuando el recuadro de desplazamiento está acomodado contra el botón de desplazamiento de flecha izquierda, simplemente haga clic sobre el área gris claro de la barra de desplazamiento detrás del recuadro de desplazamiento, entre este y el botón de desplazamiento de flecha derecha. Luego para desplazarse de nuevo hacia atrás una pantalla de columnas, haga clic sobre el área gris claro en la parte frontal del recuadro de desplazamiento, entre este y el botón de desplazamiento de flecha izquierda.

De igual manera, para desplazarse hacia arriba o hacia abajo las filas de una hoja de trabajo, una pantalla a la vez, haga clic sobre el área gris claro ya sea sobre o debajo del recuadro de desplazamiento vertical, entre este y el botón apropiado de desplazamiento de flecha.

# Las teclas para mover el puntero de celda

La única desventaja de utilizar las barras de desplazamiento es que con estas solamente se pueden ver nuevas partes de la hoja de trabajo, es decir, no cambian la posición del puntero de celda. Si quiere empezar a hacer entradas en las celdas en una nueva área de la hoja de trabajo, tiene que recordar seleccionar la celda (haciendo clic sobre ella) o el grupo de celdas (arrastrándose a través de ellas) en las que quiere que la información aparezca, antes de empezar a introducir la información.

Excel le ofrece una amplia variedad de teclas para mover el puntero de celda a una nueva celda. Cuando utiliza uno de estas teclas, el programa automáticamente se desliza a la nueva parte visible en la hoja de trabajo, si esto requiere que se mueva el puntero de celda. En la Tabla 1-4, hago un resumen de estas teclas y qué tan largo cada uno de estos mueve el puntero de celda desde su posición de inicio.

**RECUERDE**

*Nota:* En los ejemplos de la lista de la Tabla 1-4 que usan teclas de flecha, debe utilizar ya sea las flechas en el teclado del cursor o tener desactivado el Num Lock en el teclado numérico de su máquina. Si trata de utilizar estas teclas de flechas para moverse por la hoja cuando Num Lock está activado (indicado por la aparición de NUM en la barra de estado), puede obtener números en la celda actual o no suceder nada ¡(y luego usted me culpará)!

| Tabla 1-4 | Teclas para Mover el Puntero de Celda |
|---|---|
| *Tipo de teclas* | *Donde Se Mueve El Puntero De Celda* |
| → o Tab | Celda a la derecha inmediata. |
| ← o Shift+Tab | Celda a la izquierda inmediata. |
| ↑ | Celda una fila arriba. |
| ↓ | Celda una fila abajo. |
| Home | Celda en la Columna A de la fila actual. |
| Ctrl+Home | Primera celda (A1) de la hoja de trabajo. |
| Ctrl+End o End, Home | Celda en la hoja de trabajo ubicada en la intersección de la última columna que tiene alguna información y la última fila que tiene información en ella (es decir, la última celda del área denominada activa de la hoja de trabajo). |
| PgUp | Celda una pantalla arriba en la misma columna. |
| PgDn | Celda una pantalla abajo en la misma columna. |
| Ctrl+→ o End, → | Primera celda ocupada a la derecha en la misma fila que está precedida o seguida por una celda en blanco. Si no hay celdas ocupadas, el puntero se posiciona en la última celda de la fila. |
| Ctrl+← o End, ← | Primera celda ocupada a la izquierda en la misma fila que está precedida o seguida por una celda en blanco. Si no hay celdas ocupadas, el puntero se posiciona en la primera celda de la fila. |
| Ctrl+↑ or End, ↑ | Primera celda ocupada arriba, en la misma columna que está precedida o seguida por una celda en blanco. Si no hay celdas ocupadas, el puntero se posiciona en la celda más arriba de la columna. |

| Tabla 1-4 (continuación) | |
|---|---|
| *Tipo de teclas* | ***Donde Se Mueve El Puntero De Cell*** |
| Ctrl+↓ o<br>End, ↓ | Primera celda ocupada debajo, en la misma columna que está precedida o seguida por una celda en blanco. Si no hay celdas ocupadas, el puntero se posiciona en la celda más abajo de la columna. |
| Ctrl+PgDn | La última celda ocupada en la siguiente hoja de trabajo de ese libro de trabajo. |
| Ctrl+PgUp | La última celda ocupada en la hoja de trabajo anterior de ese libro de trabajo. |

## Movimientos en Bloque

Los comandos que combinan las teclas Ctrl o End con una flecha en la lista de la Tabla 1-4 están dentro de los más útiles para moverse rápidamente de un borde al otro en grandes tablas de entradas de celdas, o para moverse de una tabla a otra en una sección de la hoja de trabajo que contenga muchos bloques de celdas.

✔ Si un puntero de celda está posicionado en una celda en blanco en algún lado a la izquierda de una tabla de entradas de celdas que usted quiere ver, pulse Ctrl+→ para mover el puntero de celda a la primera celda con una entrada al borde en el extremo izquierdo de la tabla (en la misma fila, por supuesto).

✔ Cuando pulse Ctrl+→ por segunda vez, el puntero de celda se mueve a la última celda con una entrada al borde extremo derecho (asumiendo que no haya celdas en blanco en esa fila de la tabla).

✔ Si cambia de dirección y pulsa Ctrl+↑, Excel se mueve a la última celda con una entrada al borde inferior de la tabla (de nuevo, asumiendo que no haya celdas en blanco en esa columna de la tabla).

✔ Si pulsa de nuevo Ctrl+↑ cuando el puntero de celda está ubicado en la parte inferior de la tabla, Excel mueve el puntero a la primera entrada en la parte superior de la próxima tabla ubicada debajo (asumiendo que no existen otras celdas con entradas sobre esta tabla en la misma columna).

✔ Si pulsa Ctrl o End y las combinaciones de teclas con flechas y no hay más celdas ocupadas en la dirección de la tecla de flecha que seleccionó, Excel adelanta el puntero de celda hasta la celda en el extremo de la hoja de trabajo en esa dirección.

✔ Si el puntero de celda está ubicado en la celda C15 y no hay más celdas ocupadas en la fila 15, cuando pulsa Ctrl+→, Excel mueve el puntero de celda a la celda IV15 en el extremo derecho inferior de la hoja de trabajo.

✔ Si usted está ubicado en la celda C15 y no hay más entradas debajo de la columna C, cuando pulsa Ctrl+↑, Excel mueve el puntero a la celda C65536 en el extremo inferior de la hoja de trabajo.

Cuando utiliza Ctrl y una tecla de flecha para moverse de borde a borde en una tabla o entre varias tablas en una hoja de trabajo, sostenga la tecla Ctrl mientras pulsa una de las cuatro teclas de flechas (indicadas por el símbolo +, tales como Ctrl+→).

Cuando utiliza End y alguna de las alternativas de teclas de flecha, debe pulsar y luego soltar la tecla End *antes* de pulsar la tecla de flecha (indicada por la coma, tal como End, →). Al pulsar y liberar la tecla End ocasiona que el indicador END aparezca en la barra de estado. Esta es la señal que le indica que Excel está listo para que pulse una de las cuatro teclas de flecha.

Debido a que usted puede mantener pulsada la tecla Ctrl mientras pulsa las teclas de flecha que necesita utilizar, el método Ctrl-plus-arrow-key (Ctrl-más-tecla-de-flecha) constituye un camino más fácil para navegar en bloques de celdas que el de End-then-arrow-key "End-luego-tecla-de-flecha".

## ¡Cuando tiene que ir a esa celda ahora mismo!

La opción de Excel Go To suministra un método fácil para moverse directamente a una celda distante en una hoja de trabajo. Para utilizar esta opción, despliegue el recuadro de diálogo Go To seleccionando Edit➪Go To de la barra de menú de Excel o pulsando Ctrl+G o la tecla de función F5. Luego, en el recuadro de diálogo Go To, introduzca la dirección de la celda a la cual desea ir en la casilla de texto Reference y haga clic sobre OK o pulse Enter. Cuando introduzca la dirección de la celda en la casilla de texto Reference, usted puede introducir la letra o letras de la columna en mayúsculas o minúsculas.

Cuando utilice la opción Go To para mover el puntero de celda, Excel recuerda las referencias de las últimas cuatro celdas que visitó. Estas referencias de celdas luego aparecen en la casilla de lista Go To. Tome nota de que la dirección de la celda que visitó de último, también está en la lista del recuadro Reference. Puede moverse rápidamente desde su ubicación actual a su ubicación previa en una hoja de trabajo pulsando F5 y Enter (siempre y cuando haya utilizado la opción Go To para moverse a su posición actual).

## *Mucha suerte con Scroll Lock*

Puede utilizar la tecla Scroll Lock para "congelar" la posición del puntero de celda en la hoja de trabajo y así pueda deslizarse a nuevas áreas de la hoja de trabajo que se está visualizando, con los teclasos tales como PgUp (Página Arriba) y PgDn (Página Abajo) sin cambiar la posición original del puntero de celda (en esencia, haciendo que estos teclasos trabajen en la misma forma que las barras de desplazamiento).

Después de usar Scroll Lock, cuando se desplace en la hoja de trabajo con el teclado, Excel no selecciona una nueva celda mientras visualiza una nueva sección de la hoja de trabajo. Para "descongelar" el puntero de celda cuando esté desplazándose en la hoja de trabajo a través del teclado, solamente pulse de nuevo la tecla Scroll Lock.

# *Ordenar Directamente desde los Menúes*

Para aquellas ocasiones en los que las barras de herramientas Standard y Formatting de Excel no le suministran herramientas prefabricadas para que una tarea específica se lleve a cabo, usted debe volverse hacia los comandos del menú del sistema del programa. Excel tiene un exceso de menúes debido a que además de los menúes desplegables que se encuentran en la barra de menú en casi todas las aplicaciones de Windows, el programa también ofrece un sistema secundario de *shortcut menues "menúes de acceso directo" (también conocido algunas veces como context menu (menú de contexto).*

Los menúes de acceso directo ofrecen acceso rápido a esos comandos de menú normalmente utilizados para manipular el objeto particular en pantalla al que el menú está adherido (tal como una barra de herramientas, una ventana del libro de trabajo o una celda de una hoja de trabajo). Como resultado, los menúes de acceso directo frecuentemente unen comandos que se encuentran también en varios menúes desplegables individuales en la barra de menú.

## *Penetrar en los menúes desplegables*

Al igual que cuando movía el puntero de celda en la hoja de trabajo, Excel le ofrece una alternativa de utilizar el mouse o el teclado para seleccionar comandos de la barra de menú. Para abrir un menú desplegable con el mouse, simplemente haga clic sobre el nombre del menú en la barra de comando. Para abrir un menú desplegable con el teclado, pulse la tecla Alt mientras escribe la letra que está subrayada en el nombre del menú (también conocida como *command letter "letra comando").* Por ejemplo, si pulsa Alt y, mientras la sostiene, pulsa E (Alt+E abreviado), Excel abre el menú de *E*dit debido a que la *E* está subrayada.

Alternativamente, puede pulsar y soltar la tecla Alt o la tecla de función F10 para acceder a la barra de menú, y luego pulsar la tecla ↓ hasta que resalte el menú que quiere abrir. Luego, para abrir el menú, pulse la tecla ↓.

Después de que abre el menú desplegable, puede seleccionar cualquiera de sus comandos haciendo clic sobre el comando con el mouse, pulsando la letra subrayada en el nombre del comando o pulsando la tecla ↓ hasta que resalte el comando y luego la tecla Enter.

Mientras se aprende los comandos de Excel, puede combinar abrir un menú y seleccionar uno de sus comandos de menú. Haga clic sobre el menú y arrastre el puntero hacia abajo al menú abierto hasta que resalte el comando deseado; luego suelte el botón del mouse. Usted puede lograr lo mismo con el teclado pulsando y sosteniendo la tecla Alt mientras introduce las letras de comando para ambos, el menú desplegable y su comando. Para cerrar una ventana de un libro de trabajo con el comando Close en el menú File, simplemente pulse Alt y luego escriba **FC**.

Algunos comandos de los menúes desplegables de Excel tienen combinaciones de teclas de acceso directo asignados a ellos (que se muestran después del comando en el menú desplegable). Usted puede utilizar estas combinaciones de teclas de acceso directo para seleccionar el comando deseado en vez de tener que acceder a los menúes desplegables. Por ejemplo, para guardar los cambios en su libro de trabajo, pulse las teclas de acceso directo Ctrl+S en vez de tener que seleccionar el comando Save del menú desplegable de File.

Muchos de los comandos en los menúes desplegables llevan al despliegue de un recuadro de diálogo, el cual contiene más comandos y opciones (ver "Excavar esos Recuadros de Diálogo" más adelante en este capítulo). Usted puede identificar cuáles comandos en un menú desplegable conducen a recuadros de diálogo, tan solo vea si el nombre del comando está seguido por tres puntos (conocidos como una *ellipsis o puntos suspensivos*). Por ejemplo, usted sabe que al seleccionar el comando  File⇨Save As del menú desplegable, se abre un recuadro de diálogo debido a que el comando está listado como Save As... en el menú de File.

También, note que los comandos del menú desplegable no están siempre disponibles.  Usted puede darse cuenta cuando un comando no está actualmente disponible debido a que el nombre del comando está en gris claro (*dimmed "opaco"*) en el menú desplegable.  Un comando del menú desplegable se mantiene opaco hasta que las condiciones en las que opera, existan en su documento.  Por ejemplo, el comando Paste en el menú Edit se mantiene opaco mientras el Clipboard esté vacío.  Pero tan pronto como usted mueva o copie alguna información en el Clipboard con los comandos Cut o Copy del menú de Edit, este comando está disponible para su uso.

## *Ahora los ves, ahora no*

Los menúes desplegables en Excel 2002 no siempre aparecen de la misma forma cada vez que usted los accede. Gracias a otra opción inteli-(sin)-sentido de Microsoft, muchas veces cuando abre un menú por primera vez, aparece truncado con algunos comandos faltantes. Esta forma "corta" del menú se supone que contiene solamente aquellos comandos que utilizó recientemente y deja por fuera aquellos que no ha utilizado por un tiempo. Note que siempre podrá saber cuando un menú ha sido reducido por la aparición de un botón de continuación (marcado por dos Vs, una encima de la otra, creando una clase de flecha apuntando hacia abajo) al final.

Si tiene el tiempo y la paciencia de no hacer nada por unos pocos segundos, en vez de continuar desplegando el menú reducido, Excel automáticamente reemplazará el menú reducido con la versión completa (sin purificar). Si no tiene ni el tiempo ni la paciencia para esperar, puede forzar a Excel para que despliegue todas las opciones del menú haciendo clic sobre el botón de continuación al final de la lista, como se describe en los pasos siguientes.

Cuando el menú completo aparece, el borde izquierdo (donde aparecen los iconos de algunos comandos) de los elementos que faltaban anteriormente en el menú, aparece en el menú completo en un gris más oscuro del que se aplica a los elementos que estaban desplegados con antelación. Esto le permite decir con una sola mirada cuáles elementos del menú fueron recientemente agregados al menú completo. ¡Sin embargo, no le ayuda a ubicar las nuevas posiciones de los ítemes del menú que se muestran en ambas versiones, la "corta" y la "larga", debido a que muchos elementos se desordenan por la inclusión de los elementos recién desplegados.

Si usted, como yo, no tiene deseos de jugar a las escondidas con los menúes desplegables de Excel, puede desactivar esta nueva y "excelente" opción siguiendo estos pasos:

1. **Haga clic en el botón derecho en alguna parte de la barra de menú o de las barras de herramientas Standard y Formatting para abrir el menú de acceso directo.**

2. **Seleccione el comando Customize en el menú de acceso directo para abrir el recuadro de diálogo Customize.**

   Se abre el recuadro de diálogo Customize.

3. **Seleccione la pestaña Options del recuadro de diálogo Customize.**

   En la pestaña Options, el recuadro que dice `Always Show Full Menus` no está marcado (el recuadro Show Full Menus after a Short Delay está predeterminado).

4. **Seleccione la casilla de verificación para agregarle una marca de verificación y automáticamente difuminar la casilla de verificación Show Full Menus after a Short Delay.**

   Tan pronto como usted seleccione la casilla de verificación de Always Show Full Menus, Excel automáticamente eliminará la marca de verificación de la casilla de verificación de Show Full Menus After a Short Delay y lo opacará para que no esté disponible.

5. **Haga clic sobre el botón Close en el recuadro de diálogo Customize para cerrarlo.**

Mientras usted no esté muy familiarizado con Excel, le sugiero activar la opción Always Show Full Menus para que no pierda los elementos del menú que utiliza, debido a que los que no utiliza no se despliegan hasta después de una corta espera.

*Nota:* Si a usted le gusta jugar a las escondidas con los menúes desplegables y no le importa que los menúes completos aparezcan automáticamente después de una pausa de unos segundos, puede desactivar esta opción removiendo la marca de verificación de la casilla de verificación Show Full Menus After a Short Delay. Esta casilla de verificación está ubicada inmediatamente debajo de la casilla de verificación Always Show Full Menus y solamente opera cuando esta casilla está marcada.

Cuando cambie estos tipos de verificaciones de Menúes Personalizados y Barras de Herramientas en la pestaña Options del recuadro de diálogo Customize en Excel 2002, recuerde que sus cambios afectan de la misma forma las barras de herramientas y los menúes desplegables en todo el programa Office XP instalado en su computadora, como Word 2002 y PowerPoint 2002.

## *Comprender los menúes de acceso directo*

A diferencia de los menúes desplegables, los cuales puede acceder ya sea con el mouse o con el teclado, debe utilizar el mouse para abrir los menúes de acceso directo y seleccionar sus comandos. Debido a que los menúes de acceso directo están adheridos a objetos particulares en la pantalla — tales como a una ventana del libro de trabajo, una barra de herramientas o una celda de hoja de trabajo — Excel utiliza el botón del mouse *secundario* (es decir, el botón derecho para personas derechas y el botón izquierdo para zurdos) para abrir los menúes de acceso directo. (Y debido a que las personas derechas son más que nosotros los zurdos, esta técnica del mouse se conoce como *hacer clic en el botón derecho sobre un objeto.*)

En la Figura 1-8, puede ver un menú de acceso directo adherido a las barras de herramientas de Excel. Para abrir este menú, posicione el puntero del mouse en algún lado de la barra de herramientas y haga clic sobre el botón secundario del mouse. ¡Asegúrese de no hacer clic sobre el botón primario o terminará activando la herramienta en que esté colocado el puntero!

Después de que abre un menú de acceso directo Toolbar, puede utilizar sus comandos para desplegar u ocultar cualquiera de las barras incorporadas o para personalizar las barras de herramientas. (Refiérase al Capítulo 12 para más detalles.)

En la Figura 1-9, verifique el menú de acceso directo adherido a cualquiera de las celdas en una hoja de trabajo. Para abrir este menú, posicione el puntero en cualquiera de las celdas y haga clic sobre el botón secundario del mouse. *Nota:* también puede abrir este menú de acceso directo y aplicar sus comandos al grupo de celdas que ha seleccionado. (Encontrará cómo efectuar las selecciones de celdas en el Capítulo 3).

**Figura 1-8:** El menú de acceso directo de la barra de herramientas aparece cuando usted hace clic en el botón derecho sobre una barra de herramientas.

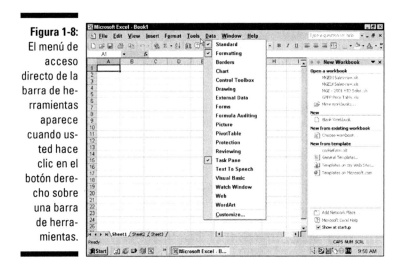

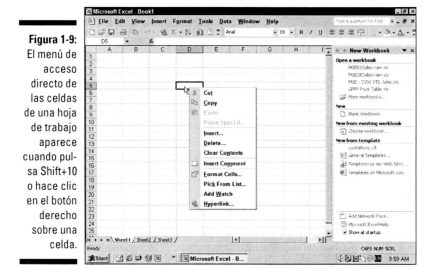

**Figura 1-9:** El menú de acceso directo de las celdas de una hoja de trabajo aparece cuando pulsa Shift+10 o hace clic en el botón derecho sobre una celda.

Debido a que los comandos en los menúes de acceso directo contienen comandos de letras, puede seleccionar uno de estos ya sea arrastrando hacia el comando y luego haciendo clic sobre cualquiera de los botones del mouse, el primario o el secundario, o escribiendo la letra subrayada para seleccionarlo. De otra forma, puede pulsar las teclas ↓ ó ↑ hasta que resalte el comando y luego pulse Enter para seleccionarlo.

El único menú de acceso directo que puede abrir con el teclado es el menú adherido a las celdas en una hoja de trabajo. Para abrir este menú de acceso directo, en la esquina superior derecha de la celda actual, pulse Shift+F10. Note que este tecleo funciona para cualquier tipo de hoja de Excel excepto para un gráfico, debido a que no tiene este tipo de menú de acceso directo adherido a ésta.

# *Excavar en esos Recuadros de Diálogo*

Muchos comandos de Excel están adheridos a un recuadro de diálogo que le presenta una gran variedad de opciones que puede aplicar al comando. Vea los recuadros de diálogo Save As y Options en las Figuras 1-10 y 1-11. Entre estos dos recuadros de diálogo, usted puede encontrar casi todos los tipos diferentes de botones, pestañas, y casillas utilizados por Excel en la Tabla 1-5.

**Figura 1-10:**
El recuadro
de diálogo
Save As
contiene re-
cuadros con
listas des-
plegables,
una casilla
de lista es-
tándar y un
montón de
botones de
comandos.

**Figura 1-11:**
El recuadro
de diálogo
Options
ofrece una
amplia ma-
triz de pes-
tañas, casi-
llas de veri-
ficación, bo-
tones de
opción y bo-
tones de co-
mandos.

| Tabla 1-5 | Las Partes de un Recuadro de Diálogo |
|---|---|
| *Botón o Recuadro* | *¿Para Qué Sirve?* |
| Tabulador | Suministra un medio para desplegar cierto grupo de opciones en un recuadro de diálogo complejo, tal como el recuadro de diálogo Options (que se muestra en la Figura 1-11), reuniendo una gran cantidad de tipos diferentes de configuras del programa que usted puede cambiar. |
| Casillas de Texto (o casilla de Edición) | Suministra un lugar para introducir una nueva entrada. Muchos de las casillas de edición tienen entradas pre-determinadas que puede alterar o reemplazar por completo. |
| Casilla de Lista | Suministra una lista de opciones entre las cuales puede escoger.  Si el recuadro de lista contiene más opciones de las que se pueden desplegar en su casilla, la casilla de lista contiene una barra de desplazamiento que puede utilizar para visualizar nuevas opciones. Algunos casillas de lista están adheridas a una casillas de texto y le per-miten efectuar una nueva entrada en la casilla de texto ya sea escribiéndolo o seleccionándolo en la casilla de lista conexo. |
| Casilla de lista que aparece (o desplegable) | Suministra una versión condensada de un recuadro de lista estándar que,  en vez de desplegar varias opciones en su lista, muestra solamente la opción actual (que es también la opción predeterminada originalmente).  Para abrir la casilla de lista y desplegar las otras opciones, haga clic sobre el botón desplegable que acompaña la casilla. Una vez que la lista se despliega, puede selec-cionar una nueva opción de ella, como lo haría en cualquier casilla de lista estándar. |
| Casilla de verificación | Presenta una opción de recuadro de diálogo que puede activar o desactivar. Cuando la casilla de verificación tiene una marca de verificación en ella, usted sabe que la opción ha sido seleccionada. Cuando la casilla de verifi-cación está en blanco, usted sabe que la opción no ha sido seleccionada. |

## Tabla 1-5 (continuación)

| Botón o Recuadro | ¿Para Qué Sirve? |
|---|---|
| Botón de Opción | Presenta elementos que tienen opciones mutuamente excluyentes. El botón de opción consiste en un círculo seguido por la opción de nombre. Los botones de opción siempre están agrupados y solamente uno de ellos puede ser seleccionado al mismo tiempo. Excel le permite saber cuál opción está actualmente seleccionada colocando un punto en el centro del círculo (cuando el botón de una opción está seleccionado, se parece a una perilla en un radio antiguo. |
| Botones Giratorios | Los botones giratorios aparecen como un par de pequeños recuadros uno encima del otro. El botón giratorio en la parte de arriba tiene una flecha que apunta hacia arriba, y el botón giratorio en la parte inferior tiene una flecha hacia abajo. Usted utiliza los botones giratorios para desplazarse hacia arriba o hacia abajo a través de una serie de opciones predeterminadas mientras selecciona la que usted desea. |
| Botón de Comando | Inicia una acción. El botón de comando es rectangula y su nombre se despliega dentro del botón. Si el nombre dentro del botón de comando está seguido por puntos suspensivos (...), Excel despliega otro recuadro de diálogo que contiene aún más opciones cuando selecciona el botón. |

**Nota:** Aún cuando usted puede mover un recuadro de diálogo fuera del camino de alguna información en su hoja de trabajo, no puede cambiar el tamaño o la forma del recuadro — estas dimensiones están fijadas por el programa permanentemente.

Muchos recuadros de diálogo contienen opciones predeterminadas o entradas que son seleccionadas automáticamente a menos que usted seleccione nuevas alternativas antes de cerrar el recuadro de diálogo.

✔ Para cerrar el recuadro de diálogo y activar sus selecciones, haga clic sobre el botón OK o sobre el botón Close (algunos recuadros no cuentan con un botón OK).

✔ Si el botón OK está rodeado de un borde oscuro, lo que se presenta a menudo, también puede pulsar Enter para activar sus selecciones.

✔ Para cerrar el recuadro de diálogo sin activar sus selecciones, puede ya sea hacer clic sobre los botones Cancel o Close (el que tiene la X) en el recuadro de diálogo o simplemente pulsar Esc.

La mayoría de los recuadros de diálogo agrupan opciones conexas como un elemento (frecuentemente, esto se lleva a cabo colocando un recuadro alrededor de las opciones). Cuando efectúe selecciones en un recuadro de diálogo con el mouse, simplemente haga clic sobre la selección que quiere utilizar, o en el caso de entradas de texto, haga clic sobre el puntero en la entrada para establecer el punto de inserción y luego modificar la entrada.

Sin embargo, cuando lleve a cabo selecciones con el teclado deberá, algunas veces, primero activar el elemento antes de que pueda seleccionar cualquiera de sus opciones.

✔ Pulse la tecla Tab hasta que active una de las opciones en el elemento. (Shift-+Tab activa el elemento anterior.)

✔ Cuando usted pulsa Tab (o Shift+Tab), Excel le indica cuál opción está activada, ya sea resaltando la entrada predeterminada o colocando una línea punteada alrededor del nombre de la opción.

✔ Después de activar una opción, puede cambiar sus fijaciones ya sea pulsando ↑ ó ↓ (esto funciona con grupos de botones de opción u opciones en casillas de lista desplegables), pulsando la barra espaciadora (esto funciona para seleccionar o eliminar la selección en casillas de verificación), o introduciendo una nueva entrada (utilizada en casillas de texto).

Usted también puede seleccionar una opción pulsando Alt y luego introduciendo la letra subrayada (comando) en la opción de nombre o elemento.

✔ Al pulsar Alt y luego introducir la letra de comando de una opción de casilla de texto, selecciona la entrada en esa casilla de texto (la cual puede reemplazar luego introduciendo una nueva entrada).

✔ Al pulsar Alt y luego introducir la letra de comando de una opción de casilla de verificación, puede seleccionar o eliminar la selección de una opción (agregando o eliminando su marca de verificación).

✔ Al pulsar Alt y luego introducir la letra de comando de un botón de opción, puede seleccionar la opción al mismo tiempo que elimina la selección de cualquier botón de opción que estuviese activo anteriormente.

✔ Al pulsar Alt y luego introducir la letra de comando de un botón de comando, puede, ya sea, iniciar el comando o desplegar otro recuadro de diálogo.

Además de los recuadros de diálogo más elaborados que se muestran en las Figuras 1-10 y 1-11, también puede encontrar recuadros de diálogo más simples utilizados para desplegar mensajes y avisos. Estos recuadros de diálogo se conocen apropiadamente como *alert boxes "casillas de alerta".* Muchos recuadros de diálogo de este tipo contienen solamente un botón OK sobre el que deberá hacer clic para cerrarlo después de leer el mensaje.

# Coquetear con la Ayuda En Línea

Usted puede obtener ayuda en línea con Excel 2002 en cualquier momento que la necesite mientras esté utilizando el programa. El único problema con el sistema de Help en línea es que solamente es útil cuando usted está familiarizado con la jerga de Excel. Si no sabe a lo que se refiere Excel con una opción particular, tendrá problemas al ubicarla en los temas de Help (justo como si tratara de buscar en el diccionario una palabra que no tiene idea cómo se escribe). Para ayudar a aliviar este problema, Excel hace uso del Answer Wizard. En sus propias palabras, usted puede introducir una pregunta sobre cómo hacer algo en Excel. El Answer Wizard luego trata de traducir su pregunta, escrita en perfecto inglés, al horrible vocabulario técnico de Excel para que luego Help despliegue los temas que le den la información que necesita.

## Pregúntele a Sr. Answer Wizard

En el Answer Wizard puede hacer preguntas en inglés simple sobre el uso de Excel. Haga clic sobre la casilla de lista desplegable Ask a Question o en la barra de menú (la que contenga el texto `Type a question for help`), escriba su pregunta, luego pulse Enter. El Answer Wizard le responde haciendo una lista de los temas que piensa puedan contestar su pregunta. Por ejemplo, escriba la pregunta, **"¿Cómo imprimir una hoja de trabajo?"** y el Answer Wizard despliega una lista de temas de impresión que se muestran en la Figura 1-12.

Para explorar uno de los temas en la lista, haga clic sobre él. El Answer Wizard luego abre una ventana de Microsoft Excel Help similar a la que se muestra en la Figura 1-13. Esta ventana de ayuda contiene un número de encabezados con viñetas relacionados con el tema que usted seleccione (las viñetas aparecen en forma de triángulos que apuntan hacia la derecha). Usted puede expandir cada encabezado para que despliegue la información haciendo clic sobre el encabezado del tema (note que se subraya, como un hipervínculo Web, tan pronto como posicione el puntero del mouse en cualquier lado de su texto) o sobre su viñeta triangular.

**Figura 1-12:**
Haga una
pregunta en
el recuadro
de Ask a
Question y
el Answer
Wizard le
despliega
un número
de posibles
temas rele-
vantes.

**Figura 1-13:**
Seleccione
un tema en
la lista de
Ask a
Question y
el Answer
Wizard abre
una ven-
tana de
Microsoft
Help.

Tan pronto como usted haga clic sobre un encabezado o su viñeta, su información se despliega debajo del encabezado (y la viñeta triangular que precede al encabezado, apunta hacia abajo en vez de hacia la derecha). Mientras lee a través del texto de ayuda, puede encontrarse con otros sub-encabezados con viñetas. Para expandir estos y desplegar su información, haga clic sobre sus viñetas o sobre el texto de su encabezado.

Para expandir todos los encabezados de un tema en particular, haga clic sobre el vínculo Show All en la esquina superior derecha de la ventana Microsoft Excel Help. Para desplegar todo el texto debajo de los encabezados expandidos a través de toda la pantalla de la computadora, haga clic sobre el botón Maximize de la ventana Microsoft Excel Help. Para obtener una impresión de la información de ayuda que está revisando, haga clic sobre el botón Print (el que tiene el icono con la impresora) debajo de la barra de título de la ventana.

## *Hablar con Clippit*

Después de que haya terminado de explorar los temas de ayuda en la ventana Microsoft Excel Help, regrese a Excel y a su libro de trabajo haciendo clic sobre el botón Close de la ventana Help. Tan pronto como cierre la ventana Help, Excel 2002 se expande automáticamente para llenar el espacio que esta ventana ocupaba anteriormente.

*Nota:* También puede acceder a estos mismos temas de ayuda en línea seleccionando el comando Help⇨Microsoft Excel Help en la barra de menú o pulsando la tecla de función F1. Cuando hace esto, aparece una versión en dibujo animado del Answer Wizard en la forma de Clippit, el sujetador de papel animado.

Luego usted escribe sus palabras claves o pregunta en la casilla de texto que aparece en la burbuja animada sobre la cabeza de Clippit. Cuando pulsa Enter o hace clic sobre su botón Search, la burbuja animada de Clippit se expande para desplegar una lista de temas relevantes (justo como la lista que aparece debajo de la casilla de texto de Ask a Question). Tan pronto como hace clic sobre un tema en la lista de Clippit, aparece la ventana Microsoft Help justo como lo hace cuando usted hace clic sobre un tema en la lista de Ask a Question, excepto que Clippit aparece en la parte superior de la ventana Help con los botones de la ventana Help y su burbuja animada todavía aparece a su lado izquierdo.

Cuando cierra la ventana Help después de examinar cuidadosamente los temas de ayuda relevantes, desaparece Clippit y también su burbuja animada. Sin embargo, si pulsa Escape después de invocar a Clippit antes de seleccionar un tema de ayuda y abre la ventana Help, la burbuja animada de Clippit desaparece pero él se mantiene en la pantalla. Para deshacerse de él, tiene que hacer clic derecho sobre su icono y luego seleccionar Hide en el menú de acceso directo. (Si yo fuera usted, me apegaría a la casilla de texto Ask a Question y omitiría Clippit.)

# Tallar Help contexto-sensible

Usted puede obtener Help sensible al contexto seleccionando Help⇨What's This? en los menúes desplegables o pulsando Shift+F1. Cuando lleva a cabo cualquiera de éstas, Excel cambia la forma del puntero del mouse y agrega un signo de interrogación. Para obtener ayuda sobre un comando en particular o sobre una parte de la ventana de Excel 2002, utilice este puntero de signo de interrogación para seleccionarlo. Por ejemplo, digamos que quiere refrescar su memoria sobre cómo usar el botón AutoSum en la barra de herramientas Standard para totalizar una columna de números. Simplemente, haga clic sobre el botón AutoSum con el puntero en forma de cabeza de flecha / signo de interrogación Help. Cuando hace esto, el programa despliega el recuadro de comentario de AutoSum que se muestra en la Figura 1-14 y le brinda un breve párrafo de información sobre el uso de la opción AutoSum.

**Figura 1-14:**
Haga clic con el puntero del mouse What's This? y Excel identifica el objeto y su uso.

También puede utilizar Help sensible al contexto para obtener información de cualquiera de los comandos en los menúes desplegables. Suponga, por ejemplo, que quiere averiguar sobre el propósito del comando Full Screen en el menú desplegable View. Para obtener información sobre lo que hace este comando y cómo utilizarlo, seleccione Help⇨What's This? o pulse Shift+F1 y luego haga clic sobre el menú View con el puntero del mouse en forma de cabeza de flecha / signo de interrogación Help. Después de que este menú se abre, haga clic sobre el comando Full Screen. Al hacer esto, se abre la casilla de texto Full Screen (View Menu) con un párrafo de información sobre el uso de este comando para desplegar en pantalla el número máximo de celdas de una hoja de trabajo. Para cancelar la ayuda "What's This?", pulse Esc o Shift+F1 de nuevo.

# *Cuando es Tiempo de Salirse*

Cuando esté listo para terminar su día y salirse de Excel, tiene varias alternativas para apagar el programa:

✔ Haga clic sobre el botón Close en la ventana de programa de Excel.

✔ Elija el comando File➪Exit de los menúes desplegables.

✔ Haga doble clic sobre el botón del menú Control en la ventana de programa de Excel (el icono verde con la *L* en cursiva cruzada para formar una X en una casilla, que es la primera cosa que aparece en la barra del título en la esquina superior izquierda de la pantalla).

✔ Pulse Alt+F4.

Si trata de salirse de Excel después de trabajar en un libro de trabajo y al que no le ha guardado los últimos cambios, el programa emite un sonido y le despliega un recuadro de alerta que le pregunta si quiere guardar sus cambios. Para guardar sus cambios antes de salirse, haga clic sobre el botón del comando Yes (para obtener información más detallada sobre cómo salvar documentos, refiérase al Capítulo 2). Si ha estado solamente jugando en la hoja de trabajo y no quiere guardar sus cambios, puede salirse del documento haciendo clic sobre el botón No.

# Capítulo 2

# Crear una Hoja de Cálculo desde el Principio

* * *

## En este capítulo

▷ Iniciar un nuevo libro de trabajo

▷ Ingresar tres tipos diferentes de información en una hoja de trabajo

▷ Crear fórmulas simples manualmente

▷ Arreglar sus errores en el ingreso de la información

▷ Utilizar la opción AutoCorrect

▷ Introducir información en la hoja de trabajo y darle comandos a Excel por medio de la voz

▷ Escribir a mano las entradas de su hoja de trabajo

▷ Utilizar la opción AutoFill para completar una serie de entradas

▷ Introducir y editar fórmulas que contienen funciones incorporadas

▷ Obtener el total de columnas y filas de números con el botón AutoSum

▷ Guardar su precioso trabajo y recuperar libros de trabajo después de una falla en la computadora

* * *

**D**espués de que sabe cómo iniciar Excel 2002, es tiempo de que averigüe ¡cómo no meterse en problemas cuando lo esté utilizando! En este capítulo, averiguará cómo introducir todo tipo de información en esas pequeñas y blancas celdas de su hoja de trabajo que describo en el Capítulo 1. Descubrirá las opciones de Excel AutoCorrect y AutoComplete y sobre cómo le ayudarán a minimizar los errores y a aligerar su trabajo. También obtendrá algunos punteros básicos sobre otros métodos inteligentes para minimizar la monótona labor del ingreso de información, tal como completar una serie de entradas con la opción AutoFill e introducir lo mismo en un montón de celdas al mismo tiempo.

Y después de descubrir cómo completar una hoja de trabajo con esta información en bruto, averiguará lo que será la más importante lección de todas — ¡cómo guardar toda esa información en el disco, para que no tenga que introducir todo eso de nuevo!

# Entonces, ¿Qué Va a Poner en su Nuevo Libro de Trabajo?

Cuando inicia Excel sin especificar un documento para abrir — que es lo que sucede cuando inicia el programa haciendo clic sobre el botón de Microsoft Excel en la barra de acceso directo de Office XP (refiérase al Capítulo 1) —, obtiene un libro de trabajo en blanco en una nueva ventana del libro de trabajo. Este libro de trabajo, llamado temporalmente Book1, contiene tres hojas de trabajo en blanco (Sheet1 *"Hoja1"*, Sheet2 *"Hoja2"*, y Sheet3 *"Hoja3"*). Para comenzar a trabajar en una hoja de cálculo, simplemente comience a introducir información en la primera hoja de la ventana del libro de trabajo Book1.

## Lo que se puede o no se puede hacer al introducir la información

Estos son unos lineamientos simples (una clase de etiqueta de ingreso de información, si me lo permite) que debe recordar cuando empiece a crear una hoja de cálculo en Sheet1 de su nuevo libro de trabajo:

✔ Cuando pueda, organice su información en tablas de datos que utilicen columnas y filas adyacentes (cercanas). Cuando sea posible, comience las tablas en la esquina superior izquierda de la hoja de trabajo y trabaje hacia abajo en la hoja, en vez de a través de ella. Separe cada tabla por no más de una columna o fila.

✔ Cuando elabore estas tablas, no se salte columnas o filas solamente para "espaciar" la información. En el Capítulo 3, averiguará cómo colocar espacio en blanco entre la información de columnas y filas adyacentes para ampliar las columnas, agrandar las filas y cambiar la alineación.

✔ Reserve una columna sencilla en el borde izquierdo de la tabla para anotar los títulos de la fila de esa tabla.

✔ Reserve una fila sencilla en la parte superior de la tabla para anotar los títulos de la columna de esa tabla.

✔ Si su tabla requiere de un título, colóquelo en la fila sobre los encabezados de la columna. Coloque el título en la misma columna de los encabezados de la fila. En el Capítulo 3, puede obtener información sobre cómo centrar este título a través de las columnas de la tabla completa.

En el Capítulo 1, hago mucho énfasis sobre el tamaño de cada una de las hojas de trabajo del libro de trabajo. Se preguntará la razón por la cual estoy ahora diciéndole que no use todo ese espacio para esparcir la información que introdujo en esta. Después de todo, teniendo todo ese espacio que viene con todas y cada una de las hojas de trabajo de Excel, usted pensará que conservar espacio sería una de las últimas cosas por las cuales tiene que preocuparse.

Y estaría 100 por ciento en lo correcto . . . excepto por una cosa pequeñita: la conservación del espacio en una hoja de trabajo es igual a la conservación de memoria. Como ve, a medida que una tabla de información se hace más grande y se expande en columnas y filas en las nuevas áreas de la hoja de trabajo, Excel decide que es mejor reservar cierto número de memoria de la computadora y mantenerla abierta por si acaso usted enloquece y decide llenar esa área por completo con entradas de celdas. Esto significa que si usted se salta columnas y filas innecesariamente (solo para reducir esa información desordenada), terminará desaprovechando memoria en la computadora que de otra forma sería utilizada para almacenar más información en la hoja de trabajo.

## Usted debe recordar esto . . .

Entonces ahora sabe que: la cantidad de memoria disponible para Excel en la computadora es la que determina el tamaño final de la hoja de cálculo que usted construya, no el número total de celdas en las hojas de trabajo de su libro de trabajo. Cuando a usted se le acaba la memoria, efectivamente, se le acaba el espacio — sin importar cuántas columnas y filas estén disponibles para llenar. Para maximizar la información que puede obtener en una sola hoja de trabajo, siempre adopte el enfoque "covered wagon" ("vagón cubierto") en lo que respecta al diseño de la hoja de trabajo y así mantener su información reunida.

## Hacer el Ingreso-de-Información

Comience por recitar (al unísono) las cuatro reglas básicas del ingreso de información en una hoja de trabajo. Todos juntos ahora:

Para introducir información en una hoja de trabajo, coloque el puntero de celda en la celda donde quiere la información y comience a introducir la entrada.

Tome nota de que antes de que usted pueda colocar el puntero de celda en la celda donde quiere la entrada, Excel debe estar en modo Ready *"Listo"* (busque el indicador de Ready en la barra de estado). Cuando empieza a introducir la entrada, Excel atraviesa un cambio de modo de Ready a Enter (y *Enter* reemplaza *Ready* en la barra de estado).

Si no se encuentra en modo Ready, intente pulsar Esc.

Tan pronto como empiece a escribir en modo Enter, los caracteres aparecen tanto en una celda del área de la hoja de trabajo como en la barra de fórmula cerca de la parte superior de la pantalla. Al empezar a introducir algo que está destinado a ir en la celda actual, también dispara un cambio en la barra Formula debido a que aparecen dos nuevas casillas, Cancel y Enter, entre el botón desplegable de la casilla Name y el botón Insert Function.

Mientras continúa escribiendo, Excel despliega su progreso tanto en la barra de fórmula como en la celda activa en la hoja de trabajo (refiérase a la Figura 2-1). Sin embargo, el punto de inserción (la barra vertical intermitente que actúa como su cursor) se despliega solamente al final de los caracteres desplegados en la celda.

**Figura 2-1:**
Lo que usted escribe aparece tanto en la celda actual como en la barra Formula.

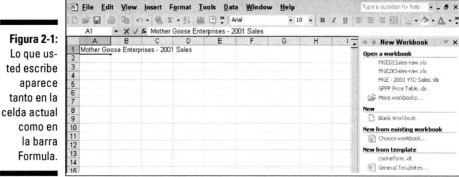

Después de que termina de escribir su entrada de celda, todavía tiene que ingresarla en la celda para que quede fija. Cuando hace esto, usted también cambia el programa del modo Enter al modo Ready de nuevo, para que pueda mover el puntero de celda hacia otra celda, y tal vez, introducir o editar la información ahí.

Para completar la entrada de celda, al mismo tiempo que saca a Excel del modo Enter y lo regresa al modo Ready, usted puede hacer clic sobre la casilla Enter en la barra Formula, pulsar Enter o una de las teclas de flechas (↓, ↑, →, o ←) para moverse a otra celda. También puede pulsar la tecla Tab (*"tabulador"*)

Ahora, aún cuando cada una de estas alternativas coloca su texto en la celda, cada una hace algo un poco diferente después, por tanto, tome nota:

✔ Si hace clic sobre el recuadro Enter (el que tiene la marca de verificación) en la barra Formula, el texto se introduce en la celda y el puntero de celda se mantiene en la celda que contiene la entrada nueva.

✔ Si pulsa la tecla Enter en su teclado, el texto se introduce en la celda y el puntero de celda se mueve una celda hacia abajo en la siguiente fila.

Si pulsa una de las teclas de flecha, el texto se introduce en la celda y el puntero de celda se mueve a la próxima celda en la dirección de la flecha. Pulse ↓ y el puntero de celda se mueve debajo en la siguiente fila como si terminara una entrada de celda con la tecla Enter. Pulse → para mover el puntero de celda hacia la derecha de la celda en la siguiente columna; pulse ← para mover el puntero de celda a la izquierda de la celda en la columna anterior; y pulse ↑ para mover el puntero de celda hacia arriba de la celda en la fila próxima superior.

ASPECTOS TÉCNICOS

# Lograr que la tecla Enter coloque el puntero de celda donde lo quiere

Excel avanza el puntero de celda automáticamente a la próxima celda hacia abajo en la columna cada vez que usted pulsa Enter para completar una entrada de celda. Si quiere personalizar Excel para que cuando pulse Enter el puntero de celda no se mueva mientras el programa introduce su información, o hacer que el puntero de celda se mueva hacia la próxima celda hacia arriba, hacia la izquierda o la derecha, seleccione Tools⇨Options en la barra de menú y luego haga clic sobre la pestaña Edit en el recuadro de diálogo Options para seleccionarlo.

Para prevenir que el puntero de celda se mueva del todo, seleccione Move Selection después de la casilla de verificación Enter para quitar su marca de verificación. Para hacer que el puntero de celda se mueva en otra dirección, haga clic sobre la casilla de lista en Direction justo debajo y luego seleccione la nueva dirección que quiere utilizar (Derecha, Arriba o Izquierda). Cuando termine de cambiar las fijaciones, haga clic sobre OK o pulse Enter.

✔ Si pulsa Tab, el texto se introduce en la celda y el puntero de celda se mueve a la celda adyacente en la columna de la derecha inmediata (lo mismo que ocurre cuando se pulsa la tecla →). Si pulsa Shift+Tab, el puntero de celda se mueve a la celda adyacente en la columna de la izquierda inmediata (lo mismo que ocurre cuando se pulsa la tecla ← después de colocar el texto).

No importa cuál de los métodos elija para colocar una entrada en su lugar, tan pronto como usted completa su entrada en la celda actual, Excel desactiva la barra Formula removiendo las casillas Cancel y Enter. De aquí en adelante, la información que introdujo continúa apareciendo en la celda en la hoja de trabajo (con ciertas excepciones que discutiré más adelante en este capítulo) y cada vez que coloca el puntero de celda en esa celda, la información volverá a aparecer también en la barra Formula.

Si mientras escribe una entrada o después de hacerlo, pero antes de completar su entrada, se da cuenta de que está a punto de colocarla en la celda equivocada, puede limpiar y desactivar la barra Formula haciendo clic sobre la casilla Cancel (la que tiene la X en él) o pulsando Esc. Sin embargo, si usted no se da cuenta de que tiene la celda equivocada activa hasta que ha introducido su información ahí, tiene que moverla a la celda correcta (algo que averiguará cómo hacer en el Capítulo 4) o borrar la entrada (refiérase al Capítulo 4) y luego volver a introducir la información en la celda correcta.

## Toma Todos los Tipos

Algo que usted no sabe es que mientras va por ahí ingresando información en su hoja de cálculo, Excel analiza constantemente las cosas que usted introduce y las clasifica en uno de los tres tipos de información posible: una pieza de texto, un *valor* o una *formula*.

Si Excel encuentra que la entrada es una fórmula, el programa automáticamente calcula la fórmula y despliega el resultado calculado en la celda de la hoja de trabajo (sin embargo, usted continúa viendo la misma fórmula en la barra Formula). Si Excel está satisfecho con que la entrada no califica como fórmula (señalaré las calificaciones para una fórmula correcta más adelante en este capítulo), el programa entonces determina si la entrada deberá clasificarse como texto o como un valor.

Excel efectúa esta distinción entre texto y valores para poder saber cómo alinear la entrada en la hoja de trabajo. Alinea las entradas de texto con el borde izquierdo de la celda y las de valores con el borde derecho. También, debido a que la mayoría de las fórmulas trabaja apropiadamente solo cuando se les ingresa valores al diferenciar el texto de los valores, el programa sabe cuáles trabajarán o cuáles no en las fórmulas que usted ha creado. Basta decir que puede engañar sus fórmulas si se refieren a cualquiera de las celdas que contienen texto en donde Excel espera que haya valores.

## Las señales del texto

Una entrada de texto es simplemente una entrada en la que Excel no puede clasificar como fórmula o como valor. Esto hace que el texto sea la categoría "armario" de todos los tipos de información de Excel. Como regla práctica, la mayoría de las entradas de texto (también conocidas como *labels, etiquetas*) son una combinación de letras y signos de puntuación y números. El texto es principalmente utilizado en títulos, encabezados y notas en la hoja de trabajo.

Usted puede darse cuenta inmediatamente si Excel ha aceptado una entrada como texto, porque las entradas de texto están alineadas automáticamente en el borde izquierdo de sus celdas. Si la entrada de texto es más ancha de lo que la celda pueda desplegar, la información se pasa a la celda o celdas contiguas de la derecha, siempre que *esas celdas se mantengan en blanco* (ver Figura 2-2).

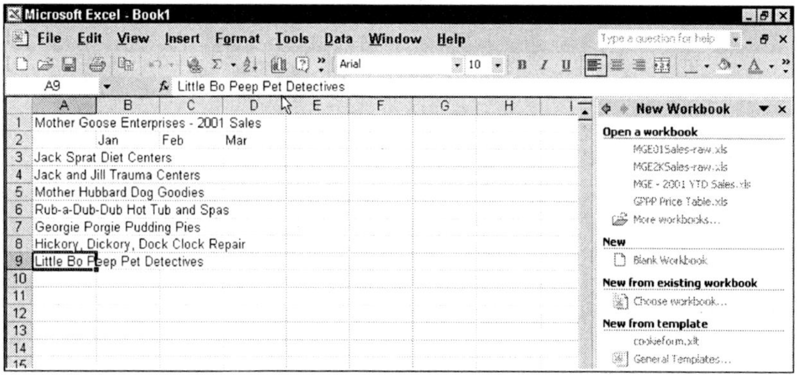

**Figura 2-2:** Las entradas de texto extenso se pasan a las celdas contiguas en blanco.

Si en algún momento más adelante usted introduce información en una celda que tiene texto de la celda a su izquierda, Excel corta el remanente de la entrada extensa (refiérase a la Figura 2-3). No se preocupe: Excel no borra estos caracteres de la entrada de celda — simplemente no los despliega para dejar campo para la nueva entrada. Para volver a desplegar la porción aparentemente faltante de la entrada extensa de texto, tendrá que ampliar la columna que contiene la celda en donde se ha ingresado el texto (para averiguar cómo se hace esto, pase al Capítulo 3).

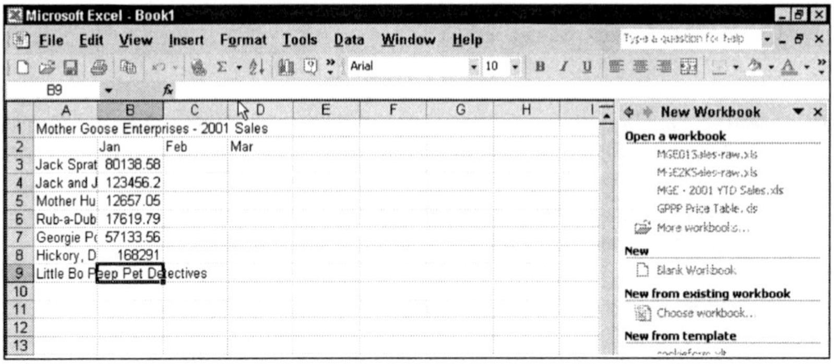

**Figura 2-3:**
Las entradas en celdas a la derecha eliminan el exceso de texto de las celdas a la izquierda.

| Microsoft Excel - Book1 | | | | | | | | | |

```
Mother Goose Enterprises - 2001 Sales
             Jan    Feb    Mar
Jack Sprat  80138.58
Jack and J  123456.2
Mother Hu   12657.05
Rub-a-Dub   17619.79
Georgie Po  57133.56
Hickory, D    168291
Little Bo Peep Pet Detectives
```

Open a workbook
MGE01Sales-raw.xls
M-E2KSales-raw.xls
MGE - 2001 YTD Sales.xls
GPPP Price Table.cls
More workbooks...

New
Blank Workbook

New from existing workbook
Choose workbook...

New from template

# ¿Cómo evalúa Excel sus valores?

Los *values "valores"* son los bloques de construcción de la mayoría de las fórmulas que usted crea en Excel. Como tales, los valores vienen en dos sabores: números que representan cantidades (14 tiendas o $140,000 dólares) y números que representan fechas (Julio 30, 1995) u horas (2 p.m.).

Usted se puede dar cuenta si Excel ha aceptado su entrada debido a que los valores están alineados al borde derecho de sus celdas. Si el valor que ingresa es más ancho que la columna que contiene la celda, Excel convierte automáticamente el valor (de todas las cosas) en *scientific notation (notación científica)*. Por ejemplo, 6E+08 indica que el 6 es seguido por ocho ceros para un gran total de 600 millones. Para restablecer un valor que ha sido convertido a esa extraña cosa llamada notación científica, de nuevo a un número regular, simplemente haga más ancha la columna para esa celda. (Lea cómo en el Capítulo 3).

## Para Excel, el texto no es más que un gran cero

Utilice el indicador AutoCalculate para probarse que Excel les da a todas las entradas de texto el valor 0 (cero). Como ejemplo, introduzca el número **10** en una celda y luego algún texto estúpido, tal como **Excel is like a box of chocolates**, en la celda directamente inferior. Luego arrastre hacia arriba para que ambas celdas (la que tiene el 10 y la del texto) se resalten. Eche una mirada al indicador AutoCalculate en la barra de estatus y verá que lee SUM=10, lo cual indica que el texto no agrega nada al valor de estas dos celdas.

### *Asegúrese de que Excel tenga su número*

Cuando esté construyendo una nueva hoja de trabajo, probablemente usted usará mucho de su tiempo introduciendo números y representando todo tipo de cantidades del dinero que ha generado (o perdido) al porcentaje del presupuesto de la oficina cuando se fue a tomar café y rosquillas. (¿Quiere decir que no le dan rosquillas?)

Para ingresar un valor numérico que representa una cantidad positiva, como la cantidad de dinero que ganó el año pasado, solamente seleccione una celda, introduzca los números — por ejemplo, **459600** — y complete la entrada en la celda haciendo clic sobre la casilla Enter, pulsando la tecla Enter, y así sigue. Para ingresar un valor numérico que representa una cantidad negativa, como la cantidad de dinero que gastó la oficina en café y rosquillas el año pasado, inicie la entrada con el signo menos o con el guión — antes de ingresar los números — por ejemplo, **–175** (no es mucho gastar en café y rosquillas cuando acaba de ganar $459,600) — y luego complete la entrada.

Si tiene conocimiento de contabilidad, puede encerrar el número negativo (que es un *gasto* para usted) entre paréntesis. Usted lo introduciría así: **(175)**. Solamente tome nota de que si usted se pone en ese problema de utilizar paréntesis para sus números negativos (gastos), Excel sigue y automáticamente convierte el número para que inicie con un signo menos; si introduce **(175)** en la celda de gasto de Café y Rosquillas, Excel lo convierte a **–175**. (Relájese, puede averiguar cómo recuperar su amado paréntesis para los gastos en su hoja de cálculo en el Capítulo 3.)

Con los valores numéricos que representan cantidades en dólares, como la cantidad de dinero que ganó el año pasado, usted puede incluir el signo de dólares ($) y las comas (,) justo como aparecen en los números impresos o escritos. Solamente tenga en cuenta que cuando introduce un número con comas, Excel asigna un formato de número al valor que equipare su uso de las comas (para más información sobre formatos de número y cómo se utilizan, refiérase al Capítulo 3). De igual forma, cuando precede una figura financiera con el signo de dólares, Excel asigna un formato apropiado de dólar-número al valor (uno que inserta comas automáticamente entre los miles).

Cuando introduzca valores numéricos con lugares decimales, use el punto como punto decimal. Cuando introduzca valores decimales, el programa automáticamente agrega un cero antes del punto decimal (Excel introduce **0.34** en una celda cuando usted ingresa **.34**) y elimina los ceros sobrantes después del punto decimal (Excel introduce **12.5** en una celda cuando usted ingresa **12.50**).

Si usted no conoce el equivalente decimal de un valor que contiene una fracción, puede ingresar el valor con su fracción. Por ejemplo, si no sabe que 2.1875 es el equivalente decimal de 2³⁄₁₆, solamente escriba **2 ³⁄₁₆** (asegurándose de agregar un espacio entre el 2 y el 3) en la celda. Después de completar la entrada, cuando coloque el puntero de celda en esa celda, verá 2³⁄₁₆ en la celda de la hoja de trabajo, pero 2.1875 aparecerá en la barra de fórmula. Como puede ver en el Capítulo 3, se necesita un truco simple para formatear el despliegue de 2³⁄₁₆ en la celda para que se equipare a 2.1875 en la barra Formula.

*Nota:* Si necesita introducir fracciones simples como ¾ ó ⅝, debe introducirlas como un número mixto precedido por un cero; por ejemplo, introduzca **0 ¾** ó **0 ⅝** (asegúrese de incluir el espacio entre el cero y la fracción). De otra forma, Excel se confunde y piensa que usted está introduciendo fechas Marzo 4 (3/4) y Mayo 8 (5/8).

Cuando introduzca en una celda un valor numérico que represente un porcentaje (tanto de un ciento), tiene esta opción:

✔ Dividir el número entre 100 e introducir el equivalente decimal (moviendo el punto decimal dos lugares a la izquierda, como su maestra le enseñó; por ejemplo, introduzca **.12** correspondiente al 12 por ciento).

✔ Introducir el número con el signo de porcentaje (por ejemplo, ingrese **12%**).

De cualquier forma, Excel guarda el valor decimal en la celda (0.12 en este ejemplo). Si utiliza el signo de porcentaje, Excel le asigna un formato de porcentaje-número al valor en la hoja de trabajo, para que aparezca como 12%.

### *¿Cómo arreglar sus lugares decimales (aún cuando no sepa que se han quebrado)?*

Si se percata de que necesita introducir una gran cantidad de números que utilizan lugares decimales, puede irse a la configuración de Excel Fixed Decimal y hacer que el programa ingrese los puntos decimales por usted. Esta opción es muy útil cuando tiene que introducir cientos de figuras financieras con dos lugares decimales (por ejemplo, para el número de centavos).

Para *fix "fijar"* el número de lugares decimales en una entrada numérica, siga estos pasos:

1. **Seleccione Tools⇨Options en la barra de menú.**

   Se abre el recuadro de diálogo Options.

2. **Seleccione la pestaña Edit en el recuadro de diálogo Options.**

3. **Seleccione la casilla de verificación Fixed Decimal para que tenga la marca de verificación.**

   Predeterminadamente, Excel fija los lugares decimales en dos lugares a la izquierda del último número que usted introdujo. Para cambiar la configuración de *Places "Lugares"* predeterminada, vaya al paso 4; de otra forma, continúe con el paso 5.

4. **Ingrese un nuevo número en la casilla de texto Places o utilice los botones giratorios para cambiar el valor.**

   Por ejemplo, puede cambiar la configuración de Places a 3 para introducir valores con la siguiente colocación decimal: 00.000.

5. **Haga clic sobre OK o pulse Enter.**

   Excel despliega el indicador de estado FIX en la barra de estado para informarle que la opción Fixed Decimal está activa.

Después de fijar el lugar decimal en valores numéricos, Excel agrega automáticamente el punto decimal a cualquier valor numérico que usted introduzca — todo lo que tiene que hacer es escribir los dígitos y completar la entrada en la celda. Por ejemplo, para introducir el valor numérico 100.99 en una celda después de fijar el punto decimal en dos lugares, escriba los dígitos **10099** sin agregar ningún punto decimal. Cuando complete la entrada de celda, Excel automáticamente inserta un punto decimal dos lugares a la derecha en el número que introdujo, dejando 100.99 en la celda.

Cuando esté listo para regresar a la entrada de información normal para valores numéricos (en donde solo introduce cualquier valor decimal), abra el recuadro de diálogo Options, seleccione la pestaña Edit de nuevo, remueva la selección de la casilla de verificación de Fixed Decimal y haga clic sobre OK o pulse Enter. Excel remueve el indicador FIX de la barra de estátus.

---

## ¡No se haga bolas por sus lugares decimales!

Mientras que la fijación de Fixed Decimal esté encendida, Excel agrega un punto decimal a todos los valores numéricos que usted introduzca. Sin embargo, si quiere introducir un número sin el punto decimal, o uno con el punto decimal en una posición diferente a la que tiene esta fijación predeterminada, tiene que recordar introducir el punto decimal (punto) usted mismo. Por ejemplo, para ingresar el número 1099 en vez de 10.99 cuando el punto decimal está fijado en dos espacios, introduzca **1099** seguido inmediatamente por un punto (.) en la celda.

Y, por Dios Santo, no se olvide de apagar la fijación de Fixed Decimal antes de empezar a trabajar en otra hoja de trabajo o cuando se salga de Excel. De otra forma, cuando trate de introducir valores tales como 20, usted obtendrá 0.2 y no sabrá ¡qué está sucediendo!

---

### *Tocar las diez viejas teclas*

Usted puede hacer que la configuración Fixed Decimal trabaje aún mejor seleccionando el bloque de celdas en donde quiere introducir los números (refiérase a *"Entradas alrededor del bloque"*, más adelante en este Capítulo) y luego pulsando Num Lock para que pueda introducir toda la información para esta selección de celda, desde el teclado numérico.

Al utilizar este enfoque, todo lo que debe hacer para introducir un rango de valores en cada celda es escribir los dígitos del número y pulsar Enter en el teclado numérico — Excel inserta el punto decimal en el lugar apropiado mientras mueve el puntero de celda hacia abajo a la celda siguiente. Mejor aún, cuando termina de introducir el último valor en una columna y pulsa Enter, se mueve automáticamente el puntero de celda a la celda superior de la siguiente columna en la selección.

Mire las Figuras 2-4 y 2-5 para averiguar cómo puede hacer que el método de diez teclas trabaje para usted. En la Figura 2-4, la opción Fixed Decimal está activada (utiliza los dos espacios decimales predeterminados) y el bloque de celdas de la B3 a la D9 está seleccionado. También puede ver que ya se han llevado a cabo seis entradas en las celdas B3 a B8 y una sétima, 30834.63, está a punto de ser completada en la celda B9. Para hacer esta entrada cuando la opción Fixed Decimal está activada, simplemente introduzca **3083463** en el teclado numérico.

**Figura 2-4:** Para introducir el valor 30834.63 en la celda B9, escriba **3083463** y luego pulse Enter.

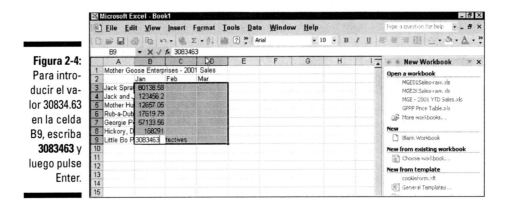

En la Figura 2-5, revise lo que pasa cuando pulsa Enter (ya sea en el teclado regular o en el teclado numérico). Excel no solo agrega automáticamente el punto decimal al valor en la celda B9, sino también mueve el puntero de celda hacia arriba y a la celda C3 en donde puede continuar introduciendo valores para esta columna.

**Figura 2-5:**
Pulse Enter
para com-
pletar la en-
trada de
30834.63 en
la celda B9;
Excel auto-
máticamen-
te mueve el
puntero de
celda hacia
arriba y a la
celda C3.

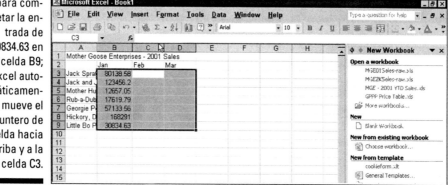

## *Introducir fechas sin problema*

A primera vista, puede parecerle un poco extraño que las fechas y horas se intro-
duzcan como valores en las celdas de una hoja de trabajo en vez de como texto.
La razón de esto es simple, de verdad: las fechas y horas que se introducen como
valores pueden ser utilizados en los cálculos de una fórmula y las fechas y horas
introducidas como texto no. Por ejemplo, si usted introduce dos fechas como valores, puede luego hacer una fórmula que le reste la fecha más reciente a la más
antigua y que dé como resultado el número de días entre ellas. Esta clase de cosas no puede suceder si introduce las dos fechas como entradas de texto.

Excel determina si la fecha o tiempo que usted introduce se ingresa como un valor
o un texto por el formato que usted siga. Si usa uno de los formatos de Excel de
fecha y hora predeterminados, el programa reconoce la fecha o la hora como un
valor. Si no utiliza uno de los formatos predeterminados, el programa introduce la
fecha o la hora como una entrada de texto — es tan sencillo como eso.

Excel reconoce los siguientes formatos de hora:

| | |
|---|---|
| 3 | AM o PM |
| 3 | A o P (para AM y PM) |
| 3:21 | AM o PM |
| 3:21:04 | AM o PM |
| 15:21 | |
| 15:21:04 | |

Excel reconoce los siguientes formatos de fecha. (Note que las abreviaciones de los meses siempre utilizan las tres primeras letras del nombre del mes: Jan, Feb, Mar, *"Ene, Feb, Mar"* y así sigue.)

> November 2, 2001 o November 2, 01
>
> 11/2/01 o 11-2-01
>
> 2-Nov-01 o 2/Nov/01 o incluso 2Nov01
>
> 11/2 o 2-Nov or 2/Nov o 2Nov
>
> Nov-01 o Nov/01 o Nov01

### *Hacer una fecha en el siglo XXI*

Contrario a lo que pueda pensar, cuando esté introduciendo fechas en el siglo XXI, necesita ingresar solamente los últimos dos dígitos del año. Por ejemplo, si introduce la fecha enero 6, 2002, en una hoja de trabajo, introduzco **1/6/02** en la celda meta. De la misma manera, para introducir la fecha 15 de febrero, 2010 en una hoja de trabajo, introduzco **2/15/10** en la celda meta.

Note que este sistema de colocar solamente los últimos dos dígitos de las fechas en el siglo XXI funciona solamente para las fechas en las primeras tres décadas del nuevo siglo (2000 a 2029). Para introducir fechas para los años 2030 en adelante, necesita introducir los cuatro dígitos del año completos.

# El juego de las fechas

Las fechas son almacenadas como una serie de números que indica cuántos días han pasado desde una fecha inicial en particular; las horas son almacenadas como fracciones decimales que indica la parte del tiempo transcurrido correspondiente a un período de 24 horas. Excel tiene dos sistemas de fechas: el sistema de fechas 1900 utilizado por Excel en Windows, en que el 1 de Enero de 1900 es la fecha inicial (número serial 1) y el sistema 1904 utilizado por Excel para la Macintosh, en el que el 2 de Enero de 1904 es la fecha inicial.

Si alguna vez obtiene un libro de trabajo creado con Excel para Macintosh que contenga fechas que se vean enredadas cuando abre el archivo, puede rectificar este problema seleccionando Tools➪Options en la barra de menú, seleccionando la pestaña de Calculation en el recuadro de diálogo Options, y luego seleccionando la casilla de verificación 1904 Date System bajo las opciones Workbook antes de hacer clic sobre OK.

Esto también quiere decir, que al introducir fechas en las tres primeras décadas del siglo 20 (1900 a 1929), tendrá que ingresar los cuatro dígitos del año. Por ejemplo, para introducir la fecha 21 de julio, 1925, deberá ingresar **7/30/1925** en la celda meta. De otra forma, si introduce solamente los últimos dos dígitos, (**25**) para la porción del año de la fecha, Excel introduce la fecha para el año 2025 y no 1925!

Excel 2002 siempre despliega los cuatro dígitos del año en la celda y en la barra Formula aún cuando solamente haya introducido los dos últimos. Por tanto, si introduce **11/06/03** en una celda, Excel despliega automáticamente 11/06/2003 en la celda de la hoja de trabajo (y en la barra Formula cuando la celda está activa).

De esa forma, siempre puede ver si introdujo una información del siglo 20 en vez del siglo XXI, aún si no puede recordar esas estúpidas reglas de cuándo introducir solamente los últimos dos dígitos o cuándo introducir los cuatro (refiérase al Capítulo 3 para más información sobre cómo formatear sus entradas de fechas para que se desplieguen solamente los últimos dígitos en la hoja de trabajo).

## *¡Fabricar esas fabulosas fórmulas!*

Las fórmulas son los verdaderos caballos de fuerza de la hoja de trabajo. Si usted hace una fórmula apropiadamente, calcula la respuesta correcta cuando usted la introduce por primera vez en una celda. De ahí en adelante, se mantiene actualizada a sí misma, volviendo a calcular los resultados cuando cambia cualquiera de los valores que utiliza la fórmula.

Usted le avisa a Excel que está a punto de ingresar una fórmula (en vez de cualquier texto o valor) en la celda actual al iniciar con el signo de igual (=). La mayoría de las fórmulas simples tiene el signo igual seguido por una función predeterminada, tal como SUM o AVERAGE. (Refiérase a la sección *"Insertar una función en una fórmula con el botón Insert Function"* más adelante en este capítulo, para más información sobre el uso de funciones en fórmulas). Otras fórmulas simples usan una serie de valores o referencias de celdas que contienen valores separados por uno o más de los siguientes símbolos matemáticos:

+ (signo de suma) para adición

– (signo de menos o guión) para resta

\* (asterisco) para multiplicación

/ (diagonal) para división

^ (acento circunflejo) para elevar un número a una potencia exponencial

Por ejemplo, para crear una fórmula en la celda C2 que multiplique el valor introducido en la celda A2 por el valor en la celda B2, introduzca la siguiente fórmula en la celda C2: **=A2\*B2**.

Para introducir esta fórmula en la celda C2, siga los siguientes pasos:

1. **Seleccione la celda C2.**

2. **Introduzca la fórmula completa** =A2\*B2 **en la celda.**

3. **Pulse Enter.**

O bien,

1. **Seleccione la Celda C2.**

2. **Escriba = (signo de igual).**

3. **Seleccione la celda A2 en la hoja de trabajo utilizando el mouse o el teclado.**

   Esta acción coloca la referencia de celda A2 en la fórmula de la celda (como se muestra en la Figura 2-6).

4. **Escriba \* (Shift+8 en la fila superior del teclado).**

   El asterisco se usa para multiplicación, en vez del símbolo x que usaba en la escuela.

5. **Seleccione la celda B2 en la hoja de trabajo utilizando el mouse o el teclado.**

   Esta acción coloca la referencia de celda B2 en la fórmula (como se muestra en la Figura 2-7).

6. **Haga clic sobre la casilla Enter para completar la entrada de la fórmula, mientras mantiene el puntero de celda en la celda C2.**

   Excel despliega la respuesta calculada en la celda C2 y la fórmula =A2\*B2 en la barra Formula (como se muestra en la Figura 2-8).

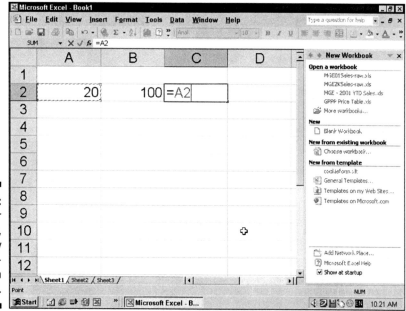

**Figura 2-6:**
Para iniciar la fórmula, escriba = y luego seleccione la celda A2.

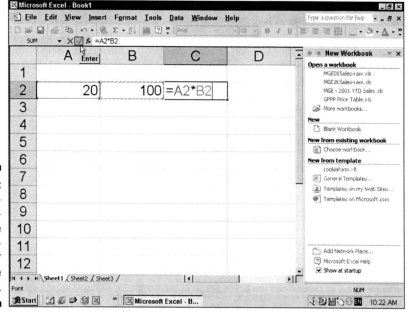

**Figura 2-7:**
Para completar la segunda parte de la fórmula, escriba * y seleccione la celda B2.

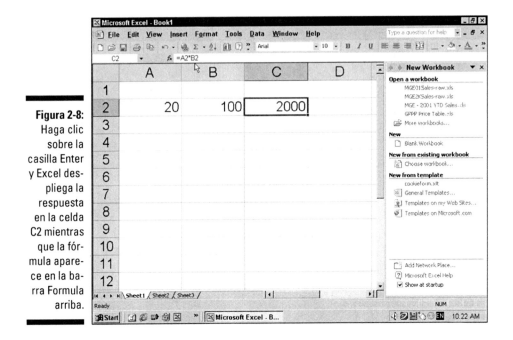

Figura 2-8:
Haga clic
sobre la
casilla Enter
y Excel des-
pliega la
respuesta
en la celda
C2 mientras
que la fór-
mula apare-
ce en la ba-
rra Formula
arriba.

Cuando termina de introducir la fórmula =**A2\*B2** en la celda C2 de la hoja de trabajo, Excel despliega el resultado calculado dependiendo de los valores actualmente ingresados en las celdas A2 y B2. La mayor ventaja de una hoja de cálculo
electrónica es la capacidad de las fórmulas para cambiar automáticamente sus resultados calculados para que concuerden con los cambios en las celdas de referencia de las fórmulas.

Ahora viene la parte divertida: ¡después de crear una fórmula como la anterior
que se refiere a valores en ciertas celdas (en vez de contener esos valores dentro
de ellas), usted puede cambiar los valores en esas celdas y Excel vuelve a calcular
automáticamente la fórmula, utilizando estos nuevos valores y desplegando la respuesta actualizada en la hoja de trabajo! Con el ejemplo que se muestra en la Figura 2-8, digamos que usted cambia el valor en la celda B2 de 100 a 50. En el
momento en que completa este cambio en la celda B2, Excel vuelve a calcular la
fórmula y despliega la nueva respuesta, 1000, en la celda C2.

## Si lo quiere, solamente señálelo

El método para seleccionar las celdas que usted usa en una fórmula, en vez de introducir sus referencias de celdas, se conoce como pointing *(señalar)*. Señalar es
no solamente más rápido que escribir las referencias de celdas, también reduce el

riesgo de que pueda introducir la referencia de celda equivocada. Cuando usted introduce una referencia de celda, se puede equivocar fácilmente y escribir la letra de la columna o número de fila incorrectos y no darse cuenta de su error solamente mirando el resultado calculado en la celda.

Si selecciona la celda que quiere utilizar en la fórmula, ya sea haciendo clic sobre ella o moviendo el puntero de celda hacia ella, usted tiene menos oportunidad de introducir una referencia de celda equivocada.

## Alterar el orden natural de las operaciones

Muchas de las fórmulas que usted crea llevan a cabo más de una operación matemática. Excel hace cada operación moviéndose de izquierda a derecha, conforme la ley del más fuerte (el orden natural de las operaciones aritméticas). En este orden, la multiplicación y la división pesan más que la suma o resta, y por tanto, se llevan a cabo primero, aún cuando estas operaciones no sean las primeras en la fórmula (cuando se lee de izquierda a derecha).

Considere la serie de operaciones en la siguiente fórmula:

=A2+B2*C2

Si la celda A2 contiene el número 5, la B2 contiene el número 10 y C2 contiene el número 2, Excel efectúa la siguiente fórmula:

=5+10*2

En esta fórmula, Excel multiplica 10 por 2 para obtener 20 y luego a este resultado le suma 5 para obtener el resultado 25.

Si quiere que Excel lleve a cabo la suma entre los valores en las celdas A2 y B2 antes de que el programa multiplique el resultado por el valor en la celda C2, coloque la operación de suma entre paréntesis, así:

=(A2+B2)*C2

Los paréntesis alrededor de la suma le indican a Excel que usted quiere que esta operación se lleve a cabo antes de la multiplicación. Si la celda A2 contiene el número 5, B2 contiene el número 10 y C2 contiene el número 2, Excel suma 5 y 10 para obtener 15 y luego multiplica este resultado por 2 para obtener el resultado 30.

En fórmulas más elaboradas, puede que usted necesite agregar más de un grupo de paréntesis, uno dentro del otro (como las muñecas rusas de madera, que se insertan una dentro de la otra) para indicar el orden en que desea que se lleven a cabo sus cálculos. Cuando agrupa paréntesis, Excel primero lleva a cabo el cálculo que se encuentra en el par de paréntesis más adentro, luego utiliza ese resultado en cálculos posteriores mientras el programa va haciendo su trabajo hacia afuera. Por ejemplo, considere la siguiente fórmula:

$$=(A4+(B4–C4))*D4$$

Excel primero resta el valor en la celda C4 del valor en la celda B4, suma la diferencia al valor en la celda A4, y por último, multiplica esa suma por el valor en D4.

Sin las sumas de los dos grupos en paréntesis agrupados, Excel hubiese primero multiplicado el valor en la celda C4 por el de D4, sumado el valor en A4 al de B4, y luego llevado a cabo la resta.

No se preocupe mucho cuando esté agrupando entre paréntesis en una fórmula si no lo hace apropiadamente, para tener un paréntesis derecho por cada paréntesis izquierdo en la fórmula. Si no incluye un paréntesis derecho por cada paréntesis izquierdo, Excel despliega un recuadro de diálogo de alerta que le sugiere la corrección que necesita llevarse a cabo para balancear los pares. Si está de acuerdo con la corrección sugerida por el programa, simplemente haga clic sobre el botón Yes. Sin embargo, asegúrese de que solamente utilice paréntesis: ( ). Excel se resiste al uso de corchetes — [ ] — o llaves — { } — en una fórmula y le muestra un recuadro de alerta de Error.

## Errores de Fórmulas

Bajo ciertas circunstancias, puede parecer que aún las mejores fórmulas tienen errores después de que las ingresa en su hoja de trabajo. ¡Usted puede darse cuenta de que una fórmula se ha desorganizado porque en vez del valor bien calculado que espera ver en la celda, recibe un mensaje extraño e incomprensible en letras mayúsculas que inicia con el signo de número (#) y que termina con un signo de exclamación (!) o un signo de pregunta (?). Esto tan extraño se conoce, en el lenguaje de las hojas de cálculo, como un *error value "valor errático"*. Su propósito es el de avisarle que algún elemento — ya sea la fórmula misma o una celda referida por la fórmula — está obstaculizando a Excel de mostrar el valor calculado.

Lo peor de los valores erráticos es que ellos pueden contaminar otras fórmulas en la hoja de trabajo. Si una fórmula regresa un valor errático a una celda y una segunda fórmula en otra celda se refiere al valor calculado por la primera fórmula, la segunda fórmula muestra el mismo valor errático, y así sigue.

Después de que se observe un valor errático en una celda, usted tiene que descubrir qué causó el error y editar la fórmula en la hoja de trabajo. En la Tabla 2-1, hago una lista de los valores erráticos que puede encontrar en una hoja de trabajo y luego explico las causas más comunes.

| Tabla 2-1 | Valores Erráticos Que Puede Encontrar Por Fórmulas Con Errores |
|---|---|
| *Lo Que Se Muestra En La Celda* | *¿Qué Está Pasando Aquí?* |
| #DIV/0! | Aparece cuando en la fórmula hay una división entre una celda que contiene el valor 0 ó, lo que es más común, está vacía. La división entre 0 no es aceptada en las matemáticas. |
| #NAME? | Aparece cuando la fórmula se refiere a un rango de nombre (refiérase al Capítulo 6 para más información sobre rangos de nombre) que no existe en la hoja de trabajo. Este valor errático aparece cuando usted introduce el rango de nombre equivocado o no ingresa el texto utilizado en la fórmula entre comillas, lo cual causa que Excel piense que el texto se refiere a un rango de nombre. |
| #NULL! | Aparece más seguido cuando inserta un espacio (donde debió utilizar una coma) para separar las referencias de celda utilizadas como argumentos para funciones. |
| #NUM! | Aparece cuando Excel encuentra un problema con un número en la fórmula, tal como el tipo de argumento equivocado en una función de Excel o un cálculo que resulta en un número muy grande o muy pequeño para ser representado en la hoja de trabajo. |
| #REF! | Aparece cuando Excel encuentra una referencia de celda no válida, tal como cuando borra una celda a la que se hace referencia en una fórmula o pega celdas sobre celdas referidas en una fórmula. |
| #VALUE! | Aparece cuando usted utiliza el tipo de argumento u operador equivocado en una función, o cuando solicita una operación matemática que se refiere a celdas que contienen entradas de texto. |

# *Arreglar Esos Errores en el Ingreso de Información*

Todos deseamos ser perfectos, pero como pocos lo somos, mejor nos preparamos para aquellos momentos inevitables en que nos equivocamos. Cuando introducimos vastas cantidades de información, es verdaderamente fácil que esos errores tipográficos mal portados se metan en nuestro trabajo. En su empeño por lograr la hoja de cálculo perfecta, aquí hay cosas que puede hacer. Primero, consiga que Excel corrija automáticamente ciertos errores tipográficos en el ingreso de información justo cuando suceden, con la opción AutoCorrect. Segundo, corrija manualmente cualquier error desagradable que se nos pase, ya sea mientras está en el proceso de efectuar la entrada en la celda, o después de que la entrada haya ingresado.

## *Usted verdaderamente usa el AutoCorrect para mí*

La opción de AutoCorrect es como enviada por Dios para aquellos que tendemos a cometer el mismo estúpido error tipográfico una y otra vez. Con AutoCorrect, puede alertar a Excel 2002 de sus propios errores tipográficos e indicarle al programa cómo debería arreglarlos automáticamente.

Cuando instala por primera vez Excel, la opción AutoCorrect ya sabe que debe corregir automáticamente dos letras mayúsculas en el inicio de una entrada (poniendo en minúscula la segunda), poner en mayúscula el nombre de los días de la semana y reemplazar un número establecido de entradas de texto y de errores tipográficos con cierto texto sustituto.

Puede agregar a la lista de reemplazos de texto en cualquier momento en que esté usando Excel. Estos reemplazos de texto pueden ser de dos tipos: errores tipográficos que comete en forma rutinaria conjuntamente con la ortografía correcta, y abreviaciones o acrónimos que escribe todo el tiempo conjuntamente con sus formas completas.

Para agregar a los reemplazos:

1. **Seleccione Tools⇨AutoCorrect Options en la barra de menú para abrir el recuadro de diálogo AutoCorrect.**

2. **En la pestaña AutoCorrect, en este recuadro de diálogo introduzca el error tipográfico o la abreviación en la casilla de texto Replace.**

3. Ingrese la corrección o forma completa en la casilla de texto With.

4. Haga clic sobre el botón Add o pulse Enter para agregar el nuevo error tipográfico o abreviación a la lista de AutoCorrect.

5. Haga clic sobre el botón OK para cerrar el recuadro de diálogo AutoCorrect.

## Etiqueta para la edición de celdas

A pesar de la ayuda de AutoCorrect, algunos errores están destinados a alcanzarlo. La forma en cómo los corrige en realidad depende de si los observó antes o después de completar la entrada en la celda.

✔ Si se da cuenta del error antes de completar una entrada, puede eliminarlo pulsando su tecla de Backspace *"Retroceso"* hasta que haya eliminado todos los caracteres incorrectos de la celda. Después, puede volver a introducir el resto de la entrada o de la fórmula, antes de completar la entrada en la celda.

✔ Si no descubre el error hasta que ha completado la entrada en la celda, tiene la opción de reemplazar todo o solamente editar los errores.

✔ Cuando esté tratando con entradas pequeñas, probablemente querrá tomar la ruta del reemplazo. Para reemplazar una entrada de celda, solamente tiene que colocar el puntero de celda en esa celda, introducir su entrada de reemplazo y luego completar el reemplazo de la entrada haciendo clic sobre la casilla Enter o pulsando Enter o una de las teclas de flecha.

✔ Cuando el error en una entrada es relativamente fácil de arreglar y la entrada está en el lado largo, probablemente preferirá editar la entrada de celda en vez de reemplazarla. Para editar la entrada en la celda, simplemente haga doble clic sobre la celda o seleccione la celda y luego pulse F2.

✔ Se reactiva la barra Formula y despliega de nuevo las casillas Enter y Cancel, mientras que al mismo tiempo coloca el punto de inserción en la entrada de celda en la hoja de trabajo. (Si hace doble clic, el punto de inserción se coloca en el lugar en donde hizo clic; pulse F2 y el punto de inserción se coloca después del último carácter en la entrada).

✔ También note que el indicador de modo cambia a Edit. Mientras se encuentre en este modo, puede utilizar el mouse o las teclas de flechas para colocar el punto de inserción en el lugar en la entrada de celda que necesita ser arreglada.

En la Tabla 2-2, hago una lista de los teclazos que puede utilizar para volver a colocar el punto de inserción en una entrada de celda y borrar los caracteres no deseados. Si quiere introducir nuevos caracteres en ese punto de inserción, simplemente comience a escribir. Si desea eliminar caracteres existentes en el

punto de inserción mientras escribe otros nuevos, pulse la tecla Insert en su teclado para cambiar del modo normal de inserción al modo de sobre-escritura. Para
regresar al modo de inserción normal, pulse Insert una segunda vez. Cuando haya
terminado de hacer las correcciones a una entrada de celda, debe completar las
ediciones pulsando Enter antes de que Excel actualice el contenido de la celda.

Mientras que Excel se encuentra en modo Edit, debe volver a introducir el contenido de las celdas editadas, ya sea haciendo clic en la
casilla Enter o pulsando Enter. Usted puede utilizar las teclas de flecha
como una forma de completar su entrada solamente cuando el programa se encuentra en modo Enter. Cuando el programa se encuentra en
modo Edit, las teclas de flecha mueven el punto de inserción solo a través de la entrada que está editando, no a una celda nueva.

| Tabla 2-2 | Teclazos para Arreglar Esos Errores de Entrada de Celdas |
|---|---|
| *Teclazo* | *¿Qué Hace Ese Teclazo?* |
| Delete | Elimina el caracter a la derecha del punto de inserción |
| Backspace | Elimina el caracter a la izquierda del punto de inserción |
| → | Coloca el punto de inserción un carácter hacia la derecha |
| ← | Coloca el punto de inserción un carácter hacia la izquierda |
| ↑ | Mueve el punto de inserción, cuando se encuentra al final de una entrada de celda, a su posición anterior a la izquierda. |
| End o ↑ | Mueve el punto de inserción hasta después del último car-acter en la entrada de celda |
| Home | Mueve el punto de inserción frente al primer caracter de la entrada de celda |
| Ctrl+→ | Coloca el punto de inserción enfrente de la próxima palabra en la entrada de celda |
| Ctrl+← | Coloca el punto de inserción enfrente de la palabra anterior en la entrada de celda |
| Insert | Cambia entre el modo de insertar y el de sobre-escribir |

> # El Cuento de las Dos Ediciones: Edición de Celda versus Edición de Barra Fórmula
>
> Excel le da la opción de escoger para la edición del contenido de una celda ya sea entre la celda o la barra Formula. A pesar de que la mayoría del tiempo editar en la cerda esté bien, cuando esté trabajando con entradas realmente largas (como fórmulas enormes que parecen no terminar nunca o entradas de texto que ocupan párrafos y párrafos) tal vez prefiera editarlo en la barra Formula. Esto sucede porque Excel expande la barra Formula tantas filas como
>
> sea necesario para desplegar el contenido completo de la celda; en el despliegue de la hoja de trabajo, sin embargo, el contenido de la celda puede ocultarse de la pantalla.
>
> Para editar el contenido en la barra Formula en vez de en la propia celda, debe colocar el puntero de celda en la celda y luego hacer doble clic en alguna parte (probablemente en el primer lugar que necesita ser cambiado) en el contenido de celda de la barra Formula.

# Evitar la Monotonía al Introducir la Información

Antes de finalizar con el tema de introducción de información, siento la obligación de explicar algunos de los accesos directos que realmente ayudan a evitar la monotonía de esta tarea. Estos consejos para la introducción de información incluyen el uso de las nuevas capacidades de Speech Recognition *"Reconocimiento de Palabra"* (incluyendo dictado de voz y comandos), las opciones AutoComplete y AutoFill, así como el introducir información en un bloque de celdas preseleccionado e ingresar lo mismo en un montón de celdas al mismo tiempo.

## Escuchar la Voz de su Amo

El Speech Recognition (Reconocimiento de Palabra) tiene que ser una de las nuevas y estupendas opciones de Excel 2002. Con esto puede hacer que Excel tome dictado o siga sus comandos de voz. Cuando utiliza el Reconocimiento de Palabra en modo de dictado, Excel introduce el texto o valores que usted dice en las celdas de sus hojas de trabajo. Cuando utiliza el Speech Recognition en modo de comando, Excel selecciona el menú comandos, la barra de herramientas y las opciones del recuadro de diálogo mientras habla.

Los únicos trucos para utilizar el Speech Recognition son que su computadora debe estar equipada con un procesador lo suficientemente rápido y el equipo de sonido apropiado, y que usted no solo debe instalar el Speech Recognition, sino que también entrenarlo para reconocer su voz. Según Microsoft, la configuración mínima de su computadora para ejecutar el Reconocimiento de Palabra es Pentium II con a una velocidad mínima de 300 MHz y un mínimo de 128 MB de memoria de acceso aleatorio (RAM). Si usted tiene una computadora un poco más anticuada, deberá dejar pasar la diversión de hablarle a Excel y apegarse al buen y viejo teclado.

Si la velocidad de su máquina cumple con este reto, todavía tiene que tener un micrófono de calidad, preferiblemente uno adherido a un juego de audífonos (como el que debe usar la recepcionista de su oficina). Estos cuestan entre $40 y $80 y están disponibles en todas las tiendas de suministros de implementos electrónicos y de computación. Los micrófonos baratos que vienen con las PCs no son lo suficientemente sensibles para este tipo de trabajo y, a diferencia del micrófono del juego de audífonos, no están lo suficientemente cerca de su boca para evitar que capten sonidos de interferencias de alrededor.

Los sonidos de interferencia son una gran preocupación cuando se está usando la opción Speech Recognition. Si trabaja en una oficina de ambiente tipo barraca en donde usted está siendo siempre molestado por las voces de sus compañeros de trabajo, es seguro que Office XP Speech Recognition tomará los sonidos de interferencia sin importar la calidad de su micrófono. Usted verá que la opción de Speech Recognition en Excel 2002 puede ser un mayor problema — la conversación de sus vecinos ocasionará que aparezcan palabras y símbolos raros e incomprensibles en sus hojas de trabajo en momentos en que ni siquiera está dictando en una hoja de trabajo.

La opción de Speech Recognition no se instala durante el proceso estándar de instalación de Office XP, sin embargo, está diseñada para ser instalada en el primer momento en que trate de utilizarla en cualquier programa de Office. Usted puede instalar el Speech Recognition desde Excel 2002: seleccione Tools⇨Speech⇨Speech Recognition. El programa responde e inicia el proceso de instalación del Speech Recognition de la barra de menú de Excel (que requiere utilizar su disco Office XP CD-ROM por completo).

Una vez que la instalación de la opción Speech Recognition ha sido completada con éxito en su computadora, un icono de barra de Language *"Lenguaje"* que indica EN (para English *"Inglés"*) aparece en la bandeja del sistema (esquina inferior derecha de su escritorio, en donde puede ver la hora actual) en la barra de tareas Windows. Usted utiliza este icono para desplegar la barra flotante Language que le permite a cambiar y refinar sus configuraciones de palabra, así como cambiar entre el modo de dictado y el de comando en los programas de Office tales como Excel. Todos los programas de Office XP, incluyendo Word, PowerPoint y Outlook, también soportan Speech Recognition.

Para desplegar la barra flotante Language, haga clic derecho sobre el icono EN de la bandeja del sistema de la barra de tareas en el botón Windows y luego seleccione la opción Show the Language Bar en su menú de acceso directo. Si usted ya ha instalado Speech Recognition, pero este icono no aparece en la barra de tareas, necesita abrir la barra de Language del interior de Excel seleccionando Tools⇨Speech⇨Speech Recognition.

Cuando hace clic sobre el botón Minimize en la barra Language (el que tiene el signo menos en el extremo derecho de la barra de herramientas), Excel despliega un recuadro de diálogo de alerta que indica que cuando esté minimizada, usted puede restablecer la barra Language haciendo clic sobre ella y luego seleccionando Show the Language Bar del menú que aparece. Haga clic sobre OK para cerrar este recuadro de diálogo de alerta y colocar el icono EN en la bandeja del sistema inmediatamente antes del reloj.

La barra Language aparece de dos formas: la barra Language completa, con todos los botones desplegados (Microphone, Pretation, Voice Command, Current Mode, Tools, Handwriting y Writing Pad), como se muestra en la Figura 2-9; y una barra Language resumida, con todos los botones desplegados excepto los botones Dictation, Voice Command y Current Mode, como se muestra en la Figura 2-10.

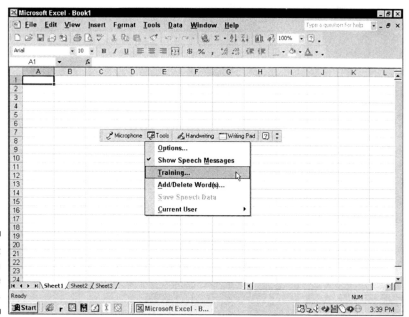

**Figura 2-9:**
Barra
Language
completa.

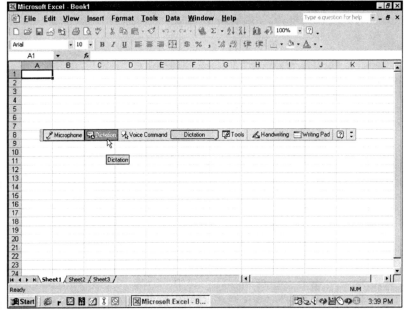

**Figura 2-10:**
Barra Lan-
guage resu-
mida con el
menú de
Tools des-
plegado.

Para resumir toda la barra Language, haga clic sobre el botón Micro-
phone. Al hacer esto, no solamente acorta la barra escondiendo los botones
Dictation, Voice Command y Current Mode, sino también desactiva la opción
Speech Recognition (esta solamente funciona en la barra completa Language).

Para expandir por completo la barra resumida Language, haga clic sobre el botón Microphone. Con esto no solamente despliega los botones de la barra Language, sino también activa la opción Speech Recognition en modo de Dictation
(como se indica con la palabra Dictation en el botón de Current Mode — el que
tiene un globo tipo dibujo animado alrededor de él). Entonces, usted puede
cambiar del modo de Dictation al modo de Voice Command haciendo clic sobre
el botón Voice Command (que cambia el texto en el botón Current Mode de Dictation a Voice Command).

### Realizar su entrenamiento de voz

Antes de tratar de usar la opción Speech Recognition — ladrando sus comandos
de Excel para llenar información en la hoja de trabajo — necesita entrenarlo para que reconozca su forma de hablar. El procedimiento del entrenamiento es
sencillo aunque lento y algunas veces, tedioso. Para iniciar este entrenamiento,
siga los siguientes pasos:

1. Seleccione <u>T</u>ools⇨Speec<u>h</u>⇨Speec<u>h</u> Recognition para desplegar la barra de herramientas Language.

2. Haga clic sobre el botón Tools en la barra Language y luego seleccione Training en el menú que aparece (refiérase a la Figura 2-10).

   El primer recuadro de diálogo Voice Training Wizard se abre, del cual puede seleccionar la lección de entrenamiento que quiere llevar a cabo. El Wizard incluye diferentes lecciones; cuantas más lecciones tome usted, mejor se desempeñará la opción Speech Recognition.

3. En la introducción al recuadro de diálogo de entrenamiento de Microsoft Speech Recognition del Voice Training Wizard, haga clic sobre el botón Next.

   Aparece el segundo recuadro de diálogo del Voice Training Wizard, que le solicita que indique su género y edad relativa (12 años o menos, o 13 años o más)

4. Seleccione el botón de opción Male (Masculino) o Female (Femenino) y luego seleccione el botón de opción 13 yrs and Up o the 12 yrs or Less ("13 años y más o 12 años o menos") antes de hacer clic sobre el botón Next.

5. Haga clic sobre el botón Sample en el siguiente recuadro de diálogo para verificar la posición de su micrófono y luego haga clic sobre el botón Next.

   El micrófono debe estar justo enfrente de sus labios cuando esté leyendo el texto de entrenamiento, y después de que inicie el entrenamiento, usted no deberá hacerle futuros ajustes.

6. Lea en voz alta el texto, "This papaya tastes perfect" y escuche la repetición. Si es necesario, reajuste la distancia del micrófono enfrente de sus labios hasta que no suene en la repetición como si estuviese soplando el micrófono. Con su micrófono en la posición apropiada, haga clic sobre el botón Finish para iniciar el entrenamiento de introducción de voz.

   Durante el curso del entrenamiento de voz, usted leerá el texto que aparece en el area del recuadro de lista del recuadro de diálogo de Voice Training. Mientras lee el texto, la opción Speech Recognition resalta las palabras al tiempo que las reconoce.

   Lea el texto en voz natural, asegurándose que no pausa para pronunciar cada palabra; preferiblemente, lea las palabras como frases.

7. Lea el texto como aparece en el recuadro de lista del siguiente recuadro de diálogo Voice Training Wizard.

   Si usted observa que el Training Wizard no es capaz de entender una palabra en particular, haga clic sobre el botón Skip Word para continuar (dejar por fuera unas pocas palabras no afectará negativamente la sesión de entrenamiento). Usted puede darse cuenta que detiene el Training Wizard tiene problemas al entender porque se en palabras indescifrables y se niega a continuar resaltando cualquier texto adicional. Si necesita tomar un descanso o es interrumpido, haga clic sobre el botón Pause. Después de poner en pausa la lección de entrenamiento, puede continuar haciendo clic sobre el botón Resume.

Cuando termina de leer todo el texto de entrenamiento, el Wizard despliega un recuadro de diálogo en el cual actualiza su perfil (creado en el momento en que usted instaló el programa Speech Recognition) con los resultados de la sesión de entrenamiento. Cuando esta actualización está completa, aparece el último recuadro de diálogo del Voice Training Wizard. De este último recuadro de diálogo, puede seleccionar entre más entrenamiento de voz o cerrar el Wizard y volver a Excel, donde puede comenzar a utilizar el software *("programa")* para dictar las entradas de celda o seleccionar los comandos de Excel.

8. **Haga clic sobre el botón More Training para obtener más entrenamiento de voz (cuanto más entrenamiento tenga, mayor será la exactitud del reconocimiento).**

   **Si quiere probar el software de Speech Recognition antes de llevar a cabo más entrenamiento, haga clic sobre el botón Finish.**

Haga clic sobre el botón Finish y el Voice Training Wizard se cierra, regresándolo a Excel 2002. Ahora está listo de probar el software de Speech Recognition en el programa.

### ¡Hacer que Excel tome dictado!

Usted puede utilizar el software de Speech Recognition en Excel en modo Dictado para introducir información en sus hojas de trabajo. Para hacer esto, usted necesita activar el software de Speech Recognition en Excel y luego asegurarse de que el modo Dictation esté seleccionado en la barra de Language antes de que usted empiece a dictar.

1. **Inicie Excel.**

2. **Colóquese los audífonos y coloque su micrófono antes de que ponga el puntero de celda en donde quiere empezar a introducir la información.**

3. **Seleccione Tools⇨Speech⇨Speech Recognition en la barra de menú de Excel para abrir la barra Language.**

4. **Asegúrese de que la palabra Dictation aparezca en el botón de Current Mode (el que tiene un globo en forma de dibujo animado alrededor, vea la Figura 2-9). Si su barra Language está comprimida (como se muestra en la Figura 2-10), haga clic sobre el botón Microphone para expandir la barra y desplegar este botón conjuntamente con los botones Dictation** ("Dictado") **y Voice Command** ("Comando de Voz").

5. **Haga clic sobre el botón Dictation en la barra Language para seleccionar el**

**modo Dictation.**

6. **Comience a dictar la información (texto o valores) que usted quiere introducir en la celda actual.**

Cuando dicte su entrada de información, diga el número entero, encabezado o frase que quiere introducir en la celda (refiérase a la Tabla 2-3 para obtener sugerencias sobre cómo decir qué para lograr que el Speech Recognition introduzca cierta puntuación y símbolos en particular tales como comas y signos de dólares). Cuando diga la entrada de celda, no se preocupe si los valores o palabras no aparecen en la celda o en la barra Formula en el momento en que las dice — su computadora no despliega su texto hasta que termine de procesar la entrada de su voz. Mantenga su mirada en el botón de globo a la derecha inmediata del Voice Command en la barra Language para obtener sugerencias de cómo modificar lo que dijo, si sus palabras no fueron reconocidas. Si la información que introdujo no es reconocida y aparece un texto confuso, pulse la tecla Esc y vuelva a decir el valor o el texto.

7. **Para apagar el dictado, haga clic sobre el botón Microphone en la barra Language o seleccione <u>T</u>ools⇨Speech⇨Spee<u>c</u>h Recognition en la barra de menú (hacer clic sobre el botón Microphone es la misma cosa que seleccionar este comando en la barra de menú de Excel).**

En la Tabla 2-3, puede ver la palabra o, en algunos casos, la palabras que puede decir para signos de puntuación y símbolos comunes que pueda necesitar incluir en su dictado.

| Tabla 2-3 | Palabras para Dictar Signos de Puntuación y Símbolos Comunes |
|---|---|
| *Palabra(s) que Usted Dice* | *Lo Que Speech Recognition Introduce* |
| Ampersand | & |
| Asterisk | * |
| At | @ |
| At sign | @ |
| Bracket, Left bracket o Open bracket | [ |
| Backslash | \ |
| Caret | ^ |
| Close bracket, Right bracket o End bracket | ] |
| Close parenthesis o Right paren | ) |

| | |
|---|---|
| Close quote | " |

## Tabla 2-3 (continuación)

| *Palabra(s) que Usted Dice* | *Lo Que Speech Recognition Introduce* |
|---|---|
| Close single quote | ' |
| Colon | : |
| Comma | , |
| Curly brace, Left brace o Open brace | { |
| Dollar sign | $ |
| Dot | . |
| Double dash | -- |
| Ellipsis | ... |
| End curly brace, Right brace o Close brace | } |
| Equals | = |
| Exclamation point | ! |
| Greater than | > |
| Hyphen or Dash | – |
| Less than | < |
| Open brace | { |
| Open bracket | [ |
| Open quote o Quote | " |
| Open single quote o Single quote | ' |
| Paren | ( |
| Percent | % |
| Percent sign | % |
| Period | . |
| Plus or Plus sign | + |
| Pound sign | # |

| Question mark | ? |
|---|---|
| Quote o Open quote | " |

| *Palabra(s) que Usted Dice* | *Lo Que Speech Recognition Introduce* |
|---|---|
| Right bracket | ] |
| Semi-colon | ; |
| Slash | / |
| Tilde | ~ |
| Underscore | _ |
| Vertical bar | | |

Cuando dicte números en una celda, mantenga lo siguiente en mente:

- ✔ Número 20 o inferiores se deletrean cuando Speech Recognition los inserta en una celda (diga "Four," y la inserción se lee four).

- ✔ Números sobre el 21 se insertan como numerales arábigos (diga, "Twenty-two," y la inserción se lee 22).

 Cuando dicte valores tales como $4,524.56 en una celda, diga "Four thousand five hundred twenty-four dollars fifty-six cents," más o menos como lo haría cuando hable con un compañero de trabajo. Solamente no agregue la palabra *and "y"*, como en, "Three hundred fifty dollars *and* twenty-five cents." ¡Agregar la palabra *and* a su dictado causa que el software Speech Recognition trate de deletrear el valor como aparece en este consejo!

## Hacer que Excel obedezca sus comandos

Tan excitante como es la parte del dictado de Speech Recognition, encuentro que el modo de Voice Command es la mejor parte. Supongo que es porque no me importa introducir valores y texto en una hoja de trabajo desde el teclado, tanto como me importa seleccionar los comandos con el mouse. En verdad, aprecio el sustituir mi boca por mi mouse cuando se trata de ordenarle a Excel.

Lograr que Excel obedezca sus comandos de voz es simplemente asunto de cambiar del modo Dictation al modo Command. Con la barra Language desplegada, cámbielo haciendo clic sobre el botón de Voice Command. Si la barra todavía no ha sido desplegada, siga estos pasos para ingresar en el modo Command y decir su comando:

1. **Seleccione T̲ools⇨Speec̲h⇨Speec̲h Recognition en la barra de menú de Ex-**

cel para desplegarla en su pantalla.

2. **Haga clic sobre el botón de Voice Command button en la barra Language para seleccionar el modo Voice Command (indicado por la aparición del texto** Voice Command **en el botón de Current Mode — el que tiene un globo de dibujo animado alrededor). Si la barra Language está comprimida de tal forma que este botón está escondido, haga clic sobre el botón Microphone para desplegar totalmente la barra y agregar este botón a su despliegue.**

3. **Comience dictando su comando de menú de Excel, comando de barra de herramientas o comando para mover el puntero de celda.**

4. **Cuando termine de decir su comando (asumiendo que Excel hace lo que usted quiere), haga clic sobre el botón Microphone en la barra de Language para apagar el micrófono.**

Cuando dicte comandos a Excel, mantenga los siguientes lineamientos en mente. (En los siguientes ejemplos, coloque comillas alrededor de lo que usted quiere que diga literalmente. Recuerde que estos son solamente ejemplos y no lo que usted hará siempre).

✔ Para seleccionar un comando de menú de Excel, diga el nombre del menú ("Format") y luego diga el nombre del elemento del menú ("Column"). Si el comando que usted seleccionó tiene elementos en submenúes diga el nombre el elemento del submenú ("AutoFit Selection"). Para salirse de los menúes, diga "Cancel" o "Escape" hasta que la barra de menú no esté seleccionada.

✔ Para seleccionar una herramienta de cualquier barra de herramientas desplegada (de las cuales, solamente la Standard y la Formatting están normalmente desplegadas), diga el nombre de la herramienta ("Bold," "Align Right," "Print Preview," o "Save.") Refiérase a las Tablas 1-2 y 1-3 para ver los nombres de todas las herramientas en las barras de herramientas Standard y Formatting. Para desplegar otras barras de herramientas por medio de la voz, diga el comando de menú "View" y luego diga "Toolbars," seguido por el nombre de la barra de herramientas que quiere abrir.

✔ Para seleccionar opciones en un recuadro de diálogo que ha abierto ya sea diciendo un comando de menú o de barra de herramientas, diga el nombre de la pestaña que quiere desplegar ("General") y luego diga el nombre de la opción que quiere seleccionar o cambiar ("Sheets in Workbook.") Si la opción requiere una entrada, escríbala o selecciónela con el mouse. Cuando haya terminado de cambiar las opciones en el recuadro de diálogo, diga "OK" para cerrar el recuadro y hacer sus cambios. Diga "Cancel" para cerrar el recuadro y abandonar sus cambios.

✔ Para mover el puntero de celda por medio del comando de voz, diga los teclazos para mover el puntero de celda (refiérase a la Tabla 1-4). Para mover el equivalente de pulsar una tecla de flecha, diga "Arrow" seguido por la direc-

ción ("Left," "Right," "Up," o "Down"), como en "Arrow Left" para mover una columna a la izquierda o "Arrow Up" para moverse una fila hacia arriba.

**CONSEJO**

Usted puede decir "Tab" en vez de "Arrow Right," y "Shift Tab" en vez
de "Arrow Left," para mover una celda a la derecha y a la izquierda,
respectivamente.

Para mover el puntero de celda a la columna A de la fila actual, diga "Home."
Para subir o bajar diga, "Page Up" o "Page Down." Note que Speech Recognition no reconoce combinaciones de teclazos que utilicen la tecla Ctrl; por tanto, si quiere mover el puntero de celda en grandes saltos, como lo describí en
la Tabla Table 1-4, necesita decir "End," seguido por el nombre de la dirección
de la flecha. Por ejemplo, si dice "End, Right Arrow," Excel mueve el puntero de
celda hacia la derecha hasta la primera celda ocupada en esa fila que esté, ya
sea, precedida o seguida por una celda en blanco. Si todas las celdas hacia la
derecha están en blanco, el puntero de celda se va hasta la última columna de
la hoja de trabajo que es, la columna IV.

## Hacer que su escritura sea analizada

La voz no es la única forma nueva de llevar a cabo entradas en las celdas de su hoja
de trabajo. Excel 2002 también tiene una opción de reconocimiento de Handwriting
*"Escritura"* que puede convertir su texto o valores escritos a mano en texto digitado.
Note que aún cuando el reconocimiento de Handwriting soporta el uso de un imple-
mento de entrada especial, tales como una tableta de gráficos que puede adjuntar a la
computadora, usted también puede escribir a mano entradas de celdas con el mouse
(lo que es como escribir con una barra de jabón).

La opción de reconocimiento de Handwriting está disponible desde la barra Language
(aún cuando debe ser instalada por separado) que usted despliega en Excel seleccionando Tools⇨Speech⇨Speech Recognition de la barra de menú. Cuando hace clic
sobre el botón Handwriting en la barra Language (refiérase a la Figura 2-10), un menú que aparece de pronto despliega las siguientes opciones:

✔ Haga clic sobre el botón Writing Pad para abrir el recuadro de diálogo de Writing Pad en el cual puede escribir a mano su entrada de celda. El recuadro de
diálogo de Writing Pad contiene una línea que puede utilizar como línea base
para la entrada que usted escriba.

✔ Haga clic sobre el botón Write Anywhere *"Escriba en cualquier lado"* para abrir
la paleta de herramientas Write Anywhere. Cuando esta paleta está desplegada, usted puede utilizar la pantalla completa como su libreta de escritura.

✔ Haga clic sobre el botón On-Screen Standard Keyboard para desplegar un teclado mini-estándar, en el cual usted puede usar el tabulador (si está usando la tableta de gráficos) o hacer clic (si está usando el mouse) para completar su escritura a mano o para sustituirla.

✔ Haga clic sobre el botón On-Screen Symbol Keyboard para abrir un teclado mini-estándar que despliega teclas para introducir letras con acentos comúnmente utilizadas en los lenguajes europeos tales como francés, español y alemán. Al igual que con el teclado estándar en pantalla, usted introduce letras con acento y con caracteres especiales de este teclado pulsando el tabulador (si está usando la tableta de gráficos) o haciendo clic (si está usando el mouse) sobre sus teclas.

La escritura a mano que usted lleva a cabo con las opciones Writing Pad o Write Anywhere es automáticamente reconocida e insertada en la celda actual, bajo cualquiera de las siguientes condiciones:

✔ Usted escribe suficiente texto que la opción Handwriting lo reconoce con precisión.

✔ Usted hace una pausa en su escritura por un momento.

✔ Usted alcanza el final de la línea en el recuadro de diálogo Writing Pad.

✔ Usted hace clic sobre el botón Recognize Now (el que muestra la T que se inserta en una página).

Si la opción de reconocimiento de Handwriting convierte su escritura incorrectamente, — y luego inserta un error en una entrada de celda — pulse la tecla de Backspace *"Retroceso"* para borrar todos los caracteres erróneos, luego intente volver a escribirlos.

Tanto el recuadro de diálogo Writing Pad como la paleta Write Anywhere contienen los siguientes botones de edición sobre los cuales puede hacer clic con la tableta de estilo o con el mouse (en vez de tener que pulsarlos desde su teclado regular):

✔ **Enter:** Para completar una entrada y mover el puntero de celda una fila hacia abajo

✔ **Backspace:** Para eliminar caracteres a la izquierda del cursor

✔ **Space:** Para insertar un espacio en una entrada

✔ **Tab:** Para completar una entrada y mover el puntero de celda una columna a la derecha

✔ **Clear:** Para eliminar caracteres a la derecha del cursor

Además, puede ampliar tanto el recuadro de diálogo como la paleta de herramientas para incluir más herramientas. Haga clic sobre el botón >> para ampliar cualquiera de las dos y desplegar herramientas adicionales, incluyendo un teclado con un cursor en cuatro direcciones, con botones que puede utilizar para completar la entrada de celda y moverse a la siguiente celda en la dirección de su flecha.

## *No estoy completo sin ti*

La opción AutoComplete en Excel 2002 no es algo con lo que pueda hacerse alguna cosa, solamente algo para estar atento mientras introduce su información. En un intento por disminuir su carga a la hora de digitar, nuestros amistosos ingenieros de software en Microsoft inventaron la opción AutoComplete.

AutoComplete es como un estúpido lector de mentes que se anticipa a lo que usted pueda querer introducir seguidamente, basado en lo que acaba de digitar. Esta opción entra en juego cuando usted solamente está introduciendo una columna con entradas de texto. (No entra en juego cuando esté introduciendo valores o fórmulas, o cuando esté ingresando una fila de entradas de texto.) Cuando ingrese una columna de entradas de texto, AutoComplete mira las clases de entradas que usted ha hecho en esa columna y automáticamente las duplica en las filas subsecuentes, cuando inicie una nueva entrada que comience con la misma letra que una entrada existente.

Por ejemplo, suponga que yo introduzco **Jack Sprat Diet Centers** (una de las compañías propiedad de y operada por Mother Goose Enterprises) en la celda A3 y luego muevo el puntero de celda hacia abajo a la celda A4 en la fila debajo y pulso J (en minúscula o mayúscula, no importa). AutoComplete inserta inmediatamente lo restante de la entrada familiar — *ack Sprat Diet Centers* — en esta celda después de la J, como se muestra en la Figura 2-11.

Esto es genial si necesito que Jack Sprat Diet Centers sea el encabezado de ambas celdas, la A3 y la A4. Anticipando que pueda estar introduciendo una entrada diferente que solo inicia con la misma letra que la anterior, AutoComplete automáticamente selecciona todo lo que está después de la primera letra en la entrada duplicada que insertó (desde ack en delante, en este ejemplo). Esto me permite reemplazar el duplicado suministrado por AutoComplete con solo continuar escribiendo. Esto fue lo que hice después de capturar la pantalla de Excel que usted ve en la Figura 2-11, debido a que necesitaba ingresar Jack and Jill Trauma Centers — otra de las compañías de Mother — en la celda A4.

**Figura 2-11:**
AutoComple
te duplica
una entrada
anterior si
usted inicia
una nueva
entrada en
la misma
columna y
que comien-
za con la
misma letra.

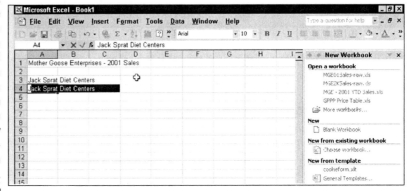

Si usted anula un duplicado suministrado por AutoComplete en una columna escribiendo uno propio encima, (como en mi ejemplo anterior cambiando Jack Sprat
Diet Centers a Jack and Jill Trauma Centers en la celda A4), usted efectivamente
desactiva su habilidad de suministrar más duplicados para esa letra en particular.
Por tanto, en mi ejemplo, después de cambiar Jack Sprat Diet Centers a Jack and
Jill Trauma Centers en la celda A4, AutoComplete no hace nada si escribo **J** en la
celda A5. En otras palabras, funciona solo cuando no continúa aceptando las sugerencias de escritura de AutoComplete.

Si usted encuentra que la opción AutoComplete le está haciendo su
trabajo más tedioso de ingresar una serie de entradas de celdas que
solamente inician con la misma letra, usted puede desactivar la
opción AutoComplete. Seleccione Choose Tools⇨ Options y escoja
la pestaña Edit. Luego, seleccione Enable AutoComplete para la casilla de verificación Cell Values y elimine la marca de verificación antes
de hacer clic sobre OK.

## Llénelas con AutoFill

Muchas de las hojas de trabajo que usted crea con Excel requieren de la entrada
de una serie de fechas o números en secuencia. Por ejemplo, una hoja de trabajo
puede requerir que usted le ponga título a las columnas con los 12 meses, de enero a diciembre, o que numere las filas del 1 al 100.

La opción AutoFill de Excel hace fácil este tipo de tarea repetitiva. Todo lo que
tiene que hacer es ingresar el valor de inicio de la serie. En la mayoría de los casos, AutoFill es lo suficientemente inteligente para averiguar cómo tiene que lle-

nar la serie cuando usted arrastra la manija de llenado a la derecha (para tomar las series a través de las columnas a la derecha) o hacia abajo (para extender la serie a las filas de abajo).

 Recuerde que la manija de AutoFill se ve así — + — y, aparece solamente cuando usted coloca el puntero del mouse en la esquina inferior derecha de la celda (o en la última celda, cuando ha seleccionado un bloque de celdas). Mantenga en mente que si arrastra una selección de celda con el puntero del mouse en forma de cruz blanca en vez de con la manija de AutoFill, Excel simplemente extiende la selección de celda a aquellas celdas por las que usted la arrastró (refiérase al Capítulo 3). Si usted arrastra una selección de celda con el puntero en forma de cabeza de flecha, Excel mueve la selección de celda (refiérase al Capítulo 4).

Cuando esté creando una serie con la manija de llenado, puede arrastrar en una dirección a la vez. Por ejemplo, puede llenar una serie o copiar la entrada a un rango a la izquierda o derecha de la celda que contiene sus valores iniciales, o bien, puede llenar una serie o copiar al rango sobre o debajo de la celda que contiene los valores iniciales. Sin embargo, no puede llenar o copiar la serie en dos direcciones al mismo tiempo (por ejemplo, hacia abajo y a la derecha arrastrando la manija de llenado diagonalmente).

Mientras usted arrastra el mouse, el programa lo mantiene informado sobre cualquier entrada que será ingresada en la última celda seleccionada en el rango, desplegando esa entrada cerca al puntero del mouse (como una clase de consejos de AutoFill, si quiere). Cuando libera el botón del mouse después de extender el rango con la manija de llenado, Excel crea una serie en todas las celdas que usted seleccionó o copia el valor inicial en el rango entero. A la derecha de la última entrada en las series llenadas o copiadas, Excel también despliega un botón que contiene un menú de acceso directo de opciones. Usted puede utilizar este menú para anular el llenado o copiado predeterminado de Excel. Por ejemplo, cuando utiliza la manija de llenado, Excel copia un valor inicial en un rango de celdas. Pero, si quiere una serie secuencial, lo puede lograr seleccionado el comando Fill Series en el menú de acceso directo de AutoFill Options.

En las Figuras 2-12 y 2-13 ilustro la forma de utilizar AutoFill para ingresar una fila de meses, iniciando con January *"enero"* en la celda B2 y terminando con June "junio" en la celda G2. Para hacer esto, simplemente introduzca **January** en la celda B2 y luego coloque el puntero del mouse en la manija de llenado en la esquina inferior derecha de esta celda antes de que la arrastre hasta la celda G2 a la derecha (como se muestra en la Figura 2-12). Cuando usted libera el botón del mouse, Excel completa los nombres del resto de los meses (February a June *"febrero a junio"*) en las celdas seleccionadas (como se muestra en la Figura 2-13). Note que Excel mantiene las celdas con la serie de meses seleccionada, lo cual le da otra oportunidad para modificar la serie. (Si se fue muy larga, puede arrastrar la manija de llenado a la izquierda para recortar la lista de meses; si no fue lo suficientemente lejos, puede arrastrarla hacia la derecha para extender la lista de meses más allá.)

También puede usar las opciones en el menú de acceso directo de AutoFill Options (que se abre haciendo clic sobre el botón desplegable que aparece en la manija de llenado a la derecha de June *"junio"*) para anular la serie predeterminada creada. Para hacer que Excel copie January en cada una de las celdas seleccionadas, seleccione Copy Cells en este menú. Para hacer que el programa llene las celdas seleccionadas con el formato utilizado en la celda B2 (en este caso, la celda tiene negrita e itálica aplicada a ella — refiérase al Capítulo 3 para más detalles en relación con el formateo de celdas), usted selecciona Fill Formatting solamente en este menú. Para hacer que Excel llene una serie de meses en las celdas seleccionadas sin copiar el formato utilizado en la celda B2, usted debe seleccionar el comando Fill Without Formatting de este menú de acceso directo.

**Figura 2-12:**
Para llenar una serie de meses, introduzca January *"enero"* en la primera celda, luego arrastre la manija de llenado para seleccionar el rango de celda para el resto de los meses.

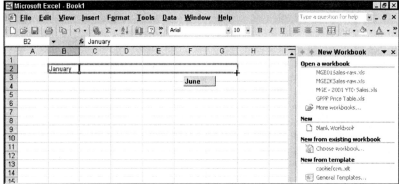

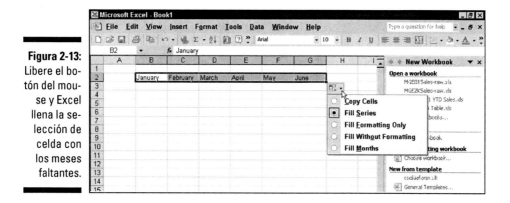

**Figura 2-13:**
Libere el botón del mouse y Excel llena la selección de celda con los meses faltantes.

Refiérase a la Tabla 2-4 en la siguiente sección para observar algunos de los diferentes valores iniciales que AutoFill puede utilizar y los tipos de series que Excel puede crear de éstos.

### Trabajar con series espaciadas

AutoFill utiliza el valor inicial que usted seleccionó (fecha, hora, día, año, entre otros) para diseñar la serie. Todas las series de ejemplo que muestro en la Tabla 2-4 cambian conforme a un factor uno (un día, un mes o un número). Puede decirle a AutoFill que haga una serie que cambie por otro valor: Introduzca dos valores de muestra en celdas contiguas que describan la cantidad de cambio que usted quiere entre cada valor en la serie. Haga que estos dos valores sean la selección inicial que usted extienda con la manija de llenado.

Por ejemplo, para iniciar una serie con Saturday *"sábado"* e ingresar de día por medio a través de una fila, introduzca **Saturday** *"sábado"* en la primera celda y **Monday** *"lunes"* en la celda contigua. Después de seleccionar ambas celdas, arrastre la manija de llenado a través de las celdas a la derecha tan lejos como necesite llenar la serie basada en estos dos valores iniciales. Cuando libera el botón del mouse, Excel sigue el ejemplo establecido en las primeras dos celdas, introduciendo un día por medio (Wednesday *"miércoles"* a la derecha de Monday *"lunes"*, Friday *"viernes"* a la derecha de Wednesday *"miércoles"*, y así continúa).

| Tabla 2-4 | Ejemplos De Series Que Puede Crear Con AutoFill |
|---|---|
| *Valor Ingresado En La Primera Celda* | *Series Extendidas Creadas Por AutoFill En Las Siguientes Tres Celdas* |
| June | July, August, September |
| Jun | Jul, Aug, Sep |
| Tuesday | Wednesday, Thursday, Friday |
| Tue | Wed, Thu, Fri |
| 4/1/99 | 4/2/99, 4/3/99, 4/4/99 |
| Jan-00 | Feb-00, Mar-00, Apr-00 |
| 15-Feb | 16-Feb, 17-Feb, 18-Feb |
| 10:00 PM | 11:00 PM, 12:00 AM, 1:00 AM |
| 8:01 | 9:01, 10:01, 11:01 |
| Quarter 1 | Quarter 2, Quarter 3, Quarter 4 |
| Qtr2 | Qtr3, Qtr4, Qtr1 |
| Q3 | Q4, Q1, Q2 |
| Product 1 | Product 2, Product 3, Product 4 |
| 1st Product | 2nd Product, 3rd Product, 4th Product |

## Copiar con AutoFill

Usted puede utilizar AutoFill para copiar una entrada de texto a través de un rango de celdas (en vez de llenar una serie de entradas relacionadas). Para copiar una entrada de texto en un rango de celdas, mantenga pulsada la tecla Ctrl mientras hace clic y arrastra la manija de llenado. Cuando mantiene pulsada la tecla Ctrl mientras hace clic sobre la manija de llenado, un signo de suma aparece a la derecha de la manija de llenado — su seña de que AutoFill *copiará* la entrada en una celda activa en vez de crear una serie utilizándola. Usted también puede verlo porque la entrada que aparece como el consejo de AutoFill próximo al puntero del mouse mientras usted arrastra contiene el mismo texto que la celda original. Si decide después de copiar una etiqueta o valor inicial en un rango que ha debido utilizarlo para llenar una serie, todo lo que tiene que necesite es hacer clic sobre el botón desplegable que aparece en la manija de llenado en la celda con la última entrada copiada y seleccionar el comando Fill Series en el menú de acceso directo AutoFill Options que aparece luego.

Aún cuando mantener pulsado Ctrl mientras arrastra la manija de llenado copia una entrada de texto, lo opuesto es verdadero cuando se trata de valores. Suponga que usted introdujo el número **17** en una celda y luego arrastró la manija de llenado a través de la fila — Excel solamente copia el número 17 en todas las celdas que usted seleccionó. Sin embargo, si se mantiene pulsado Ctrl mientras arrastra la manija de llenado, Excel llena la serie (17, 18, 19, y así). Si usted olvida y crea una serie de números cuando solamente necesita que el valor sea copiado, rectifique esta situación seleccionando el comando Copy Cells en el menú de acceso directo de AutoFill Options.

## Crear listas personalizadas para AutoFill

Además de variar el incremento en una serie creada con AutoFill, usted también puede crear su propia serie personalizada. Por ejemplo, en la intimidad de Mother Goose Enterprises, encontrará las siguientes compañías:

- ✔ Jack Sprat Diet Centers
- ✔ Jack and Jill Trauma Centers
- ✔ Mother Hubbard Dog Goodies
- ✔ Rub-a-Dub-Dub Hot Tubs and Spas
- ✔ Georgie Porgie Pudding Pies
- ✔ Hickory, Dickory, Dock Clock Repair
- ✔ Little Bo Peep Pet Detectives

En vez de tener que introducir esta lista de compañías en las celdas de cada nueva hoja de trabajo (o aún copiarlas de una hoja de trabajo existente), puede crear una serie personalizada que produzca la lista completa de la compañía simplemente introduciendo Jack Sprat Diet Centers en la primera celda y luego arrastrando la manija de llenado a las celdas en blanco en donde deberán aparecer el resto de las compañías.

Para crear esta clase de serie personalizada, siga estos pasos:

1. **Seleccione Tools⇨Options en la barra de menú para abrir el recuadro de diálogo Options (como se muestra en la Figura 2-14).**

2. **En recuadro de diálogo Options, haga clic sobre la pestaña Custom Lists para desplegar las casillas de lista Custom Lists y List Entries.**

   Cuando hace esto, NEW LIST se selecciona automáticamente en la casilla Custom Lists.

   Si ya se ha tomado el tiempo de introducir la lista personalizada en un rango de celdas, pase al paso 3. Si todavía no ha introducido la serie en una hoja de trabajo abierta, pase al paso 6.

3. **Haga clic dentro de la casillo de texto de Import List from Cells y haga clic en el botón Minimize Dialog Box (el que tiene el dibujo de cuadrícula pequeño a la derecha de la casilla de texto de Import List from Cells) para que pueda ver su lista y luego arrastrarla a través del rango de celdas para seleccionarlas (Refiérase al Capítulo 3 para más detalles).**

4. **Después de seleccionar las celdas en la hoja de trabajo, haga clic sobre el botón de la casilla Maximize Dialog.**

   Este botón reemplaza automáticamente el botón de la casilla Minimize Dialog a la derecha de la casilla de texto de Import List from Cells.

5. **Luego haga clic sobre el botón Import para copiar esta lista en la casilla de lista de List Entries.**

   Vaya al paso 8.

6. **Seleccione la casilla de lista de List Entries y luego introduzca cada entrada (en el orden deseado), asegurándose de pulsar Enter después de introducir cada una.**

   Cuando todas las entradas de la lista personalizada aparezcan en la casilla de lista de List Entries en el orden en que quiera, proceda con el paso 7.

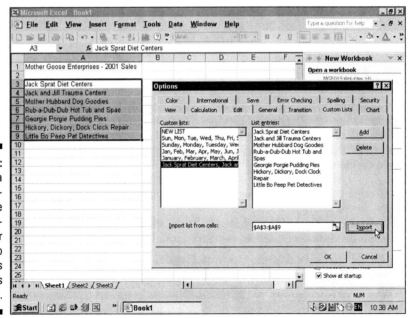

**Figura 2-14:** Crear una lista personalizada de una compañía a partir de un rango de entradas de celdas existentes.

7. **Haga clic sobre el botón Add para agregar la lista de entradas a la casilla de lista de Custom.**

   Termine de crear todas las listas personalizadas que necesita, utilizando los pasos anteriores. Cuando haya terminado, siga al paso 8.

8. **Haga clic sobre OK o pulse Enter para cerrar el recuadro de diálogo Options y regresar a la hoja de trabajo actual en el libro de trabajo activo.**

Después de agregar una lista personalizada a Excel, de ahí en adelante necesitará solamente ingresar la primera entrada en una celda y luego utilizar la manija de llenado para extenderla en las celdas hacia abajo o a la derecha.

Si no quiere molestarse introduciendo la primera entrada, utilice la opción AutoCorrect — refiérase a la sección *"Usted verdaderamente usa el AutoCorrect para mí"* previamente descrita en este capítulo — para crear una entrada que se llenará tan pronto como introduzca su acrónimo favorito (tal como "jsdc" para *Jack Sprat Diet Centers*).

## *Entradas alrededor del bloque*

Cuando quiera introducir una tabla de información en una hoja de trabajo nueva, puede simplificar su trabajo del ingreso de la información si selecciona todas las celdas vacías en las que quiere hacer las entradas, antes de que inicie con la introducción de la información. Solo coloque el puntero de celda en la primera celda de la que será la tabla de información y luego seleccione todas las celdas en las columnas y filas subsecuentes (para obtener información sobre las formas de seleccionar rangos de celdas, refiérase al Capítulo 3). Después de que usted selecciona el bloque de celdas, usted puede iniciar con la introducción de la primera entrada.

Cuando selecciona un bloque de celdas (también conocido como un *range "rango"*) antes de empezar a introducir la información, Excel restringe la entrada de información a ese rango como sigue:

✔ El programa automáticamente adelanta el puntero de celda a la próxima celda en el rango cuando usted hace clic sobre la casilla Enter o pulsa Enter para completar cada entrada de celda.

✔ En un rango de celdas que contiene diversas filas y columnas, Excel avanza el puntero de celda hacia abajo a cada fila de la columna mientras está haciendo sus entradas. Cuando el puntero de celda alcanza la celda en la última fila de la columna, el puntero de celda avanza a la primera fila seleccionada de la siguiente columna a la derecha. Si el rango de celdas utiliza solamente una fila, Excel avanza el puntero de celda de izquierda a derecha a través de la fila.

✔ Cuando usted termina de introducir la información en la última celda del rango seleccionado, Excel coloca el puntero de celda en la primera celda de la tabla de datos ahora completa. Para eliminar la selección del rango de celdas, haga clic sobre el puntero de mouse en una de las celdas en la hoja de trabajo (dentro o fuera del rango seleccionado — no importa) o pulse una de las teclas de flecha.

Asegúrese de no pulsar una de las teclas de flecha para completar una entrada de celda dentro de un rango de celda preseleccionado, en vez de hacer clic sobre la casilla Enter o pulsar Enter. Pulsar una tecla de flecha elimina la selección del rango de celdas cuando Excel mueve el puntero de celda. Para mover el puntero de celda alrededor de un rango de celda sin eliminar el rango, pruebe estos métodos:

✔ Pulse Enter para avanzar a la siguiente celda hacia debajo de cada fila y luego a través de cada columna en el rango. Pulse Shift+Enter para moverse hacia arriba a la celda anterior.

✔ Pulse Tab para avanzar a la siguiente celda en la columna de la derecha y luego hacia abajo en cada fila del rango. Pulse Shift+Tab para moverse hacia la izquierda a la celda anterior.

✔ Pulse Ctrl+. (punto) para moverse de una esquina del rango hacia la otra.

## Introducción de Información express

Usted puede ahorrarse mucho tiempo y energía cuando quiere que la misma entrada (texto, valor o fórmula) aparezca en muchas de las celdas de la hoja de trabajo, ya que puede ingresar la información en todas las celdas por medio de una operación. Primero seleccione los rangos de celdas que tendrán la información. (Excel le permite seleccionar más de un rango de celdas para esta clase de cosas — refiérase al Capítulo 3 para más detalles.) Luego usted construye la entrada en la barra de fórmula y pulsa Ctrl+Enter para colocar la entrada en todos los rangos seleccionados.

La clave para hacer que esta operación sea un éxito es sostener la tecla Ctrl mientras pulsa Enter para que Excel inserte la entrada de la barra de fórmula en todas las celdas seleccionadas. Si se le olvida sostener Ctrl y solamente pulsa Enter, Excel coloca la entrada tan solo en la primera celda del rango de celdas seleccionado.

Usted también puede aligerar la introducción de la información en una lista que incluya fórmulas, asegurándose de que las casillas de verificación de Extend List Formats y Formulas estén seleccionadas en la pestaña Edit en el recuadro de diálogo Options (ábralo seleccionando Tools➪Options en la barra de menú). Cuando esta casilla de verificación está seleccionada, Excel automáticamente formatea la nueva información que usted introduce en la última fila de una lista para que se ajuste a la información en filas anteriores y luego copia las fórmulas que aparecen en filas anteriores. Sin embargo, note que para que esta nueva característica inicie, usted debe ingresar las fórmulas manualmente y formatear las entradas de información en al menos tres filas anteriores a la nueva fila.

# ¿Cómo Hacer que sus Fórmulas Funcionen Aún Mejor?

Anteriormente en este capítulo, le muestro cómo crear fórmulas que lleven a cabo una serie de operaciones matemáticas simples, tales como suma, resta, multiplicación y división. (Refiérase a la sección *"¡Fabricar esas fabulosas fórmulas!"*). En vez de crear fórmulas más complejas desde el inicio de una combinación complicada de estas operaciones, usted puede encontrar una función de Excel para que haga el trabajo.

Una *función* es una fórmula predeterminada que lleva a cabo un tipo particular de cálculo. Todo lo que tiene que hacer para utilizar una función es suministrarle los valores que deberá utilizar cuando lleve a cabo sus cálculos (en el lenguaje del Gurú de la Hoja de Cálculo, dichos valores se conocen como *arguments of the function "argumentos de la función"*). Como con las fórmulas simples, usted puede ingresar los argumentos de la mayoría de las funciones, ya sea un valor numérico (por ejemplo, **22** ó **–4.56**) o como es más común, una referencia de celda (**B10**) o un rango de celdas (**C3:F3**).

Al igual que la fórmula que usted mismo construye, cada función que utilice debe iniciar con el signo igual (=) para que Excel sepa que tiene que ingresar la función como una fórmula en vez de como texto. Después del signo igual, usted introduce el nombre de la función (en mayúsculas o minúsculas — no importa, mientras el nombre esté bien escrito). Seguido del nombre de la función, usted introduce los argumentos requeridos para llevar a cabo los cálculos. Todos los argumentos de la función están dentro de un par de paréntesis.

Si introduce la función directamente en una celda, recuerde no insertar espacios entre el signo igual, el nombre de la función y los argumentos entre paréntesis. Algunas funciones utilizan más de un valor cuando llevan a cabo sus cálculos designados. Cuando este sea el caso, usted separe cada función con una coma (y no un espacio).

Después de que usted introduce el signo de igual, el nombre de la función y el paréntesis (**(**) izquierdo que marca el inicio de los argumentos de la función, puede apuntar hacia cualquier celda o rango de celdas que quiera usar como el primer argumento en vez de ingresar las referencias de celda. Cuando una función utiliza más de un argumento, puede apuntar hacia las celdas o rangos de celdas que quiere utilizar como segundo argumento justo después de que introduzca una coma (,) para completar el primer argumento.

Cuando usted termine de introducir el último argumento, escriba un paréntesis derecho ( )) para señalar el final de la lista de argumentos. Luego haga clic sobre la casilla Enter, pulse Enter o una tecla de flecha para insertar la función en una celda y que Excel calcule la respuesta.

## Insertar una función en una fórmula con el botón Insert Function

Aún cuando usted puede introducir una función escribiéndola directamente en una celda, Excel le suministra un botón de Insert Function en la barra Formula que puede utilizar para seleccionar cualquiera de las funciones de Excel. Cuando hace clic sobre este botón, Excel abre un recuadro de diálogo de Insert Function (que se muestra en la Figura 2-15) de donde puede seleccionar la función que quiere utilizar. Después de que seleccione su función, Excel abre un recuadro de diálogo Function Arguments. En este recuadro de diálogo, usted puede especificar los argumentos de la función. El verdadero beneficio se cuando está jugando con una función que no le es familiar o con una función compleja (algunos de estos cachorros pueden ser muy peludos). Usted puede obtener mucha ayuda al completar recuadros de argumento de texto en el recuadro de diálogo Function Arguments, haciendo clic sobre el hipervínculo <u>Help on this Function "Ayuda con esta Función"</u> en la esquina inferior izquierda de este recuadro de diálogo.

Para abrir el recuadro de diálogo Insert Function, usted selecciona la celda que necesita la fórmula y luego hace clic en el botón Insert Function (el que está marcado *fx*) en la barra Formula. Cuando hace clic sobre el botón de Insert Function, aparece un recuadro de diálogo Insert Function similar al que se muestra en la Figura 2-15.

El recuadro de diálogo Insert Function contiene tres casillas: una casilla de texto Search for a Function, una casilla de lista desplegable Select a Category y una casilla de lista Select a Function. Cuando usted abre el recuadro de diálogo Insert Function, Excel automáticamente selecciona Most Recently Used como la categoría en el recuadro de diálogo Select a Category y despliega las funciones que usted utiliza generalmente en la casilla de lista de Select a Function.

Si su función no se encuentra dentro de las utilizadas más recientemente, entonces, debe seleccionar la categoría apropiada de su función en la casilla de lista desplegable de Select a Category. Si no conoce la categoría, debe buscar la función escribiendo una descripción de su propósito en la casilla de texto de Search for a Function *"Buscar una función"* y luego pulsar Enter o hacer clic sobre el botón Go. Por ejemplo, para localizar todas las funciones de Excel que totalizan valores, usted debe introducir la palabra **total** en la casilla de lista de Select a Function *"Seleccione una Función"*. Usted puede leer cuidadosamente las funciones recomendadas seleccionando cada una. Mientras selecciona cada función en esta lista, el recuadro de diálogo Insert Function *"Inserte una Función"* le muestra los argumentos necesarios seguidos por una descripción de lo que la función hace al final del recuadro de diálogo.

Después de que ubique y seleccione la función que quiere utilizar, haga clic sobre el botón OK para insertar la función en la celda actual y abrir el recuadro de diálogo de Function Arguments. Este recuadro de diálogo despliega los argumentos requeridos para la función conjuntamente con cualquiera que sea opcional. Por ejemplo, suponga que usted selecciona la función Sum (la joya especial de la categoría de la función Most Recently Used *"Utilizada Más Recientemente"*) en la casilla de lista de Select a Function y luego hace clic sobre OK. Tan pronto como usted lo hace, el programa inserta

```
SUM( )
```

en la celda actual y en la barra Formula (siguiendo al signo igual) y el recuadro de diálogo Function Arguments que muestra los argumentos SUM aparece en la pantalla (como se muestra en la Figura 2-16). Aquí es donde usted introduce los argumentos para la función Sum.

Como puede leer en el recuadro de diálogo Function Arguments en la Figura 2-16, usted puede seleccionar hasta 30 números para ser sumados. Lo que no es obvio, sin embargo, (siempre hay algún truco, ¿ah?) es que estos números no tienen que estar en celdas sencillas. Es más, la mayoría de las veces usted seleccionará un montón de números en celdas cercanas (en una selección de celda múltiple — esa cosa de rangos) que usted quiere totalizar.

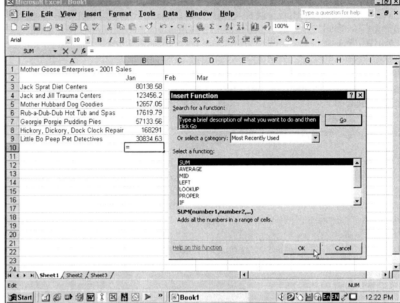

**Figura 2-15:**
Seleccione
la función
que quiere
utilizar en el
recuadro de
diálogo
Insert
Function.

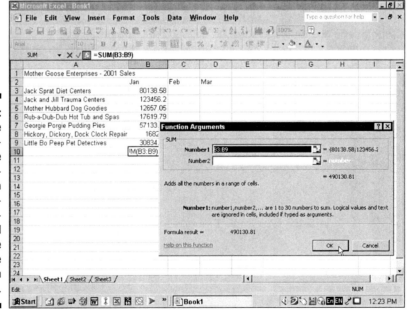

**Figura 2-16:**
Especifique
los argu-
mentos que
quiere utili-
zar en la
función se-
lecciona-
da en el
recuadro de
diálogo de
Function
Arguments.

Para seleccionar su argumento número uno en el recuadro de diálogo, haga clic sobre la celda (o arrastre a través de un bloque de celdas) en la hoja de trabajo mientras que el punto de inserción está en la casilla de texto Número 1. Excel luego despliega la dirección de la celda (o la dirección del rango) en la casilla de texto Número 1 mientras muestra el valor en la celda (o valores, si usted seleccionó un montón de celdas) en la casilla de la derecha. Excel despliega el total cerca del extremo inferior del recuadro de diálogo Function Arguments después de las palabras `Formula result=`.

Recuerde que cuando esté seleccionando celdas, puede minimizar este recuadro de diálogo de argumentos a solamente el contenido de la casilla de texto Número1 haciendo clic sobre el botón del recuadro Minimize Dialog a la derecha de la casilla de texto Número 1. Después de minimizar el recuadro de diálogo para que pueda seleccionar las celdas por utilizarse como el primer argumento, usted puede expandirlo de nuevo haciendo clic sobre el botón de la casilla Maximize Dialog (el único botón que se despliega en la extrema derecha) o pulsando la tecla Esc. En vez de minimizar el recuadro de diálogo, puede moverlo temporalmente fuera del camino, haciendo clic en cualquier parte y arrastrando el recuadro de diálogo a su nuevo destino en la pantalla.

Si está agregando más de una celda (o un montón de celdas) en una hoja de trabajo, pulse la tecla Tab o haga clic sobre el recuadro de texto Número 2 para mover el punto de inserción ahí (Excel responde extendiendo la lista de argumento con un recuadro de texto Número 3). Aquí es donde usted especifica la segunda celda (o rango de celdas) que será agregado al que ahora se muestra en la casilla de texto Número 1. Después de que hace clic sobre la celda o arrastra a través del rango de la segunda celda, el programa despliega la(s) dirección(es) con los números en la(s) celda(s) a la derecha y el total que está corriendo al final de la Formula Palette después de las palabras `Formula result=` (como se muestra en la Figura 2-16). Note que puede minimizar todo el recuadro de diálogo de argumentos a solamente el contenido de la casilla de texto de argumento con la que está trabajando (Número 2, Número 3 y así en adelante) haciendo clic sobre el propio botón de la casilla de Minimize Dialog si el recuadro de diálogo oscurece las celdas que necesita seleccionar.

Cuando termina de señalar las celdas o grupos de celdas que van a ser sumados, haga clic sobre el botón OK para cerrar el recuadro de diálogo Function Arguments y colocar la función SUM en su celda actual.

## *Editar una función con el botón Insert Function*

Utilice el botón de Insert Function de Excel para editar fórmulas que contengan funciones desde la barra Formula. Seleccione la celda con la fórmula que contenga la función que va a ser editada antes de hacer clic sobre el botón Insert Function (el que tiene la *fx* que aparece inmediatamente enfrente de la entrada de celda actual en la barra Formula).

Tan pronto como hace clic sobre el botón Insert Function, Excel abre el recuadro de diálogo Function Arguments, en donde usted puede editar sus argumentos. Para editar solamente los argumentos de una función, seleccione las referencias de celda en la casilla de texto del argumento apropiado (marcados Number1 *"Número 1"*, Number2 *"Número 2"*, Number3 *"Número 3"*, y así en adelante) y luego efectúe los cambios necesarios a las direcciones de las celdas o seleccione un nuevo rango de celdas. Siempre recuerde que Excel agrega automáticamente al argumento actual cualquier celda o rango de celdas que usted resalte en la hoja de trabajo. Si quiere reemplazar el argumento actual, es necesario que lo resalte y luego elimine las direcciones de la celda pulsando la tecla Delete antes de que resalte la nueva celda o rango de celdas por ser utilizadas como argumento. (Recuerde que siempre puede minimizar el recuadro de diálogo o moverlo a una nueva ubicación si oscurece las celdas que usted necesita seleccionar.)

Cuando usted termina de editar la función, pulse Enter o haga clic sobre el botón OK en el recuadro de diálogo Function Arguments para guardarlo y actualizar la fórmula en la hoja de trabajo.

## *Estaría totalmente perdido sin AutoSum*

Antes de dejar esta fascinante discusión sobre la introducción de funciones, quiero llegar a la herramienta de AutoSum *"AutoSuma"* en la barra de herramientas Standard. Busque el símbolo griego sigma (_). Esta pequeña herramienta vale su peso en oro. Además de introducir las funciones de Suma, Promedio, Cuenta, Máx. y Mín., también selecciona el rango de celdas en una columna o fila actual que sea más probable que quiera utilizar como argumento de función y luego, automáticamente, las introduce como argumentos de función. Nueve de diez veces, Excel selecciona (resaltando) el rango correcto de celdas a ser totalizadas, promediadas, contadas y así en adelante. En ese décimo caso, usted puede corregir manualmente el rango arrastrando el puntero de celda a través del bloque de celdas que necesita ser sumado.

Predeterminar, hacer clic sobre el botón AutoSum (como su nombre lo dice), inserta la función Sum en la celda actual. Si usted quiere utilizar este botón para agregar otra función, tal como Promedio, Cuenta, Máx. o Mín., tendrá que hacer clic sobre su botón desplegable y seleccionar el nombre de la función deseada del menú que aparece de pronto. Note que si usted selecciona el comando More Functions *"Más Funciones"* en este menú, Excel abre un recuadro de diálogo Insert Function como si usted hubiese hecho clic sobre el botón fx en la barra Formula.

En la Figura 2-17, revise cómo utilizar la herramienta AutoSum para totalizar las ventas de Jack Sprat Diet Centers en la fila 3. Coloque el puntero de celda en la celda E3, en donde debe aparecer el total del primer trimestre, luego haga clic sobre la herramienta AutoSum. Excel inserta SUM (el signo igual y todo) en la barra Formula; coloca un *marquee "marco"* (la línea punteada en movimiento) alrededor de las celdas B3, C3, y D3; y utiliza el rango de celda B3:D3 como el argumento de la función Sum.

**Figura 2-17:**
Para totalizar las ventas del primer trimestre de Jack Sprat Diet Centers para la fila 3, haga clic sobre el botón Auto-Sum en la celda E3 y pulse Enter.

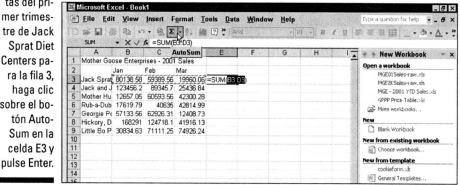

Ahora, mire a la hoja de trabajo después de que insertó la función en la celda E3 (vea la Figura 2-18). El total calculado aparece en la celda E3 mientras que la siguiente fórmula de función aparece en la barra Formula:

```
=SUM(B3:D3)
```

Después de ingresar la función para totalizar las ventas de Jack Sprat Diet Centers, puede copiar esta fórmula para totalizar las ventas para el resto de las compañías, arrastrando la manija de llenado por la columna E hasta que el rango de celda E3:E9 se resalte.

**Figura 2-18:**
La hoja de
trabajo con
los totales
del primer
trimestre
calcula-
dos con
AutoSum.

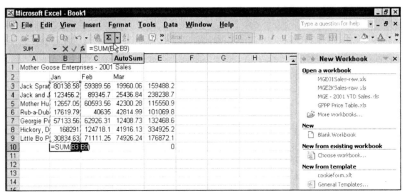

Observe la Figura 2-19 para ver cómo puede utilizar la herramienta AutoSum para totalizar las ventas de enero para todas las compañías de Mother Goose Enterprises en la columna B. Coloque el puntero de celda en la celda B10 en donde quiera que el total aparezca. Haga clic sobre la herramienta AutoSum y Excel coloca el marco alrededor de las celdas B3 a B9 e ingresa correctamente el rango de celda B3:B9 como el argumento de la función SUM.

**Figura 2-19:**
Haga clic
sobre el bo-
tón Auto-
Sum en la
celda B10 y
pulse Enter
para totali-
zar las ven-
tas de enero
para todas
las compa-
ñías en la
columna B.

En la Figura 2-20, puede ver la hoja de trabajo después de insertar la función en la celda B10 y utilizar la opción AutoFill para copiar la fórmula en las celdas C10, D10, y E10 a la derecha. ( Para utilizar AutoFill, arrastre la manija de llenado a través de las celdas a la derecha hasta que llegue a la celda E10 antes de liberar el botón del mouse.)

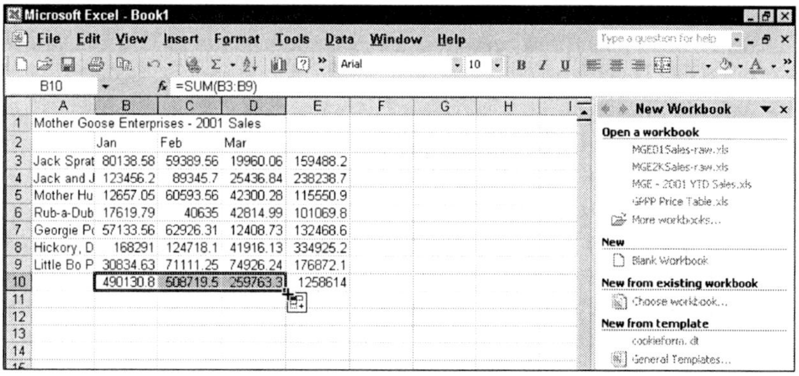

**Figura 2-20:**
La hoja de trabajo después de copiar las fórmulas de la función Sum utilizando la manija de llenado.

## Asegurarse Que La Información Está Correcta y a Salvo

Todo el trabajo que usted lleva a cabo en cualquiera de las hojas de trabajo está en riesgo hasta que guarde el libro de trabajo como un archivo en el disco (ya sea en un diskette o en su disco duro). Si se interrumpe la energía eléctrica poder o su computadora se daña por cualquier razón antes de guardar el libro de trabajo, usted tiene mala suerte. Tendrá que volver a crear todos y cada uno de los teclazos — una tarea dolorosa, y para hacerlo peor, innecesaria. Para evitar todo el disgusto, adopte esta máxima: Guarde su trabajo en el momento en que introduzca más información de que la puede darse el lujo de perder.

Para animarlo a guardar frecuentemente, Excel le suministra un botón de Save *"Guardar"* en la barra de herramientas Standard (la que tiene un dibujo de un disquete de $3^1/_4$", la tercera de la izquierda). Usted ni siquiera tiene que tomarse el tiempo ni la molestia de seleccionar el comando Save desde el menú de File (o ni siquiera pulsar Ctrl+S); simplemente puede hacer clic sobre esta herramienta cuando desee guardar el trabajo nuevo en el disco.

Cuando hace clic sobre la herramienta Save la primera vez, Excel despliega un recuadro de diálogo Save As *"Guardar Como"* (como se muestra en la Figura 2-21). Utilice este recuadro de diálogo para reemplazar el nombre provisional del documento (Book1 *"Libro1"*, Book2 *"Libro2"*, y así en adelante) con un nombre de archivo más descriptivo, y seleccione una nueva unidad y archivo antes de que guarde el libro de trabajo como un archivo de disco. Es así de simple:

✔ Para volver a nombrar el libro de trabajo, introduzca el nombre del archivo en el campo de texto File Name *"Nombre del Archivo"*. Cuando abre por primera vez el recuadro de diálogo Save As, se selecciona el nombre del archivo sugerido como Book1; para reemplazarlo, puede solamente empezar a escribir el nombre el archivo.

✔ Para cambiar la unidad en que se guardará el libro de trabajo, haga clic sobre el botón de lista desplegable Save In y luego haga clic sobre el nombre de la unidad apropiada, tal como Hard disk (C:) *"Disco Duro"* o 3½ Floppy (A:) *"Disquete"* en la casilla de lista desplegable.

✔ Para cambiar el archivo en el cual el libro de trabajo se guardará, seleccione la unidad si fuese necesario (como lo describí en el párrafo anterior) y luego haga clic sobre el archivo deseado. Si usted quiere guardar el libro de trabajo en un archivo que está dentro de uno de los archivos que se muestran en la casilla de lista, solamente haga doble clic sobre ese archivo. Cuando todo esté terminado, el nombre del archivo en donde el libro de trabajo será guardado deberá aparecer en el campo de texto Save In.

Para guarda el archivo en una carpeta totalmente nueva, haga clic sobre el botón Create New Folder *"Crear una Nueva Carpeta"* (refiérase a la Figura 2-21). Se abre el recuadro de diálogo New Folder *"Nueva Carpeta"*. Introduzca el nombre de la carpeta en el campo de texto Name y luego haga clic sobre OK o pulse Enter.

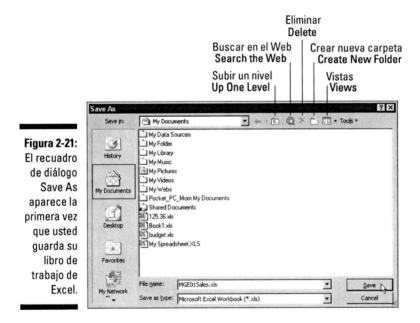

**Figura 2-21:**
El recuadro de diálogo Save As aparece la primera vez que usted guarda su libro de trabajo de Excel.

El recuadro de diálogo Save As de Excel 2002 contiene un montón de botones grandes que aparecen en el lado izquierdo del recuadro de diálogo: History *"Historia"*, My Documents *"Mis Documentos"*, Desktop *"Escritorio"*, Favorites *"Favoritos"* y Web Folders *"Carpetas Web"* (My Network Places *"Mis Lugares en la Red"* si está usando Windows Me). Utilice estos botones para seleccionar las siguientes carpetas en las cuales puede guardar su nuevo archivo de libro de trabajo:

✔ Haga clic sobre el botón History para guardar su libro de trabajo en la carpeta Recent *"Reciente"*. La carpeta Recent se ubica en esta jerarquía: Carpeta Windows (en su disco duro)\ Carpeta Application Data \Carpeta Microsoft \Carpeta Office \Carpeta Recent.

✔ Haga clic sobre el botón My Documents para guardar su libro de trabajo en la carpeta My Documents.

✔ Haga clic sobre el botón Desktop para guardar su libro de trabajo en el escritorio de su computadora.

✔ Haga clic sobre el botón Favorites para guardar su libro de trabajo en la carpeta Favorites dentro de la carpeta Windows en su disco duro.

✔ Haga clic sobre el botón Web Folders (My Network Places en Windows ME) para guardar su libro de trabajo en una de las carpetas de la Web en el servidor Web de su compañía. Este botón es especialmente útil cuando quiere publicar un libro de trabajo de Excel como si fuese una página Web en el sitio Web de su compañía o en la intranet.

En Windows 98/ME y 2000, el nombre de sus archivos puede tener espacios y un máximo de 255 caracteres de largo (¿no querrá nombrar su archivo con un párrafo entero, cierto?). Estas son grandes noticias, especialmente si fuese un usuario de DOS o de Windows 3.1 que tuviera que sufrir con la restricción de nombre de archivo de ocho punto tres letras. Nada más recuerde que cuando le ponga nombre a sus libros de trabajo y tenga que transferirlos a una máquina que no use Windows 98, la Millennium Edition o Windows 2000, los nombres de los archivos de Excel aparecerán severamente abreviados (truncados). También, el nombre del archivo será seguido por la extensión .xls de Excel (la que, a propósito, es solamente para los archivos de los libros de trabajo en Excel 2002 — Windows 98/ME tiene el sentido suficiente para esconderle a usted esta extensión de nombre de archivo).

Cuando usted termina de hacer los cambios en el recuadro de diálogo Save As, haga clic sobre el botón Save o pulse Enter para que Excel 2002 guarde su trabajo. Cuando Excel guarda su archivo del libro de trabajo, el programa asegura toda la información en cada una de las hojas de trabajo de su libro de trabajo (incluyendo la última posición del puntero de celda) en la carpeta y unidad designadas. Usted no tendrá que jugar con el recuadro de diálogo Save As de nuevo a menos que quiera volver a nombrar el libro de trabajo o guarda una copia de éste en un directorio diferente. Si quiere hacer cualquiera de estas cosas, debe seleccionar el comando Save As del menú de File en vez de hacer clic sobre la herramienta Save o pulsar Ctrl+S.

# *Recuperación del Documento al Rescate*

Excel 2002 ofrece una nueva opción de recuperación de documento que lo puede ayudar en el momento que la computadora se dañe debido a falta de electricidad o porque se apague o congele el sistema operativo. La opción AutoRecover *"Auto-Recuperación"* guarda sus libros de trabajo en intervalos regulares. En el momento que falle una computadora, Excel despliega un panel de tarea Document Recovery *"Recuperación de Documento"* (similar a la que se muestra en la Figura 2-22) la próxima vez que inicie Excel después de reiniciar la computadora.

Cuando empieza a usar Excel 2002, la opción AutoRecover se establece automáticamente para guardar los cambios a su hoja de trabajo (siempre y cuando el archivo ya ha sido guardado) cada diez minutos. Usted puede acortar o alargar este intervalo, como lo considere conveniente. Seleccione Tools⇨Options y luego haga clic sobre la pestaña Save. Utilice los botones giratorios o introduzca un nuevo intervalo de guardado automático en la casilla de texto marcado `Save AutoRecover Info Every 10 Minutes` antes de hacer clic sobre OK.

**Figura 2-22:** Dañada pero no quemada: utilice Document Recovery para que le muestre los archivos recuperados que todavía puede salvar.

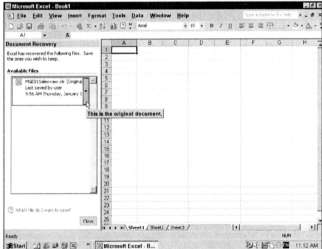

El panel de tarea de Document Recovery muestra las versiones disponibles de los archivos del libro de trabajo que estaban abiertas en el momento en que la computadora se dañó. Identifica la versión original del archivo del libro de trabajo y cuándo fue guardado, conjuntamente con la versión de recuperación del archivo. Para abrir una versión recuperada de un libro de trabajo (para ver cuánto hay del trabajo no salvado en el momento del daño), coloque el puntero del mouse sobre la versión AutoRecover. Luego haga clic sobre el botón del menú desplegable y haga clic sobre Open en el menú que aparece de pronto. Después de que abre la versión recuperada, usted puede (si así lo desea) luego guardar sus cambios seleccionando File⇔Save en la barra de menú de Excel.

Para guardar la versión recuperada de un libro de trabajo sin tomarse la molestia de abrirlo primero, coloque su mouse sobre la versión recuperada, luego haga clic sobre el botón desplegable y seleccione la opción Save As en el menú que aparece. Para abandonar permanentemente la versión recuperada (dejándolo *solamente* con la información de la versión original), haga clic sobre el botón Close al final del panel de tarea Document Recovery. Cuando hace clic sobre el botón Close, aparece un recuadro de diálogo de alerta, dándole la oportunidad de retener las versiones recuperadas del archivo y verlas posteriormente. Para retener los archivos y poder verlos posteriormente, seleccione el botón de radio Yes (I want to view these files later "Yo quiero ver estos archivos mas adelante") antes de hacer clic sobre OK. Para retener solamente las versiones originales de los archivos que se muestran en el panel de tarea, seleccione el botón de opción No (remove these files. I have saved the files I need "elimine estos archivos. He salvado los archivos que necesito") radio button instead.

Note que las opciones AutoRecover solamente operan en libros de trabajo de Excel que usted ha guardado al menos una vez (como se explicó en la sección anterior "Making Sure That the Data Is Safe and Sound" *"Asegurarse de que la Información está Correcta y a Salvo"*). En otras palabras, si usted crea un nuevo libro de trabajo y no se toma la molestia de guardarlo y renombrarlo antes de experimentar un daño en la computadora, la opción AutoRecover no recuperará ninguna parte de éste. Por esta razón es muy, muy importante que usted tenga el hábito de guardar los nuevos libros de trabajo con File⇔Save apenas inicie su trabajo en una hoja de trabajo. O, usted puede utilizar el confiable acceso directo en el teclado, Ctrl+S.

# Parte II
# Editar sin Lágrimas

## La 5a Ola

Por Rich Tennant

"PIENSO QUE EL CURSOR NO SE ESTÁ MOVIENDO, SR. DUNT, ES PORQUE USTED TIENE SU DEDO SOBRE EL BORRADOR DE LA PIZARRA Y NO SOBRE EL MOUSE".

## En esta parte . . .

*E*l mundo de los negocios no sería tan malo si no fuera por el hecho de que para el momento que usted ha medio dominado su trabajo, alguien viene y lo cambia todo. ¡Cuando su vida debe ser siempre flexible, cambiar de marcha y "dejarse llevar por la corriente" puede realmente irritar a una persona! La triste realidad es que gran parte del trabajo que hace con Excel 2002 es cambiar las cosas que con tanto costo ha introducido en la hoja de cálculo.

En la Parte 2, divido la edición de esta cosa en tres fases: formatear los datos en crudo; reacomodar la información del formato o, en algunos casos, eliminarla; y, por último, escupir la información final formateada y editada en un formulario impreso. Créame, después de que conozca su camino a la edición de hojas de cálculo (como se presenta en esta parte del libro), ha recorrido más de la mitad del camino con Excel 2002.

# Capítulo 3

# Hacer que Todo se Vea Bonito

- - - - - - - - - - - - - - - - - - - - - - - - - - - - - - - - - - - - - - - - - - - - - - - - - - -

*En este capítulo*

▶ Seleccionar las celdas por ser formateadas

▶ Formatear una tabla de información con AutoFormat

▶ Utilizar el formato de número en celdas que contienen valores

▶ Ajustar el ancho de una columna y el alto de una fila en una hoja de trabajo

▶ Esconder columnas y filas en una hoja de trabajo

▶ Cambiar la fuente y el tamaño de esta

▶ Cambiar la alineación de las entradas en una selección de celda

▶ Agregar bordes, sombreado y colores a una selección de celda

- - - - - - - - - - - - - - - - - - - - - - - - - - - - - - - - - - - - - - - - - - - - - - - - - - -

*E*n programas de hojas de cálculo como Excel, usted normalmente no se preocuparía de cómo se ve todo hasta que haya introducido toda la información en las hojas de trabajo de su libro de trabajo y la haya guardado (refiérase a los Capítulos 1 y 2). Solamente en ese momento, usted embellece la información para que sea más clara y simple de leer.

Después de que decida sobre los tipos de formato que quiere aplicar a cada porción de la hoja de trabajo, seleccione todas las celdas que van a ser embellecidas y luego haga clic sobre la herramienta apropiada o seleccione el comando de menú para aplicar esos formatos a las celdas. Pero antes de que descubra todas las fabulosas opciones de formateo, primero necesita saber cómo escoger el grupo de celdas a las que quiere aplicar el formato — *seleccionar las celdas o alternativamente hacer una selección de celda.*

También dese cuenta de que introducir información en una celda y formatear esa celda son dos cosas totalmente diferentes en Excel. Como están separadas, puede cambiar la entrada en una celda formateada y las  nuevas entradas asumen el formato de la celda. Esto le permite a usted formatear celdas en blanco en una hoja de trabajo, sabiendo que cuando llegue a hacer entradas en esas celdas, esas entradas asumen automáticamente el formato que le asignó a esas celdas.

# Seleccionar un Grupo de Celdas

Dada la monótona y rectangular naturaleza de la hoja de trabajo y de sus componentes, no debería ser una sorpresa encontrar que todas las selecciones de celdas que usted haga tienen el mismo sentimiento cubista. Después de todo, las hojas de trabajo son solamente bloques de celdas de números, de columnas y filas.

Una *cell selection (selección de celda) (o cell range rango de celda)* es una colección cualquiera de celdas cercanas que selecciona para formatear o editar. La más pequeña selección de celdas posible en una hoja de trabajo es solamente una celda: la llamada *active cell (celda activa)*. La celda con el puntero de celda es verdaderamente una selección sencilla. La mayor selección de celda posible en una hoja de trabajo puede incluir todas las celdas en esa hoja de trabajo (la enchilada completa, hablando metafóricamente). La mayoría de las selecciones de celdas que necesita para formatear una hoja de trabajo, probablemente caerá en alguna parte entre éstas, incluyendo varias celdas en columnas y filas adyacentes.

Excel muestra una selección de celdas en la hoja de trabajo, resaltar el bloque. (Refiérase a la Figura 3-1 para ver varias selecciones de celda de tamaños y formas diferentes.)

En Excel, puede seleccionar más de un rango de celdas a la vez (un fenómeno llamado *non contiguous o non adjacent (selección no-contigua o no-adyacente).* Aún cuando la Figura 3-1 parece contener varias selecciones de celdas, en realidad es solamente una selección grande, no adyacente con la celda D12 (la que está activa) como la celda que fue seleccionada de última.

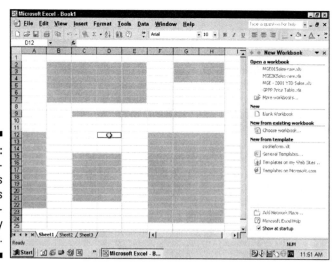

**Figura 3-1:**
Varias selecciones de celdas de diferentes formas y tamaños.

# *Señalar-y-hacer-clic sobre las selecciones de celdas*

Con el mouse, se puede seleccionar un rango de celdas en forma natural. Solamente, coloque el puntero del mouse (en su forma de cruz blanca y gruesa) en la primera celda y arrástrelo en la dirección que quiere extender la selección.

 ✔ Para extender la selección de celdas a las columnas a la derecha, arrastre su mouse hacia la derecha para resaltar las celdas contiguas a su paso.

✔ Para extender la selección a filas hacia abajo, arrastre su mouse hacia abajo.

✔ Para extender la selección hacia abajo y hacia la derecha al mismo tiempo, arrastre su mouse diagonalmente hacia la celda en la esquina inferior derecha del bloque que está resaltando.

## *Selecciones de celda con la tecla Shift*

Para aligerar el procedimiento de selección de celdas, puede utilizar el viejo método Shift+clic, como sigue:

1. **Haga clic sobre la primera celda en la selección.**

   Con esto se selecciona esa celda.

2. **Coloque el puntero del mouse en la última celda de la selección.**

   Esto es la primera celda en el bloque rectangular seleccionado por usted.

3. **Pulse la tecla Shift y manténgala así mientras hace clic de nuevo sobre el botón del mouse.**

   Cuando usted hace clic sobre el botón del mouse la segunda vez, Excel selecciona todas las celdas en las columnas y filas entre la primera y la última celda.

La tecla Shift trabaja con el mouse como una tecla extendida para ampliar la selección de un primer objeto que seleccione hasta el segundo objeto que seleccione. Refiérase a la sección *"Extender esa selección de celda",* más adelante en este capítulo. Utilizar la tecla Shift le permite seleccionar la primera y la última celda, así como todas las celdas que intervienen en una hoja de trabajo o todos los nombres de documentos en un recuadro de diálogo de lista.

Cuando esté llevando a cabo la selección de celdas con el mouse y se da cuenta de que incluyó las celdas equivocadas, antes de que suelte el botón del mouse, puede eliminar la selección de las celdas y volver al tamaño de la selección moviendo el puntero en la dirección opuesta. Si ya ha saltado el botón del mouse, haga clic sobre la primera celda en el rango resaltado para seleccionar solamente esa celda (y eliminar la selección de todas las demás) y luego iniciar con el proceso de selección de nuevo.

### Selecciones de celdas No-Adyacentes

Para seleccionar un grupo de celdas no-adyacentes, conformado por más de un bloque de celdas no-contiguo (eso significa, sin que se toquen), arrastre a través del primer rango de celdas, luego mantenga pulsada la tecla Ctrl mientras hace clic sobre la primera celda del segundo rango y arrastre el puntero en este rango. Cuando mantiene pulsada la tecla Ctrl mientras selecciona los rangos subsecuentes, Excel no elimina la selección de los rangos de celdas seleccionados con anterioridad.

La tecla Ctrl trabaja con el mouse como una tecla *agregar* para incluir objetos no-contiguos en Excel. Refiérase a la sección *"Selecciones de celdas no-adyacentes con el teclado"* más adelante en este capítulo. Utilizando la tecla Ctrl, puede agregar la selección de celdas en una hoja de trabajo o los nombres de los documentos en un recuadro de diálogo de lista sin tener que eliminar la selección de aquellas que ya han sido seleccionadas.

### Realizar la selección de "grandes" celdas

Puede seleccionar las celdas en columnas o filas enteras, o incluso, todas las celdas en la hoja de trabajo, aplicando las siguientes técnicas de clic-y-arrastre en el marco de la hoja de trabajo:

- ✔ Para seleccionar todas las celdas en una columna en particular, haga clic sobre la letra de la columna en el marco en la parte superior de la ventana del documento de la hoja de trabajo.

- ✔ Para seleccionar todas las celdas en una fila en particular, haga clic sobre el número de la fila en el marco en el borde izquierdo de la ventana del documento.

- ✔ Para seleccionar un rango de columnas y filas enteras, arrastre a través de las letras de las columnas o números de las filas en el marco alrededor de la hoja de trabajo.

- ✔ Para seleccionar más que columnas o filas enteras que no están unas junto a las otras (otra vez, ese asunto de lo no-contiguo), pulse y mantenga pulsada la tecla Ctrl mientras que hace clic sobre las letras de las columnas o números de filas de las columnas y filas que quiere agregar a la selección.

 ✔ Para seleccionar todas y cada una de las celdas en la hoja de trabajo, pulse Ctrl+A o haga clic sobre el botón Select All, el botón sin marca en la esquina superior izquierda del marco del libro de trabajo, formado por la intersección de una fila con las letras de una columna y de una columna con los números de una fila.

### Seleccionar las celdas en una tabla de información, cortesía de AutoSelect

Excel le suministra una forma realmente rápida (llamada AutoSelect) para seleccionar todas las celdas en una tabla de información introducidas como un bloque sólido. Para utilizar AutoSelect, simplemente siga estos pasos:

1. **Haga clic sobre la primera celda de la tabla para seleccionarla.**

   Esta es la celda en la esquina superior izquierda de la tabla.

2. **Mantenga pulsada la tecla Shift mientras hace doble clic con el puntero del mouse en forma de cabeza de flecha, ya sea sobre el borde derecho o el borde inferior de la celda seleccionada. (Refiérase a Figura 3-2.)**

**Figura 3-2:**
Coloque el puntero del mouse en el borde inferior de la primera celda para seleccionar todas las celdas en la primera columna de la tabla.

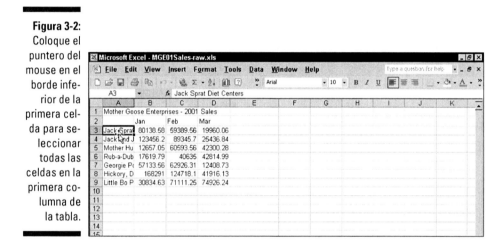

Al hacer doble clic sobre el borde *inferior* de la celda, hace que la selección de celda se expanda a esa celda en la última fila de la primera columna (como se muestra en la Figura 3-3). Si hace doble clic sobre el borde *derecho* de la celda, la selección de celdas se expande a la última columna de la primera fila.

**Figura 3-3:**
Sostenga la tecla Shift mientras hace doble clic en el borde inferior de la primera celda, para extender la selección hacia abajo en la columna.

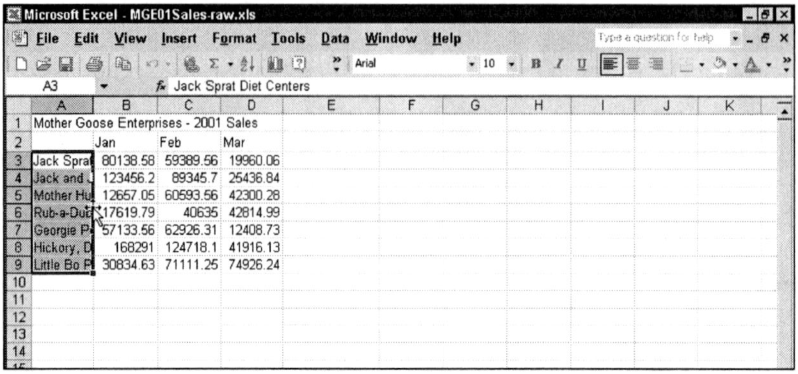

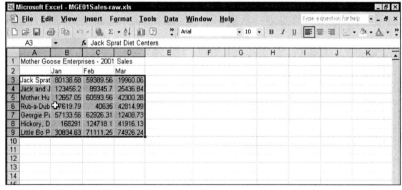

**3a.** **Haga doble clic en algún lado del borde derecho de la selección de celdas (refiérase a la Figura 3-3) si la selección de celda está compuesta por la primera columna de la tabla.**

Con esto se seleccionan todas las filas restantes de la tabla de información (como se muestra en la Figura 3-4).

**Figura 3-4:**
Sostenga la tecla Shift mientras hace doble clic sobre el borde derecho de la selección actual, para extenderla a través de las filas de la tabla.

**3b.** **Haga doble clic en alguna parte del borde inferior de la selección de celdas actual, si la selección de celdas está ahora compuesta por la primera fila de la tabla.**

Con esto se seleccionan las filas restantes de la tabla.

Aún cuando los pasos anteriores pueden inducirlo a creer que tiene que seleccionar la primera celda de la tabla cuando use AutoSelect, en realidad puede seleccionar cualquiera de las celdas en las cuatro esquinas de la tabla. Luego, cuando esté expandiendo la selección de celdas en la tabla con la tecla Shift pulsada, puede seleccionar cualquier dirección que guste (izquierda, haciendo clic en el borde izquierdo; derecha, haciendo clic en el borde derecho; hacia arriba, haciendo clic en el borde superior; o hacia abajo, haciendo clic en el borde inferior) para seleccionar ya sea la primera o la última fila de la tabla o la primera o la última columna. Después de expandir la selección de celda para incluir ya sea la primera o la última fila, o la primera o la última columna, necesitará hacer clic sobre cualquiera de los bordes de la selección de celda actual para que se expanda y abarque las filas y columnas restantes de la tabla.

# *Selección de celdas en el Teclado*

Si no es muy hábil con el uso del mouse, puede utilizar el teclado para seleccionar las celdas que quiere. Apegándose al método Shift+clic para la selección de celdas, la forma más fácil de seleccionar las celdas con el teclado es combinar la tecla Shift con otros teclazos para mover el puntero de celda. (En el Capítulo 1 hago una lista de estos teclazos.)

Empiece colocando el puntero de celda en la primera celda de la selección y luego pulse y sostenga pulsada la tecla Shift mientras que pulsa las teclas apropiadas del movimiento de puntero de celda. Cuando pulsa y sostiene la tecla Shift mientras que pulsa las teclas de dirección — tales como las teclas de flechas (↑, →, ↓, ←), PgUp, o PgDn — Excel ancla la selección en la celda actual, mueve el puntero de celda y también resalta las celdas mientras pasa.

Cuando lleva a cabo la selección de celdas de esta manera, puede continuar y alterar el tamaño y la forma del rango de celda con las teclas de movimiento del puntero de celda, siempre y cuando no suelte la tecla Shift. Después de que suelta la tecla Shift, si pulsa cualquiera de las teclas de movimiento del puntero de celda, la selección se colapsa inmediatamente y se reduce a solamente la celda con el puntero de celda.

### *Extender esa selección de celdas*

Si mantener pulsada la tecla Shift mientras mueve el puntero de celda es muy cansado, puede colocar a Excel en modo Extend pulsando (y soltando rápidamente) F8 antes de que pulse cualquiera de las teclas de movimiento del puntero de celda. Excel despliega el indicador EXT (por extensión) en la barra de estado — cuando hace esto, el programa selecciona todas las celdas por las cuales mueve el puntero (justo como si usted estuviese pulsando y sosteniendo la tecla Shift).

Busque el indicador EXT en la esquina inferior derecha de la pantalla, cerca de NUM (indicador de bloqueo de número NUM).

Después de que ha resaltado todas las celdas que quiere en el rango de celdas, pulse F8 de nuevo para desactivar el modo Extend. El indicador EXT desaparece de la barra de estado y luego usted puede, una vez más, mover el puntero de celda con el teclado, sin resaltar nada a su paso. Es más, cuando mueve el puntero por primera vez, se elimina la selección de todas las celdas seleccionadas anteriormente.

### AutoSelect al estilo teclado

Para el equivalente en el teclado de AutoSelect con el mouse (refiérase a la sección en este capítulo que se llama "Seleccionar las celdas en una tabla de información, cortesía de AutoSelect"), combine el uso de F8 (tecla de Extensión) o de la tecla Shift con las teclas Ctrl+flechas o con las teclas End+flechas para mover el puntero de celda de un extremo del bloque al otro, seleccionando todas las celdas a su paso.

Para seleccionar una tabla completa de información con la versión de AutoSelect de teclado, siga estos pasos:

1. **Coloque el puntero de celda en la primera celda.**

   Es decir, la celda en la esquina superior izquierda de la tabla.

2. **Pulse F8 (o mantenga pulsada la tecla Shift) y luego pulse Ctrl+→ (o End, →) para extender la selección de celdas a las celdas en las columnas a la derecha.**

3. **Luego pulse Ctrl+↓ (o End, ↓) para extender la selección a las celdas en las filas hacia abajo.**

Recuerde que las instrucciones en los pasos anteriores son, en alguna medida, arbitrarias — es lo mismo si pulsa Ctrl+↓ (o End, ↓) antes de pulsar Ctrl+→ (o End, →). Solamente asegúrese (si está utilizando la tecla Shift en vez de F8) de no soltar la tecla Shift hasta que termine de llevar a cabo estas dos últimas maniobras de dirección. También, si pulsa F8 para colocar el programa en modo Extend, no se olvide de pulsar de nuevo esta tecla para salirse del modo Extend una vez que las celdas de la tabla han sido seleccionadas; de lo contrario, terminará seleccionando celdas que no quiere que se incluyan cuando mueva de nuevo el puntero de celda.

## Selecciones de celda no-adyacentes con el teclado

Seleccionar más de un rango de celdas es más complicado con el teclado que utilizando el mouse. Cuando utiliza el teclado, alterna entre anclar el puntero de celda y mover el puntero de celda para seleccionar el rango de celda, esto elimina el anclaje del puntero de celda y vuelve a colocarlo al inicio del siguiente rango. Para eliminar el anclaje del puntero de celda y que lo pueda mover a una posición para seleccionar otro rango, pulse Shift+F8. Esto lo coloca en modo Add, en el cual usted puede moverse a la primera celda del siguiente rango sin tener que seleccionar ninguna otra celda. Excel le permite darse cuenta de que el puntero de celda está sin anclaje por medio del despliegue del indicador ADD en la barra de estado.

Para seleccionar más de un rango de celdas con el teclado, siga estos pasos generales:

1. **Mueva el puntero de celda a la primera celda del primer rango de celdas que desea seleccionar.**

2. **Pulse F8 para ingresar al modo Extend.**

   Mueva el puntero de celda para seleccionar todas las celdas en el primer rango de celda. Alternativamente, mantenga pulsada la tecla Shift mientras mueve el puntero de celda.

3. **Pulse Shift+F8 para cambiarse de modo Extend a modo Add.**

   El indicador ADD aparece en la barra de estado.

4. **Mueva el puntero de celda a la primera celda del siguiente rango no-adyacente que quiera seleccionar.**

5. **Pulse F8 de nuevo para colocarse en el modo Extend y luego mueva el puntero de celda para seleccionar todas las celdas en este nuevo rango.**

6. **Si todavía tiene otros rangos no-adyacentes que seleccionar, repita los pasos 3, 4, y 5 hasta que haya seleccionado y agregado todos los rangos de celda que quiera utilizar.**

## Selecciones de celdas estilo Ir A

Si quiere seleccionar un rango de celda verdaderamente grande que le tomaría mucho tiempo con las teclas de movimiento de puntero de celda, utilice la opción Go To "*Ir A*" para extender el rango hasta una celda distante. Todo lo que tiene que hacer es seguir estos dos pasos:

1. **Coloque el puntero de celda en la primera celda del rango; luego pulse F8 para anclar el puntero de celda y que Excel ingrese al modo Extend.**

2. **Pulse F5 o seleccione Edit⇨Go To en la barra de menú para abrir el recuadro de diálogo Go To, introduzca la dirección de la última celda en el rango (la primera celda) y luego pulse Enter.**

Debido a que Excel está en modo Extend en el momento en que usa Go To para brincar de una celda a otra, el programa no solamente mueve el puntero de celda a la dirección de celda designada, sino que también selecciona todas las celdas que intervienen. Después de seleccionar el rango de celdas con la opción Go To, no se olvide de pulsar F8 (la tecla Extend) de nuevo para prevenir que el programa desordene su selección y pueda agregar más celdas la próxima vez que mueva el puntero de celda.

# *Ajustar sus Tablas con AutoFormat*

Aquí hay una técnica de formateo que no requiere que usted lleve a cabo una selección previa de celdas. De hecho, la opción AutoFormat es tan automática que para utilizarla, el puntero de celda solamente tiene que estar en algún lugar dentro de la tabla de información antes de que seleccione el comando Format—Auto-Format en la barra de menú de Excel.

Tan pronto abre el recuadro de diálogo AutoFormat, Excel automáticamente selecciona todas las celdas en la tabla. (Va a recibir un mensaje en una casilla de alerta para regañarlo si selecciona el comando cuando el puntero de celda no se encuentre dentro de los límites de la tabla o en una de las celdas directamente en el borde de la tabla.)

Esta opción no se encuentra disponible cuando se seleccionan múltiples celdas no-adyacentes.

Puede hacer más sencillo su trabajo de formatear una tabla de información seleccionando uno de los 16 formatos de tabla predeterminados. Aquí le decimos cómo:

1. **Seleccione F**o**rmat⇨A**utoFormat **para abrir el recuadro de diálogo de Auto-Format.**

2. **En el recuadro de diálogo AutoFormat, haga clic sobre el formato de tabla de muestra para seleccionar el formato que quiere aplicar a la tabla de información en su hoja de trabajo (Refiérase a la Figura 3-5).**

**Figura 3-5:**
Seleccionar
el formato
de tabla
Simple para
la tabla de
ventas del
primer tri-
mestre de
Mother
Goose.

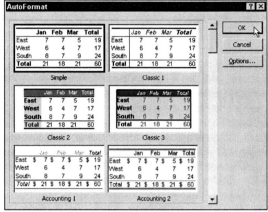

Cuando usted hace clic sobre un formato de muestra en el recuadro de lista, Excel le coloca un borde negro alrededor, el cual indica que ese formato ha sido seleccionado.

3. **Haga click sobre el botón OK o pulse Enter para cerrar el recuadro de diálogo de AutoFormat y para aplicar el formato seleccionado a la tabla de información en su hoja de trabajo.**

Cuando esté bien familiarizado con los formatos de tabla para saber cuál es el que usted quiere, ahorre tiempo haciendo doble clic sobre el formato de muestra deseado del recuadro de lista en el recuadro de diálogo de AutoFormat, tanto para cerrar el recuadro de diálogo como para aplicar el formato a la tabla seleccionada.

Si alguna vez se equivoca y selecciona un formato de tabla que en verdad le desagrada cuando lo ve en la hoja de trabajo, seleccione Edit➪Undo AutoFormat en la barra de menú (o haga clic sobre el botón Undo en la barra de herramientas Standard) antes de que continúe haciendo otra cosa, y Excel regresa la tabla a su estado anterior. (Para más información sobre cómo salirse de ese enredo con la opción Undo, refiérase al Capítulo 4). Si más adelante decide que no desea ninguno de los formatos de tabla automáticos, puede deshacerse de todos ellos (aún cuando ya es muy tarde para utilizar Undo) abriendo el recuadro de diálogo de AutoFormat y seleccionando None en el recuadro de lista de formatos de Table (ubicado al puro final de la lista) antes de hacer clic sobre OK o pulsar Enter.

Cada uno de los formatos de tabla predeterminados que ofrece AutoFormat no es más que una combinación particular de diversas clases de formatos de celdas y de información que Excel aplica a la selección de celdas en una sola operación.

(¡Y eso si que nos ahorra tiempo!) Cada uno resalta los encabezados y valores en la tabla en una forma un poco diferente.

Refiérase a la Figura 3-5 para ver el recuadro de diálogo de AutoFormat con el formato de tabla Simple seleccionado justo antes de aplicar su formato a la tabla de ventas del primer trimestre del 2001 de Mother Goose Enterprises. (Refiérase al Capítulo 2 para obtener una introducción a Mother Goose Enterprises). En la Figura 3-6, puede ver cómo aparece la tabla de ventas con el formato de tabla Simple aplicado a ésta. Fíjese que AutoFormat haya puesto los títulos y encabezados en las filas 1 y 2 de la hoja de trabajo en negrita; dibujó líneas en los bordes para separar estos encabezados del resto de la información de la tabla, y también centró el título de la hoja de trabajo sobre las columnas de A hasta E y los encabezados en las celdas de B2 hasta E2. Sin embargo, el formato de tabla Simple no hace nada para resaltar las cantidades en dólares de la tabla. ¿Quiére ver los diferentes estilos de formatos? En la Figura 3-7, seleccioné el formato de tabla Accounting 1 para el mismo rango de celdas. Cuando selecciona este formato de tabla, Excel formatea los valores en la primera y última fila con el formato de número Currency (indicado por los signos de dólares) y el resto de los valores con el formato de número Comma (indicado por las comas entre los miles). Este tipo de formato de tabla también agrega líneas para separar la fila de los encabezados de columnas y la fila con los totales mensuales y trimestrales del resto de la información.

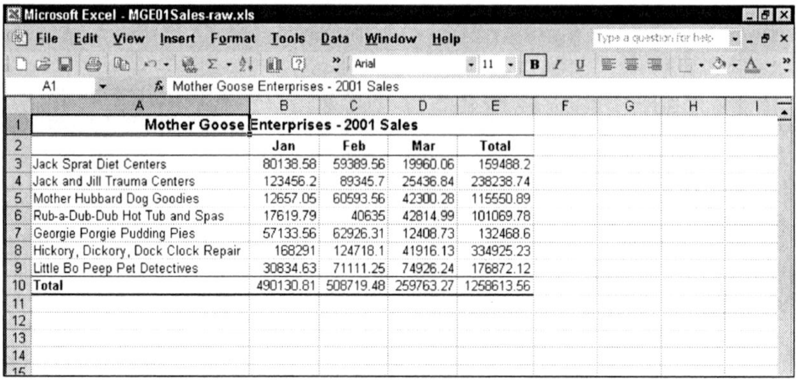

**Figura 3-6:** Tabla de ventas del primer trimestre de Mother en el formato de tabla Simple.

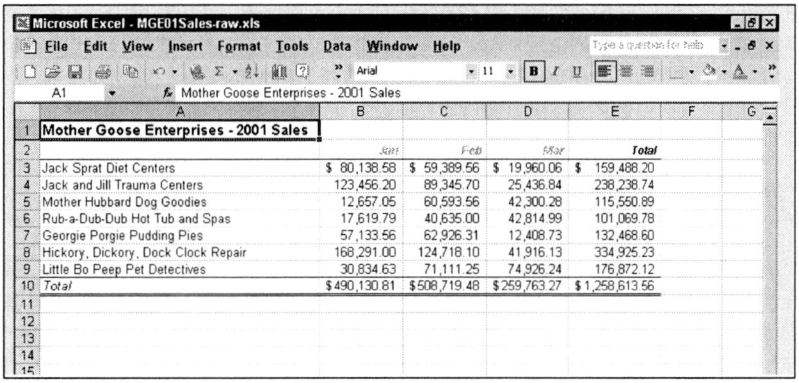

**Figura 3-7:**
Tabla de
ventas del
primer tri-
mestre de
Mother en
el formato
de tabla Ac-
counting 1.

| | Microsoft Excel - MGE01Sales-raw.xls | | | | | | |
|---|---|---|---|---|---|---|---|
| | File Edit View Insert Format Tools Data Window Help | | | | | | |
| | A1 | *fx* Mother Goose Enterprises - 2001 Sales | | | | | |
| | A | B | C | D | E | F | G |
| 1 | **Mother Goose Enterprises - 2001 Sales** | | | | | | |
| 2 | | *Jan* | *Feb* | *Mar* | *Total* | | |
| 3 | Jack Sprat Diet Centers | $ 80,138.58 | $ 59,389.56 | $ 19,960.06 | $ 159,488.20 | | |
| 4 | Jack and Jill Trauma Centers | 123,456.20 | 89,345.70 | 25,436.84 | 238,238.74 | | |
| 5 | Mother Hubbard Dog Goodies | 12,657.05 | 60,593.56 | 42,300.28 | 115,550.89 | | |
| 6 | Rub-a-Dub-Dub Hot Tub and Spas | 17,619.79 | 40,635.00 | 42,814.99 | 101,069.78 | | |
| 7 | Georgie Porgie Pudding Pies | 57,133.56 | 62,926.31 | 12,408.73 | 132,468.60 | | |
| 8 | Hickory, Dickory, Dock Clock Repair | 168,291.00 | 124,718.10 | 41,916.13 | 334,925.23 | | |
| 9 | Little Bo Peep Pet Detectives | 30,834.63 | 71,111.25 | 74,926.24 | 176,872.12 | | |
| 10 | *Total* | $490,130.81 | $508,719.48 | $259,763.27 | $1,258,613.56 | | |
| 11 | | | | | | | |
| 12 | | | | | | | |
| 13 | | | | | | | |
| 14 | | | | | | | |
| 15 | | | | | | | |

Si formatea una tabla con un título que ha sido centrado en una celda con el botón Merge y Center en la barra de herramientas de formateo, necesitará hacer clic sobre una celda en la tabla diferente a la que tiene el título combinado y centrado antes de seleccionar Format⇨Auto-Format. Seleccionar este comando cuando el puntero de celda está ubicado en una celda combinada y centrada, hace que Excel seleccione solamente esa celda para formatearla. Para hacer que el programa seleccione todas las celdas en la tabla (incluyendo la que está "combinada y centrada"), coloque el puntero de celda en cualquier celda que no esté "combinada y centrada" y luego, seleccione Format⇨AutoFormat.

# Modificar Sus Celdas con la Barra de Herramientas Formatting

Algunas hojas de trabajo requieren de un acabado más suave que el que ofrece la opción AutoFormat. Por ejemplo, puede tener una tabla en la que el único énfasis que quiere agregar es el de poner en negrita los encabezados de las columnas en la parte superior de la tabla y subrayar los totales de las filas al final (esto se hace dibujando una línea de borde en la parte inferior de las celdas).

Con las herramientas de la barra de herramientas Formatting (que aparece al lado de la barra Standard en la segunda barra justo debajo de la barra del menú) puede lograr la mayoría de los formatos de información y de celda sin aventurarse por los menúes de acceso directo, ni tener que abrir los menúes desplegables (¡que Dios no lo permita!).

Utilice las herramientas de la barra de herramientas Formatting para asignar nuevas fuentes y formatos de número a las celdas, para cambiar el alineamiento de sus contenidos o agregar bordes, patrones y colores. (Refiérase a la Tabla 1-3 para obtener información completa de cómo utilizar estas herramientas.)

# Barra de Herramientas Transitorias

Normalmente, las barras de herramientas Standard y Formatting aparecen una al lado de la otra en la segunda barra en la parte superior del programa Excel 2002 en una posición estacionaria a la que acude cariñosamente como si estuviese en una posición "de atraco" (mejor dicho, encallada). Aún cuando Excel automáticamente atraca estas barras de herramientas en la parte superior de la pantalla, si quiere, puede moverlas (así como también cualquier otra de las barras de herramientas que despliegue) arrastrándolas (pateando y gritando) a nuevas posiciones.

Cuando arrastra la barra de herramientas Standard o Formatting de su posición al área de trabajo que contiene un libro de trabajo abierto, la barra de herramienta aparece en una pequeña ventana por separado (en donde puede apreciar todos sus botones) como la que contiene la barra de herramientas Formatting (refiérase a la Figura 3-8). Tales barras de herramientas en una ventana son denominadas *floating toolbars (barras de herramientas flotantes)* debido a que flotan como nubes sobre el libro de trabajo abierto que se encuentra abajo (¡qué poético!). Y no solamente puede moverlas, sino también cambiarles el tamaño:

✔ Puede mover una barra de herramientas flotante a nuevas posiciones sobre el documento de la hoja de trabajo arrastrándola desde su pequeña barra de título.

✔ Puede cambiar el tamaño de una barra de herramientas flotante arrastrando cualquiera de sus lados. Espere a que el puntero del mouse cambie a una flecha de doble cabeza antes de que empiece a arrastrarla.

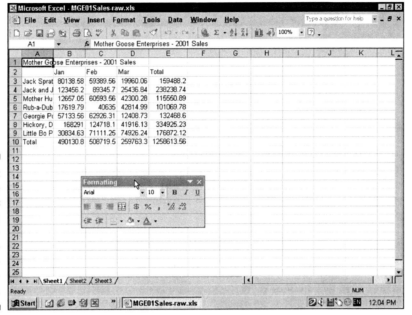

**Figura 3-8:**
La barra de herramientas Formatting flotando pacíficamente sobre las celdas de la hoja de trabajo.

✔ Mientras arrastra el lado de la barra de herramientas flotante, el borde de la barra de herramientas asume una nueva forma para acomodar las herramientas en la posición prescrita de las herramientas. Cuando el borde de la barra de herramientas adopta la forma que quiere, el botón del mouse y Excel rediseña la barra de herramientas.

# Flotar la barra de menú

Las barras de herramientas, como la Standard y Formatting, no son todas las cosas que flotan en Excel. Usted puede hacer flotar la barra de menú de Excel que contiene todos los menúes desplegables. Cuando selecciona un menú en una barra de menú flotante, sus comandos pueden aparecer sobre la barra, contiguo al nombre del menú, en vez de debajo de la barra (como es lo normal), dependiendo de cuánto campo hay entre la barra flotante y el borde inferior de la pantalla. Para que una barra de herramientas flote en la pantalla, coloque el puntero del mouse en algún lado de la barra que aparece al frente de la barra de herramientas (esta barra se ve un poco distorsionada debido a que está formada por pequeñas líneas grises horizontales), mantenga pulsado el botón del mouse y arrastre la barra de herramientas hacia donde lo desee. Para restablecer la barra de herramientas flotante a su posición anclada original en la pantalla, arrastre la barra de título de la barra de herramientas a esa ubicación.

✔ Para cerrar una barra de herramientas flotante cuando no quiere que continúe en la ventana del documento, haga clic sobre la casilla de cerrar (la casilla pequeña con una X negra en la esquina superior derecha de la ventana de la barra de herramientas).

## *Maniobras de anclaje de la barra de herramientas*

Algunas veces, una barra de herramientas flotante puede ser un verdadero problema debido a que tiene que sacarla de su camino constantemente mientras agrega o edita la información en su hoja de trabajo. Para deshacerse de la barra de herramientas y que no vuelva a obstruir ninguna de las celdas de la hoja de trabajo, puede simplemente anclarla.

Excel tiene cuatro estaciones de anclaje: en la parte superior de la pantalla sobre la barra Formula, en el extremo izquierdo de la pantalla, en el extremo derecho de la pantalla y en la parte inferior de la pantalla justo sobre la barra de estado. Observe cómo se ve Excel después de que ancló las barras de herramientas Drawing y Text To Speech una al lado de la otra en la parte inferior del área de trabajo en la Figura 3-9.

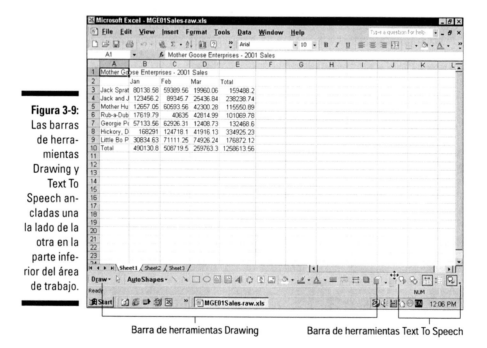

**Figura 3-9:** Las barras de herramientas Drawing y Text To Speech ancladas una la lado de la otra en la parte inferior del área de trabajo.

Barra de herramientas Drawing          Barra de herramientas Text To Speech

Para anclar una barra de herramientas flotante en una de estas cuatro áreas, arrástrela por su barra de título hacia el lado de la ventana tanto como sea posible (manteniendo pulsado el botón del mouse mientras la arrastra). Luego suelte el botón del mouse cuando el borde de la barra asuma la forma para que se acomode en una sola columna (cuando se esté anclando a la izquierda o a la derecha) o en una sola fila (cuando se esté anclando en la parte superior o inferior). Las barras de herramientas que usted ancle en el lado izquierdo o derecho de la ventana del documento, reorganizarán sus herramientas para que se ubiquen verticalmente hacia abajo en la barra de herramientas.

 Algunas barras de herramientas, como Standard, Formatting y Web, tienen un botón que utiliza un recuadro que aparece de pronto. Note que cuando ancla una barra de herramientas con este tipo de botón verticalmente a la izquierda o derecha de la pantalla, la barra de herramientas no sigue desplegando la opción de la casilla de texto que aparece de pronto. Para mantener la casilla de texto, debe anclar su barra de herramientas horizontalmente, ya sea en la parte superior o inferior de la pantalla.

Note, también, que cuando ancla múltiples barras de herramientas una al lado de la otra en la misma barra de la pantalla, Excel automáticamente determina cuál es el tamaño de las barras de herramientas, cuáles herramientas desplegar en la barra y cuáles desplegar en la paleta (que se abre haciendo clic sobre el botón *Toolbar Options*, el que tiene al final >>). Si lo desea, puede cambiar el tamaño relativo de las barras de herramientas contiguas arrastrando la barra punteada gris al inicio de una barra de herramientas en particular, hacia la izquierda o hacia la derecha (hacia la izquierda para hacer la barra de herramientas más grande y hacia la derecha para hacerla más pequeña).

# Utilizar el Recuadro de Diálogo Format Cells

El comando de Excel Format⇨Cells en la barra de menú (Ctrl+1, como acceso directo) hace más sencilla la tarea de aplicar una cantidad de formatos a una selección de celdas. El recuadro de diálogo Format Cells que es llamado por este comando contiene seis pestañas: Number, Alignment, Font, Border, Patterns y Protection. En este capítulo le muestro cómo utilizarlas todas, excepto la pestaña Protection (para obtener información sobre esta pestaña, refiérase al Capítulo 6).

El teclazo de acceso directo que abre el recuadro de diálogo Format Cells — Ctrl+1 — es uno que vale la pena conocer. Muchos de ustedes estarán haciendo tantos formateos como introducciones de información en una hoja de trabajo. Solamente recuerde que el teclazo de acceso directo se lleva a cabo pulsando la tecla Ctrl más la tecla del número 1, y no la tecla de función F1.

## Conocer los formatos de número

Como lo expliqué en el Capítulo 2, la forma en que usted ingresa los valores en una hoja de trabajo determina el tipo de formato de número que tomarán. Aquí hay algunos ejemplos:

- ✔ Si introduce un valor financiero completo con el signo de dólar y los dos lugares decimales, Excel asigna el formato de número Currency a la celda conjuntamente con la entrada.

- ✔ Si introduce un valor que representa un porcentaje como un número entero seguido por el signo de por ciento, sin lugares decimales, Excel le asigna a la celda el formato de número Percentage que sigue este patrón conjuntamente con la entrada.

- ✔ Si introduce una fecha (las fechas también son valores) que sigue uno de los formatos de número predeterminados en Excel, tal como 11/06/02 ó 06-Nov-02, el programa asigna el formato de número Date que sigue el patrón de fecha conjuntamente con el valor especial que representa la fecha.

Aún cuando usted puede formatear valores de esta forma, mientras prosigue (lo que es necesario en el caso de fechas), no tiene que hacerlo de esta manera. Siempre puede asignar un formato de número a un grupo de valores antes o después de que los introduce. Y, de hecho, formatear números después de que los introduce es, por lo general, la forma más eficiente de hacerlo debido a que es un procedimiento de dos pasos solamente:

1. **Seleccione todas las celdas que contienen valores que necesita formatear.**

2. **Seleccione el formato de número que quiere utilizar, ya sea de la barra de herramientas Formatting o del recuadro de diálogo Format Cells.**

 Aunque usted sea un excelente digitador y prefiera ingresar cada valor exactamente como quiere que aparezca en la hoja de trabajo, tiene que recurrir a utilizar formatos de números para hacer que los valores calculados por fórmulas coincidan con los que introdujo. Esta es la razón por la cual Excel aplica un formato de número General (el que es definido por el recuadro de diálogo Format Cells como: "Celdas con formato General no contienen un formato de número específico.") a todos los valores que calcula, así como a cualquiera que usted introduzca que no siga uno de los otros formatos de número de Excel. El mayor problema con el formato General es ese hábito tan molesto de eliminar todos los ceros a la izquierda y a la derecha de las entradas. Esto ocasiona que sea muy difícil alinear los números en una columna en su punto decimal.

Puede visualizar esta triste situación en la Figura 3-10, la cual representa una hoja de trabajo de muestra con las figuras de las ventas del primer trimestre del 2001 de Mother Goose Enterprises antes de formatear cualquier valor. Note cómo los números en las columnas de figuras con las ventas mensuales están desacomodados debido a que no están alineados de acuerdo con su lugar decimal. Esto es culpa del formato de número General de Excel, la única cura es formatear los valores con otro formato de número más uniforme.

**Figura 3-10:** Los números con decimales no se alinean cuando usted selecciona el formato General.

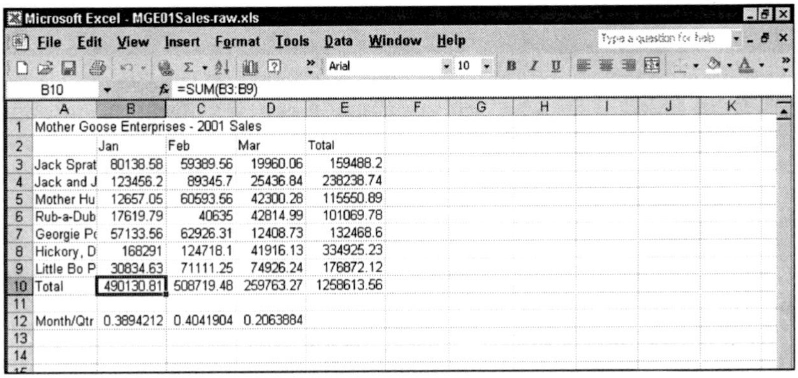

## Sazonar sus celdas con el Estilo Currency

Dada la naturaleza financiera de la mayoría de las hojas de trabajo, usted probablemente utilizará el formato Currency más que ningún otro. Este es un formato verdaderamente simple de aplicar debido a que la barra de herramientas Formatting contiene una herramienta Currency Style que agrega el signo de dólar, comas entre los miles de dólares y dos lugares decimales a cualquier valor en el rango seleccionado. Si alguno de los valores en la selección de celda es negativo, este formato Currency lo despliega entre paréntesis (como les gusta a los contadores).

Puede ver en la Figura 3-11 que las únicas celdas que contienen totales son las que están seleccionadas para el formato Currency (rangos de celdas E3:E10 y B10:D10). Esta selección de celda se formateó con el formato Currency simplemente haciendo clic sobre el botón Currency Style en la barra de herramientas Formatting (la que tiene el icono $, naturalmente).

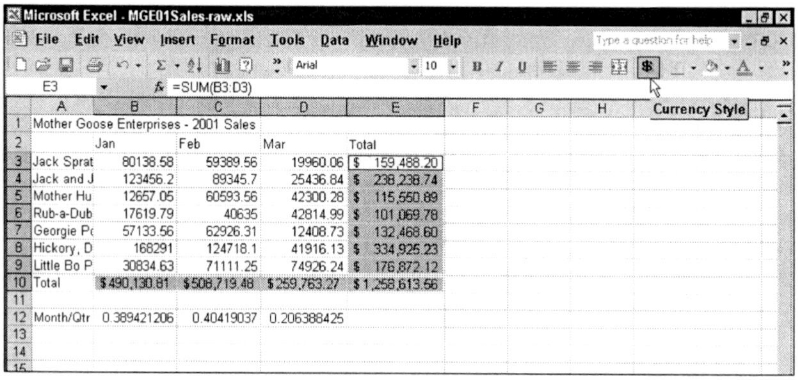

**Figura 3-11:**
Los totales
en la tabla
de ventas
de Mother
Goose des-
pués de ha-
cer clic so-
bre el botón
Currency
Style en la
barra de he-
rramientas
Formatting.

**Figura 3-11:** Los totales en la tabla de ventas de Mother Goose después de hacer clic sobre el botón Currency Style en la barra de herramientas Formatting.

*Nota:* Aún cuando puede colocar todas las figuras en la tabla dentro del formato Currency para alinear los puntos decimales, esto resultaría en una superabundancia de signos de dólares en una tabla relativamente pequeña. En este ejemplo, solamente los totales mensuales y trimestrales tienen el formato a la Currency Style.

### "¡Mira Ma, no más excesos de formatos!"

Cuando aplico el formato Currency Style a la selección en los rangos de celdas E3:E10 y B10:D10 en la tabla de ventas que se muestra en la Figura 3-11, Excel no solamente agrega los signos de dólares, comas entre miles, un punto decimal y dos lugares decimales a los valores destacados, sino también, en ese mismo momento, ensancha las columnas B, C, D, y E justamente lo necesario para desplegar todo este nuevo formato. En versiones anteriores de Excel, tenía que ampliar estas columnas usted mismo, y en vez de los números perfectamente alineados, vería columnas de #######s en los rangos de celdas E3:E10 y B10:D10. Tales signos de número (en lugar de totales en dólares bien formateados) sirven como indicadores de excesos y señalan que cualesquiera formatos que usted haya agregado al valor en esa celda, ha agregado tanto al despliegue del valor que Excel no puede desplegarlo dentro del ancho actual de la columna.

Afortunadamente, Excel elimina los indicadores de exceso de formatos cuando usted está formateando los valores en sus celdas al ensanchar automáticamente sus columnas. El único momento en que se encontrará con estos terribles #######s en sus celdas es cuando manualmente hace más angosta la columna en la hoja de trabajo (refiérase a la sección "Calibrar Columnas" más adelante en este capítulo) a tal grado que Excel no puede desplegar todos los caracteres en sus celdas con los valores formateados.

## Sazonar sus celdas con el Estilo Comma

El formato Comma Style ofrece una buena alternativa al formato Currency Style. Al igual que el formato Currency, el formato Comma inserta comas entre los números más grandes para separar los miles, los cientos de miles, millones, y . . . bueno, ya se hizo una idea.

Este formato también despliega dos lugares decimales y coloca los valores negativos entre paréntesis. Lo que no despliega son los signos de dólar. Esto lo hace perfecto para formatear tablas en donde es obvio que está trabajando con dólares y centavos o para valores muy grandes que no tienen nada que ver con dinero.

El formato Comma Style también trabaja bien en el grupo de valores en la hoja de muestra de ventas del primer trimestre. Revise la Figura 3-12 para ver esta tabla después de que se formatean las celdas que contienen las ventas mensuales de cada compañía Mother Goose con el formato estilo Comma. Para hacer esto, seleccione el rango de celdas B3:D9 y haga clic sobre el botón Comma Style — el que tiene el icono con la coma (,) — en la barra de herramientas Formatting.

**Figura 3-12:**
Figuras de ventas mensuales después de haber formateado sus celdas con el formato de número Comma Style.

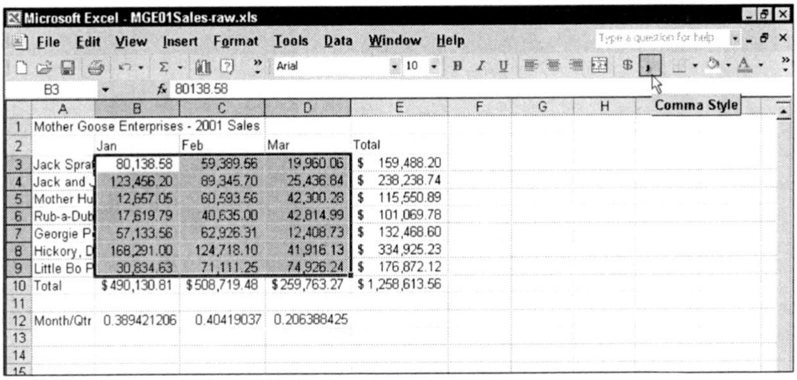

Fíjese ahora, en la Figura 3-12, que el formato Comma Style resuelve el problema anterior de la alineación decimal en las figuras de ventas trimestrales. Más aún, las figuras de ventas mensuales formateadas con Comma Style se alinean perfectamente con los totales mensuales formateados con el estilo Currency en la fila 10. Si se fija cuidadosamente (puede necesitar una lupa para hacerlo), verá que estos valores formateados ya no descansan en los bordes derechos de sus celdas, sino que están un poco movidos hacia la izquierda. El espacio a la derecha entre el último dígito y el borde de la celda acomoda el paréntesis derecho de los valores negativos, asegurando que éstos también estén alineados en el punto decimal.

## Jugar con el Estilo Percent

Muchas hojas de trabajo utilizan porcentajes en la forma de tasas de interés, tasas de crecimiento, tasas de inflación, entre otras. Para insertar un porcentaje en una celda, coloque el signo de porcentaje después del número. Para indicar una tasa de interés del 12 por ciento, por ejemplo, introduzca **12%** en la celda. Cuando hace esto, Excel le asigna un formato de número Percent Style y, al mismo tiempo, divide el valor entre 100 (eso es lo que lo hace un porcentaje) y coloca el resultado en la celda (0.12 en este ejemplo).

No todos los porcentajes en una hoja de trabajo se ingresan manualmente de esta forma. Algunos pueden ser calculados por una fórmula y regresados a sus celdas como valores decimales brutos. En tales casos, usted debe agregar el formato Percent para convertir los valores decimales en porcentajes (multiplicando el valor decimal por 100 y agregando el signo de por ciento).

La hoja de trabajo sobre las ventas del primer trimestre tiene algunos porcentajes calculados por fórmulas en la fila 12 que necesitan ser formateados (estas fórmulas indican cuál porcentaje es el total mensual del total del primer trimestre en la celda E10). En la Figura 3-13, estos valores reflejan formatos Percent Style. Para lograr esta hazaña, simplemente seleccione las celdas y haga clic sobre el botón Percent Style en la barra de herramientas Formatting. (¿Necesito aclararle qué es la herramienta con el símbolo %?)

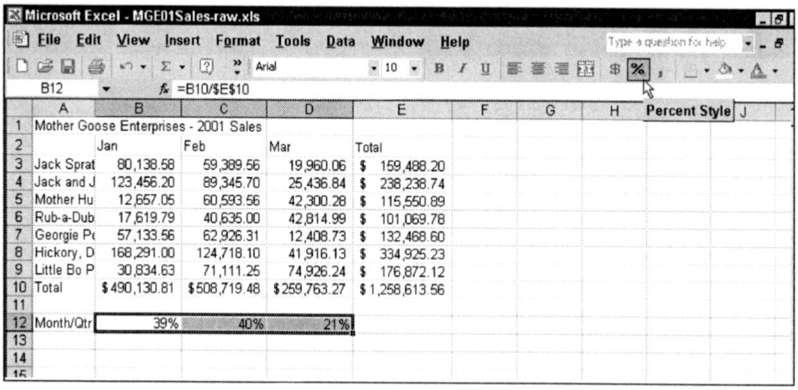

**Figura 3-13:** Porcentajes de ventas mensuales-y-trimestrales con el formato de número Percent Style.

## Decidir cuántos lugares decimales

Puede incrementar o reducir el número de lugares decimales utilizados en un número introducido con la herramienta Currency Style, Comma Style o Percent Style en la barra de herramientas Formatting, simplemente haciendo clic sobre la herramienta Increase Decimal *"Incrementar Decimal"* o la herramienta Decrease Decimal *"Decrecer Decimal"*. Estas dos herramientas también están ubicadas en la barra de herramientas Formatting, por lo general, en la paleta More Buttons "Más Botones" que se abre cuando hace clic en el botón More Buttons de la barra de herramientas Formatting.

Cada vez que hace clic sobre la herramienta Increase Decimal (la que tiene una flecha que apunta hacia la izquierda), Excel agrega un lugar decimal adicional al formato de número que usted aplique. Los porcentajes aparecen en los rangos de celda B12:D12 (refiérase a la Figura 3-14) después de que incrementé el número de lugares decimales en el formato Percent de ninguno a dos. (Note que el Percent Style no utiliza lugares decimales.) Logro esto haciendo clic sobre la herramienta Increase Decimal dos veces seguidas.

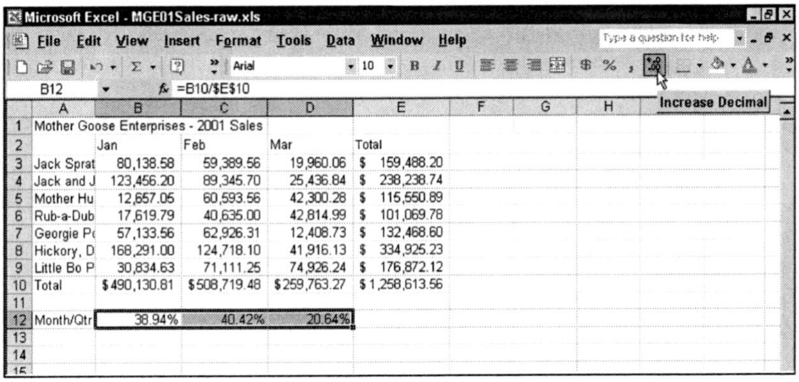

**Figura 3-14:** Porcentajes de ventas mensuales-y-trimestrales después de agregar dos lugares decimales al formato de número Percent Style.

# Los valores detrás del formateo

No se equivoque, todo lo que hacen estos formatos de números agradables es poner más elegante la presentación de los valores en la hoja de trabajo. Como un buen ilusionista, un formato de número en particular parece algunas veces como si transformara mágicamente algunas entradas, pero en realidad, las entradas son los mismos números con los que usted inició. Por ejemplo, suponga que la fórmula le da como resultado el siguiente valor:

```
25.6456
```

Ahora suponga que usted formateó la celda que contiene este valor con la herramienta Currency Style. El valor ahora se ve así:

```
$25.65
```

Este cambio lo puede llevar a creer que Excel redondeó el valor a dos lugares decimales. En realidad, el programa redondeó solamente el despliegue del valor calculado — la celda todavía contiene el mismo valor 25.6456. Si observa esta celda en otra fórmula de la hoja de trabajo, tenga en mente que Excel utiliza el valor detrás de la cámara en su cálculo, y no el valor elegante que se muestra en la celda.

¿Pero qué pasa si quiere que los valores concuerden con su apariencia formateada en la hoja de trabajo? Bueno, Excel puede hacer eso en un solo paso. Dese por advertido, sin embargo, que este es un viaje de una sola vía. Usted puede convertir todos los valores fundamentales a la forma en que están desplegados, simplemente seleccionando una sola casilla de verificación, pero no los puede regresar a su estado anterior al eliminar la marca de esta casilla de verificación.

Bueno, debido a que usted insiste en saber este pequeño truco de todas formas, aquí va (solamente no me escriba y trate de decirme que no estaba advertido):

1. **Asegúrese de que formatea todos los valores en su hoja de trabajo con el número correcto de lugares decimales.**

   Usted debe llevar a cabo este paso antes de convertir la precisión de todos los valores en la hoja de trabajo a su forma desplegada.

2. **Seleccione Tools⇨Options en la barra de menú.**

3. **En el recuadro de diálogo Options, haga clic en la pestaña de Calculation para mostrar las opciones de cálculo.**

4. **En la sección de Workbook Options, seleccione la casilla de verificación Precision as Displayed (para colocarle una marca de verificación), y luego haga clic sobre OK.**

   Excel despliega la casilla de alerta Data Will Permanently Lose Accuracy *(La Información Perderá Permanentemente su Exactitud)*.

5. **Continúe (viva peligrosamente) y haga clic sobre el botón OK o pulse Enter para convertir todos los valores y que concuerden con su despliegue.**

Después de convertir todos los valores en una hoja de trabajo seleccionando la casilla verificación Precision as Displayed, como se describe en los pasos anteriores, usted puede ser inteligente y seleccionar el comando File⇨Save As y editar el nombre del archivo en la casilla de texto File Name (tal vez agregando **as Displayed** al nombre del archivo actual) antes de hacer clic sobre el botón Save o pulsar Enter. De esta forma, todavía tendrá una copia en el disco del archivo con la hoja de trabajo original, con los valores como fueron introducidos y calculados por Excel que le puede servir como un respaldo de su nueva versión *as Displayed*.

# *Hojear los otros formatos de número*

Excel tiene muchos más formatos de número que los formatos de estilo Currency, Comma y Percent. Para utilizarlos, seleccione el rango de celdas (o rangos) que quiere formatear y seleccione Format Cells en el menú de acceso directo de la celda (haga clic en el botón derecho sobre cualquier lugar de la selección de celda para activar este menú), o seleccione Format⇨Cells (Ctrl+1 es la tecla de acceso directo) para abrir el recuadro de diálogo de Format Cells.

Después de que el recuadro de diálogo Format Cells se abre, seleccione la pestaña Number y luego seleccione el formato deseado de la casilla de lista Category. Algunas categorías de formato Number — tales como Date, Time, Fraction, y Special — le dan más opciones de formateo en la casilla de lista Type. Otros formatos de número, tales como Number y Currency, tienen sus propias casillas particulares que le dan a usted opciones para refinar sus formatos. Cuando hace clic sobre las casillas de listas de estos diferentes formatos, Excel le enseña qué efecto tendría esto en el primero de los valores de la selección de celda actual en el area Sample arriba. Cuando la muestra tiene el formato que desea aplicar a la selección de celda actual, simplemente haga clic sobre OK o pulse Enter para aplicar el nuevo formato de número.

## *Clasificar los formatos de número Special*

Excel contiene una excelente categoría de formatos de números llamada Special. La categoría Special contiene los siguientes cuatro formatos de número que pueden interesarle:

- ✔ **Zip Code (Código Postal):** Retiene cualquier cero a la izquierda en el valor (importante para códigos postales y de ninguna importancia en cálculos aritméticos). Ejemplo: 00123.

- ✔ **Zip Code + 4 (Código Postal + 4):** Separa automáticamente los últimos cuatro dígitos de los primeros cinco dígitos y retiene los ceros a la izquierda. Ejemplo: 00123-5555.

- ✔ **Phone Number (Número Telefónico):** Encierra automáticamente los primeros tres dígitos del número entre paréntesis y separa los últimos cuatro dígitos de los tres anteriores con un guión. Ejemplo: (999) 555-1111.

- ✔ **Social Security Number (Número de Seguro Social):** Coloca guiones automáticamente en el valor para separar sus dígitos en grupos de tres, dos y cuatro. Ejemplo: 666-00-9999.

Estos formatos de número Special son muy útiles especialmente cuando esté creando bases de datos en Excel, las cuales, por lo general, tratan de cosas como códigos postales, números telefónicos y, algunas veces, números de Seguro Social (Refiérase al Capítulo 9 para obtener más detalles sobre la creación de bases de datos).

# Calibrar Columnas

Para aquellas veces en que Excel 2002 no ajuste el ancho de sus columnas automáticamente y a su entera satisfacción, el programa hace que la tarea de cambiar el ancho de sus columnas sea muy fácil. La forma más fácil de ajustar una columna es llevar a cabo un best-fit *"mejor-ajuste"*, utilizando la opción AutoFit *"Auto-Ajuste"*. Con este método, Excel determina automáticamente cuánto incrementar o disminuir la columna para que se ajuste a la entrada actual más larga en la columna.

Esta es la forma cómo utilizar AutoFit para obtener el "mejor-ajuste" para una columna:

1. **Coloque el puntero del mouse en el borde derecho del marco gris con la letra de la columna en la parte superior de la hoja de trabajo.**

   El puntero del mouse cambia a una flecha de doble cabeza que apunta hacia la izquierda y hacia la derecha.

2. **Haga doble clic sobre el botón del mouse.**

   Excel incrementa o disminuye el ancho de la columna para que se ajuste a la entrada más larga.

Puede aplicar un "mejor-ajuste" a más de una columna al mismo tiempo. Simplemente seleccione todas las columnas que necesitan ajuste (si las columnas están contiguas una de la otra, arrastre a través de las letras de las columnas en el marco; si no lo están, pulse y mantenga pulsada la tecla Ctrl mientras que hace clic sobre las letras de las columnas individuales). Después de que selecciona las columnas, haga doble clic en cualquiera de los bordes derechos en el marco.

El "mejor-ajuste" a la AutoFit no siempre produce los resultados esperados. Un título grande que abarca varias columnas a la derecha produce una columna inmensamente grande cuando utiliza el "mejor-ajuste".

Cuando el "mejor-ajuste" de AutoFit no sea correcto, arrastre el borde derecho de la columna (en el marco) hasta que tenga el tamaño que necesita, en vez de hacer doble clic sobre él. Esta técnica manual para calibrar el ancho de una columna también trabaja cuando se selecciona más de una columna. Solamente esté consciente de que todas las columnas seleccionadas tengan el tamaño que usted escogió para la que está arrastrando actualmente.

También puede establecer el ancho de las columnas desde el recuadro de diálogo Column Width. Cuando usted utiliza este recuadro de diálogo, ingresa el número de caracteres que quiere que tenga el ancho de la columna. Para abrir este recuadro de diálogo, seleccione el comando Column Width del menú de acceso directo de la columna (ábralo haciendo clic en cualquier columna seleccionada o letra de columna con el botón secundario del mouse), o seleccione Format⇨Column⇨Width en la barra de menú.

La casilla de texto de Column Width muestra cuántos caracteres tiene de ancho la columna estándar en una hoja de trabajo o de ancho la columna actual, si usted la ha ajustado previamente. Para cambiar los anchos de todas las columnas que usted seleccione en la hoja de trabajo (excepto aquellos que ya han sido ajustados manualmente o con AutoFit), ingrese un nuevo valor en la casilla de texto Column Width y haga clic sobre OK.

Si quiere que Excel calcule el tamaño de la columna al "mejor-ajuste", seleccione Format⇨Column⇨AutoFit Selection de la barra de menú. Note que puede utilizar este comando AutoFit Selection para aplicar el "mejor-ajuste" a una columna basándose solamente en algunas entradas de celda. Por ejemplo, digamos que quiere utilizar el "mejor-ajuste" para hacer que la columna sea lo suficientemente ancha para un rango de encabezados, pero que no incluya el título de la hoja de trabajo (que se pasa a varias columnas en blanco hacia la derecha). Todo lo que tiene que hacer es seleccionar solamente las celdas en esa columna que contienen los encabezados en los cuales se debe basar el nuevo ancho de la columna, antes de seleccionar Format⇨Column⇨AutoFit Selection.

Para regresar una selección de columna al ancho de columna estándar (predeterminada), seleccione Format⇨Column⇨Standard Width en la barra de menú. Al hacer esto, se abre un recuadro de diálogo Standard Width que contiene el valor 8.43 en la casilla de texto Standard Column Width (el ancho predeterminado de todas las columnas de una hoja de trabajo nueva). Para regresar todas las columnas seleccionadas a su ancho estándar, haga clic sobre OK en este recuadro de diálogo o simplemente pulse Enter.

## *Filas irregulares*

La historia con el ajuste de altura de las filas es muy parecida a la del ajuste de columnas, excepto que usted hace menos ajustes a las filas que a las columnas. Eso es porque Excel cambia automáticamente la altura de las filas para acomodar los cambios en las entradas, tales como seleccionar un tamaño de letra más grande o rodear texto en una celda. Discuto ambas técnicas en la siguiente sección *"Alterar la Alineación"*. La mayoría de los ajustes en la altura de una fila se dan cuando quiere incrementar el tamaño del espacio entre el título de una tabla y la tabla misma, o entre una fila de encabezados de columna y la tabla de información sin agregar una fila en blanco. (Para más detalles, refiérase a la sección *"De arriba hasta abajo"*, más adelante en este capítulo.)

Para incrementar la altura de una fila, arrastre el borde inferior del marco de la fila hacia abajo hasta que la fila sea lo suficientemente alta y luego suelte el botón del mouse. Para hacer más pequeña una fila, lleve a cabo este proceso a la inversa: arrastre el borde inferior del marco de la fila hacia arriba. Para utilizar AutoFit y crear un "mejor-ajuste" para las entradas en una fila, haga doble clic sobre el borde del marco de la parte inferior de la fila.

Al igual que con las columnas, también puede ajustar la altura de filas seleccionadas con un recuadro de diálogo. Para abrir un recuadro de diálogo Row Height, seleccione el comando Row Height del menú de acceso directo de la fila (ábralo haciendo clic sobre un número de fila con el botón secundario del mouse) o seleccione Format⇨Row⇨Height en la barra de menú. Para establecer una nueva altura de fila para una fila seleccionada (o filas), introduzca el número de caracteres en el recuadro de texto de Row Height y haga clic sobre OK. (La altura de fila predeterminada es de 12.75 caracteres, por si le interesa.) Para regresar al "mejor-ajuste" a una fila en particular, seleccione Format⇨Row⇨AutoFit en la barra de menú.

## Ahora lo ve, ahora no lo ve

Algo gracioso sobre hacer más angostas las columnas y las filas: ¡Usted se puede emocionar tanto que haga una columna tan angosta o una fila tan corta que en verdad las puede desaparecer de la hoja de trabajo! Esto puede resultar conveniente en esos momentos en que no quiere que una parte de la hoja de trabajo esté visible. Por ejemplo, suponga que tiene una hoja de trabajo que contiene una columna con una lista de salarios de empleados (necesita estos datos para calcular los montos del presupuesto departamental), pero preferiría dejar por fuera de ciertos reportes impresos la información delicada. En vez de desperdiciar tiempo moviendo la columna de los montos de salarios fuera del área de impresión, puede simplemente esconder la columna hasta que haya imprimido el reporte.

### Esconder columnas y filas, cortesía de los menúes desplegables y de acceso directo

Aunque puede esconder las columnas y filas de la hoja de trabajo solamente ajustándolas fuera de existencia, Excel le ofrece un método más sencillo, a través del menú desplegable de Format o los menúes de acceso directo de las columnas o filas. Suponga que necesita esconder la columna B en la hoja de trabajo debido a que contiene información irrelevante o delicada que no quiere que se imprima. Para ocultar esta columna, debe seguir estos pasos:

1.  **Haga clic en cualquier lado de la columna B para seleccionarla.**

2.  **Seleccione Format⇨Column⇨Hide en la barra de menú.**

Eso es todo — ¡la columna B *se hizo puf!* Toda la información en la columna desaparece de la hoja de trabajo. Cuando esconde la columna B, fíjese que la fila con las letras de las columnas en el marco ahora se ve así A, C, D, E, F, y así en adelante.

Usted también pudo haber escondido la columna B haciendo clic sobre la letra de la columna en el marco, con el botón secundario del mouse y luego hacer clic sobre el comando Hide en el menú de acceso directo de la columna.

Ahora, suponga que ya ha imprimido la hoja de trabajo y necesita hacer un cambio a una de las entradas en la columna B. Para mostrar de nuevo la columna, siga estos pasos:

1. **Coloque el puntero del mouse en la columna con la letra A en el marco y arrastre el puntero hacia la derecha para seleccionar ambas columnas, la A y la C.**

   Usted debe arrastrar de la A a la C para incluir la columna oculta B, como parte de la selección de columna — no haga clic mientras mantiene pulsada la tecla Ctrl o no obtendrá la B.

2. **Seleccione Format⇨Column⇨Unhide de la barra de menú.**

Excel le muestra de nuevo la columna B que estaba oculta, y las tres columnas (A, B, y C) son seleccionadas. Puede luego hacer clic sobre el puntero del mouse en cualquier celda de la hoja de trabajo para eliminar la selección de las columnas.

También puede mostrar la columna B seleccionando las columnas A y C, luego haciendo clic sobre cualquiera de ellas con el botón secundario del mouse y posteriormente haciendo clic sobre el comando Unhide en el menú de acceso directo de la columna.

## Ocultar columnas y filas con el mouse

No le voy a mentir — esconder y mostrar columnas con el mouse puede ser *muy engañoso.* Se requiere de cierto grado de precisión que probablemente usted no posea todavía (en especial si usted empezó a usar este roedor hace poco). Sin embargo, si se considera muy hábil con el mouse, puede ocultar y mostrar columnas, solamente arrastrando el puntero del mouse como sigue:

✔ Para esconder una columna con el mouse, arrastre el borde derecho de la columna hacia la izquierda hasta que se encuentre sobre el borde izquierdo y luego suelte el botón del mouse.

✔ Para esconder una fila con el mouse, arrastre el borde inferior de la fila hacia arriba hasta que se encuentre sobre el borde superior.

Mientras arrastra un borde, Excel despliega un consejo de pantalla con la medida del ancho actual de la columna o de la altura de la fila en un recuadro cerca al puntero del mouse (justo como con los consejos de pantalla que aparecen cuando usa las barras de desplazamiento o con la manija de llenado cuando utiliza AutoFill para extender una serie, como lo expliqué en el Capítulo 1). Cuando este indicador de Ancho o Altura llega a 0.00, usted sabrá que es tiempo para soltar el botón del mouse.

Mostrar una columna o fila con el mouse es un proceso inverso al de ocultarlas. Para hacer esto, arrastre el borde de la columna o de la fila entre las columnas o filas no secuenciales en la dirección opuesta (hacia la derecha para las columnas y hacia abajo para las filas). El único truco para hacer esto es colocar el puntero del mouse justo a la derecha en el borde de la columna o de la fila para que el puntero no cambie a una flecha de doble cabeza, pero que cambie a una flecha de doble cabeza separada en el medio. (Contraste las formas de un puntero de flecha de doble cabeza separada en la mitad con el puntero regular de flecha de doble cabeza en la Tabla 1-1.)

Si alguna vez esconde una columna o una fila en forma manual solamente para darse cuenta de que no puede obtener el puntero de barra dividido para que pueda arrastrarlo de nuevo a estado anterior, no se desespere. Con las columnas, solo arrastre de la primera a la última columna o con las filas entre aquellas que están escondidas y luego seleccione el comando Unhide en los menúes de acceso directo de las columnas o filas (refiérase a la sección anterior "Esconder columnas y filas, cortesía de los menúes desplegables y de acceso directo").

# *Holgazanear con las Fuentes*

Cuando inicia una nueva hoja de trabajo, Excel le asigna una fuente uniforme así como tipo de tamaño a todas las entradas de celda que usted introduzca. Esta fuente varía de acuerdo con la impresora que use — para impresora láser como la HP LaserJet o Apple LaserWriter, Excel utiliza la fuente Arial en tamaño 10-puntos. Aún cuando esta fuente es angosta para entradas normales, puede querer usar algo un poco más destacado para títulos y encabezados en la hoja de trabajo.

Si a usted no le gusta mucho la fuente estándar que Excel utiliza, modifíquela seleccionando Tools⇨Options en la barra de menú y luego seleccione la pestaña General. Busque la opción Standard Font cerca del final del recuadro de diálogo Options. Seleccione una nueva fuente estándar, la que desee, en la lista desplegable. Si desea un tamaño de tipo diferente, seleccione la opción Size y ya sea que introduzca el nuevo tamaño para la fuente estándar o lo seleccione de la lista desplegable de esta opción.

Con las herramientas en la barra de herramientas Formatting, puede hacer la mayoría de los cambios en las fuentes (incluyendo seleccionar un nuevo estilo de fuente o un nuevo tamaño de fuente) sin tener que recurrir a cambiar las opciones en la pestaña Font en el recuadro de diálogo Format Cells (Ctrl+1).

✔ Para seleccionar una nueva fuente para una selección de celda, haga clic sobre el botón desplegable junto al recuadro de diálogo desplegable de Font en la barra de herramientas Formatting; luego seleccione el nombre de la fuente que quiere utilizar de la casilla de lista. Note que Excel 2002 ahora despliega el nombre de cada fuente que aparece en esta casilla de lista en la misma fuente (de tal forma que el nombre de la fuente es el ejemplo de cómo se ve la fuente —en la pantalla).

✔ Si quiere cambiar el tamaño de la fuente, haga clic sobre el botón desplegable al lado de la casilla de texto desplegable de Font Size en la barra de herramientas Formatting; luego, seleccione el nuevo tamaño de fuente.

También puede agregar los atributos de **negrita**, *itálica*, <u>subrayado</u> o ~~tachado~~ a la fuente que usted utiliza. La barra de herramientas Formatting contiene los botones Bold, Italic y Underline, los cuales no solamente agregan estos atributos a la selección de celda, sino que también los eliminan. Después de que hace clic en cualquiera de estas herramientas de atributos, fíjese que la herramienta se enmarca cuando coloca el puntero del mouse en la celda o celdas que contienen ese atributo. Cuando hace clic sobre un botón de formato enmarcado para eliminar el atributo, Excel no vuelve a desplegar el marco alrededor del botón del atributo cuando selecciona la celda.

Aunque usted probablemente hace la mayoría de los cambios de fuentes con las barras de herramientas, en algunas ocasiones encontrará que es más conveniente hacer estos cambios desde la pestaña Font del recuadro de diálogo Format Cells (Ctrl+1).

Como puede observar en la Figura 3-15, esta pestaña de Font en el recuadro de diálogo Format Cells reúne bajo un solo techo fuentes, estilos de fuentes (negrita e itálica), efectos (subrayado y tachado) y cambios de color. Cuando usted quiere llevar a cabo muchos cambios relacionados con las fuentes en una selección de celda, su mejor opción será la de trabajarlos en la pestaña Font. Una de las cosas bonitas para usar esta pestaña es que contiene un recuadro Preview que le muestra cómo aparecerán los cambios de la fuente (en pantalla).

 Si cambia los colores de la fuente con la opción Color en la pestaña Font en el recuadro de diálogo Format Cells o con el botón Font Color en la barra de herramientas Formatting (el último botón) y luego imprime su hoja en una impresora en blanco y negro, Excel le mostrará los colores como sombras de gris. La opción Automatic en la pestaña Font de la casilla de lista desplegable Color toma el color asignado en Windows como el color de la ventana de texto. Este color es el negro, a menos que usted lo cambie en la pestaña Appearance del recuadro de diálogo Display Properties en Windows 98/Me y 2000. (Para obtener ayuda en este tema, favor refiérase a Microsoft Windows 98 Para Dummies o Microsoft Windows Me Millennium Edition Para Dummies, ambos de Andy Rathbone — ¡y asegúrese de decirle a Andy que Greg los envió!)

**Figura 3-15:**
Utilice la pestaña Font en el recuadro de diálogo Format Cells para llevar a cabo muchos cambios en la fuente.

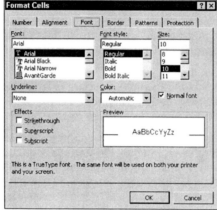

# Alterar la Alineación

La alineación asignada a las entradas de celdas cuando usted las hace por primera vez, es simplemente una función del tipo de entrada que es: todas las entradas de texto se alinean a la izquierda, y todos los valores se alinean a la derecha. Sin embargo, puede alterar esta configuración estándar en cualquier momento en que lo desee.

La barra de herramientas Formatting contiene tres herramientas de alineación normales: los botones de Align Left, Center y Align Right. Estos botones alinean la selección de celda actual exactamente como usted lo espera. A la derecha inmediata del botón Right Align, por lo general encontrará un botón de alineación especial llamado Merge and Center.

A pesar de su extraño nombre, a usted le interesa conocer bien este botón. Lo puede utilizar para centrar en segundos un título de una hoja de trabajo a través del ancho total de la tabla (o más rápido, dependiendo de su máquina). En las Figuras 3-16 y 3-17 le muestro cómo puede utilizar esta herramienta. En la Figura 3-16, fíjese que el título de la hoja de trabajo "Mother Goose Enterprises – Ventas 2001" está en la celda A1. Debido a que es una entrada de texto larga, se pasa a la celda de la derecha que está en blanco (B1). Para centrar este título sobre la tabla (el cual se extiende de la columna A a la E), seleccione el rango de celdas A1:E1 (el ancho de la tabla) y luego haga clic sobre el botón Merge and Center en la barra de herramientas Formatting.

Fíjese en la Figura 3-17 para ver el resultado: las celdas en la fila 1 de las columnas A a la E se fusionaron en una sola celda, y ahora el título está centrado apropiadamente en esta supercelda y, consecuentemente, sobre la tabla completa.

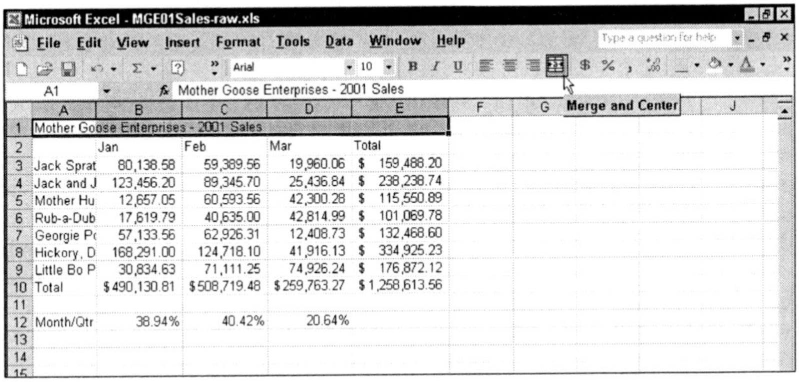

**Figura 3-16:**
El título de una hoja de trabajo antes de fusionarlo y centrarlo.

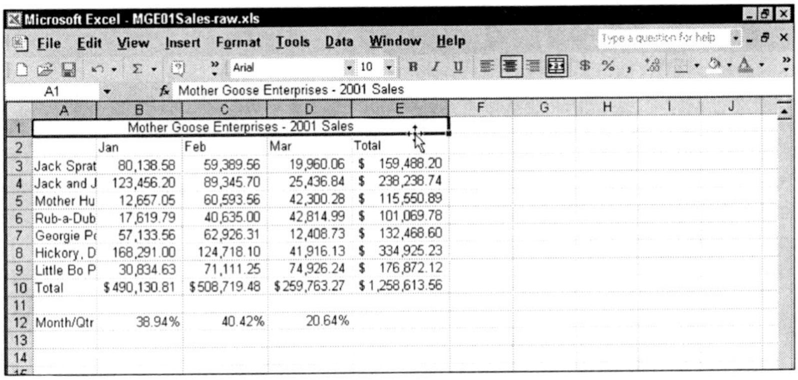

**Figura 3-17:**
El título de una hoja de trabajo después de centrarlo de las columnas A a la E.

Si alguna vez necesita separar una supercelda que fusionó con "Merge and Center" de vuelta a sus celdas originales e individuales, seleccione la celda y abra el recuadro de diálogo Format Cells (Ctrl+1). Haga clic sobre la pestaña Alignment y elimine la selección de la casilla de verificación de Merge Cells antes de que haga clic sobre OK o pulse Enter.

## Intento en sangrías

En Excel 2002, puede utilizar sangría en las entradas de una selección de celdas haciendo clic sobre el botón Increase Indent en la barra de herramientas Formatting. El botón Indent está ubicado normalmente a la izquierda inmediata del botón Borders, y se representa con un dibujo de una flecha que empuja las líneas de texto hacia la derecha. Cada vez que usted hace clic sobre este botón, Excel incrementa la sangría de la selección de celda actual hacia la derecha un carácter en el ancho de la fuente estándar. (Refiérase a la sección "Holgazanear con las Fuentes" antes en este capítulo si no sabe lo que es una fuente estándar o cómo cambiarla).

Puede eliminar una sangría haciendo clic sobre el botón Decrease Indent en la barra de herramientas Formatting; es el botón que está ubicado inmediatamente a la izquierda del botón Increase Indent con el dibujo de la flecha que empuja las líneas de texto hacia la izquierda. También puede cambiar la cantidad de caracteres en que se incrementa la sangría de una entrada con el botón Increase Indent o cuántos caracteres se eliminan de la sangría con el botón Decrease Indent. Abra el recuadro de diálogo de Format Cells (seleccione Format✄✄⇧Cells o utilice el acceso directo en el teclado Ctrl+1). Seleccione la pestaña Alignment y luego altere el valor en la casilla de texto Indent (introduciendo el nuevo valor en esta de texto o marcando el nuevo valor con sus botones giratorios).

## De arriba hacia abajo

Las alineaciones *left (izquierda), right (derecha)* y *center (centrada)* se refieren al lugar de una entrada de texto en relación con los bordes izquierdo y derecho de una celda (horizontalmente). También puede alinear las entradas en relación con los bordes de arriba y de debajo de las celdas (verticalmente). Es usual que todas las entradas estén alineadas verticalmente con la parte inferior de las celdas (como si estuviesen descansando en la parte inferior de la celda). Usted también puede centrar una entrada o alinearla con la parte superior de su celda.

Para cambiar la alineación vertical de un rango de celda que ha seleccionado, abra el recuadro de diálogo Format Cells (Ctrl+1) y luego seleccione la pestaña Alignment (que se muestra en la Figura 3-18) y seleccione Top, Center, Bottom o Justify en la casilla de lista desplegable de Vertical.

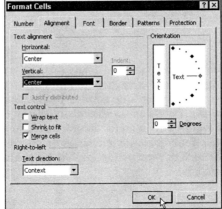

La Figura 3-19 muestra el título para la hoja de trabajo de las ventas de "2001 Mother Goose Enterprises" después de que ha sido centrado verticalmente en su celda. (Esta entrada de texto fue previamente centrada a través del rango de celdas A1:E1; la altura de la fila 1 se incrementó de 12.75 caracteres, que es lo normal, a 33.75 caracteres).

**Figura 3-19:**
El título de la
hoja de tra-
bajo después
de centrarlo
verticalmen-
te entre los
bordes supe-
rior e inferior
de la fila 1.

# *Jugar con la forma en que se rodea un texto*

Tradicionalmente, los encabezados en las columnas de las tablas en las hojas de trabajo han sido un problema — ya sea que los haya tenido que mantener muy cortos o los haya abreviado para evitarse tener que ampliar todas las columnas más de lo que la información requería. Puede evitar este problema en Excel utilizando la opción Wrap Text. En la Figura 3-20, le muestro una nueva hoja de trabajo en la cual los encabezados de la columna contienen varias de las compañías de Mother Goose, utilice la opción Wrap Text para evitar ampliar las columnas con los largos nombres de estas compañías.

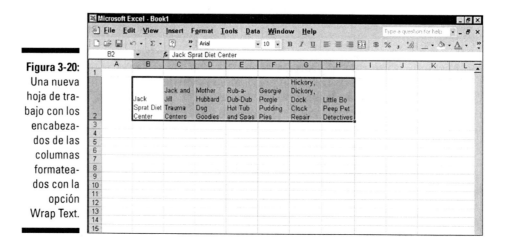

**Figura 3-20:**
Una nueva hoja de tra-bajo con los encabeza-dos de las columnas formatea-dos con la opción Wrap Text.

Para crear el efecto que se muestra en la Figura 3-20, seleccione las celdas con los encabezados de la columna (el rango de celda B2:H2). Seleccione Format⇨Cells (Ctrl+1) y escoja la pestaña Alignment del recuadro de diálogo Format Cells que se abre. Luego seleccione la casilla de verificación de Wrap Text para activar el ajuste de texto. (Puede observar esta casilla de verificación en la Figura 3-18.)

Seleccione Wrap Text para separar las entradas de texto (que se pasan o son cor-tadas) en líneas separadas. Para acomodar más de una línea en una celda, el pro-grama automáticamente expande la altura de la fila para que la entrada rodeada de texto total sea visible.

Cuando selecciona Wrap Text, Excel continúa utilizando la alineación horizontal y vertical que usted especificó para la celda. Note que puede utilizar cualquiera de las opciones de alineación Horizontal incluyendo Left (sangría), Center, Right, Justify o Center Across Selection. Sin embargo, no puede utilizar la opción Fill. Seleccione la opción Fill en la casilla de lista Horizontal desplegable solamente cuando quiera que Excel repita la entrada a través del ancho total de la celda.

Si quiere rodear una entrada de texto en su celda y que Excel justifique el texto con ambos bordes de la celda, el izquierdo y el derecho, seleccione la opción Justify Fill en el menú de Horizontal en la pestaña Alignment en el recuadro de diálogo Format Cells.

 Puede dividir una larga entrada de texto colocándose en el punto de inserción en la entrada de celda (o en la barra Formula) en el lugar en que usted quiere que inicie la nueva línea y luego pulsando Alt+Enter. Excel expande la fila que contiene la celda (y la barra Formula arriba) cuando inicia una nueva línea. Cuando pulsa Enter para completar una entrada o editar, Excel automáticamente rodea el texto en la celda, conforme el ancho de la columna de la celda y la posición de la división de línea.

## *Girar las entradas de celdas*

En vez de rodear las entradas de texto en celdas, puede ser más fácil cambiar la orientación del texto girando el texto hacia arriba (en dirección contraria a las manecillas del reloj) o hacia abajo (en dirección de las manecillas del reloj). Inspeccione la Figura 3-21 para observar una situación en la que puede cambiar la orientación de encabezados rodeados de las columnas mucho mejor que solamente rodearlos en la orientación normal en las celdas.

Este ejemplo muestra el mismo formulario que les presenté en la Figura 3-20 después de girar los encabezados de la columna en varias de las compañías de Mother Goose 90 grados en contra de las manecillas del reloj. Fíjese que cambiar la rotación del texto en esta orientación permite que sus columnas sean más angostas que las que se desplegaron con la orientación normal.

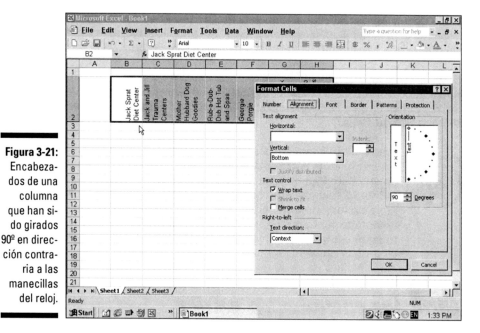

**Figura 3-21:**
Encabeza-
dos de una
columna
que han si-
do girados
90º en direc-
ción contra-
ria a las
manecillas
del reloj.

Para hacer este cambio, primero seleccione el rango de celdas B2:H2. Seleccione Format⮕Cells (o pulse Ctrl+1), y luego haga clic sobre la pestaña Alignment del recuadro de diálogo de las celdas Format. En la sección de Text Orientation (en el lado superior derecho del recuadro de diálogo), haga clic sobre el diamante en la parte superior (a las doce medio día, para hablar en forma metafórica, en el diagrama) para que la palabra Text señale a la parte superior de la página (está girándolo 90 grados en contra de las manecillas del reloj). Revise sus resultados mirando la casilla de texto Degrees abajo — el número 90 debe aparecer ahí.

También puede girar las entradas en su selección de celdas ingresando el número de los grados en la casilla Degree si no quiere jugar con los diamantes en el diagrama. O bien, puede utilizar las flechas giratorias para incrementar o reducir la rotación de su texto. Mantenga seleccionada Wrap Text para que el texto sea tanto girado como ajustado (y así evitar columnas largas y delgadas). Cuando esté satisfecho con su elección, pulse Enter o haga clic sobre OK.

Usted no está limitado a movimientos de 90°. Después de seleccionar el texto que quiere girar, haga clic sobre cualquiera de los diamantes para girar su selección que quiere que aparezca. Para crear lo que ve en la Figura 3-22, los encabezados de la misma compañía han sido girados 45° en contra de las manecillas del reloj. Para lograr esto, hago clic sobre el diamante ubicado entre el que está en la parte superior del diagrama (a las doce) y el que está en el medio del diagrama (a las tres). Fíjese que pude haber hecho lo mismo solamente introduciendo **45** en la casilla de texto de Degrees debajo del diagrama en la sección de Orientation *"Orientación"*.

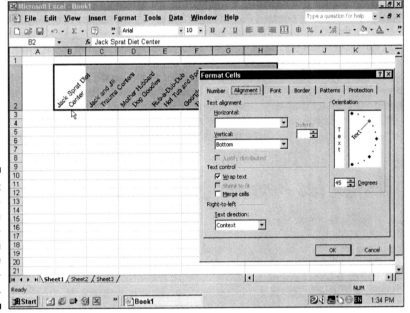

**Figura 3-22:**
Los encabe-
zados de la
columna gi-
raron 45° en
contra de
las maneci-
llas del reloj.

Puede fijar cualquier cantidad de rotación de texto desde 90 grados hacia arriba (en contra de las manecillas del reloj) desde horizontal (90 en la casilla de texto de Degrees) hasta 90 grados hacia abajo (en la dirección de las manecillas del reloj) desde horizontal (–90 en casilla de texto de Degrees). Puede hacer esto ya sea introduciendo el número de grados en la casilla de texto de Degrees, haciendo clic en el lugar apropiado del diagrama semicírcular, o arrastrando la línea desde la palabra Text en el diagrama hasta el ángulo deseado. Para fijar el texto verticalmente y que cada letra esté sobre la otra en una columna sencilla, haga clic sobre el área del diagrama que muestra la palabra Text colocada de esta manera (a la izquierda inmediata del diagrama que le permite girar el texto hacia arriba o hacia debajo de la forma normal horizontal).

# Reducir para que calce

Para aquellos momentos en que usted necesita evitar que Excel ensanche la columna para que ajuste las entradas de celdas (como puede ser el caso cuando necesita desplegar una tabla de información completa en una sola pantalla o página impresa), utilice el control de texto Shrink to Fit. Seleccione Format⇨Cells y luego haga clic sobre la pestaña Alignment del recuadro de diálogo que aparece de Format Cells. Luego seleccione la casilla de verificación Shrink to Fit en la sección Text Control. Excel reduce el tamaño de la fuente de las entradas en las celdas seleccionadas para que no requieran cambiar el ancho de la columna actual. Solamente sea consciente de que cuando use esta opción, Text Control que puede terminar con algunas entradas de texto tan pequeñas que son ¡completamente ilegibles al ojo humano! También note que no puede usar Text Wrap y Shrink to Fit al mismo tiempo (si selecciona uno automáticamente elimina la selección del otro).

# ¡Traiga los bordes!

Las cuadrículas que ve normalmente en una hoja de trabajo para separar las columnas y las filas son solamente guías para ayudarle a mantener muestras que construyen su hoja de cálculo. Puede escoger imprimirlas con su información o no. Para enfatizar las secciones de una hoja de trabajo o partes de una tabla en particular, puede agregar líneas de bordes o sombreado a ciertas celdas. No confunda las líneas de bordes que agrega para acentuar una selección de celda en particular con las cuadrículas utilizadas normalmente para definir los bordes de las celdas en la hoja de trabajo — los bordes que usted agrega se imprimen ya sea que imprima o no las cuadrículas de la hoja de trabajo.

Para ver mejor los bordes que agrega a las celdas en una hoja de trabajo, elimine las cuadrículas que son desplegadas normalmente en la hoja de trabajo, como sigue:

1. **Seleccione el comando** <u>T</u>ools⇨<u>O</u>ptions **en la barra de menú y luego seleccione la pestaña View del recuadro de diálogo Options que aparece.**

2. **En la sección Window Options, elimine la selección de la opción Gridlines para quitar la marca de verificación.**

3. **Haga clic sobre OK o pulse Enter.**

Note que la casilla de verificación de Gridlines en el recuadro de diálogo Options determina si las cuadrículas se despliegan en la hoja de trabajo en su pantalla. Para determinar si las cuadrículas se imprimen como parte de la impresión de la hoja de trabajo, seleccione el comando File⇨Page Setup. Haga clic sobre la pestaña Sheet del recuadro de diálogo Page Setup que aparece, seleccione la casilla de verificación de

Gridlines para imprimir o eliminar la selección de esta casilla de verificación para que no se imprima.

Para agregar bordes a una selección de celda, seleccione Format⇨Cells (o pulse Ctrl+1). Haga clic sobre la pestaña de Border del recuadro de diálogo Format Cells que se abre (el que se muestra en la Figura 3-23). Seleccione el tipo de línea que quiere utilizar en el área Style del recuadro de diálogo (tales como marcas gruesas, delgadas, en negrita o confusas) y luego seleccione en el recuadro de diálogo de la sección Border, el margen o márgenes que quiere que se le aplique a esta línea.

Cuando elija dónde quiere que se dibujen sus líneas de bordes, mantenga en mente estas cosas:

✔ Para hacer que Excel dibuje bordes solamente alrededor de los márgenes externos, haga clic sobre el botón Outline en la sección Presets de la pestaña Border.

✔ Si quiere que las líneas de bordes aparezcan alrededor de los cuadros márgenes de cada celda en la selección (como una ventana panorámica), seleccione el botón Inside en la sección Presets.

**Figura 3-23:**
Seleccione los bordes para una selección de celda con la pestaña Border en el recuadro de diálogo Format Cells.

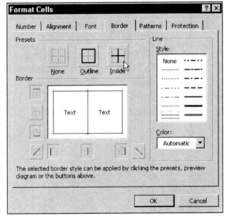

Cuando quiera agregar líneas de bordes a una sola celda o alrededor del margen externo de una selección de celda, ni siquiera tiene que abrir el recuadro de diálogo Border; puede simplemente seleccionar la celda o el rango de celdas y luego hacer clic sobre el botón Borders, ubicado en lista desplegable en la barra de herramientas Formatting y seleccionar qué tipo de líneas de bordes utilizar en la paleta de bordes que aparece.

Para eliminar los bordes, debe seleccionar la celda o celdas que los contienen actualmente, luego abrir el recuadro de diálogo Format Cells (Ctrl+1) y hacer clic sobre el botón None en la sección Presets. Tome nota de que también puede hacer lo mismo sobre el primer botón del menú Borders que aparece de pronto (el que muestra solamente líneas punteadas alrededor y dentro del rectángulo).

En Excel 2002, puede obtener bordes sin tener que jugar con las opciones en la pestaña Borders del recuadro de diálogo Format Cells o adheridos al botón Borders en la barra de herramientas Formatting. En vez, usted simplemente dibuja sus bordes justo en las celdas de la hoja de trabajo. Para hacer esto, haga clic sobre el botón que aparece de pronto de Borders en la barra de herramientas Formatting y luego seleccione la opción Draw Borders al final del menú. Excel responde desplegando la barra de herramientas flotante de Borders que se muestra en la Figura 3-24.

Cuando abre por primera vez la barra de herramientas de Borders, la herramienta Pencil está seleccionada y usted puede utilizar su puntero del mouse Pencil para delinear el rango de celda que usted selecciona arrastrando a través de sus celdas. Si quiere colocar bordes alrededor de cada celda en el rango que usted selecciona con el puntero Pencil, haga clic sobre el botón desplegable adherido a la herramienta Draw Border y seleccione la opción Draw Border Grid en su menú que aparece de pronto antes de que usted arrastre a través del rango de celda.

Para cambiar el tipo de línea o el grosor del borde que usted dibuja, haga clic sobre el botón desplegable en la herramienta Line Style y seleccione el tipo de línea deseado, así como el grosor de esta, desde su menú. Para cambiar el color del borde que dibujó, haga clic sobre la herramienta Line Color en la barra de herramientas Border y seleccione el color deseado de la paleta de color que aparece de pronto.

**Figura 3-24:**
Utilice el
cursor del
lápiz en la
barra de he-
rramientas
de Borders
para dibujar
los bordes
alrededor
de las cel-
das desea-
das en
la hoja de
trabajo.

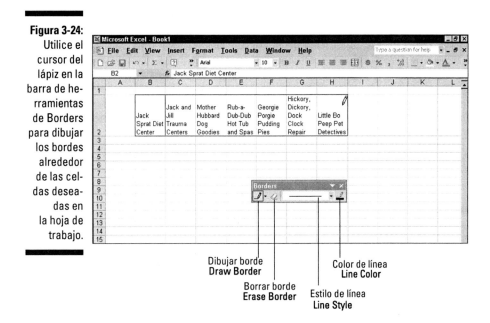

Dibujar borde
**Draw Border**

Color de línea
**Line Color**

Borrar borde
**Erase Border**

Estilo de línea
**Line Style**

Para borrar bordes que ha dibujado en su hoja de trabajo, haga clic sobre la herramienta Erase Border y luego arrastre a través del rango de celda bordeado con
el puntero Eraser. Fíjese que también puede borrar bordes alrededor de las celdas
de una hoja de trabajo dibujándoles encima con el puntero Pencil después de haber seleccionado la opción No Border en el menú Line Style que aparece de pronto y ya sea la opción Draw Border o la de Draw Border Grid en el menú de Draw
Border que aparece de pronto.

## Agregar nuevos patrones

También puede enfatizar ciertas secciones de la hoja de trabajo en particular o
una de sus tablas cambiando el color o el patrón de sus celdas. Si está utilizando
una impresora en blanco y negro (como todos, excepto unos pocos que somos
afortunados), querrá restringir sus selecciones de color a gris claro en la paleta
de color. También querrá restringir el uso de patrones solamente a aquellos que
son muy abiertos y con pocos puntos, cuando quiera resaltar una selección de
celda que contenga cualquier clase de entrada (de otra forma, será casi imposible
leer las entradas una vez que estén impresas).

Para seleccionar un nuevo color o patrón para una parte de la hoja de trabajo, seleccione las celdas que quiere embellecer, abra el recuadro de diálogo Format

Cells (Ctrl+1) y luego seleccione la pestaña Patterns (que se muestra en la Figura 3-25). Para cambiar el color de las celdas, haga clic sobre el color deseado en la paleta Color que se muestra bajo el encabezado sombreado Cell. Para cambiar el patrón de las celdas (además de o en vez de), haga clic sobre el botón Pattern para abrir una paleta de color desplegada que contiene un número de patrones en blanco y negro de los cuales seleccionar. Haga clic sobre el patrón deseado en esta paleta desplegada. Excel le muestra cómo se verá su creación en la hoja de trabajo en el recuadro Sample de la pestaña Patterns del recuadro de diálogo Format Cells.

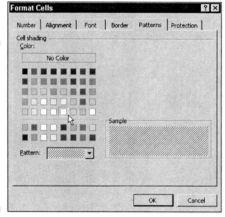

**Figura 3-25:** Seleccionar nuevos colores y patrones con la pestaña Patterns en el recuadro de diálogo Format Cells.

Para eliminar un color o patrón de sombreado de las celdas, seleccione el rango de celda, abra el recuadro de diálogo Format Cells (Ctrl+1) y seleccione la pestaña Patterns; luego haga clic sobre la opción No Color en la parte superior de la paleta Color.

Puede asignar nuevos colores (pero no nuevos patrones) para su selección de celda de la paleta Fill Color que se abre con el botón Fill Color (el botón con el tarro de pintura) en la barra de herramientas Formatting. Simplemente, seleccione las celdas a las que se les va a incluir color, haga clic sobre el botón de lista desplegable de la herramienta Fill Color y seleccione el color deseado en la paleta de color que aparece. (También recuerde que la paleta Fill Color es una de las barras de herramientas que puede despegar y flotar en el área de la hoja de trabajo.)

Aún cuando no puede seleccionar nuevos patrones (solamente colores) con la herramienta Fill Color, puede eliminar tanto los colores como los patrones asignados a una selección de celda seleccionando las celdas y luego haciendo clic sobre el botón de la herramienta Fill Color y seleccionando No Fill en la parte superior de la paleta Fill Color que aparece.

---

## Utilizar esas fantásticas paletas flotantes

Puede hacer flotar la paleta Borders (como las paletas Fill Color y Font Color) desprendiéndolas de la barra de herramientas Formatting. Haga clic sobre su menú y luego arrastre por la barra punteada gris en la parte superior del menú , hasta que la barra de título aparezca en la parte superior de la paleta, indicando que está completamente libre de la barra de herramientas. Ahora es una paleta flotante. Fíjese que las paletas flotantes permanecen abiertas mientras usted trabaja. Para cerrar una paleta flotante después, simplemente haga clic sobre el botón Close en la esquina superior derecha de su pequeña ventana. Usted no tiene que arrastrar la paleta flotante de nuevo a la barra de herramientas Formatting, debido a que los botones originales de Borders, Fill Color o Font Color permanecen en esta barra de herramientas aún después de crear una paleta flotante para estos.

---

Si quiere que el texto en un rango de celda sea de un color diferente al color del fondo que asignó, puede cambiar el color del texto desde la paleta Font Color haciendo clic sobre el botón Font Color en la barra de herramientas Formatting (el último). Cambie el color del texto en las celdas y seleccione un nuevo color de la paleta Font Color haciendo clic sobre el botón Font Color en la barra de herramientas Formatting. Para regresar el texto en negro en el rango de celda, seleccione las celdas y luego escoja Automatic en la parte superior de la paleta Font Color.

# *Jugar con el Formato Painter*

Utilizar estilos para formatear celdas en hojas de trabajo es verdaderamente la forma de hacerlo cuando tiene que aplicar el formato una y otra vez en los libros de trabajo que usted crea. Sin embargo, pueden existir ocasiones en las que simplemente quiera reutilizar un formato de celda, en especial y aplicarlo a grupos de celdas particulares en un libro de trabajo, sin preocuparse por crear un estilo para éste.

Para aquellas ocasiones en que sienta la urgencia de formatear rápidamente, utilice la herramienta Format Painter (el icono con la brocha) en la barra de herramientas Standard. Esta pequeña y maravillosa herramienta le permite tomar el formato de una celda particular que usted ya haya embellecido y aplicarlo a otras celdas en la hoja de trabajo, simplemente seleccionando dichas celdas.

Para utilizar Format Painter para copiar el formato de una celda a otras celdas en la hoja de trabajo, simplemente siga estos sencillos pasos:

1. **Aplique un formato a una celda o rango de celdas de ejemplo en su hoja de trabajo, seleccionando cualesquiera fuentes, alineamientos, bordes, patrones y color que quiera que ésta contenga.**

2. **Con el puntero de celda en una de las celdas que acaba de embellecer, haga clic sobre el botón Format Painter en la barra de herramientas Standard.**

   El puntero del mouse cambia de la cruz estándar gruesa y blanca a una cruz gruesa y blanca con una brocha animada a su lado, y usted puede observar un marco alrededor de la celda seleccionada con el formato a ser utilizado por el Format Painter.

3. **Arrastre el puntero de cruz blanca más brocha animada (el puntero de Format Painter) a través de todas las celdas que quiere aplicarle el mismo formato que el de la celda de ejemplo que usted seleccionó primero.**

   Tan pronto como suelte el botón del mouse, ¡Excel aplica todo el formato utilizado en el ejemplo a todas las celdas que usted acaba de seleccionar!

Para mantener el Format Painter seleccionado para que usted pueda aplicar ese formato a un gran número de diferentes rangos de celdas con el puntero de Format Painter, haga doble clic sobre el botón Format Painter después de que selecciona la celda de muestra que contiene el formato deseado. Para parar de formatear celdas con el puntero Format Painter, simplemente haga clic sobre el botón Format Painter (permanece seleccionado cuando usted hace doble clic sobre él) de nuevo para restablecer el botón a su estado sin seleccionar y regresar el puntero del mouse a su forma normal de cruz gruesa y blanca.

Fíjese que usted puede utilizar el Format Painter para restablecer un rango de celda que embelleció de nuevo a su estado predeterminado y aburrido (General) de formato de celda. Para hacer esto, haga clic sobre una celda vacía y a la que se le eliminó el formato previamente, en la hoja de trabajo, antes de que haga clic sobre el botón Format Painter y luego utilice el puntero de Format Painter para arrastrarlo a través de las celdas que usted quiere que regresen al formato predeterminado General.

# Capítulo 4

# Hacer Cambios

. . . . . . . . . . . . . . . . . . . . . . . . . . . . . . . . . . . . . . . . . . . . . . . . . . . . . . . . . . . . . . . .

*En este capítulo*

▶ Abrir archivos de libro de trabajo para editar

▶ Deshacer sus errores

▶ Mover y copiar con arrastrar y soltar

▶ Copiar fórmulas

▶ Mover y copiar con Cut, Copy y Paste

▶ Eliminar entradas de celdas

▶ Eliminar e insertar columnas y filas

▶ Revisar la ortografía de la hoja de trabajo

▶ Corroborar entradas de celda en una hoja de trabajo con la opción Text to Speech

. . . . . . . . . . . . . . . . . . . . . . . . . . . . . . . . . . . . . . . . . . . . . . . . . . . . . . . . . . . . . . . .

*I*magine esto: acaba de terminar de crear, formatear e imprimir un proyecto importante con Excel: una hoja de trabajo con el presupuesto de su departamento para el  próximo año fiscal. Como finalmente comprende un poco sobre cómo funciona esa cosa de Excel, termina el trabajo en un segundo. Está en realidad adelantado a la programación.

Usted le entrega el libro de trabajo a su jefe para que pueda  revisar los números, con mucho tiempo para hacer esas correcciones inevitables de último minuto, y siente control de esta situación.

Luego viene la realidad — su jefe trae de vuelta el documento y está explícitamente agitado". Nos olvidamos de incluir los estimados para los tiempos y nuestras horas de tiempo extra. Deben ir allí mismo. Mientras usted las agrega, ¿puede mover estas filas de figuras y esas columnas?"

Conforme él continúa sugiriendo mejoras, su corazón comienza a hundirse. Estas modificaciones están en una línea diferente de, "cambiemos estos encabezados de la columna de negrita a cursiva y agreguemos el sombreado a esa fila de totales". Claramente, está mirando a un montón más de trabajo sobre este bebé que había contemplado. Peor aún, está sugiriendo hacer cambios estructurales que amenazan con desenredar la misma tela de su bella hoja de trabajo.

Como indica la fábula anterior, la edición de una hoja de trabajo en un libro de trabajo puede ocurrir en diferentes niveles:

✔ Puede hacer cambios que afectan los contenidos de las celdas, como copiar una fila de encabezados de columna o mover una tabla a una nueva área en una hoja de trabajo particular.

✔ Puede hacer cambios que afectan la estructura de una hoja de trabajo en sí, como insertar nuevas columnas o filas (para que pueda introducir nuevos datos originalmente dejados por fuera) o eliminar columnas o filas innecesarias de una tabla existente, de manera que no deje ninguna brecha.

✔ Puede incluso hacer cambios al número de hojas de trabajo en un libro de trabajo (ya sea agregando o eliminando hojas).

En este capítulo, descubre cómo hacer todos estos tipos de cambios a un libro de trabajo en forma segura. Como ve, la mecánica de copiar y mover datos o insertar y eliminar filas es sencilla de dominar. Es el impacto que tales acciones tienen en la hoja de trabajo lo que toma un poco más de esfuerzo para comprenderse. ¡No se preocupe! Siempre tiene la opción Undo a la que puede recurrir (esperamos que poco) cuando haga un pequeño cambio que lanza una hoja de trabajo al caos completo y absoluto.

En la sección final de este capítulo (Extirpar Errores con Text to Speech"), averigüe cómo usar la nueva opción Text to Speech para revisar y confirmar la exactitud de las entradas de datos que hace en sus hojas de trabajo. Con Text to Speech, puede escuchar cómo su computadora vuelve a leer una serie de entradas de la celda conforme visualmente corrobora la exactitud del documento de fuente original. Text to Speech puede hacer este tipo de rutina y la edición intensiva en trabajo mucho más fácil y así aumentar enormemente la precisión de sus hojas de cálculo.

# *Abrir la Maldita Cosa para Editar*

Antes de que pueda hacer cualquier daño - digo, cualquier cambio - en un libro de trabajo, tiene que abrirlo en Excel. Para abrir un libro de trabajo, puede hacer clic sobre el botón Open en la barra de herramientas Standard (normalmente el segundo desde la izquierda, con la fotografía de una carpeta de archivo que se abre), o escoger File➪Open en la barra de menú o usar los accesos directos del teclado Ctrl + u o Ctrl + F12.

Sin importar cómo lo abra, Excel despliega el recuadro de diálogo Open, parecido al mostrado en la Figura 4-1. Luego usted selecciona el archivo del libro de trabajo en el que quiere trabajar desde la casilla de lista a la mitad del recuadro de diálogo Open. Después de hacer clic sobre el nombre de archivo para resaltarlo en esta casilla de lista, lo puede abrir haciendo clic sobre el botón Open o pulsando Enter. Si usted es hábil con el mouse, haga doble clic sobre el nombre de archivo del libro de trabajo en la casilla de lista, para abrirlo.

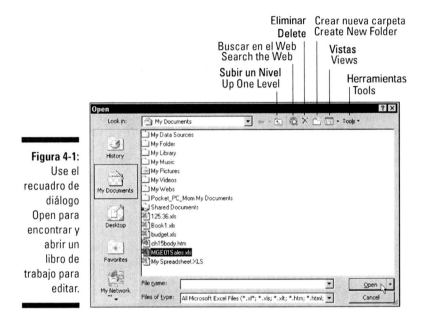

**Eliminar**
**Delete**

**Crear nueva carpeta**
**Create New Folder**

**Buscar en el Web**
**Search the Web**

**Vistas**
**Views**

**Subir un Nivel**
**Up One Level**

**Herramientas**
**Tools**

**Figura 4-1:**
Use el recuadro de diálogo Open para encontrar y abrir un libro de trabajo para editar.

# Abrir más de un libro de trabajo a la vez

Si sabe que va a editar más de una de las hojas de los archivos del libro de trabajo mostradas en casilla de lista del recuadro de diálogo Open, puede seleccionar múltiples archivos en la casilla de lista y Excel luego los abrirá todos (en el orden que están enumerados) cuando hace clic sobre el botón Open o pulsar Enter.

Recuerde que con el fin de seleccionar múltiples archivos enumerados secuencialmente en la casilla de lista, debe hacer clic sobre el primer nombre de archivo y luego sostener la tecla Shift mientras hace clic sobre el último nombre de archivo. Para seleccionar archivos que no están enumerados secuencialmente, necesita sostener la tecla Ctrl, mientras hace clic sobre los varios nombres de archivo.

Después de que los archivos del libro de trabajo están abiertos en Excel, puede cambiar documentos al seleccionar sus nombres de archivo desde el menú desplegable de Window. (Refiérase al Capítulo 7 para información detallada sobre trabajar en más de una hoja de trabajo a la vez).

## *Abrir libros de trabajo recientemente editados*

Si sabe que el libro de trabajo que necesita editar es uno de esos que había abierto recientemente, ni siquiera tiene que hacer el tonto con el recuadro de diálogo Open. Solo abra el panel de tareas New Workbook (View⇨Task Pane) y haga clic sobre el nombre de archivo del libro de trabajo que desea usar en la sección Open a Workbook en la parte superior o escoja el menú desplegable File y seleccione el nombre de archivo en la parte inferior del menú de File. (Excel mantiene una lista de los últimos cuatro archivos que abrió en el programa y estos aparecen en la parte superior del panel de tareas New Workbook y la parte inferior del menú desplegable de File). Si el libro de trabajo con el que desea trabajar es uno de los mostrados en la parte inferior el menú de File, puede abrirlo haciendo clic sobre el nombre de archivo en el menú o digitando su número (1, 2, 3 ó 4).

Si desea, puede hacer que Excel enumere más o menos archivos en la parte superior del panel de tareas New Workbook y la parte inferior del menú de File. Para cambiar el número de archivos enumerados en la parte inferior del menú de File, siga estos sencillos pasos:

1. **Escoja Tools⇨Options en la barra del menú para abrir el recuadro de diálogo Options.**

2. **Haga clic sobre la pestaña General en el recuadro de diálogo Options.**

3. **Digite una nueva entrada (entre 1 y 9) en la casilla de texto Entries (después de la casilla de verificación Recently Used File List) o use los botones para aumentar o disminuir este número.**

4. **Haga clic sobre OK o pulse Enter para cerrar el recuadro de diálogo Options.**

Note que si no desea ningún archivo enumerado en la parte superior del panel de tareas New Workbook y la parte inferior del menú de File, solo elimine la marca de verificación en la casilla de verificación Recently Used File List en el recuadro de diálogo Options.

# *Cuando no sabe dónde encontrarlos*

El único problema que puede encontrar al abrir un documento desde el recuadro de diálogo Open localizar el nombre de archivo. Todo está muy bien en la medida que pueda ver el nombre de archivo en el libro de trabajo enumerado en su casilla de lista. Pero ¿qué ocurre cuando un archivo parece haber misteriosamente perdido no está en ninguna parte de la lista?

## *Buscar en el amplio disco*

Cuando no puede encontrar el nombre del archivo que está buscando en la casilla de lista, la primera cosa que necesita hacer es revisar para estar seguro de que está buscando en la carpeta correcta – porque si está equivocado, nunca va a encontrar el archivo perdido. Para decir cuál carpeta está actualmente abierta, seleccione la casilla de lista de selección Look In en la parte superior del recuadro de diálogo Open (refiérase a la Figura 4-1).

Si la carpeta actualmente abierta no es la que el archivo del libro de trabajo necesita usar, entonces necesita abrir la carpeta que contiene el archivo. En Excel, puede usar el botón Up One Level (refiérase a la Figura 4-1) en el recuadro de diálogo Open para cambiar los niveles hasta que vea la carpeta que desea abrir en la casilla de lista. Para abrir la nueva carpeta, haga clic sobre su icono en la casilla de lista y luego haga clic sobre el botón Open o pulse Enter (o puede tan solo hacer doble clic sobre su icono).

Si el archivo del libro de trabajo que desea está en otra unidad, haga clic sobre el botón Up One Level hasta que aparezca el icono de la unidad C: en la casilla de lista desplegable Look In. Puede luego intercambiar unidades al hacer clic sobre el icono de la unidad en la casilla de lista y luego escoger el botón Open o pulsar Enter (o puede tan solo hacer doble clic sobre el icono de la unidad).

Cuando localiza el archivo que desea usar en la casilla de lista en el recuadro de diálogo Open, ábralo al hacer clic sobre el icono de su archivo y luego hacer clic sobre el botón Open o pulsando Enter (o hacer doble clic sobre el icono del archivo).

Use los botones en el lado izquierdo del recuadro de diálogo Open (History, My Documents, Desktop, Favorites y My Network Places o Web) para fácilmente abrir cualquier carpeta asociada con estos botones que contienen archivo de libro de trabajo:

✔ **History:** Haga clic sobre este botón para abrir archivos del libro de trabajo que guarda en la carpeta Recent (localizado en la carpeta Office dentro de la carpeta Microsoft).

✔ **My Documents:** Haga clic sobre este botón para abrir archivos del libro de trabajo que guarda en la carpeta Personal dentro de la carpeta Windows. (De hecho, en algunas computadoras, aparece el botón My Documents en el recuadro de diálogo Excel 2002 Open como el botón Personal).

✔ **Desktop:** Haga clic sobre esta carpeta para abrir archivos del libro de trabajo que guarda directamente en el escritorio de su computadora.

✔ **Favorites:** Haga clic sobre este botón para abrir archivos del libro de trabajo que guarda en la carpeta Favorites dentro de la carpeta Windows.

✔ **My Network Places (en Windows Me)** o carpetas **Web (en Windows 98):** Haga clic sobre este botón para abrir archivos del libro de trabajo (especialmente aquellos guardados como páginas Web) que guarda en cualquier carpeta Web que son creados en su disco duro. (Refiérase al Capítulo 10 para detalles sobre guardar archivos de Excel del libro de trabajo como páginas Web y configurar carpetas de la Web en su computadora).

### Reproducir los favoritos

Asumiendo que tiene éxito en localizar su archivo subiendo y bajando en la jerarquía como describo en la sección anterior, puede guardar usted mismo todo este trabajo la próxima vez que necesite abrir esta carpeta para encontrar un libro de trabajo al agregar la carpeta a la carpeta Favorites.

Para agregar una carpeta (o un archivo en particular) a la carpeta Favorites, siga estos pasos:

1. **Seleccione el icono de la carpeta o archivo (como describo en la sección anterior) en el recuadro de diálogo Open.**

2. **Seleccione Tools⇨Add to Favorites en el recuadro de diálogo Open (refiérase a la Figura 4-1).**

   Esto agrega la carpeta o archivo que es seleccionado en el recuadro de diálogo Open a su carpeta favorita.

Luego de que agregue una carpeta o archivo a la carpeta Favorites, puede abrirlo en el recuadro de diálogo Open al hacer clic sobre el botón Favorites en el lado izquierdo del recuadro de diálogo Open y luego ya sea haciendo doble clic sobre su icono de carpeta o archivo o seleccionándolo y haciendo clic sobre el botón Open o pulsando Enter.

### Archivo que juega a las escondidas desde el recuadro de diálogo Open

El recuadro de diálogo Open tiene una opción Search incorporada en él que siempre puede usar para localizar un archivo en particular dentro de la carpeta abierta. Esta opción le permite reducir su búsqueda en el recuadro de lista de diálogo Open a solo esos archivos que caen en una categoría específica (como esos archivos que modificó hoy o en algún momento esta semana) o solo esos archivos que contienen una cierta frase o propiedad (por ejemplo, aquellos hechos por un autor particular o que contiene una palabra clave particular).

Al usar la opción Search en el recuadro de diálogo Open, puede decirle a Excel exactamente cómo desea que conduzca su búsqueda incluyendo tales criterios como:

✔ Archivos del libro de trabajo con nombres de archivo que contienen cierto texto

✔ Archivos de un tipo distinto a los archivos de Microsoft Excel

✔ Archivos del libro de trabajo que contienen un cierto texto o propiedad como título, autor o palabras clave introducidas en un resumen de archivo

✔ Archivos del libro de trabajo creado o modificado en una fecha en particular  o dentro de un rango de fechas dado

Para abrir el recuadro de diálogo Search donde especifica los criterios con los cuales desea que se conduzca la búsqueda, escoja Tools➪Search en el recuadro de diálogo Open. La Figura 4-2 le muestra el recuadro de diálogo Search en el que define sus criterios de búsqueda.

El recuadro de diálogo Search contiene dos pestañas: Basic y Advanced. La pestaña Basic le permite controlar tres criterios al buscar archivos del libro de trabajo:

✔ **Search Text:** Use esta casilla de texto para especificar las palabras clave o identificar valores, palabras o frases. La opción Search Text busca el texto que introduce aquí en tres lugares cuando empieza la búsqueda: los nombres de los archivos, los contenidos de los archivos y las propiedades de los archivos.

✔ **Search In:** Use esta casilla de lista desplegable para especificar cuáles unidades y carpetas incluir en la búsqueda. Para buscar todas las unidades y carpetas en su computadora, seleccione la casilla de verificación Everywhere en la lista desplegable Search In (que luego cambia la opción desde Selected Locations a Everywhere). Para especificar más la búsqueda a discos particulares o carpetas en una unidad, haga clic sobre el signo + frente a la casilla de verificación My Computer  en la lista desplegable Search In y asegúrese de que solo las casillas de verificación para las unidades o carpetas (si está restringiendo la búsqueda a una sola unidad) que desea buscar son seleccionadas en los listados debajo de My Computer.

✔ **Results Should Be:** Use esta casilla de lista desplegable para especificar cuáles tipos de archivos incluir en la búsqueda. Para especificar la búsqueda a archivos del libro de trabajo de Excel, solamente deseleccione (limpie) todas las casillas de verificación en la lista desplegable Results Should Be, excepto la de Excel Files. Para localizar esta casilla de verificación en el menú desplegable de Results Should Be, haga clic sobre el botón con el signo + frente a Office Files para expandir este listado.

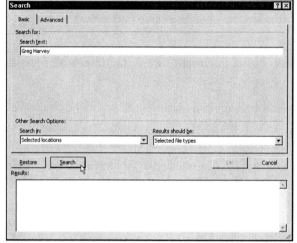

**Figura 4-2:**
Empiece
con la
pestaña
Basic del
recuadro de
diálogo
Search para
buscar un
libro de
trabajo.

Luego de que especifique tres criterios en la pestaña Basic, haga clic sobre el botón Search (inmediatamente encima de la casilla de lista Results) para iniciar su búsqueda.

Para refinar sus criterios de búsqueda, haga clic sobre la pestaña Advanced. Ahora la casilla de texto Search de la pestaña Basic es reemplazada por tres casillas nuevas: Property, Condition y Value (refiérase a la Figura 4-3).

Para especificar los criterios de búsqueda, seleccione el aspecto por ser buscado en la lista desplegable Property, el tipo de condición en la lista desplegable Condition y el valor por ser igualado, incluido o excedido (dependiendo del tipo de condición escogida).

Luego de especificar estos tres criterios, haga clic sobre el botón Add para agregar esta condición de búsqueda a la casilla de lista Search For  abajo (refiérase a la Figura 4-3). Al especificar sus criterios de búsqueda con las opciones en la pestaña Advanced del recuadro de diálogo Search, mantenga las siguientes ideas en mente:

✔ Normalmente, todos los criterios de búsqueda que agrega a la casilla de lista Search For en la pestaña Advanced son acumulativos, lo que quiere decir que *todos ellos* deben ser verdaderos para que Excel empate un archivo (porque el botón de opción And es seleccionado). Si, en lugar de ello, desea que  Excel empate con un archivo que satisfaga *cualquiera* de los criterios especificados en la casilla de lista Search For, haga clic sobre el botón de opción Or.

✔ Excel busca el Text o propiedad y la hace empatar de acuerdo con los contenidos que especifica en la casilla de texto Value. Si desea hacer que Excel empate con otras propiedades (como Author, Contents, Creation Date, etcétera), abra la casilla de lista desplegable Property y luego escoja la propiedad deseada en su casilla de lista.

✔ En general, Excel solo mira si un cierto valor o pieza de texto es incluido en la Property designada (si escoge File name, o Author, y así sucesivamente). Cuando selecciona algunas propiedades (como Company o Location), puede ser también capaz de hacer que el programa empate solamente archivos cuando su propiedad contiene exactamente ese valor o texto. Para hacer esto, usted abre la casilla de lista desplegable Condition y selecciona la opción Is (Exactly).

✔ Introduzca el valor o texto que debería ser empatado en la casilla de texto Value. Por ejemplo, si desea encontrar todos los archivos en los cuales Contents incluye el texto *Jack Sprat*, usted introduce **Jack Sprat** en esta casilla de texto. Si, por otro lado, desea encontrar todos los archivos en los cuales Contents incluye el número *1,250,750*, usted introduce **1250750** en la casilla de texto Value.

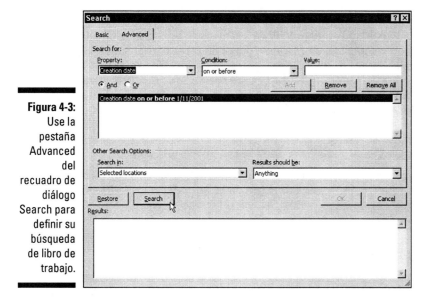

**Figura 4-3:**
Use la pestaña Advanced del recuadro de diálogo Search para definir su búsqueda de libro de trabajo.

Luego de que agregue todos los criterios que desea para su búsqueda (en la pestaña Basic o Advanced), haga clic sobre el botón Search para poner a Excel a cazar los archivos que coinciden con todas sus condiciones. Cuando el programa completa la búsqueda del archivo, despliega los archivos que coinciden (con la esperanza de incluir los archivos del libro de trabajo que desea usar) en la casilla de lista Results en la parte inferior de recuadro de diálogo Search.

Si el archivo del libro de trabajo que desea abrir aparece en esta casilla de lista, puede detener a Excel de continuar la búsqueda haciendo clic sobre el botón Stop. Si su búsqueda incluye muchas carpetas (todas en el disco duro, o algo así), puede incluso tener que desplazarse para ir a todos los iconos del archivo desplazado. Si encuentra montones y montones de archivos, haga clic sobre el hipervínculo <u>Next 20 Results</u> en la parte inferior de la lista para desplegar los próximo 20 archivos que coinciden. Puede continuar haciendo esto hasta que localice el archivo del libro de trabajo que desea editar o mostrar al final de los listados.

Si ve en la lista Results el nombre de un archivo de libro de trabajo que desea abrir, haga doble clic sobre el icono de su archivo con el puntero del mouse Hand para cerrar el recuadro de diálogo Search y abrir el recuadro de diálogo Open con este archivo desplegado en su casilla de lista. Para abrir el archivo seleccionado en el recuadro de diálogo Open, haga doble clic sobre el icono de su archivo de nuevo o solo haga clic sobre el icono una vez antes de seleccionar el botón Open.

### *Archivo que juega a las escondidas desde el panel de tareas Search*

En Excel 2002, puede realizar las mismas búsquedas de archivo básicas y avanzadas en el nuevo panel de tareas Search, al igual que desde el recuadro de diálogo Open (como describo en la sección anterior "Archivo que juega a las escondidas desde el recuadro de diálogo Open"). Para buscar un archivo desde el panel de tareas Search, siga estos pasos:

1. **Si el panel de tareas no está desplegado en el lado derecho de la ventana Excel, escoja <u>V</u>iew⇨Tas<u>k</u> Pane en la barra de menú Excel.**

2. **Para seleccionar el panel de búsqueda Search, si ya no está seleccionado, haga clic sobre el botón desplegable en el lado derecho del panel de tareas y haga clic sobre el botón Search en su menú de selección (refiérase a la Figura 4-4).**

3. **Para realizar una búsqueda básica, introduzca el texto por buscar en la casilla Search Text.**

   Luego, especifique la(s) ubicación(es) y tipos de archivos por encontrar en las casillas de lista desplegables Search In y Results Should Be, respectivamente (lea la sección anterior "Archivo que juega escondidas desde el recuadro de diálogo Open" para ayuda sobre seleccionar estos criterios de búsqueda básicos ).

4. **Para realizar una búsqueda más específica, haga clic sobre el hipervínculo <u>Advanced Search</u> cerca de la parte inferior del panel Search.**

Cuando está en el modo Basic Search, aparece el hipervínculo <u>Advanced Search</u> en la parte inferior de este panel de tareas; cuando está en el modo Advanced Search, aparece el hipervínculo <u>Basic</u> en la parte inferior de este panel de tareas.

5. **Luego especifique los criterios en las casillas Property, Condition y Value; determina estos parámetros uno a uno cuando hace clic sobre el botón Add.**

   (Lea la sección anterior "Archivos que juega escondidas del recuadro de diálogo Open" para ayuda sobre seleccionar estos criterios de búsqueda avanzados).

6. **Para iniciar la búsqueda después de que especifique los criterios de búsqueda en el panel Basic Search (paso 3) o Advanced Search (paso 4), haga clic sobre el botón Search.**

Cuando lanza una búsqueda de archivo desde el panel de tareas Search, cambia desde el panel de tareas Basic Search o Advanced Search (dependiendo de cuál usó) a un panel Search Results. Excel enumera todos los archivos que coinciden con sus criterios de búsqueda en este panel de tareas. Al igual que al realizar una búsqueda desde el recuadro de diálogo Open, puede abrir un archivo de libro de trabajo en particular en el panel de tareas Search Results al hacer clic sobre su nombre de archivo para seleccionarlo y luego hacer clic sobre su botón desplegable y seleccionar la opción Edit with Microsoft Excel en su lista de selección.

Si la opción Edit with Microsoft Excel no está disponible porque el archivo que selecciona no es uno que Excel 2002 reconoce como libro de trabajo, intente abrirlo seleccionando la opción Copy Link to Clipboard en el menú que aparece. Luego, abra el recuadro de diálogo Open (Ctrl+O) y pegue la ruta y el nombre del vínculo del archivo (Ctrl+V) a su casilla de texto File Name, antes de que escoja el botón Open.

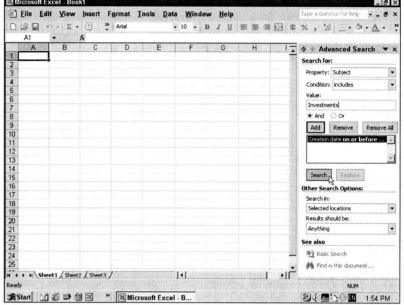

**Figura 4-4:**
Use el panel de tareas Search para encontrar el libro de trabajo que desea editar.

## Instalar Fast Searching

Para agilizar la búsqueda de archivo y hacerla más precisa, necesita instalar la opción Microsoft Fast Searching si no lo ha hecho todavía. Para instalar Fast Searching, haga clic sobre el hipervínculo Install en el panel Basic Search (si esta opción ya está instalada, este vínculo no aparecerá). Luego haga clic sobre el botón Yes en el recuadro de diálogo de alerta que aparece (le dice que Fast Searching no está actualmente instalado y se pregunta si usted quiere instalarlo ahora). Inserte el CD-ROM de Office XP en su unidad de CD cuando se le indique y haga clic sobre OK para completar la instalación.

Después de que se instale Fast Searching, necesita habilitarlo. Para hacer esto, haga clic sobre el hipervínculo Search Options (que reemplaza el hipervínculo Install en el panel de tareas Basic Search. Luego seleccione el botón de opción Yes, Enable Indexing Service y haga clic sobre OK en el recuadro de diálogo Indexing Service Settings.

### *Hacer un ID positivo*

Normalmente, Excel despliega las carpetas y los archivos en la casilla de lista del recuadro de diálogo Open como una simple lista que muestra el icono de la carpeta o archivo.

Para cambiar la forma en que los archivos se despliegan en la casilla de lista del recuadro de diálogo Open, simplemente seleccione cualquiera de las siguientes opciones que aparecen en un menú de selección cuando hace clic sobre el botón Views en el recuadro de diálogo Open (refiérase a la Figura 4-1):

✔ Seleccione Details para desplegar el tamaño del archivo en kilobytes, el tipo de archivo y la fecha en que el archivo se modificó por última vez, junto con el icono del archivo y el nombre de archivo (como se muestra en la Figura 4-5).

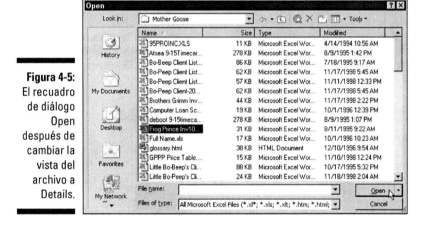

**Figura 4-5:**
El recuadro
de diálogo
Open
después de
cambiar la
vista del
archivo a
Details.

✔ Seleccione Properties para desplegar información del resumen del archivo junto al icono del archivo y el nombre de este cuando selecciona cada archivo en la lista (como se muestra en la Figura 4-6). (Para visualizar el resumen del archivo para un archivo, seleccione el archivo en el recuadro de diálogo Open, escoja Tools⇨Properties y luego haga clic sobre la pestaña Summary en el recuadro de diálogo Properties que se abre).

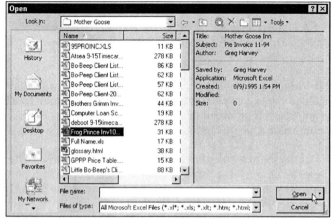

**Figura 4-6:**
El recuadro
de diálogo
Open
después de
cambiar la
vista del
archivo a
Properties.

✔ Seleccione Preview para desplegar una vista miniatura que muestra la esquina
superior izquierda de la primera hoja de trabajo en el archivo del libro de trabajo junto al icono del archivo y el nombre de archivo cuando seleccione cada archivo en la lista (como se muestra en la Figura 4-7).

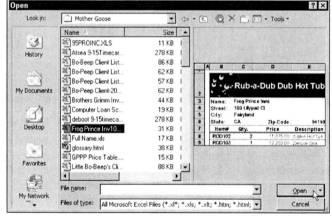

**Figura 4-7:**
El recuadro
de diálogo
Open
después de
cambiar la
vista del
archivo a
Preview.

## Abrir archivos con un giro

El menú de selección adjunto al botón Open, en el recuadro de diálogo Open, le
permite abrir el(los) archivo(s) del libro de trabajo seleccionado(s) en forma especial. Estas formas incluyen

✔ **Open Read Only:** Este comando abre los archivos que selecciona en la casilla de lista del recuadro de diálogo Open en un estado de solo lectura, lo que quiere decir que puede mirar pero no tocar (en realidad, puede tocar, pero no puede guardar sus cambios). Para guardar cambios en un archivo de solo lectura, debe usar el comando File⇨Save As desde la barra de menú Excel y darle al archivo del libro de trabajo un nuevo nombre de archivo. (Refiérase al Capítulo 2).

✔ **Open as Copy:** Este comando abre una copia de los archivos que selecciona en el recuadro de diálogo Open. Use este método de apertura de archivo como una red de seguridad: si estropea las copias, siempre tiene los originales como apoyo.

✔ **Open in Browser:** Este comando abre archivos del libro de trabajo que guarda en sus páginas Web (como describo en el Capítulo 10) en su explorador de la Web favorito (que podría normalmente ser el Microsoft Internet Explorer). Note que este comando no está disponible a menos que el programa identifique que el archivo seleccionado o los archivos fueron guardados como páginas Web en lugar de archivos de hojas de trabajo de Excel.

 ✔**Open and Repair:** Este comando intenta reparar archivos defectuosos del libro de trabajo antes de abrirlos en Excel. Cuando selecciona este comando, aparece un recuadro de diálogo que le da una opción entre intentar reparar el archivo defectuoso y abrir la versión recuperada, y extraer los datos del archivo defectuoso y colocarlos en un nuevo libro de trabajo (el cual puede guardar con el comando File⇨Save command). Haga clic sobre el botón Repair para intentar recuperar y abrir el archivo. Haga clic sobre el botón Extract Data si intentó anteriormente sin éxito hacer que Excel repare el archivo.

# *Mucho que Hacer con el Undo*

Antes de que empiece a romper este libro de trabajo que acaba de abrir, conozca la opción Undo y cómo puede poner bien muchas de las cosas que podría estropear inadvertidamente. El comando Undo en el menú de Edit es un comando camaleón regular. Cuando elimina los contenidos de una selección de celda con el comando Clear en este mismo menú, Undo cambia a Undo Clear. Si mueve algunas entradas a una nueva parte de la hoja de trabajo con los comandos Cut y Paste (de nuevo, encontrados en el menú de Edit), el comando Undo cambia a Undo Paste.

Además de escoger Undo (en cualquier modo que aparece) desde el menú de Edit, puede también escoger este comando al pulsar Ctrl+Z (quizás para *unZap*) o hacer clic sobre el botón Undo en la barra de herramientas Standard (la que tiene la flecha curva a la izquierda).

El comando Undo en el menú de Edit cambia como respuesta a la acción que tomó; se mantiene cambiando después de cada acción. Si olvida golpear cuando el hierro está caliente, por así decirlo — al usar la opción Undo para restaurar la hoja de trabajo a su estado anterior antes de que escoja otro comando — necesita consultar el menú de selección en el botón Undo en la barra de herramientas Standard para seleccionar la acción anterior que quiere deshacer. Para abrir este menú, haga clic sobre el botón desplegable que aparece a la derecha del icono Undo (la flecha curva se apunta a la izquierda). Después de que el menú desplegable Undo está abierto, haga clic sobre la acción en este menú que desea deshacer. Excel luego deshará esta acción y todas las acciones que la anteceden en la lista (las cuales son automáticamente seleccionados).

## Undo es Redo la segunda vez

Después de escoger el comando Undo (por cualquier medio que encuentre más conveniente), Excel 2002 agrega un nuevo comando al menú de Edit. Si elimina una entrada desde una celda escogiendo Edit➪Clear➪All en la barra de menú y luego escoge Edit➪Undo Clear (o pulsa Ctrl+Z, o hace clic sobre la herramienta Undo en la barra de herramientas), usted ve el siguiente comando en la parte superior del menú debajo de Undo la próxima vez que abre el menú de Edit:

```
Redo Clear Ctrl+Y
```

Cuando escoja el comando Redo, Excel rehace la cosa que acaba de deshacer. En realidad, esto suena más complicado de lo que es. Simplemente quiere decir que usted usa el Undo para cambiar de ida y vuelta entre el resultado de una acción y el estado de la hoja de trabajo justo antes de esa acción, hasta que decida cómo desea la hoja de trabajo (o hasta que el personal de limpieza desactive las luces y ponga seguro al edificio).

Puede encontrar mucho más fácil solo hacer clic sobre los botones Undo y Redo en la barra de herramientas Standard en lugar de pasar por todo el trabajo de escoger sus respectivos comandos en el menú de selección de Edit. El botón Undo es el que tiene la fotografía de la flecha curveada a la izquierda; el botón Redo es el que tiene la fotografía de la flecha curveada a la derecha. Note, sin embargo, que el botón Redo puede no aparecer en la barra de herramientas Standard la primera vez que lo usa. Si solo ve el botón Undo en esta barra de herramientas, necesita seleccionar el botón Redo en la paleta More Buttons, la cual se abre al hacer clic sobre el botón More Buttons ( el que tiene el símbolo >>).

Puede rehacer múltiples acciones en un libro de trabajo al hacer clic sobre el botón desplegable a la derecha del icono del botón Redo (la flecha curveada que apunta a la derecha) y hacer clic sobre la acción en el menú que desea rehacer. Excel luego rehace la acción que selecciona así como todas las acciones que la preceden en el menú.

## ¿Qué quiere hacer cuando no puede usar el Undo?

Justo cuando piensa que es seguro empezar a destripar el libro de trabajo más importante de la compañía, realmente siento que tengo que decirle esto: ¡Undo no funciona todo el tiempo! Aunque puede deshacer su eliminada de celda equivocada, mala jugada o copia no inteligente, no puede deshacer su última guardada imprudente. (Sabe, como cuando quería escoger Save As en el menú de File para guardar la hoja de trabajo editada bajo un documento distinto, pero escogió en lugar de eso Save y terminó guardando los cambios como parte del documento actual).

Desafortunadamente, Excel no le permite saber cuándo está a punto de tomar un paso desde el cual no hay retorno – hasta que sea demasiado tarde. Luego de que haya terminado lo "no-deshecho" y usted abre el menú de Edit justo donde espera que esté en el comando Undo *blah, blah*, ahora se lee `Can't Undo`.

Para agregar insulto a la injuria, este comando extremadamente inútil aparece difuminado para indicarle que no puede escogerlo — ¡como si al poder escogerlo cambiara algo!

Una excepción a esta regla es cuando el programa le brinda advertencia avanzada (a lo cual debería prestar atención). Cuando escoja un comando que es normalmente no reconstruible pero actualmente — porque tiene poca memoria o el cambio afectará tanto la hoja de trabajo, o ambos — Excel sabe que no puede deshacer el cambio si sigue con él, el programa despliega una casilla de alerta que le advierte que no hay suficiente memoria para deshacer esta acción y pregunta si desea seguir delante de todas formas. Si hace clic sobre el botón Yes y completa la edición, solo dese cuenta de que usted hace eso sin ninguna posibilidad de perdón. Si descubre, demasiado tarde, que eliminó una fila de fórmulas esenciales (que olvida porque no podía verlas), no puede regresarlas con Undo. En tal caso, tendría que cerrar el archivo (File⇨Close) y *NO guardar sus cambios.*

# Hacer el Viejo Truco de Arrastrar-y-Soltar

La primera técnica de edición que necesita aprender se llama *drag and drop (arrastrar y soltar)*. Como implica su nombre, es una técnica de mouse que puede usar para escoger una selección de celda y soltarla en un nuevo lugar en la hoja de trabajo. Aunque arrastrar y soltar es principalmente una técnica para mover entradas de celda en una hoja de trabajo, también puede adaptarla para copiar una selección de celdas.

Para usar arrastrar y soltar para mover un rango de entradas de celda (puede solo mover un rango de celdas a la vez), siga estos pasos:

1. **Seleccione un rango de celdas.**

2. **Coloque el puntero del mouse en un borde del rango seleccionado.**

   Su señal de que puede empezar a arrastrar el rango de celdas a su nueva posición en la hoja de trabajo es cuando el puntero cambia a la cabeza de flecha.

3. **Arrastre la selección a su nuevo destino.**

   Arrastre su selección al soltar y sostener el botón del mouse principal — por lo general el izquierdo — mientras mueve el mouse.

   Mientras arrastra su selección, en realidad mueve solo el contorno del rango de celdas y Excel lo mantiene informado de cuál sería la dirección del nuevo rango de celdas (como una especie de consejo de arrastrar y soltar) si tuviera que soltar el botón del mouse en esa ubicación.

   Arrastre el contorno hasta que esté colocado en las nuevas celdas en la hoja de trabajo donde desea que aparezcan las entradas (como se evidencia por el rango de celdas en el consejo de arrastrar y soltar).

4. **Suelte el botón del mouse.**

   Las entradas de celda dentro de ese rango reaparecen en la nueva ubicación tan pronto suelta el botón del mouse.

En las Figuras 4-8 y 4-9, le muestro cómo puede arrastrar y soltar para mover un rango de celdas. En la Figura 4-8, selecciono el rango de celdas A10:E10 (que contiene los totales trimestrales) para moverlo a la fila 12 para hacer espacio para las cifras de ventas para dos nuevas compañías (Simple Simon Pie Shoppes y Jack Be Nimble Candlesticks, que no habían sido adquiridas cuando este libro de trabajo se creó). En la Figura 4-9, ve la hoja de trabajo de ventas de Mother Goose Enterprises 2000 inmediatamente después de completar esta movida.

**Figura 4-8:**
Arrastrar
una
selección
de celdas a
su nueva
posición en
una hoja de
trabajo.

| Microsoft Excel - MGE01Sales-raw.xls | | | | | | | | |
|---|---|---|---|---|---|---|---|---|
| A10 | Total | | | | | | | |
| | A | B | C | D | E | F | G | H |
| 1 | Mother Goose Enterprises - 2001 Sales | | | | | | | |
| 2 | | Jan | Feb | Mar | Total | | | |
| 3 | Jack Sprat Diet Centers | 80,138.58 | 59,389.56 | 19,960.06 | $ 159,488.20 | | | |
| 4 | Jack and Jill Trauma Centers | 123,456.20 | 89,345.70 | 25,436.84 | $ 238,238.74 | | | |
| 5 | Mother Hubbard Dog Goodies | 12,657.05 | 60,593.56 | 42,300.28 | $ 115,550.89 | | | |
| 6 | Rub-a-Dub-Dub Hot Tub and Spas | 17,619.79 | 40,635.00 | 42,814.99 | $ 101,069.78 | | | |
| 7 | Georgie Porgie Pudding Pies | 57,133.56 | 62,926.31 | 12,408.73 | $ 132,468.60 | | | |
| 8 | Hickory, Dickory, Dock Clock Repair | 168,291.00 | 124,718.10 | 41,916.13 | $ 334,925.23 | | | |
| 9 | Little Bo Peep Pet Detectives | 30,834.63 | 71,111.25 | 74,926.24 | $ 176,872.12 | | | |
| 10 | Total | $490,130.81 | $508,719.48 | $259,763.27 | $1,258,613.56 | | | |
| 11 | | | | | | | | |
| 12 | | | | | | | | |
| 13 | | | | A12:E12 | | | | |
| 14 | | | | | | | | |

**Figura 4-9:**
Una hoja de
trabajo
después de
soltar la
selección
de celdas a
su nueva
ubicación.

| Microsoft Excel - MGE01Sales-raw.xls | | | | | | | | |
|---|---|---|---|---|---|---|---|---|
| A12 | Total | | | | | | | |
| | A | B | C | D | E | F | G | H |
| 1 | Mother Goose Enterprises - 2001 Sales | | | | | | | |
| 2 | | Jan | Feb | Mar | Total | | | |
| 3 | Jack Sprat Diet Centers | 80,138.58 | 59,389.56 | 19,960.06 | $ 159,488.20 | | | |
| 4 | Jack and Jill Trauma Centers | 123,456.20 | 89,345.70 | 25,436.84 | $ 238,238.74 | | | |
| 5 | Mother Hubbard Dog Goodies | 12,657.05 | 60,593.56 | 42,300.28 | $ 115,550.89 | | | |
| 6 | Rub-a-Dub-Dub Hot Tub and Spas | 17,619.79 | 40,635.00 | 42,814.99 | $ 101,069.78 | | | |
| 7 | Georgie Porgie Pudding Pies | 57,133.56 | 62,926.31 | 12,408.73 | $ 132,468.60 | | | |
| 8 | Hickory, Dickory, Dock Clock Repair | 168,291.00 | 124,718.10 | 41,916.13 | $ 334,925.23 | | | |
| 9 | Little Bo Peep Pet Detectives | 30,834.63 | 71,111.25 | 74,926.24 | $ 176,872.12 | | | |
| 10 | | | | | | | | |
| 11 | | | | | | | | |
| 12 | Total | $490,130.81 | $508,719.48 | $259,763.27 | $1,258,613.56 | | | |
| 13 | | | | | | | | |
| 14 | | | | | | | | |

Note en la Figura 4-9 que el argumento para la función SUM en la celda B12 no ha mantenido el paso con el cambio — continúa sumando solo el rango B3:B9. Eventualmente, este rango debe expandirse para incluir las celdas B10 y B11, las cifras de ventas del primer trimestre para las nuevas Simple Simon Pie Shoppes y Jack Be Nimble Candlesticks. (Puede averiguar cómo hacer esto en la sección siguiente, "Fórmulas en AutoFill").

## Copias, estilo arrastrar y soltar

¿Qué ocurre si desea copiar un rango de celdas en lugar de arrastrar y soltar una? Suponga que necesita iniciar una nueva tabla unas filas más abajo en la hoja de trabajo y desea copiar el rango de celdas con los encabezados de título y columna para la nueva tabla. Para copiar el rango del título formateado en la muestra de la hoja de trabajo, siga estos pasos:

1. **Seleccione el rango de celdas.**

   En el caso de las Figuras 4-8 y 4-9, ese rango de celdas es el B2:E2.

2. **Sostenga la tecla Ctrl mientras coloca el puntero del mouse en un borde en la selección.**

   El puntero cambia de una cruz gruesa a una cabeza de flecha con un + (signo de más) a su derecha con los consejos de la pantalla arrastrar y soltar a la par. Recuerde que el signo de más junto al puntero es su señal de que arrastrar y soltar *copiará* la selección en lugar de *moverla*.

3. **Arrastre el contorno de la selección de celdas al lugar donde desea que aparezca la copia y suelte el botón del mouse.**

Si al usar arrastrar y soltar para mover o copiar celdas, usted coloca el contorno de la selección para que traslape cualquier parte de las celdas que ya contiene entradas, Excel despliega una casilla de alerta con la siguiente pregunta: `Do you want to replace contents of the destination cells?` (Desea reemplazar contenidos de las celdas de destino?)

Para evitar reemplazar las entradas existentes y abortar toda la misión de arrastrar y soltar, haga clic sobre el botón Cancel en esta casilla de alerta. Para seguir adelante y exterminar las pequeñas cositas, haga clic sobre OK o pulse Enter.

## *Inserciones cortesía de arrastrar y soltar*

Como la fama de Klingons de *Star Trek*, las hojas de cálculo como Excel nunca toman prisioneros. Cuando coloca o mueve una nueva entrada en una celda ocupada, la nueva entrada reemplaza completamente la vieja como si la vieja entrada nunca hubiera existido en esa celda.

Para insertar el rango de celdas que está moviendo o copiando dentro de una región poblada de la hoja de trabajo sin sacar entradas existentes, sostenga la tecla Shift mientras arrastra la selección. (¡Si está copiando, debe volverse realmente ambicioso y sostener las teclas Shift y Ctrl al mismo tiempo!) Con la tecla Shift presionada conforme se arrastra, en lugar de un contorno rectangular del rango de celdas, obtiene una forma de I que muestra dónde será insertada la selección con la dirección del rango de celdas (como una especie de consejo de pantalla de Insertion) que indica dónde sería insertado si suelta el botón del mouse. Conforme mueve la forma de I, note que se aglomera a los bordes de la columna y fila conforme lo mueve. Cuando coloca la forma de I en el borde la columna o fila donde desea que se inserte el rango de celdas, suelte el botón del mouse. Excel inserta el rango de celdas, moviendo las entradas existentes a las celdas en blanco circundantes (lejos del camino del peligro).

 Al insertar celdas con arrastrar y soltar, podría ser útil pensar en la forma de I como una barra de palanca que aparta las columnas o filas a lo largo del eje de la I. Además, tenga presente que algunas veces después de mover un rango a un nuevo lugar en la hoja de trabajo, en lugar de que aparezcan los datos, usted ve solo ####### en las celdas. (Excel 2002 no ensancha automáticamente las nuevas columnas para la información entrante como hace al formatear la información). Recuerde que la forma de eliminar los #######s en las celdas al ensanchar esas columnas problemáticas lo suficiente para desplegar toda la información más el formato y la forma más fácil de hacer este tipo de ensanchamiento, es haciendo doble clic sobre el borde derecho de la columna.

## *Fórmulas en AutoFill*

Copiar con arrastrar y soltar (sosteniendo la tecla Ctrl) es útil cuando necesita copiar un montón de celdas circundantes a una nueva parte de la hoja de trabajo. Frecuentemente, sin embargo, solo necesita copiar una sola fórmula que acaba de crear a un montón de celdas circundantes que necesitan realizar el mismo tipo de cálculo (como sacar el total de las cifras). Este tipo de copia de fórmula, si bien bastante común, no puede hacerse con arrastrar y soltar. En lugar de ello, use la opción AutoFill (lea acerca de ella en el Capítulo 2) o los comandos Copy y Paste. (Refiérase a la sección "Cortar y pegar, estilo digital" más adelante en este capítulo).

Así es como puede usar AutoFill para copiar una fórmula a un rango de celdas. En la Figura 4-10, puede ver la hoja de trabajo de Ventas del 2001 de Mother Goose Enterprises después de que yo agrego Simple Simon Pie Shoppes y Jack Be Nimble Candlesticks a la lista. Recuerde que estas compañías no estaban en la hoja de trabajo original, así que hice campo para ellas al mover Totals a la fila 12 (puede ver esto de nuevo en la Figura 4-9).

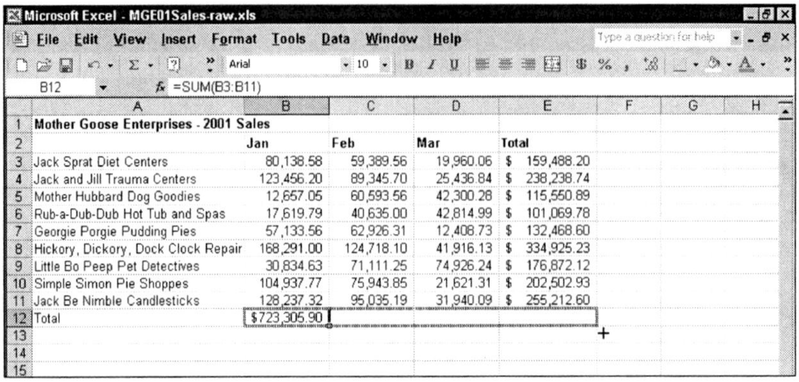

**Figura 4-10:**
Copiar una
fórmula a un
rango de
celdas con
AutoFill.

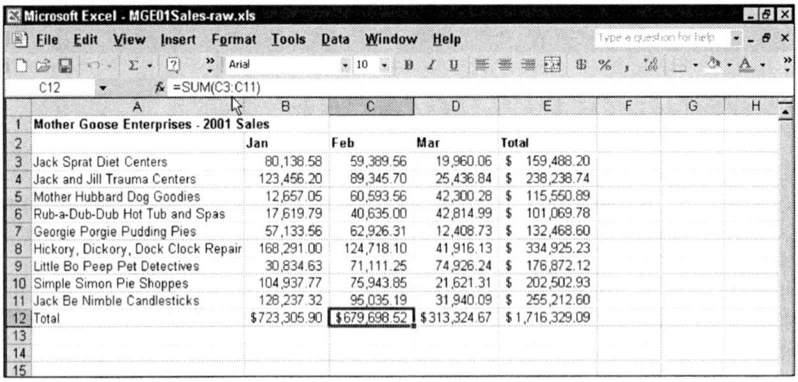

**Figura 4-11:**
La hoja de
trabajo
después de
copiar la
fórmula que
totaliza las
ventas
mensuales.

Desafortunadamente, Excel no actualiza las fórmulas de suma para incluir las nuevas filas (la función Sum todavía usa B3:B9 cuando debería ser extendida para incluir las filas 10 y 11). Para hacer que la función Sum incluya todas las filas, coloque el puntero de celda en la celda B12 y haga clic sobre la herramienta AutoSum en la barra de herramientas Standard. Excel sugiere el nuevo rango B3:B11 para la función Sum.

Refiérase a la Figura 4-10: puede ver la hoja de trabajo después de que yo re-cree la fórmula Sum en la celda B12 con la herramienta AutoSum para incluir el rango expandido. Arrastro la manija de relleno para seleccionar el rango de celdas C12:E12 (donde esta fórmula debería ser copiada). Note que eliminé las fórmulas originales desde el rango de celdas C12:E12 en esta cifra para hacer más fácil ver lo que está ocurriendo; normalmente, solo copie las fórmulas obsoletas originales y reemplace con las copias correctas.

## Pero sostuve la tecla Shift justo como lo dijo . . .

Arrastar y soltar en el modo Insert es una de las opciones más melindrosas de Excel. Algunas veces, puede hacer todo bien y obtener la casilla de alerta que le advierte que Excel está a punto de reemplazar entradas existentes en lugar de apartarlas. ¡Cuando vea esta casilla de alerta, siempre haga clic sobre el botón Cancel! Afortunadamente, puede insertar cosas con los comandos Cut e Insert Paste (refiérase a la sección "Cortar y pegar, estilo digital" más adelante en este capítulo) sin preocuparse por cuál dirección toma la selección del I.

# *Relativamente hablando*

Refiérase a la Figura 4-11 para ver la hoja de trabajo después de que la fórmula en una celda es copiada al rango de celdas C12:E12 y la celda C12 está activa. Note cómo Excel maneja la copiada de las fórmulas. La fórmula original en la celda B12 es de la siguiente forma:

```
=SUM(B3:B11)
```

Cuando la fórmula original es copiada a la celda C12, Excel cambia la fórmula leve-mente para que se vea así:

```
=SUM(C3:C11)
```

Excel ajusta la referencia de columna, cambiándola de B a C, porque copié de iz-quierda a derecha a través de las filas.

Cuando copia una fórmula a un rango de celdas que se extiende a las filas, Ex-cel ajusta los números de fila en las fórmulas copiadas en lugar de las letras de la columna para satisfacer la posición de cada copia. Por ejemplo, la celda E3 en la hoja de trabajo Ventas del 2001 de Mother Goose Enterprises, contiene la siguiente fórmula:

```
=SUM(B3:D3)
```

Cuando copia esta fórmula a la celda E4, Excel cambia la copia de la fórmula a lo siguiente:

```
=SUM(B4:D4)
```

Excel ajusta la referencia de fila para mantenerse actualizado con la nueva posición 4 de fila. Como Excel ajusta las referencias de celdas en copias de una fórmula relativa a la dirección de la copiada, las referencias de celda son conocidas como *relative cell references (referencias de celda relativas)*.

## ¡Algunas cosas son absolutas!

Todas las nuevas fórmulas que crea naturalmente contienen referencias de celda relativas, a menos que diga lo contrario. Como la mayoría de las copias que haga de las fórmulas requieren ajustes de sus referencias de celdas, rara vez tiene que darle a este arreglo más pensamiento. Luego, de vez en cuando, se encuentra una excepción que llama para limitar cuándo y cómo son ajustadas las referencias de celdas en copias.

Una de estas excepciones más comunes es cuando desea comparar un rango de valores distintos con un solo valor. Esto ocurre más a menudo cuando desea computar cuál porcentaje es cada parte con relación con el total. Por ejemplo, en las hojas de trabajo Ventas del 2001 de Mother Goose Enterprises, usted se encuentra esta situación al crear y copiar una fórmula que calcula cuál porcentaje es cada total mensual (en el rango de celdas B14:D14) del total trimestral en la celda E12.

Suponga que desea introducir estas fórmulas en la fila 14 de la hoja de trabajo Ventas del 2001 de Mother Goose Enterprises, empezando en la celda B14. La fórmula en la celda B14 para calcular el porcentaje de total de ventas del primer trimestre de enero es muy sencillo:

```
=B12/E12
```

Esta fórmula divide el total de ventas de enero en la celda B12 entre el total trimestral en E12 (¿qué podría ser más fácil?). Mire, sin embargo, lo que podría ocurrir si arrastrara la manija de llenado una celda a la derecha para copiar esta fórmula a la celda C14:

```
=C12/F12
```

El ajuste de la primera referencia de celda de B12 a C12 es justo lo que le recetó el doctor. Sin embargo, el ajuste de la segunda referencia de celda de E12 a F12 es un desastre. Usted no solo calcula cuál porcentaje son las ventas de febrero en la celda C12 de las ventas del primer trimestre en E12, sino que también termina con unas de esas cosas de error #DIV/0! horribles en la celda C14.

Para detener a Excel de ajustar una referencia de celda en una fórmula en cualquier copia que haga, convierta la referencia de celda de relativa a absoluta. Puede hacer esto pulsando la tecla función F4. Excel indica que usted hace la referencia de celda absoluta al colocar signos de dólares frente a la letra de la columna y el número de fila. Por ejemplo, mire la Figura 4-12: la celda B14 en esta figura contiene la fórmula correcta para copiar al rango de celdas C14:D14:

```
=B12/$E$12
```

Mire la hoja de trabajo después de que esta fórmula sea copiada al rango C14:D14 con la manija de llenado y la celda C14 seleccionada (refiérase a la Figura 4-13). Note que la barra de fórmula muestra que esta celda contiene la siguiente fórmula:

```
=C12/$E$12
```

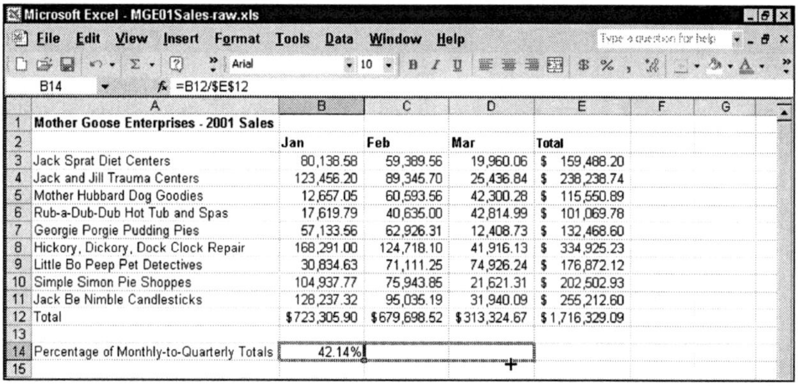

**Figura 4-12:**
Copiar la fórmula para computar la razón de las ventas de mensual a trimestral con una referencia de celda absoluta.

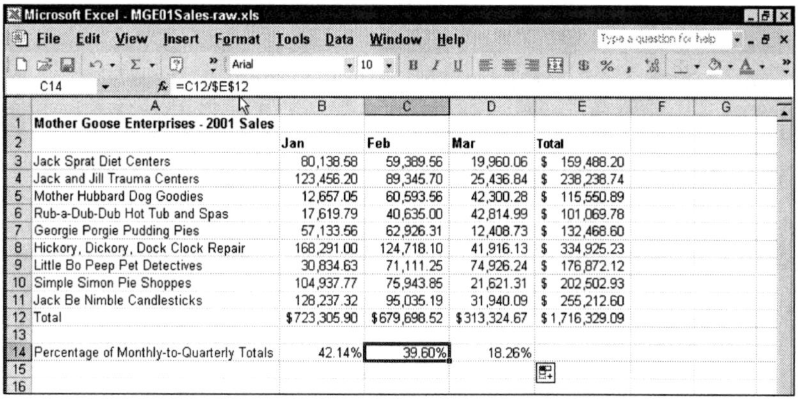

**Figura 4-13:**
La hoja de trabajo después de copiar la fórmula con la referencia de celda absoluta.

Como E12 fue cambiada a $E$12 en la fórmula original, todas las copias tienen la misma referencia absoluta (no cambiante).

Si pifia y copia una fórmula en la que una o más de las referencias de celda deberían haber sido absolutas pero las dejó todas relativas, edite la fórmula original de la siguiente forma:

1. **Haga doble clic sobre la celda con la fórmula y haga clic sobre el botón Edit Formula en la barra de fórmula o pulse F2 para editarla.**

2. **Coloque el punto de inserción en alguna parte en la referencia que desea convertir a absoluto.**

3. **Pulse F4.**

4. **Cuando termina de editar, haga clic sobre el botón Enter en la barra de fórmula y luego copie la fórmula al rango de celdas estropeado con el la manija de llenado.**

Asegúrese de pulsar F4 solo para cambiar una referencia de celdas a completamente absoluta como describo anteriormente. Si pulsa la tecla función F4 una segunda vez, termina con una llamada referencia mixta en la que solo la parte de la fila es absoluta y la parte de la columna es relativa (como en E$12). Si luego pulsa F4 de nuevo, Excel sale con otro tipo de referencia mixta en la que la parte de la columna es absoluta y la parte de la fila es relativa (como en $E12). Si va y pulsa F4 otra vez, Excel cambia la referencia de celda de nueva a completamente relativa (como en E12). Luego de que regrese donde empezó, puede continuar usando F4 para ciclar a través del mismo grupo de cambios de referencia de celda de nuevo.

## Cortar y pegar, estilo digital

En lugar de usar arrastrar y soltar o AutoFill, puede usar los viejos comandos en espera Cut, Copy y Paste para mover o copiar información en una hoja de trabajo. Estos comandos usan el Clipboard como un tipo de autopista electrónica donde la información que corta o copia permanece hasta que decida pegarla en alguna parte. Debido a este arreglo del Clipboard, puede usar estos comandos para mover o copiar información a cualquier otra hoja de trabajo abierta en Excel o incluso a otros programas que se ejecutan en Windows (como un documento de Word).

Para mover una selección de celdas con Cut y Paste, siga estos pasos:

1. **Seleccione las celdas que desea mover.**

2. **Haga clic sobre el botón Cut en la barra de herramientas Standard (el botón con el icono de las tijeras).**

O bien, si prefiere, puede escoger Cut en el menú de acceso directo a la celda o Edit⇨Cut en la barra de menú.

Puede cortar toda esta cosa de botón-y-menú y solo pulsar Ctrl+X. Cuando escoja el comando Cut en Excel, el programa rodea la selección de la celda con una *marquee (marquesina)* (una línea de puntos que viaja alrededor del contorno de la celda) y despliega el siguiente mensaje en la barra de estado:

```
Select destination and press ENTER or choose Paste
```

3. **Mueva el puntero de la celda a, o seleccione, la celda en la esquina superior izquierda de un nuevo rango al cual desea mover la información.**

4. **Pulse Enter para completar la operación de mover.**

O bien, si se está sintiendo realmente ambicioso, haga clic el botón Paste en la barra de herramientas Standard, escoja Paste en el menú de acceso directo de la celda, escoja Edit⇨Paste en la barra de menú, o pulse Ctrl+V. (¿Piensa que hay suficientes alternativas de pegar en Excel?)

Note que cuando indica el rango de destino, no tiene que seleccionar un rango de celdas en blanco que coincide con la forma y tamaño de la selección de la celda que está moviendo. Excel solo necesita saber la ubicación de la celda en la esquina superior izquierda del rango de destino para descubrir dónde poner el resto de las celdas.

Copiar una selección de celdas con los comandos Copy y Paste sigue un procedimiento idéntico al que siguen los comandos Cut y Paste. Después de seleccionar el rango por copiar, tiene incluso más opciones sobre cómo obtener la información en el Clipboard. En lugar de hacer clic sobre el botón Copy en la barra de herramientas Standard o escoger Copy en el menú de acceso directo de la celda o Copy en el menú de Edit, puede pulsar Ctrl+C.

## *Péguelo de nuevo, Sam . . .*

Una ventaja de copiar una selección con los comandos Copy y Paste y el Clipboard es que puede pegar la información múltiples veces. Solo asegúrese de que, en lugar de pulsar Enter para completar la primera operación de copiar, usted hace clic sobre el botón Paste en la barra de herramientas Standard o escoge el comando Paste (en el acceso directo de la celda o el menú de Edit) o pulsa Ctrl+V.

Cuando use el comando Paste para completar una operación de copiar, Excel copia la selección al rango que designa sin eliminar la marquesina desde la selección original. Esta es la señal de que puede seleccionar otro rango de destino (ya sea en el mismo documento u otro distinto).

Después de seleccionar la primera celda del siguiente rango donde desea tener la selección copiada, escoja el comando Paste de nuevo. Puede continuar en esta forma, pegando la misma selección al contenido de su corazón. Cuando haga la última copia, pulse Enter en lugar de escoger el comando Paste. Si se olvida y escoge Paste, deshágase de la marquesina alrededor del rango de celda original al pulsar la tecla Esc.

## Mantener el paso con Paste Options

Inmediatamente después de que haga clic sobre el botón Paste en la barra de herramientas Standard o escoja el comando Edit⇨Paste en la barra de menú para pegar las entradas de celda que copia (no corta) al Clipboard, Excel despliega un botón Paste Options con su propio botón desplegable al final del rango pegado. Puede usar las opciones disponibles cuando hace clic sobre el botón desplegable para modificar la operación de pegar en las siguientes formas:

✔ **Keep Source Formatting (Mantener el Formato Fuente):** Cuando selecciona esta opción, Excel copia el formato de las celdas originales y lo pega en las celdas de destino (junto con las entradas copiadas).

✔ **Match Destination Formatting (Coincidir con el Formato Destino):** Cuando selecciona esta opción, Excel formatea las entradas copiadas al formato asignado al rango de celdas de destino.

✔ **Values Only (Solo Valores):** Cuando selecciona esta opción, Excel copia solo los resultados calculados desde cualquier fórmula en el rango fuente al rango de destino. Esto quiere decir que el rango de destino consistirá enteramente en etiquetas y valores sin importar cuántas fórmulas existen en el rango fuente.

✔ **Values and Number Formatting (Formato de Valores y Formato):** Cuando selecciona esta opción, Excel copia los resultados calculados de cualquier fórmula junto con el formato de números asignado a los valores y fórmulas en la celda fuente al rango de destino. Esto quiere decir que las etiquetas desde el rango fuente toman el formato del rango de destino mientras los valores retienen el formato del número dado a ellos en el rango fuente.

✔ **Values and Source Formattin (Formato de Valores y Fuente):** Cuando selecciona esta opción, Excel copia los resultados calculados de cualquier fórmula junto con todo el formato asignado a las etiquetas, valores y fórmulas en el rango de celdas fuente al rango de destino. Esto quiere decir que todas las etiquetas y valores en el rango de destino aparecen formateados como el rango de fuente, aún cuando todas las fórmulas originales están perdidas y solo los valores calculados son retenidos.

✔ **Keep Source Column Widths (Mantener los Anchos de la Columna Fuente):** Cuando selecciona esta opción, Excel hace el ancho de las columnas en el rango de destino igual al del rango fuente cuando copia sus entradas de celda.

✔ **Formatting Only (Solo Formato):** Cuando selecciona esta opción, Excel copia solo el formato (y no las entradas) desde el rango de celda fuente al rango de destino.

✔ **Link Cells (Vincular Celdas):** Cuando selecciona esta opción, Excel crea fórmulas vinculantes en el rango de destino para que cualquier cambio que haga a las entradas en las celdas en el rango fuente sea inmediatamente mostrado y reflejado en las celdas correspondientes del rango de destino.

# *Pegarlo desde el panel de tareas Clipboard*

Excel 2002 puede guardar múltiples cortar y copiar en el Clipboard (hasta los últimos 24). Esto quiere decir que puede continuar para pegar las cosas desde el Clipboard en un libro de trabajo incluso después de terminar una operación de mover o copiar (aún cuando hace eso al pulsar la tecla Enter en lugar de usar el comando Paste). Tan pronto como corte o copie más de una selección de celda al Clipboard, Excel 2002 automáticamente abre el panel de tareas Clipboard que muestra los elementos que contiene ahora (refiérase a la Figura 4-14).

Para pegar un elemento del Clipboard en una hoja de trabajo diferente a la última información cortada o copiada allí, haga clic sobre el elemento en el panel de tareas Clipboard para pegarlo en la hoja de trabajo empezando en la posición actual del puntero de la celda.

Note que puede pegar todos los elementos guardados en el Clipboard en la hoja de trabajo actual al hacer clic sobre el botón Paste All en la parte superior del panel de tareas Clipboard. Para limpiar el Clipboard de todos los elementos actuales, haga clic sobre el botón Clear All. Para eliminar solo un elemento particular en el Clipboard, coloque el puntero del mouse sobre el elemento en el panel de tareas Clipboard hasta que aparezca su botón desplegable. Haga clic sobre este botón desplegable y luego escoja Delete en el menú de selección.

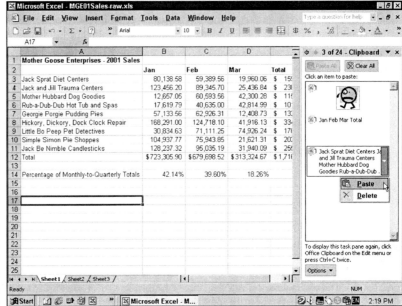

**Figura 4-14:**
El panel de tareas Clipboard aparece tan pronto corta o copia más de un elemento en el Windows Clipboard.

# Entonces, ¿qué hay tan especial en el Paste Special?

Normalmente, a menos que usted haga el tonto con Paste Options (refiérase a la sección "Mantener el paso con Paste Options" anteriormente en este capítulo), Excel copia toda la información en el rango de celdas que seleccionó: formato, así como las fórmulas, texto y otros valores que introduce. Si desea, use el comando Paste Special para especificar que solo las entradas son copiadas (sin el formato) o que solo el formato sea copiado (sin las entradas). Puede asimismo usar este comando para hacer que Excel copie solo valores en una selección de celda, lo que quiere decir que Excel copia todas las entradas y valores del texto introducidos en una selección de celda, pero *no* incluye las fórmulas o formato (justo como seleccionar la opción Values Only Paste como describo en la sección anterior). Cuando pega valores, Excel descarta todas las fórmulas en la selección de celda y retiene solo los valores calculados — estos valores aparecen en el nuevo rango de celdas como si los introdujera manualmente.

Para pegar partes particulares de una selección de celdas mientras descarta otras, escoja Edit➪Paste Special en la barra de menú. Cuando escoge Paste Special en el comando regular Paste, Excel despliega el recuadro de diálogo Paste

Special. Aquí puede especificar cuáles partes de una selección de celda usar al seleccionar el botón de opción adecuado Paste Special o la casilla de verificación de la siguiente forma:

✔ Normalmente, Excel escoge All para pegar todas las cosas en la selección de celdas (fórmulas, formato, usted escoge).

✔ Seleccione Formulas para pegar todo el texto, números y fórmulas en la selección de celda actual sin su formato.

✔ Select Values para convertir las fórmulas en la selección de celda actual a sus valores calculados.

✔ Select Formats para pegar solo el formato de la selección de celda actual, dejando las entradas de la celda en el olvido.

✔ Select Comments para pegar solamente las notas que adjunta a sus celdas (algo así como notas electrónicas auto adhesivas - refiérase al Capítulo 6 para detalles).

✔ Select Validation para pegar solamente las reglas de validación de datos en el rango de celdas que usted establece con el comando Data➪Validation (que le permite establecer cuál valor o rango de valores es permitido en una celda o rango de celdas particular).

✔ Select All Except Borders para pegar todas las cosas en la selección de la celda sin copiar ningún borde que use allí.

✔ Select Column Widths para aplicar los anchos de columna de las celdas copiadas al Clipboard a las columnas donde las celdas son pegadas.

✔ Select Formulas and Number Formats para incluir los formatos de números asignados a los valores y fórmulas pegados.

✔ Select Values and Number Formats para convertir fórmulas a sus valores calculados e incluir los formatos de números que asigna a todos los valores pegados.

✔ Normalmente, Excel selecciona el botón de opción None aquí, el cual indica que Excel no realizará ninguna operación entre las entradas de datos que corta o copia al Clipboard y las entradas de datos en el rango de celdas donde pega.

✔ Select Add para agregar los datos que corta o copia al Clipboard y las entradas de datos en el rango de celdas donde pega.

✔ Select Subtract para sustraer los datos que corta o copia al Clipboard desde las entradas de datos en el rango de celdas donde pega.

✔ Select Multiply para multiplicar los datos que corta o copia al Clipboard por las entradas de datos en el rango de celdas donde pega.

✔ Select Divide para dividir los datos que corta o copia al Clipboard entre la entrada de datos en el rango de celdas donde pega.

✔ Seleccione la casilla de verificación Skip Blanks cuando desee que Excel pegue en todas partes excepto muchas celdas vacías en el rango entrante. En otras palabras, una celda en blanco no puede sobrescribir sus entradas de celdas actuales.

✔ Seleccione la casilla de verificación Transpose cuando desee que Excel cambie la orientación de las entradas pegadas. Por ejemplo, si las entradas de celdas originales bajan las filas de una sola columna de la hoja de trabajo, las entradas pegadas transpuestas correrán a través de las columnas de una sola fila.

✔ Haga clic sobre el botón Paste Link cuando esté copiando entradas de celda y desea establecer un vínculo entre copias que está pegando y las entradas originales. En esa forma, los cambios a las celdas originales se actualizan automáticamente en las copias pegadas.

Puede también seleccionar las opciones de pegar Formulas, Values, No Borders, Transpose y Paste Link directamente en el botón Paste en la barra de herramientas Standard, sin tener que abrir el recuadro de diálogo Paste Special. ***Nota:*** la opción No Borders (en el botón Paste de la barra de herramientas Standard) es la misma que la opción All Except Borders en el recuadro de diálogo Paste Special. Simplemente, haga clic sobre el botón desplegable junto al botón Paste y seleccione la opción deseada desde su menú de selección. Puede también abrir el recuadro de diálogo Paste Special en este menú de selección al seleccionar el elemento Paste Special en la parte inferior del menú.

# *Estemos Claros sobre Eliminar Cosas*

No hay discusión de que la edición en Excel estaría incompleta sin una sección acerca de eliminar las cosas que pone en las celdas. Puede realizar dos tipos de eliminación en una hoja de trabajo:

✔ **Clearing a cell (Limpiar una celda):** Limpiar una celda solo elimina o vacía los contenidos de la celda sin remover dicha celda de la hoja de trabajo para no alterar el diseño de las celdas circundantes.

✔ **Deleting a cell (Eliminar una celda):** Al eliminar una celda elimina toda la estructura de la celda con todos sus contenidos y formato. Cuando elimina una celda, Excel tiene que mezclar la posición de entradas en las celdas circundantes para rellenar cualquier brecha hecha por la defunción.

# Sonar el ¡todo limpio!

Para eliminar solo los contenidos de una selección de celdas, en lugar de eliminar las celdas junto con sus contenidos, seleccione el rango de celdas a ser limpiadas y pulse Delete o escoja Edit⇨Clear⇨Contents Del en la barra del menú.

Si desea eliminar más que solo los contenidos de una selección de celdas, escoja Edit⇨Clear en la barra de menú y luego escoja entre los comandos del submenú:

- ✔ **All (Todo):** Escoja esto para eliminar todos los formatos y notas, así como las entradas en la selección de celdas.

- ✔ **Formats (Formatos):** Escoja esto para eliminar solo el formato de la selección de celdas actual sin tocar nada más.

- ✔ **Comments (Comentarios):** Escoja esto si solo desea eliminar las notas en la selección de celdas, pero dejar todo lo demás.

# ¡Sacar esas celdas de aquí!

Para eliminar la selección de celdas en lugar de solo quitar sus contenidos, seleccione el rango de celdas y escoja Delete en el menú de acceso directo de la celda o Edit⇨Delete en la barra de menú. Excel despliega el recuadro de diálogo Delete. Usted usa las opciones del botón de opción en este recuadro de diálogo para indicar cómo Excel debería cambiar las celdas dejadas atrás para llenar las brechas cuando las celdas actualmente seleccionadas son borradas de la existencia:

- ✔ **Shift Cells Left:** Excel normalmente selecciona este botón de opción. Esta selección mueve las entradas de columnas circundantes en el lado derecho a la izquierda para llenar las brechas creadas cuando elimina la selección de celdas al hacer clic sobre OK o pulsar Enter.

- ✔ **Cells Up:** Seleccione esto para mover entradas hacia arriba desde las filas circundantes de las filas abajo.

- ✔ **Entire Row:** Seleccione esto para eliminar todas las filas en la selección de celdas actual.

- ✔ **Entire Columns:** Seleccione esto para eliminar todas las columnas en la selección de celda actual.

Si sabe con anticipación que desea eliminar una columna o fila entera de la hoja de trabajo, puede seleccionarla en el marco de la ventana del libro de trabajo y luego escoger Delete en el menú de acceso directo de la columna o fila, o escoger Edit⇨Delete en el menú. Puede eliminar más de una columna o fila a la vez siempre que las seleccione antes de escoger este comando.

Eliminar columnas y filas completas de una hoja de trabajo es muy arriesgado a menos que esté seguro de que las columnas y filas no contienen nada de valor. Recuerde, cuando elimina una fila entera de la hoja de trabajo, usted elimina *toda la información de la columna A hasta IV* en esa fila (y puede ver solamente muy pocas columnas en esta fila). De igual forma, cuando elimina toda una columna de la hoja de trabajo, usted elimina *toda la información de la fila 1 hasta 65,536* en esa columna.

# Por Favor, Hágase a un Lado . . .

Para esos momentos inevitables en que necesita escabullir nuevas entradas en una región ya poblada de la hoja de trabajo, puede insertar nuevas celdas en el área en lugar pasar por todo el problema de mover y reacomodar varios rangos de celdas individuales. Para insertar un nuevo rango de celdas, seleccione las celdas (muchas de las cuales ya están ocupadas) donde desea que aparezcan las nuevas celdas y luego escoja Insert en el menú de acceso directo de la celda, o el comando Insert⇨Cells en la barra de menú. Hacer cualquiera de estas dos cosas despliega el recuadro de diálogo Insert con las siguientes opciones:

✔ **Shift Cells Right:** Seleccione esto para cambiar celdas existentes a la derecha y hacer espacio para las que desea agregar antes de hacer clic sobre OK o pulsar Enter.

✔ **Shift Cells Down:** Use esta opción predefinida para indicarle al programa que más bien cambie las entradas existentes abajo antes de hacer clic sobre OK o pulsar Enter.

✔ **Entire Row** o **Entire Column:** Al igual que cuando elimina celdas, cuando inserta celdas con el recuadro de diálogo Insert, puede insertar filas o columnas enteras en el rango de celdas al seleccionar cualquiera de estos botones de opción. Puede también seleccionar el número de fila o letra de columna en el marco antes de escoger el comando Insert.

Note que también puede insertar todas las columnas y filas en una hoja de trabajo al escoger el comando Columns o Rows en el menú de Insert sin tener que abrir el recuadro de diálogo Insert.

Recuerde que justo como cuando elimina todas las columnas y filas, insertar todas las columnas y filas afecta toda la hoja de trabajo, no solo la parte que ve. Si no sabe qué hay en los interiores de la hoja de trabajo, no puede estar seguro de cómo la inserción impactará – quizás incluso saboteará – las cosas (especialmente fórmulas) en las otras áreas no vistas. Sugiero que se desplace completamente en ambas direcciones para asegurarse de que no hay nada allí afuera.

# Eliminar sus Errores Ortográficos

Si tiene una ortografía tan buena como la mía, se sentirá tranquilo de saber que Excel 2002 tiene un corrector de ortografía que puede usar para eliminar todos esos pequeños y "vergonzantes" errores. Con esto en mente, ya no tiene excusa para poner hojas de trabajo con errores de tipografía en los títulos o encabezados.

Para revisar la ortografía en una hoja de trabajo, escoja Tools↪Spelling en la barra de menú o haga clic sobre el botón Spelling (el que tiene una marca de verificación bajo ABC) en la barra de herramientas Standard o pulse F7.

No importa cómo lo haga, Excel empieza a revisar la ortografía de todas las entradas de texto en la hoja de trabajo. Cuando el programa viene con una palabra desconocida, despliega el recuadro de diálogo Spelling, parecido al mostrado en la Figura 4-15.

**Figura 4-15:**
Revise su ortografía con el recuadro de diálogo Spelling.

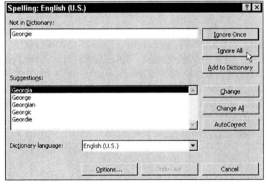

Excel sugiere reemplazos para la palabra desconocida, mostrados en la casilla de texto Not in Dictionary con un reemplazo probable en la casilla de lista Suggestions del recuadro de diálogo Spelling. Si ese reemplazo es incorrecto, puede desplazarse a través de la lista Suggestions y hacer clic sobre el reemplazo correcto. Use las opciones del recuadro de diálogo Spelling de la siguiente manera:

✔ **Ignore Once** e **Ignore All:** Cuando la revisión ortográfica de Excel encuentra una palabra que su diccionario encuentra sospechosa, pero que usted sabe que es viable, haga clic sobre el botón Ignore Once. Si no desea que lo moleste la revisión ortográfica al preguntarle sobre esta palabra de nuevo, haga clic sobre el botón Ignore All.

- ✔ **Add to Dictionary:** Haga clic sobre este botón para agregar la palabra desconocida (a Excel) — como su nombre — a un diccionario personalizado para que Excel no la indique otra vez cuando revisa la ortografía en la hoja de trabajo más adelante.

- ✔ **Change:** Haga clic sobre este botón para reemplazar la palabra enumerada en la casilla de texto Not in Dictionary con la palabra que ofrece Excel en la casilla de lista Suggestions.

- ✔ **Change All:** Haga clic sobre este botón para cambiar todas las ocurrencias de esta palabra mal escrita en la hoja de trabajo por la palabra que Excel despliega en la casilla de lista Suggestions.

- ✔ **AutoCorrect:** Haga clic sobre este botón para hacer que Excel corrija automáticamente este error ortográfico con la sugerencia desplegada en la casilla de lista Suggestions (al agregar la palabra mal escrita y la sugerencia al recuadro de diálogo AutoCorrect; para más, lea el Capítulo 2).

- ✔ **Dictionary Language:** Para cambiar a otro diccionario (como uno del Reino Unido o Francia al revisar términos franceses en una hoja de trabajo multilengua), haga clic sobre este botón desplegable y luego seleccione el nombre del lenguaje deseado en la lista de selección.

Note que la revisión ortográfica de Excel no solo indica las palabras no encontradas en este diccionario incorporado o personalizado, sino que también indica ocurrencias de palabras dobles en una entrada de celda (como *total total*) y palabras con extrañas mayúsculas (como *NEw York* en lugar de *New York*). Por omisión, la revisión ortográfica ignora todas las palabras con números y todas las direcciones de la Internet. Si desea que ignore todas las palabras en mayúsculas, haga clic sobre el botón Options en la parte inferior del recuadro de diálogo Spelling y luego seleccione la casilla de verificación Ignore Words in UPPERCASE antes de hacer clic sobre OK.

Recuerde que puede revisar la ortografía de solo un grupo particular de entradas al seleccionar las celdas antes de escoger Tools⇨Spelling en la barra de menú, haga clic sobre el botón Spelling en la barra de herramientas Standard o pulse F7.

# *Extirpar Errores con Text to Speech*

Excel es único en la pila de Office XP en su soporte de la nueva opción Text to Speech, que hace que su computadora lea de nuevo cualquier serie de entradas de celdas. Esta opción es perfecta para cuando necesita revisar la precisión de un montón de números que introduce desde una fuente impresa. Al usar Text to Speech, puede revisar su fuente impresa conforme la computadora lee los valores y etiquetas que ya ha introducido. Esta nueva opción suministra una forma real ingeniosa de encontrar y corregir errores que pueden de lo contrario escapar sin ser notados.

Para usar la opción Text to Speech para corroborar las entradas de la hoja electrónica y encontrar errores difíciles de ver, siga estos pasos:

1. **Seleccione las celdas en la hoja de trabajo que desea convertir a speech.**

2. **Escoja Tools⇨Speech⇨Show Text to Speech Toolbar en la barra de menú Excel para desplegar la barra de herramientas Text to Speech (mostrado en la Figura 4-16).**

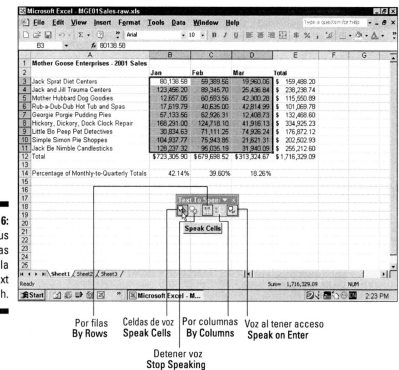

**Figura 4-16:** Revise sus entradas con la opción Text to Speech.

Por filas
By Rows

Celdas de voz
Speak Cells

Por columnas
By Columns

Voz al tener acceso
Speak on Enter

Detener voz
Stop Speaking

3. **Haga clic sobre el botón Speak Cells en la barra de herramientas Text to Speech (el primer botón, con la flecha que apunta a la derecha) para hacer que la computadora empiece a leer de nuevo las entradas en las celdas seleccionadas.**

Por omisión, la opción Text to Speech lee los contenidos de cada celda en la selección actual de las filas y luego las columnas. Si desea que Text to Speech lea las columnas y luego las filas, haga clic sobre el botón By Columns en la barra de herramientas (el cuarto botón con la flecha vertical).

4. **Para hacer que la opción Text to Speech lea de vuelta cada entrada de celda conforme pulsa la tecla Enter (en cuyo punto el puntero de la celda se mueve abajo a la nueva celda en la selección), haga clic sobre el botón Speech on Enter (el último botón en la barra de herramientas, con el símbolo de la flecha curva).**

   Después de seleccionar esta opción, necesita pulsar Enter cada vez que desee escuchar una entrada leída de nuevo para usted.

5. **Para hacer una pausa en la opción Text to Speech cuando no está usando la opción Speech on Enter (paso 4) y localiza una discrepancia entre lo que está leyendo y lo que está escuchando, haga clic sobre el botón Stop Speaking (el segundo botón en la barra de herramientas, con la x).**

6. **Cuando ha terminado de revisar todas las entradas en la selección actual, haga clic sobre la casilla Close (la que tiene la X) en la esquina superior derecha de la barra de herramientas Text to Speech para cerrarla.**

Note que a diferencia de usar la opción Speech Recognition de Excel (la cual delineo en el capítulo), la opción de traducción Text to Speech no requiere ninguna capacitación anterior o micrófonos especiales. Todo lo que se requiere es un par de parlantes o audífonos conectados a su computadora.

Si hace clic sobre el botón Speak on Enter en la barra de herramientas Text to Speech, la computadora hablará cada nueva entrada de celda que hace en una hoja de trabajo incluso después de que cierra la barra de herramientas Text to Speech. Solo recuerde que debe completar la nueva entrada de celda al pulsar la tecla Enter y no por algún otro método como hacer clic sobre el botón Enter en la barra de fórmula la tecla o pulsar ↓ con el fin de que la opción Text to Speech lea lo que acaba de introducir.

Por omisión, la opción Text to Speech selecciona la voz llamada *LH Michelle*, algo mecánica, pero definitivamente femenina que me sugiere una versión de la voz generada por computadora de Stephen Hawking (quizás es la de su novia). Stephen Hawking, en caso de que no sepa, es uno de los físicos teóricos más renombrados de nuestra era (algunos lo ven como Einstein). Sin embargo, debido a extremas discapacidades, ha sido forzado a usar una voz generada por computadora con el fin de comunicarse sus maravillosas ideas sobre los orígenes del universo (una voz mecánica, que con el tiempo debe identificar como *su* voz).

Si desea, puede cambiar la voz de la opción de traducción Text to Speech de LH Michelle (femenina) a LH Michael (masculino, que es, de hecho, la voz que usa Stephen Hawking). Para hacer esto,

1. **Escoja Start⇨Settings⇨Control Panel en la barra de tareas.**

2. **En el Control Panel, haga doble clic sobre el icono Speech.**

   Se abre el recuadro de diálogo Speech Properties.

3. **En el recuadro de diálogo Speech Properties, haga clic sobre la pestaña Text to Speech.**

   Haga su selección de vez en esta pestaña. Haga clic sobre el botón desplegable Voice Selection  y escoja LH Michael en el menú de selección.

4. **Para aumentar o reducir la velocidad de esta voz, arrastre el deslizador Voice Speed a la izquierda (para hacerla más lenta) o derecha (para aligerarla).**

   Para revisar la velocidad de la voz que escoja, haga clic sobre el botón Preview Voice, localizado inmediatamente sobre el deslizador Voice Speed. Excel reproduce una muestra de voz en la velocidad que determine.

5. **Cuando esté feliz con la velocidad de la voz, haga clic sobre OK para cerrar el recuadro de diálogo Speech Properties.**

6. **Haga clic sobre la X en la esquina superior derecha de la ventana Control Panel para regresar a Excel.**

# Capítulo 5

# Imprimir la Obra de Arte

- - - - - - - - - - - - - - - - - - - - - - - - - - - - - - - - - - - - - - -

*En este capítulo*

▶ Visualizar de forma preliminar las páginas antes de imprimirlas

▶ Imprimir desde la barra de herramientas Standard

▶ Imprimir todas las hojas de trabajo en un libro de trabajo

▶ Imprimir solo algunas celdas en una hoja de trabajo

▶ Cambiar la orientación de una página

▶ Imprimir toda la hoja de trabajo en una sola página

▶ Cambiar los márgenes de un informe

▶ Agregar un encabezado y un pie de página a un informe

▶ Imprimir encabezados de columna y fila como títulos de impresión en todas las página de un informe

▶ Insertar saltos de página en un informe

▶ Imprimir las fórmulas en su hoja de trabajo

- - - - - - - - - - - - - - - - - - - - - - - - - - - - - - - - - - - - - - -

*P*ara la mayoría de las personas, obtener los datos en papel es realmente lo que busca con las hojas de cálculo (al contrario de lo que se habla de tener una oficina sin papeles). Todo— los datos de entrada, los formatos, las revisiones de fórmulas, las cosas que hace para preparar una hoja de cálculo — es realmente solo una preparación para imprimir su información.

En este capítulo, descubrirá lo fácil que es imprimir informes con Excel 2002. Y aprenderá que con solo seguir unas directrices sencillas, puede producir informes de calidad la primera vez que envía el documento a la impresora (en lugar de una segunda o tercera vez).

El único truco para imprimir una hoja de trabajo es acostumbrarse al esquema de compaginación y aprender cómo controlarlo. Muchas de las hojas de trabajo que crea con Excel no solo son más largas que una página impresa sino también son más anchas. Los procesadores de palabras, como Word 2002, configuran la página solo verticalmente; no le permitirá crear un documento más ancho que el tamaño del papel que está usando. Los programas que usan hojas de cálculo como Excel 2002, sin embargo, frecuentemente tienen que dividir las páginas verticalmente y horizontalmente para imprimir un documento de hoja de trabajo (un tipo de mosaico del trabajo de impresión).

Cuando divide una hoja de trabajo en páginas, Excel primero configura el documento verticalmente hacia debajo de las filas en las primeras columnas del área de impresión (como un procesador de palabras). Luego de paginar las primeras columnas, el programa compagina hacia abajo las filas del segundo conjunto de columnas en el área de impresión. Excel pagina hacia abajo y luego hacia un lado hasta que todo el documento incluido en el área de impresión (la cual puede incluir la hoja de trabajo completa o solo secciones) es paginada.

Cuando pagina la hoja de trabajo, tenga en mente que Excel no divide la información dentro de una fila o columna. Si toda la información en una fila no cabe al final de la página, el programa traslada la fila entera a la siguiente página. Si toda la información en una columna no cabe en el borde derecho de la página, el programa mueve la columna completa a la nueva página. (Porque Excel pagina hacia abajo y luego hacia un lado, la columna puede no aparecer en la página siguiente del informe.)

Puede lidiar con tales problemas de paginación de varias formas - ¡y, en este Capítulo, las conocerá todas! Una vez que tenga estos problemas de paginación bajo control, la impresión es un pastel.

# *Iniciar la Obra con una Vista Preliminar*

Ahorre papel y su cordura usando la opción Print Preview antes de imprimir cualquier hoja de trabajo, sección de hoja de trabajo, o libro de trabajo completo. Debido a las particularidades en la paginación de los datos de una hoja de trabajo, revise los saltos de página para cualquier informe que requiere más de una sola página. Use el modo Print Preview no solo para ver exactamente cómo se paginarán los datos de la hoja de trabajo cuando la imprime pero también para modificar los márgenes, cambios de configuración de página, y luego imprima el informe cuando todo aparenta bien.

Para cambiar el modo Print Preview, haga clic sobre el botón Print Preview en la barra de herramientas Standard (la que tiene una lupa en la página, al lado del botón Print) o seleccione File➪Print Preview de la barra de menú. Excel muestra toda la información en la primera página del informe en una ventana separada con su propia barra de herramientas. Cuando se posiciona sobre la hoja de cálculo, el puntero del mouse se cionvierte en una lupa. Observe la Figura 5-1 para ver una ventana Print Preview con la primera página de un informe de tres páginas.

Cuando Excel muestra una página completa en la ventana Print Preview, casi no puede leer su contenido; aumente la vista al tamaño actual si necesita verificar alguna información. Aumente a 100 por ciento haciendo clic sobre la página en la vista preliminar con el puntero del mouse con la lupa o use el botón Zoom en la parte superior de la ventana Print Preview, o pulsando la tecla Enter. Observe la diferencia en la Figura 5-2 — aquí puede ver cómo se ve la primera página del informe de tres páginas luego de que me acerqué haciendo clic sobre el puntero Zoom (con el icono de lupa) en la parte superior central de la página.

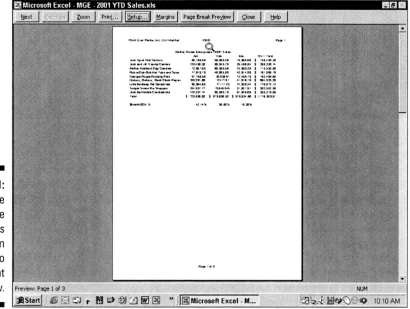

**Figura 5-1:**
Página 1 de
un informe
de tres
páginas en
el modo
Print
Preview.

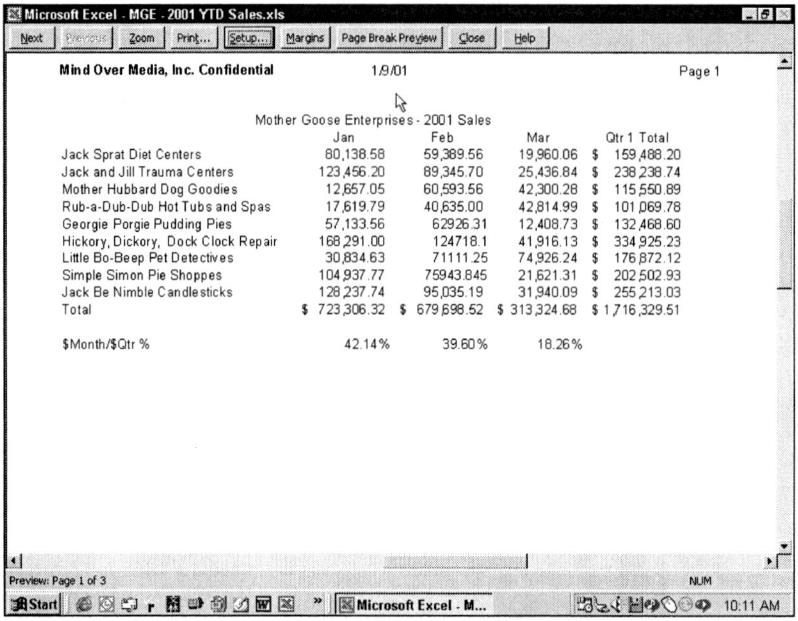

**Figura 5-2:**
Página 1 de un informe de tres páginas luego de hacer clic sobre la parte superior de la página con la herramienta Zoom.

Una vez que agranda una página a su tamaño actual, use las barras de desplazamiento para traer nuevas partes de la página a la vista en la ventana Print Preview. Si prefiere usar el teclado, pulse las teclas ↑ y ↓ o PgUp y PgDn para desplazarse hacia arriba o hacia abajo en la página; pulse ← y → o Ctrl+PgUp y Ctrl+PgDn para desplazarse a la izquierda y derecha, respectivamente.

Para regresar a la vista total de la página, haga clic sobre el puntero del mouse (en su forma de punta de flecha) en cualquier lugar en la página o haga clic sobre el botón Zoom en la barra de herramientas Print Preview una segunda vez o pulse la tecla Enter nuevamente.

Excel indica el número de páginas en un informe en la barra de estado de la ventana Print Preview (en la parte inferior izquierda de su pantalla Excel). Si su informe tiene más de una página, visualice las páginas que siguen la que está mirando al hacer clic sobre el botón de comando Next en la parte superior izquierda de la ventana. Para revisar una página cuando la haya visto, retroceda una página haciendo clic sobre el botón Previous. (El botón Previous está en gris si se encuentra en la primera página). También puede avanzar a la siguiente página pulsando PgDn o la tecla ↓ o trasladándose hacia atrás a la página anterior pulsando PgUp o la tecla ↑ cuando la vista de la página es total en lugar de su tamaño actual.

Cuando termina de ver preliminarmente el informe, tiene las siguientes opciones:

✔ **Listo para imprimir:** Si las páginas lucen bien, haga clic sobre el botón Print para mostrar el recuadro de diálogo Print e imprimir el informe desde allí. (Refiérase a la sección "Imprimir a su Manera" más adelante en este capítulo).

✔ **Problemas de configuración de página:** Si nota algunos problemas de paginación que puede resolver seleccionando un nuevo tamaño de papel, compaginación, orientación o márgenes, o si detecta un problema con el encabezado o pie de página (el texto que digita en el margen superior o inferior de las páginas), puede hacer clic sobre el Setup y encargarse de esos problemas en el recuadro de diálogo Page Setup. Para más acerca de cuáles parámetros de impresión puede establecer aquí, refiérase a la sección siguiente "¡Mi Configuración de Página!" en este capítulo.

✔ **Problemas de salto de página:** Si observa algunos problemas de paginación que puede resolver modificando los saltos de página, haga clic sobre el botón Page Break Preview. Esto lo lleva de regreso a la ventana del libro de trabajo con una vista reducida de la hoja de trabajo donde puede cambiar los saltos de página arrastrando los bordes con el mouse. Una vez que ajusta los bordes de la forma que desea, regrese a la vista Normal seleccionando View⇨Normal en la barra de menú de Excel. Luego puede imprimir el informe seleccionando File⇨Print en la barra de menú o haciendo clic sobre el botón Print en la barra de herramientas Standard. Para más detalles, pase a la sección "¿Cuándo va a darle un Salto a su Página?"

✔ **Problemas de margen y ancho de columna:** Si observa algunos problemas con los márgenes o los anchos de columna y solo desea ajustarlos en el modo Print Preview, haga clic sobre el botón Margins y arrastre los marcadores de margen a su lugar correspondiente. (Refiérase a "Masajear los márgenes," más adelante en este capítulo, para más detalles).

✔ **Correcciones requeridas:** Si nota otro tipo de problema, como una falta de ortografía en un encabezado o un valor equivocado en una celda, haga clic sobre el botón Close para regresar a la ventana Normal del documento de la hoja de trabajo; no puede realizar cambios de edición de texto en la ventana Print Preview.

✔ **Corregido y listo para imprimir:** Luego de que ejecute las correcciones a la hoja de trabajo, puede imprimir el informe de la ventana de vista Normal del documento seleccionando File⇨Print en la barra de menú (o pulsando Ctrl+P). De forma contraria, puede regresar al modo Print Preview para hacer una revisión de último momento y hacer clic sobre el botón Print, o usar el botón Print en la barra de herramientas Standard (el cuarto de la izquierda con el icono de impresora en él).

# *La Página se detiene aquí . . .*

Excel automáticamente muestra los saltos de página en la ventana normal del documento después de que haya realizado la vista preliminar. Los saltos de página aparecen en la pantalla como líneas punteadas entre las columnas y filas que se imprimirán en diferentes páginas.

Para eliminar los saltos de página en la ventana del documento, seleccione Tools➪Options en la barra de menú, seleccione la pestaña View, deseleccione el cuadro de verificación Page Breaks (para eliminar la marca de verificación), y haga clic sobre OK o pulse Enter.

# *Imprimir en seguida*

Si desea utilizar las cofiguraciones predeterminadas de impresión de Excel para imprimir todas las celdas en la hoja de trabajo actual, imprimir en Excel 2002 es lo más sencillo. Simplemente, haga clic sobre el botón Print en la barra de herramientas Standard (la herramienta con el icono de impresora). El programa luego imprime una copia de toda la información en la hoja de trabajo actual, incluyendo cualquier tabla y gráfico — pero no incluye los comentarios que agrega a las celdas. (refiérase al Capítulo 6 para más detalles acerca de agregar comentarios a su hoja de trabajo y al Capítulo 8 para más información acerca de tablas y gráficos).

Luego de hacer clic sobre la herramienta Print, Excel envía el trabajo de impresión a la cola de impresión de Windows, que actúa como un intermediario para enviar el trabajo a la impresora. Mientras Excel envía el trabajo de impresión a la cola de impresión, aparece un recuadro de diálogo Printing para informarle el avance (que muestra avances como *Printing Page 2 of 3*). Una vez que desaparece este recuadro de diálogo, está libre de regresar al trabajo en Excel. (Sin embargo, tenga en mente que Excel probablemente será más lento hasta que el trabajo se imprime). Para abortar el trabajo de impresión mientras es enviado a la cola de impresión, haga clic sobre el botón Cancel en el recuadro de diálogo Printing.

Si no se da cuenta de que desea cancelar el trabajo de impresión hasta después de que Excel termina de enviarlo a la cola de impresión (es decir, mientras el recuadro de diálogo Printing aparece en pantalla), debe abrir el recuadro de diálogo para su impresora y cancelar la impresión desde allí.

Para cancelar un trabajo de impresión desde el recuadro de diálogo de la impresora, siga estos pasos:

1. **Haga clic sobre el icono de impresora en la bandeja System a la derecha extrema de la barra de tareas de Windows 98/Me y 2000 (a la izquierda inme-**

diata de la hora actual) con el botón secundario del mouse para abrir su menú de acceso directo.

El icono de impresora muestra el consejo de pantalla 1 document(s) pending for so-and-so. Por ejemplo, cuando estoy imprimiendo, este mensaje dice 1 document(s) pending for Greg cuando posiciono el puntero del mouse sobre el icono de la impresora.

2. **Haga clic derecho sobre el icono de impresora y luego escoja el comando Active Printers en su menú de acceso directo.**

   Esto abre el recuadro de diálogo para la impresora con el trabajo de impresión de Excel en su cola (como se describe bajo el encabezado del documento en la casilla de listas).

3. **Seleccione el trabajo de impresión de Excel que desea cancelar en la casilla de listas del recuadro de diálogo de su impresora.**

4. **Seleccione Document⇨Cancel Printing de la barra de menú.**

5. **Espere que el trabajo de impresión desaparezca de la cola en el recuadro de diálogo de la impresora y luego haga clic sobre el botón Close para eliminarlo y regresar a Excel.**

## Imprimir a su Manera

Imprimir con la herramienta Print en la barra de herramientas Standard está bien siempre y cuando solo quiera una copia de toda la información en la hoja de trabajo actual. Si desea más copias, más o menos datos (como todas las hojas de trabajo en el libro de trabajo o solo una selección de celdas dentro de una hoja de trabajo particular), o necesita cambiar algunas configuraciones de página (como el tamaño o la orientación de impresión de página), entonces necesita imprimir desde el recuadro de diálogo Print (mostrado en la Figura 5-3).

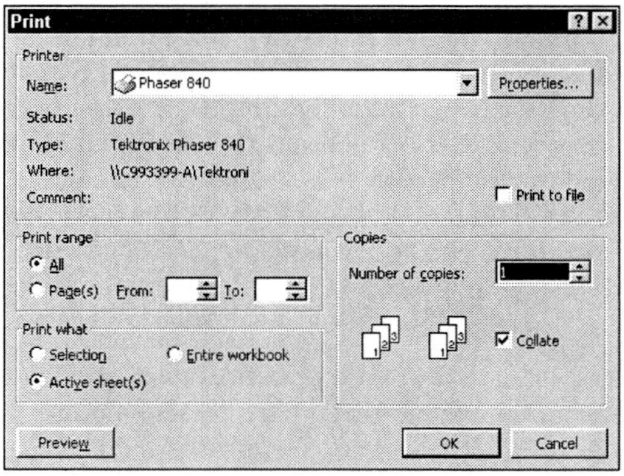

**Figura 5-3:** Seleccionar las opciones de impresión por utilizarse en el recuadro de diálogo Print.

Excel brinda varias formas de abrir el recuadro de diálogo Print:

✔ Pulsar Ctrl+P.

✔ Seleccionar el comando File➪Print en la barra de menú.

✔ Pulsar Ctrl+Shift+F12.

### Imprimir en particular

Dentro del recuadro de diálogo Print están las áreas Print Range y Print What (en las cuales puede seleccionar cuánta información es imprimida), y el área Copies, en la cual puede cambiar el número de copias impresas. Aquí le diré lo que hay en estas áreas y cómo puede utilizar sus opciones:

✔ **All:** Cuando el botón de opciones All está seleccionado, todas las páginas en su documento serán imprimidas. Debido a que esta es la opción predeterminada, solo necesita seleccionarla si imprimió anteriormente una porción del documento seleccionando el botón de opciones Page (s).

✔ **Page(s):** Normalmente, Excel imprime todas las páginas requeridas para producir la información en las áreas del libro de trabajo que desea imprimir. A veces, sin embargo, puede necesitar imprimir nuevamente solo una página o rango de páginas que ha modificado dentro de esta sección. Para imprimir nuevamente una sola página, introduzca el número de página en las casillas de texto From y To o seleccione estos números de página con los botones giratorios. Para imprimir nuevamente un rango de páginas, digite el número de la primera página en la casilla de texto From y el último número de página en la casilla de texto To. Excel automáticamente deselecciona el botón de opciones All y selecciona el botón de opciones Page(s) en la sección Page Range tan pronto como empiece a digitar las casillas de texto From y To.

✔ **Selection:** Seleccione este botón de opciones para que Excel imprima solo las celdas que están actualmente seleccionadas en su libro de trabajo. (¡Sí, debe recordar seleccionar estas celdas antes de abrir el recuadro de diálogo Print y seleccionar este botón de opciones!)

✔ **Active Sheet(s):** Excel automáticamente muestra y selecciona este botón de opciones e imprime toda la información en cualquier hoja de trabajo activa en su libro de trabajo. Normalmente, esto significa imprimir solo los datos en su hoja de trabajo actual. Para imprimir otras hojas de trabajo en el libro de trabajo cuando este botón de opciones está seleccionado, sostenga la tecla Ctrl mientras hace clic sobre la pestaña de la hoja. Para incluir todas estas hojas entre dos pestañas de hoja, haga clic sobre la primera y luego sostenga Shift mientras hace clic sobre la segunda pestaña (Excel selecciona todas las pestañas en el medio).

✔ **Entire Workbook:** Seleccione este botón de opciones para que Excel imprima todos los datos en cada hoja de trabajo en su libro de trabajo.

## *Ponerlo todo en una sola página*

Si su impresora soporta opciones de escalamiento, está con suerte. Siempre puede lograr que una hoja de trabajo quepa en una sola página simplemente seleccionando el botón de opciones Fit To en el recuadro de diálogo Page Setup. Cuando selecciona este botón de opciones, Excel decifra cuánto debe reducir el tamaño de la información que está imprimiendo para que quepa en una sola página.

Si hace una vista preliminar de esta página y encuentra que la impresión es demasiado pequeña para leer confortablemente, abra nuevamente la pestaña Page del recuadro de diálogo Page Setup (seleccione File@–>Page Setup) e intente cambiar el número de páginas en los cuadros de texto Page(s) Wide By y Tall (a la derecha inmediata del botón de opciones Fit To).

Por ejemplo, en lugar de intentar hacer caber todo en una página, revise cómo se mira su hoja de trabajo si la coloca en dos páginas a lo ancho. Intente esto: Introduzca **2** en el cuadro de texto Page(s) Wide By y deje el 1 en las páginas del cuadro de texto Tall. Por otra parte, veacómo se mira la hoja de trabajo en dos páginas a lo largo: Deje 1 en el cuadro de texto Page (s) Wide By e introduzca **2** páginas en el cuadro de texto Tall.

Luego de usar la opción Fit To, puede encontrar que no desea escalar la impresión. Cancele el escalamiento seleccionando el botón de opciones Adjust To justo arriba del botón Fit To e introduzca **100** en el cuadro de texto % Normal Size (o seleccione 100 con sus botones giratorios).

## *Masajear los márgenes*

Excel usa un margen superior e inferior estándar de 1 pulgada en cada página del informe y un margen izquierda y derecha estándar de 3/4 pulgadas.

Frecuentemente, se encuentracon un informe que toma una página impresa completa y luego justo lo suficiente para pasarse a una segunda página casi vacía. Para ajustar la última columna o las últimas filas de los datos de la hoja de trabajo en la página 1, ajuste los márgenes del informe. Para obtener más columnas en una página, intente reducir los márgenes izquierda y derecha. Para obtener más filas en una página, intente reducir los márgenes superiores e inferiores.

Puede cambiar los márgenes de dos formas:

✔ Abra el recuadro de diálogo Page Setup (sea seleccionando File⇨Page Setup de la barra de menú o haciendo clic sobre el botón Setup en la ventana Print Preview) y luego seleccione la pestaña Margins (refiérese a la Figura 5-6) e introduzca las nuevas configuraciones en los cuadros de texto Top, Bottom, Left, y Right — o seleccione las nuevas configuraciones de margen con sus respectivos botones giratorios.

✔ Abra la ventana Print Preview, haga clic sobre el botón Margins, y arrastre los marcadores de margen a sus nuevas posiciones (refiérase a la Figura 5-7).

Seleccione una o ambas opciones Center on Page en la pestaña Margins del recuadro de diálogo Page Setup para centrar una selección de datos (eso tome menos de una página completa) entre las configuraciones de los márgenes actuales. Seleccione el cuadro de verificación Horizontally para centrar los datos entre los márgenes izquierda y derecha. Seleccione el cuadro de verificación Vertically para centrar los datos entre los márgenes superior e inferior.

**Figura 5-6:**
Ajuste los márgenes de su informe en la pestaña Margins en el recuadro de diálogo Page Setup.

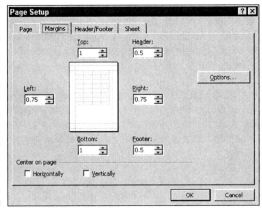

Use la tecla Tab para avanzar de sección a sección en el encabezado y seleccionar el contenido de esa sección, o puede pulsar Alt más una letra mnemónica (Alt+L para la Sección Izquierda, Alt+C para la Sección Central y Alt+R para la Sección Derecha). Si desea dividir el texto del encabezado en una de las secciones, pulse Enter en el punto del texto del encabezado donde desea iniciar una línea nueva. Para eliminar los contenidos de una sección, seleccione los elementos y pulse Delete.

Como puede ver en la Figura 5-10, Excel coloca unos códigos bastante extraños con muchos signos de ampersand (&[Date] y Page &[Page]) en las secciones del centro y derecha de este encabezado predeterminado. Cuando crea un encabezado personalizado (o pie de página), usted también puede mezclar códigos extraños de ampersand con el texto estándar (como *For Your Eyes Only,* por ejemplo). Para insertar unos códigos extraños de ampersand en una sección del encabezado (o pie de página), haga clic sobre el botón apropiado:

✔ **Botón Page:** Haga clic sobre este botón para insertar el código &[Page] que coloca el número de página actual.

✔ **Botón Total Page:** Haga clic sobre este botón para insertar el código &[Pages] que coloca el número total de páginas; por ejemplo, para que Excel muestre el tipo de formato Page 1 of 4:

 1. **Digite la palabra** Page **y pulse la barra espaciadora.**

 2. **Haga clic sobre el botón Page y pulse la barra espaciadora nuevamente.**

 3. **Digite la palabra** of **y pulse la barra espaciadora una tercera vez.**

 Esto inserta Page &[Page] of &[Pages] en el encabezado personalizado (o pie de página).

✔ **Botón Date:** Haga clic sobre este botón para insertar el código &[Date] que coloca la fecha actual.

✔ **Botón Time:** Haga clic sobre este botón para insertar el código &[Time] que coloca la hora actual.

✔ **Botón Path & Filename:** Haga clic sobre este botón para insertar los códigos &[Path]&[Filename] que colocan la ruta del directorio junto con el nombre del archivo del libro.

✔ **Botón Filename:** Haga clic sobre este botón para insertar el código &[Tab] que coloca el nombre del archivo del libro de trabajo.

✔ **Botón Sheet Tab:** Haga clic sobre este botón para insertar el código &[Picture] que inserta la imagen que selecciona en el recuadro de diálogo Insert Pciture (el cual muestra los contenidos de la carpeta My Folder en su computadora en forma predefinida).

✔ **Botón Insert Picture:** Haga clic sobre este botón para insertar el código &[Picture] que agrega la imagen que seleccionó en el recuadro de diálogo Insert Picture (que muestra los contenidos de la carpeta My Pictures en su computadora de forma predeterminada).

✔ **Botón Format Picture:** Haga clic sobre este botón para aplicar el formato que selecciona en el recuadro de diálogo Format Picture al código &[Picture] que introduce con el botón Insert Picture sin agregar un código en particular.

Además de insertar códigos de ampersand en el encabezado personalizado (o pie de página), puede seleccionar una nueva fuente, tamaño de fuente o atributo de fuente para cualquiera de sus secciones haciendo clic sobre el botón Font en el recuadro de diálogo Header. Cuando hace clic sobre el botón Font, Excel abre el recuadro de diálogo Font en el cual puede seleccionar una nueva fuente, estilo o tamaño de fuente, así como efectos especiales (como ~~strikethrough~~, superscript o subscript).

Cuando haya terminado de crear su encabezado personalizado (o pie de página), haga clic sobre OK para cerrar el recuadro de diálogo Header (o Footer) y regrese a la pestaña Header/Footer del recuadro de diálogo Page Setup (donde puede ver los resultados de su trabajo en los cuadros de muestra).

## Organizar las configuraciones de hoja

La pestaña Sheet del recuadro de diálogo Page Setup (similar a la que se muestra en la Figura 5-11) contiene una variedad de opciones de impresión que pueden ser útiles de vez en cuando:

**Figura 5-11:**
Configurar los títulos de impresión de un informe en la pestaña Sheet del recuadro de diálogo Page Setup.

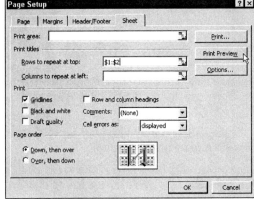

✔ **Print Area:** Esta casilla de texto le muestra el rango de celdas del área de impresión actual que seleccionó con el comando File➪ Print Area➪Set Print Area en la barra de menú. Use esta casilla de texto para realizar cambios al rango de celdas que desee imprimir. Para cambiar el rango del área de impresión, seleccione esta casilla de texto y luego arrástrese a través del rango de celdas en la hoja de trabajo o digite las referencias de celda o nombres de rango (para más detalles refiérase al Capítulo 6). Separe rangos de celdas individuales con una coma (de la siguiente forma A1:G72, K50:M75) cuando designa áreas no adyacentes. Si es necesario, cuando selecciona el rango de celdas, reduzca el recuadro de diálogo Page Setup a solo la casilla de texto Print Area haciendo clic sobre el botón de diálogo Collapse/Expand.

 Use la opción Print Area cuando su libro de trabajo contiene una sección que periódicamente necesita imprimir para que no tenga que seguir seleccionando el rango y luego escogiendo el botón de opciones Selection en el recuadro de diálogo Print, cada vez que tenga que imprimirlo.

✔ **Print titles:** Use esta sección de la pestaña Sheet para configurar la forma en la que las filas y columnas deben repetirse.

• **Rows to Repeat at Top:** Use esta opción para designar filas de la hoja de trabajo como títulos de impresión que serán imprimidos en la parte superior de cada página del informe (refiérase a la siguiente sección "Establecer los títulos de impresión"). Seleccione esta casilla de texto y luego arrastre hacia abajo las filas o introduzca las referencias de fila (como 2:3). Si es necesario, cuando selecciona las filas que usará como títulos de impresión, reduzca el recuadro de diálogo Page Setup a solo la casilla de texto Rows to Repeat at Top haciendo clic sobre el botón de diálogo Collapse/Expand.

• **Columns to Repeat at Left:** Use esta opción para designar columnas de la hoja de trabajo como títulos de impresión que serán imprimidos en el borde izquierdo de cada página del informe (refiérase a la siguiente sección "Establecer los títulos de impresión"). Seleccione esta casilla de texto y luego arrástrese a lo largo de las columnas o introduzca las referencias de columna (como A:B). que serán como títulos de impresión. Si es necesario, al seleccionar las columnas para usar como títulos de impresión, reduzca el recuadro de diálogo Page Setup a solo la casilla de texto Columns to Repeat at Left haciendo clic sobre el botón de diálogo Collapse/Expand.

✔ **Print:** Seleccione las casillas de verificación en esta sección para establecer algunas opciones de formato, insertar comentarios y fijar la visualización de errores de celda.

• Gridlines: Seleccione esta casilla de verificación para ocultar o mostrar el reticulado de celdas en el informe impreso. (Refiérase a la Figura 5-5 para ver la página del informe en Print Preview luego de remover la marca de la casilla de verificación Gridlines).

- Black and White: Cuando selecciona esta casilla de verificación, Excel imprime los diferentes colores asignados a los rangos de celda en blanco y negro. Seleccione esta opción cuando utiliza colores para texto y gráficos en un libro de trabajo en un monitor a color, pero desea imprimirlos de forma monocromática con una impresora en blanco y negro (de lo contrario, se convierten en sombras grises en una impresora que imprime en blanco y negro).

- Draft Quality: Cuando selecciona esta casilla de verificación, Excel no imprime los reticulados de celda (sin importar el estado de la casilla de verificación Gridlines) y omite algunos gráficos de la impresión. Seleccione esta opción cuando desea obtener una copia rápida y en borrador del informe y solo le importa verificar el texto y los números.

- Row and Column Headings: Seleccione esta casilla de verificación y Excel incluye el marco de la hoja de trabajo con las letras de columna y números de fila en cada página del informe. Seleccione esta opción cuando desea ser capaz de identificar la ubicación de la información impresa. (Refiérase a la sección "Utilizar Fórmulas" más adelante en este capítulo para obtener un ejemplo).

- Comments: Cuando selecciona las opciones At End of Sheet o As Displayed on Sheet en el menú de Comments, Excel imprime el texto de los comentarios adjuntos a las celdas del informe. Cuando selecciona la opción At End of Sheet, el programa imprime las notas en serie, todas juntas al final del informe. Cuando escoge la opción As Displayed on Sheet, el programa imprime solo aquellas notas que están actualmente mostradas en la hoja de trabajo. (Refiérase al Capítulo 6 para más detalles.)

- Cell Errors As: Cuando selecciona <blank>, −, o #N/A en el menú de Cell Errors As, Excel ya no imprime los valores erróneos como se muestran en la hoja de trabajo (refiérase al Capítulo 2 para más detalles acerca de los posibles valores erróneos y por qué ocurren). En su lugar, Excel reemplaza todos los valores erróneos en fórmulas confusas, sea en celdas en blanco (si selecciona la opción <blank>), en la introducción de guiones (si escoge la opción −), o símbolos #N/A, los cuales en sí son valores de error (si selecciona la opción #N/A) en estas celdas.

✔ **Page Order:** Seleccione entre dos botones de opción en esta sección para escoger el orden de impresión de las páginas de su informe.

- **Down, Then Over:** Normalmente, Excel selecciona este botón de opción, que le indica al programa numerar y paginar un informe de hojas múltiples procediendo hacia abajo en las filas y luego hacia al lado con las columnas por ser imprimidas.

- **Over, Then Down:** Seleccione esta opción y Excel numera y pagina las columnas y luego hacia abajo las filas que serán imprimidas.

# Establecer los títulos de impresión

Las opciones en la sección Print titles de la pestaña Sheet en el recuadro de diálogo Page Setup le permiten imprimir encabezados particulares de fila y columna en cada página del informe. Excel se refiere a dichos encabezados de fila y columna en un informe impreso como *títulos de impresión*. No confunda los títulos de impresión con los encabezados de un informe. Aunque ambos se imprimen en cada página, la información de un encabezado se imprime en el margen superior del informe; mientras que los títulos de impresión siempre aparecen en el cuerpo del informe – en la parte superior, en el caso de la filas usadas como títulos de impresión, y a la izquierda, en el caso de columnas.

Para designar un título de impresión para un informe, siga estos pasos:

1. **Abra el recuadro de diálogo Page Setup seleccionando <u>F</u>ile⮕Page Set<u>u</u>p en la barra de menú.**

   Aparece el recuadro de diálogo Page Setup (refiérase a la Figura 5-11).

2. **Seleccione la pestaña Sheet.**

   Para designar las filas de la hoja de trabajo como títulos de impresión, refiérase al paso 3a. Para designar las columnas de la hoja de trabajo como títulos de impresión, refiérase al paso 3b.

3a. **Seleccione la casilla de texto Rows to Repeat at Top y luego arrastre a través de las filas con la información que desea que aparezca en la parte superior de cada página en la hoja de trabajo. Si es necesario, reduzca el recuadro de diálogo Page Setup a solo la casilla de texto Rows to Repeat at Top haciendo clic sobre el botón de diálogo Collapse/Expand de la casilla de texto.**

   En el ejemplo que le muestro en la Figura 5-11, hice clic sobre el botón para minimizar relacionado con la casilla de texto Rows to Repeat at Top y luego me arrastré a través de las filas 1 y 2 en la columna A de Bo Peep Pet Detectives - hoja de trabajo Client List, y el programa introdujo el rango de filas $1:$2 en la casilla de texto Rows to Repeat at Top.

   Nótese que Excel indica las filas de títulos de impresión en la hoja de trabajo colocando una línea punteada (que se mueve como una marquesina) en el borde entre los títulos y la información en el cuerpo del informe

3b. **Seleccione la casilla de texto Columns to Repeat at Left y luego arrastre a través del rango de columnas la información que desea que aparezca en el borde izquierdo de cada página del informe impreso en la hoja de trabajo.**

**Si es necesario, reduzca el recuadro de diálogo Page Setup a solo la casilla de texto Columns to Repeat at Left haciendo clic sobre el botón de diálogo Collapse/Expand.**

Nótese que Excel indica las columnas de títulos de impresión en la hoja de trabajo colocando una línea punteada (que se mueve como una marquesina) en el borde entre los títulos y la información en el cuerpo del informe.

**4. Haga clic sobre OK o pulse Enter para cerrar el recuadro de diálogo Page Setup.**

Luego de que cierra el recuadro de diálogo Page Setup, la línea punteada que muestra el borde de la fila y/o títulos de columna desaparecen de la hoja de trabajo.

En la Figura 5-11, las filas 1 y 2 que contienen el título de la hoja de trabajo y los encabezados de columna para la base de datos de clientes de Bo Peep Pet Detectives están designados como los títulos de impresión para el informe. En la Figura 5-12, puede observar la ventana Print Preview con la segunda página del informe. Note cómo estos títulos de impresión aparecen en todas las páginas del informe.

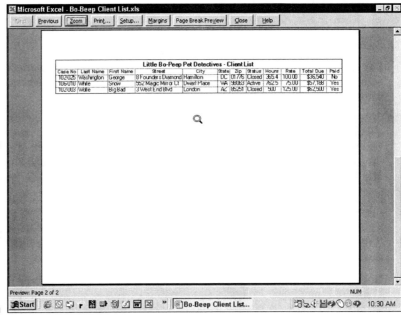

**Figura 5-12:**
La página 2 de un informe muestra en la Print Preview con títulos de impresión definidos.

Para borrar los títulos de impresión de un informe, si ya no los necesita, abra la pestaña Sheet en el recuadro de diálogo Page Setup y luego elimine los rangos de filas y columnas de las casillas de texto Rows to Repeat at Top y Columns to Repeat at Left antes de hacer clic sobre OK o pulsar Enter.

# ¿Cuándo va a darle un Salto a su Página?

A veces cuando imprime un informe, Excel divide en páginas diferentes la información que usted sabe que siempre debe aparecer en la misma página.

La Figura 5-13 muestra una hoja de trabajo en Page Break Preview con un ejemplo de un salto de página vertical deficiente que solo puede remediar ajustando la ubicación del salto de página en las Páginas 1 y 3. Considerando el tamaño de la página, orientación y configuración de márgenes para este informe, Excel divide la página entre las columnas K y L. Este salto separa la columna (L) Paid de las demás en la lista de clientes, colocando esta información en su propia página 3 y página 4 (no aparece en la Figura 5-13).

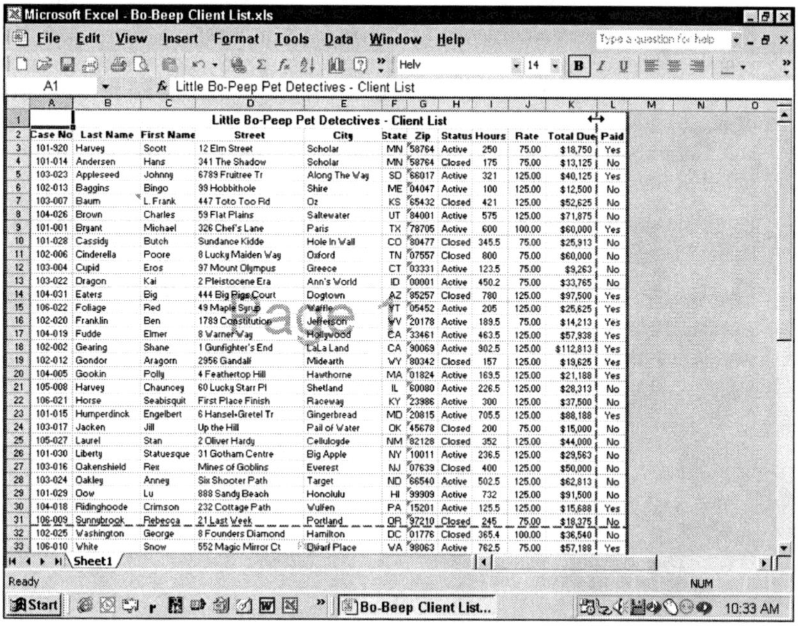

**Figura 5-13:** Visualice de forma preliminar los saltos de página en un informe con Page Break Preview.

Para impedir que los datos en la columna Paid sean imprimidas solos en sus propias páginas, necesita mover el salto de página a una columna a la izquierda. En este caso, opté por mover el salto de página hacia atrás entre las columnas G (con los datos del código postal) y H (que contiene la información del estado de la cuenta) para que la información del nombre y la dirección estén juntas en las páginas 1 y 2 y la demás información del cliente se imprima en las páginas 3 y 4. La Figura 5-13 muestra cómo puede crear un salto de página vertical en el modo Page Break Preview siguiendo estos pasos:

1. **Seleccione** <u>V</u>**iew**⇨<u>P</u>**age Break Preview de la barra de menú.**

   Esto lo lleva al modo de vista preliminar del salto de página que muestra los datos de su hoja de trabajo en una ampliación reducida (60 por ciento de lo normal en la Figura 5-13) con los números de página mostrados en tipografías grandes y claras, y los saltos de página mostrados con líneas oscuras entre las columnas y filas de la hoja de trabajo.

2. **Haga clic sobre OK o pulse Enter para eliminar el recuadro de diálogo de alerta Welcome to Page Break Preview que aparece cuando ingresa a la vista preliminar del salto de página.**

3. **Coloque el puntero del mouse en algún sitio en el indicador del salto de página (una de las líneas oscuras que rodea la representación de la página) que necesita ajustar; cuando el puntero cambia a una flecha de dos puntas, arrastre el indicador de la página a la columna o fila deseada y suelte el botón del mouse.**

   Para el ejemplo mostrado en la Figura 5-13, arrastré el indicador del salto de página entre las páginas 1 y 3 a la izquierda para que se ubique entre las columnas G y H. Excel luego mueve el salto de página de regreso a este punto, el cual pone junta toda la información del nombre y la dirección en las páginas 1 y 2. Este nuevo salto de página hace que todas las demás columnas de los datos de clientes se imprima en las páginas 3 y 4.

   En la Figura 5-14, puede ver la página 1 del informe como aparece en la ventana Print Preview.

4. **Cuando termina de ajustar los saltos de página en Page Break Preview (y, presuntamente, imprimir el informe), seleccione** <u>V</u>**iew**⇨<u>N</u>**ormal en la barra de menú para regresar la hoja de trabajo a la vista normal de los datos.**

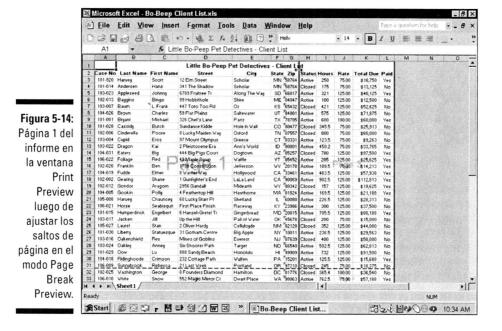

**Figura 5-14:**
Página 1 del
informe en
la ventana
Print
Preview
luego de
ajustar los
saltos de
página en el
modo Page
Break
Preview.

# *Utilizar Fórmulas*

Una de las cuestiones básicas de imprimir, que puede necesitar de vez en cuando,
es cómo imprimir las fórmulas en una hoja de trabajo en lugar de imprimir los resultados calculados de estas. Puede verificar una impresión de la fórmulas en su
hoja de trabajo para asegurarse de que no haya cometido un error (como reemplazar una fórmula con un número o usar referencias de celdas equivocadas en
una fórmula) antes de distribuir la hoja de trabajo a nivel de toda la compañía.

Antes de imprimir las fórmulas de una hoja de trabajo, tiene que mostrar las fórmulas, en lugar de sus resultados, en las celdas.

1. **Seleccione Tools⇨Options en la barra de menú.**

2. **Seleccione la pestaña View.**

3. **Escoja la casilla de verificación Formulas, en el área Window Options, para
   colocar una marca de verificación en este.**

4. **Haga clic sobre OK o pulse Enter.**

Cuando sigue estos pasos, Excel muestra el contenido de cada celda en la hoja de
trabajo como aparecen normalmente en la barra de fórmula o cuando las edita en

la celda. Nótese que las entradas de valores pierden sus formatos de número y aparecen las fórmulas en las celdas (Excel amplía las columnas para que las fórmulas aparezcan en su totalidad), y las entradas de texto grandes no se pasen a las celdas en blanco circundantes.

Excel le permite alternar entre la visualización normal de la celda y la visualización de la fórmula de la celda pulsando Ctrl+`. (Ees decir, pulse Ctrl y la tecla con la tilde arriba). Esta tecla –generalmente ubicada en la esquina superior izquierda de su teclado — tiene una función doble como tilde y como una tilde inversa: `. (No la confunda con el apóstrofe).

Una vez que Excel muestra las fórmulas en la hoja de trabajo, está listo para imprimirlas como lo haría con cualquier otro informe. Puede incluir las letras de las columnas y los número de las filas de la hoja de trabajo en la impresión para que así, si detecta un error, puede ubicar la celda de referencia inmediatamente. Para incluir los encabezados de fila y columna en la impresión, haga clic sobre el cuadro de verificación Row and Column Headings en la pestaña Sheet del recuadro de diálogo Page Setup antes de enviar el informe a la impresora printer.

Una vez que haya impreso la hoja de trabajo con las fórmulas, regrese a la hoja de trabajo con la vista normal abriendo el recuadro de diálogo Options y seleccionando la pestaña View y luego deseleccionando el cuadro de verificación Formulas antes de hacer clic sobre OK, o pulsando Enter o solo escogiendo Ctrl+`.

# Parte III
# Organizarse y Quedarse Así

La 5a Ola                     Por Rich Tennant

"GRÁFICO INGENIOSO, FRANK, PERO NO COMPLETAMENTE NECESARIO".

## En esta parte . . .

*E*n el mundo actual de negocios, todos sabemos cuán vital es estar organizado — así como cuán difícil debe ser. Mantener rectas las hojas de cálculo que crea en Excel 2002 no es menos importante y, en algunos casos, no menos arduo.

En esta parte, le ayudo a enfrentar este acertijo al darle la pista de cómo mantenerse en control de las cosas en cada hoja de trabajo que cree o edite. Usted no solo descubrirá en el Capítulo 6 cómo darle seguimiento a la información en la hoja de trabajo, sino también, en el Capítulo 7, aprenderá cómo hacer pasar la información de una hoja de trabajo a otra, e incluso, de un libro de trabajo a otro.

# Capítulo 6

# ¡Qué Hojas de Trabajo Más Enredadas Creamos!

. . . . . . . . . . . . . . . . . . . . . . . . . . . . . . . . . . . . . . . . . . . . . . . . . . . . . . . . . . . . . . .

### En este capítulo

▶ Ampliar y reducir una hoja de trabajo

▶ Dividir la ventana de un libro de trabajo en dos o en cuatro

▶ Congelar columnas y filas en pantalla de los títulos de una hoja de trabajo

▶ Adjuntar comentarios a celdas

▶ Nombrar sus celdas

▶ Buscar y reemplazar cosas en su hoja de trabajo

▶ Controlar cuando calcula de nuevo una hoja de trabajo

▶ Proteger sus hojas de trabajo

. . . . . . . . . . . . . . . . . . . . . . . . . . . . . . . . . . . . . . . . . . . . . . . . . . . . . . . . . . . . . . .

**C**ada hoja de trabajo de Excel ofrece un gran sitio en el cual puede almacenar información (y cada libro de trabajo que abre ofrece tres de estos). Pero como el monitor de su computadora le permite ver solo una pequeña porción de cualquiera de estas hojas en un libro de trabajo en un momento dado, mantenerse pendiente de toda la información no es fácil.

Aunque la hoja de trabajo de Excel emplea un sistema coordinado coherente de celdas, que puede utilizar para llegar a cualquier lugar en una gran hoja de trabajo, tiene que reconocer que todo esto de A1, B2 —aunque sea muy lógico— es bastante ajeno al pensamiento humano. (Es decir, "Vaya a la celda IV88," no tiene el mismo impacto que el decir, "Vaya a la esquina de las calles Hollywood y Vine.") Considere por un momento la dificultad de llegar a una relación significativa entre el plan de depreciación de 1998 y su ubicación en el rango de celdas AC50:AN75 con el fin de recordar dónde hallarlo.

En este capítulo, le mostraré las técnicas más efectivas para mantenerse al tanto de la información. Aprenderá a cambiar la perspectiva en una hoja de trabajo ampliando o alejando la información, cómo dividir la ventana del documento en partes separadas para que pueda mostrar diferentes secciones de la hoja de trabajo a la vez y cómo mantener filas y columnas específicas en la pantalla en todo momento.

Y, como si eso no fuera suficiente, también aprenderá cómo agregar comentarios a las celdas, asignar nombres descriptivos a los rangos de celdas (como las calles Hollywood y Vine), y utilizar los comandos Find y Replace para ubicar, y si es necesario, reemplazar las entradas en cualquier lugar en su hoja de trabajo. Finalmente, verá cómo controlar cuando Excel calcula nuevamente una hoja de trabajo y cómo limitar dónde se pueden realizar cambios.

# Ampliar con Zoom

¿Qué va hacer ahora que el jefe no le quiere comprar ese monitor de 21 pulgadas para su computadora? Todo el día, parece como si estuviera forzando la vista para leer toda la información en esas pequeñas celdas, o está desplazándose sin parar intentando ubicar una tabla que no encuentra. No se preocupe, la opción Zoom ya está aquí. Puede usar Zoom como una lupa para ampliar partes de la hoja de trabajo o reducirla en tamaño.

En la Figura 6-1, puede ver una hoja de trabajo luego de aumentarla a una ampliación de 200 por ciento (dos veces su tamaño normal). Para ampliar una hoja de trabajo como esta, haga clic sobre la opción 200% en la parte superior del menú del botón Zoom —ubicado en la barra de herramientas Standard. (También puede hacerlo seleccionando View⇨Zoom en la barra de menú y luego escogiendo el botón de opción 200% en el recuadro de diálogo Zoom, si realmente desea pasar por eso). Una cosa es cierta, no tiene que buscar sus lentes para leer los nombres en esas celdas agrandadas. El único problema con la ampliación de 200 por ciento es que solo puede ver algunas celdas a la vez.

En la Figura 6-2, consulte la misma hoja de trabajo, esta vez a una ampliación de 25 por ciento (apenas un cuarto de su tamaño normal). Para reducir la visualización a esta ampliación, haga clic sobre la configuración 25% en el menú del botón Zoom en la barra de herramientas Standard (salvo que se esté muriendo por abrir el recuadro de diálogo Zoom para que pueda lograr esto por medio de su botón de opción 25%).

¡Vaya! ¡A un 25 por ciento del tamaño normal de la pantalla, lo único de lo cual puede estar seguro es de que no se puede leer nada! Sin embargo, note que con una vista de pájaro, puede ver a primera instancia que tan abajo se extienden los datos en esta hoja de trabajo.

El menú y recuadro de diálogo Zoom ofrecen cinco configuraciones de ampliación - 200%, 100% (ampliación normal de la pantalla), 75%, 50% y 25%. Para utilizar otros porcentajes aparte de estos, tiene las siguientes opciones:

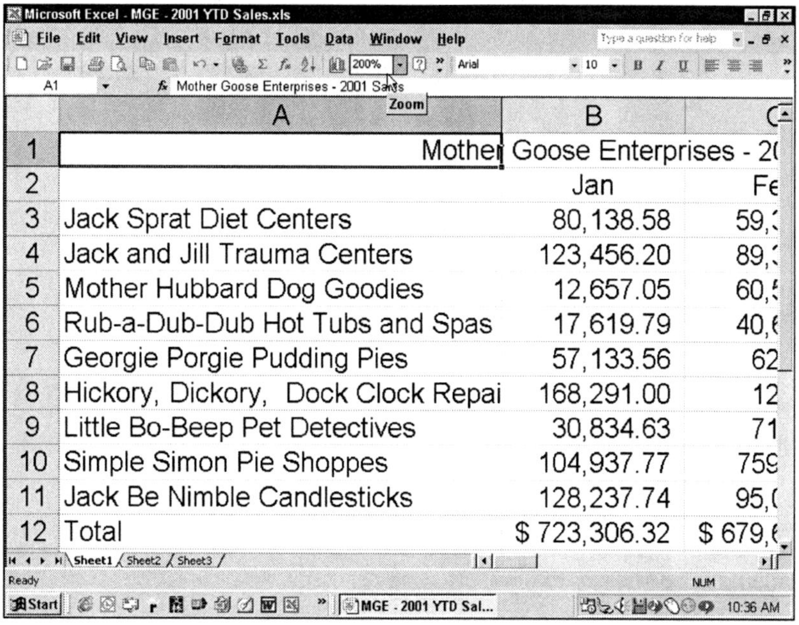

**Figura 6-1:**
Ampliar una muestra de una hoja de trabajo al 200%.

| | A | B | C |
|---|---|---|---|
| 1 | | Mother Goose Enterprises - 20 | |
| 2 | | Jan | Fe |
| 3 | Jack Sprat Diet Centers | 80,138.58 | 59,3 |
| 4 | Jack and Jill Trauma Centers | 123,456.20 | 89,3 |
| 5 | Mother Hubbard Dog Goodies | 12,657.05 | 60,5 |
| 6 | Rub-a-Dub-Dub Hot Tubs and Spas | 17,619.79 | 40,6 |
| 7 | Georgie Porgie Pudding Pies | 57,133.56 | 62 |
| 8 | Hickory, Dickory, Dock Clock Repai | 168,291.00 | 12 |
| 9 | Little Bo-Beep Pet Detectives | 30,834.63 | 71 |
| 10 | Simple Simon Pie Shoppes | 104,937.77 | 759 |
| 11 | Jack Be Nimble Candlesticks | 128,237.74 | 95,0 |
| 12 | Total | $ 723,306.32 | $ 679,6 |

✔ Si desea utilizar otros porcentajes distintos de los cinco predeterminados (como 150% ó 85%) o configuraciones mayores o menores que la más alta o más baja (como 400% ó 10%), haga clic dentro del botón de la casilla de texto Zoom en la barra de herramientas Standard, digite el nuevo porcentaje y pulse Enter (También puede hacer esto abriendo el recuadro de diálogo Zoom e introduciendo el porcentaje en su cuadro de texto Custom).

✔ Si no sabe qué procentaje introducir para mostrar un rango de celdas en particular en la pantalla, seleccione el rango, escoja Selection en la parte inferior del botón del menú de Zoom o abra el recuadro de diálogo Zoom, seleccione el botón de opción Fit Selection y haga clic sobre OK o pulse Enter. Excel descubre el procentaje necesario para llenar su pantalla con solamente el rango de celdas seleccionado.

Puede utilizar la opción Zoom para ubicar y trasladarse a un nuevo rango de celdas en la hoja de trabajo. Primero, seleccione una ampliación pequeña, como 50%. Luego, ubique el rango de celdas al que desea trasladarse y seleccione una de sus celdas. Finalmente, utilice la opción Zoom para regresar la pantalla a la ampliación de 100% nuevamente. Cuando Excel regresa la visualización al tamaño normal, la celda que seleccionó y su rango circundante aparecen en la pantalla.

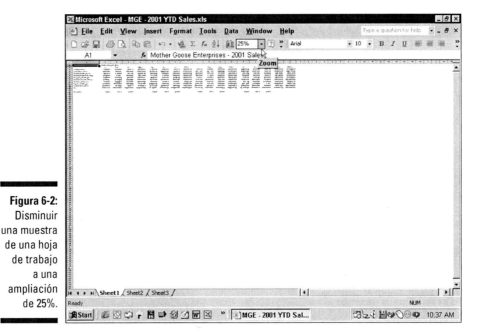

**Figura 6-2:**
Disminuir
una muestra
de una hoja
de trabajo
a una
ampliación
de 25%.

# Dividir la Diferencia

Aunque acercar o alejar la información en la hoja de trabajo le puede ayudar a encontrar lo que busca, no puede juntar dos secciones diferentes para que pueda comparar sus datos en la pantalla (al menos no a un tamaño normal donde puede leer la información). Para lograr este truco, divida la ventana del documento en ventanas separadas y luego desplácese en la hoja de trabajo en cada una para que pueda mostrar las partes que desea comparar.

Dividir la ventana es fácil. Mire la Figura 6-3 para visualizar un estado de ingresos proyectado para Jack Sprat Diet Centers luego de dividir la ventana de su hoja de trabajo horizontalmente en dos ventanas y desplazarse hasta las filas de la 12 a la 17 en la segunda ventana. Cada ventana tiene su propia barra de desplazamiento vertical que le permite desplazarse a diferentes partes en la hoja de trabajo para su visualización.

Para dividir una hoja de trabajo en dos ventanas horizontales (superior e inferior), puede arrastrar la *split bar (arra divisora),* ubicada justo arriba de la flecha de desplazamiento en la parte superior de la barra de desplazamiento vertical, hacia abajo hasta que la ventana se divida como desea. Use los siguientes pasos:

1. **Haga clic sobre la barra divisora vertical y sostenga el botón del mouse principal.**

   El puntero del mouse cambia a una flecha de dos cabezas con una división en el centro (como la que se utiliza para mostrar filas ocultas).

2. **Arrastre hacia abajo hasta que alcance la fila donde desea que se divida el documento.**

   Aparece una línea divisora gris en la ventana del documento del libro de trabajo conforme arrastra hacia abajo, la cual indica dónde se divide la ventana del documento.

3. **Suelte el botón del mouse.**

   Excel divide la ventana en ventanas horizontales en la ubicación del puntero y agrega una barra de desplazamiento vertical a la nueva ventana.

También puede dividir la ventana del documento en dos ventanas verticales (izquierda y derecha) siguiendo estos pasos:

1. **Haga clic sobre la barra divisora ubicada en el borde derecho de la barra de desplazamiento horizontal.**

2. **Arrástrela a la izquierda hasta que alcance la columna en la cual desea que se divida el documento.**

3. **Suelte el botón del mouse.**

   Excel divide la ventana en esa columna y agrega una segunda barra de desplazamiento horizontal a la nueva ventana.

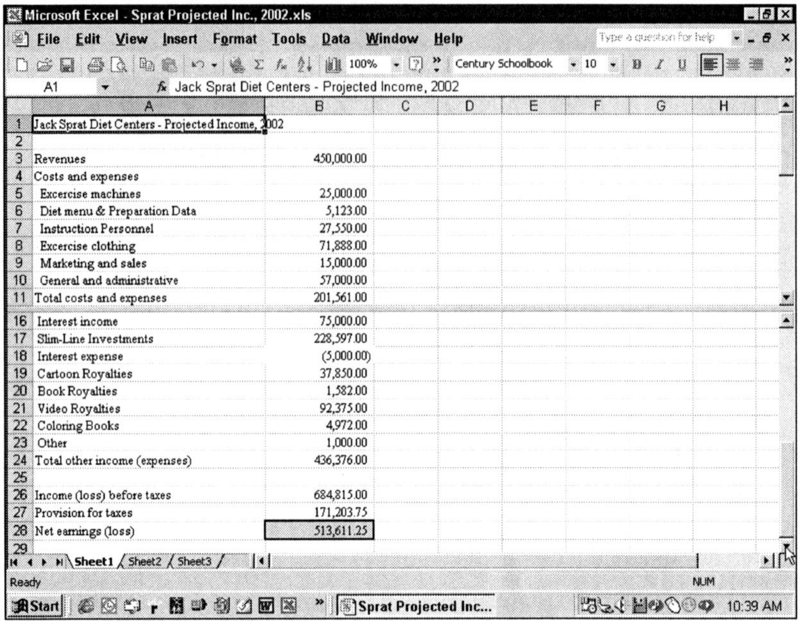

**Figura 6-3:**
La hoja de
trabajo en
una ven-
tana de
documento
dividida
luego de
desplazarse
a las filas
inferiores en
la ventana
de abajo.

No confunda la barra divisora de pestañas a la izquierda de la barra de desplazamiento horizontal, con la barra divisora horizontal a su derecha. Arrastre la *tab split bar (barra divisora de pestañas)* para aumentar o reducir el número de pestañas de hoja mostradas en la parte inferior de la ventana del libro de trabajo; puede usar *horizontal split bar (la barra divisora horizontal)* para dividir la ventana del libro de trabajo en dos ventanas verticales.

**CONSEJO**

Note que puede desparecer las ventanas en la ventana del libro de trabajo haciendo doble clic en cualquier lugar en la barra divisora que divide la ventana en lugar de tener que arrastrarla hasta los bordes de la ventana para desaparecerla.

En lugar de arrastrar las barras divisoras, puede dividir la ventana de un documento con el comando Window⇨Split en la barra de menú. Cuando selecciona este comando, Excel usa la posición del puntero de la celda para determinar dónde dividir la ventana en dos separadas. El programa divide la ventana verticalmente en el borde izquierdo del puntero y horizontalmente en el borde superior. Si desea dividir la ventana del libro de trabajo en solo dos ventanas horizontales, haga lo siguiente: usando la parte superior del puntero de celda como la línea divisora, coloque el puntero en la primera columna de la fila deseada que se muestra en su pantalla. Si desea la ventana del libro de trabajo dividida en solo dos ventanas verticales, haga lo siguiente: use el borde izquierdo del puntero de celda como la línea divisora, coloque el puntero de celda en la primera fila de la columna deseada que se muestra en su pantalla.

Si coloca el puntero de celda en algún sitio entre las celdas mostradas en la pantalla cuando selecciona el comando Window⇨Split, Excel divide la ventana en cuatro en la parte superior y borde izquierdo del puntero de celda. Por ejemplo, si posiciona el puntero de celda en la celda C6 de Mother Goose Enterprises - hoja de trabajo 2001 Sales y luedo escoge Window⇨Split, la ventana se divide en cuatro: una división  horizontal ocurre entre las filas 5 y 6, y una división vertical ocurre entre las columnas B y C (como se muestra en la Figura 6-4).

Excel divide cualquier porción de la hoja de trabajo desplegada en la pantalla dada su ampliación actual en cuatro ventanas iguales cuando el puntero de celda se encuentra en la celda A1 cuando selecciona Window⇨Split.

Luego de que divida la ventana en varias, puede trasladar el puntero de celda en una ventana particular haciendo clic sobre una de sus celdas o pulsando Shift+F6 (lo cual mueve el puntero a la última celda ocupada o a la celda superior izquierda en cada ventana en la ventana del libro de trabajo en dirección contraria a las agujas del reloj ). Para eliminar las ventanas de la principal, seleccione Window⇨Remove Split en la barra de menú.

**Figura 6-4:**
La ventana
de la hoja
de trabajo
se divide en
cuatro luego
de colocar
el puntero
de celda en
la celda C6.

| | A | B | C | D | E | F | G | H | I |
|---|---|---|---|---|---|---|---|---|---|
| 1 | | | | Little Bo-Peep Pet Detectives - Client List | | | | | |
| 2 | Case No | Last Name | First Name | Street | City | State | Zip | Status | Hour |
| 3 | 101-920 | Harvey | Scott | 12 Elm Street | Scholar | MN | 58764 | Active | 250 |
| 4 | 101-014 | Andersen | Hans | 341 The Shadow | Scholar | MN | 58764 | Closed | 175 |
| 5 | 103-023 | Appleseed | Johnny | 6789 Fruitree Tr | Along The Way | SD | 66017 | Active | 321 |
| 6 | 102-013 | Baggins | Bingo | 99 Hobbithole | Shire | ME | 04047 | Active | 100 |
| 7 | 103-007 | Baum | L. Frank | 447 Toto Too Rd | Oz | KS | 65432 | Closed | 421 |
| 8 | 104-026 | Brown | Charles | 59 Flat Plains | Saltewater | UT | 84001 | Active | 575 |
| 9 | 101-001 | Bryant | Michael | 326 Chef's Lane | Paris | TX | 78705 | Active | 600 |
| 10 | 101-028 | Cassidy | Butch | Sundance Kidde | Hole In Wall | CO | 80477 | Closed | 345 |
| 11 | 102-006 | Cinderella | Poore | 8 Lucky Maiden Way | Oxford | TN | 07557 | Closed | 800 |
| 12 | 103-004 | Cupid | Eros | 97 Mount Olympus | Greece | CT | 03331 | Active | 123 |
| 13 | 103-022 | Dragon | Kai | 2 Pleistocene Era | Ann's World | ID | 00001 | Active | 450 |
| 14 | 104-031 | Eaters | Big | 444 Big Pigs Court | Dogtown | AZ | 85257 | Closed | 780 |
| 15 | 106-022 | Foliage | Red | 49 Maple Syrup | Waffle | VT | 05452 | Active | 205 |
| 16 | 102-020 | Franklin | Ben | 1789 Constitution | Jefferson | WV | 20178 | Active | 189 |
| 17 | 104-019 | Fudde | Elmer | 8 Warner Way | Hollywood | CA | 33461 | Active | 463 |
| 18 | 102-002 | Gearing | Shane | 1 Gunfighter's End | LaLa Land | CA | 90069 | Active | 902 |
| 19 | 102-012 | Gondor | Aragorn | 2956 Gandalf | Midearth | WY | 80342 | Closed | 157 |
| 20 | 104-005 | Goobin | Polly | 4 Feathorton Hill | Hawthorne | MA | 01824 | Active | 160 |

Microsoft Excel - Bo-Beep Client List.xls

File  Edit  View  Insert  Format  Tools  Data  Window  Help

Clients Dat

Ready

Start — Bo-Beep Client List...  —  10:43 AM

# Encabezados Fijos Cortesía de la Opción Congelar Ventanas

La división de ventanas es fabulosa para visualizar diferentes partes de la misma hoja de trabajo que normalmente no puede ver como un conjunto. También puede usar la división de ventanas para congelar encabezados en las filas superiores y primera columna para que estos estén a la vista en todo momento, sin importar cuánto se desplace en la hoja de trabajo. Congelar encabezados es particularmente útil cuando está trabajando dentro de una tabla que contiene información que se extiende más allá de las filas y columnas mostradas en la pantalla.

En la Figura 6-5, puede visualizar justamente ese tipo de tabla al que me refiero. La hoja de trabajo de lista de clientes incluye más filas de las que puede ver a la vez (salvo que reduzca la ampliación a 25% con Zoom, lo cual hace que los datos luzcan demasiado pequeños para leer). Es más, esta hoja de trabajo continúa hasta la fila 34.

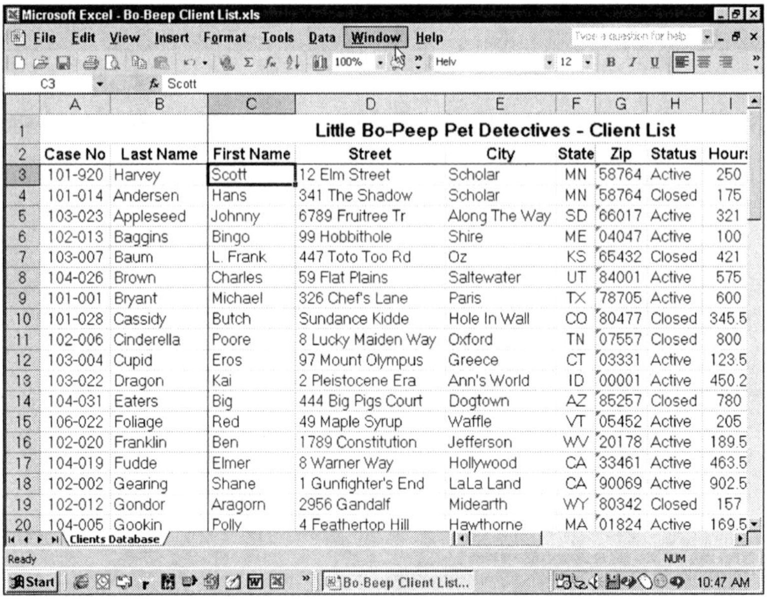

**Figura 6-5:**
Las ventanas congeladas mantienen los encabezados de columna y los apellidos en la pantalla en todo momento.

Al dividir la ventana del documento en dos paneles horizontales entre las filas 2 y 3, y luego congelar la ventana superior, puede mantener los encabezados de columna en la fila 2, los cuales identifican cada columna de información en la pantalla conforme se desplaza hacia arriba o hacia abajo en la hoja de trabajo para revisar la información acerca de los diferentes empleados. Si divide aún más la ventana de forma vertical entre las columnas B y C, puede mantener los números de caso y los apellidos en la pantalla conforme se desplaza en la hoja de trabajo hacia la izquierda o la derecha.

Refiérase a la Figura 6-5 para visualizar la lista de empleados luego de dividir la ventana en cuatro y congelarla. Para crear y congelar estas ventanas, siga estos pasos:

1. **Coloque el puntero de celda en la celda C3.**

2. **Seleccione <u>Window</u>⇨<u>F</u>reeze Panes en la barra de menú.**

   En este ejemplo, Excel congela la parte superior e izquierda de la ventana arriba de la fila 3 y a la izquierda de la columna C.

Cuando Excel congela las ventanas, los bordes de estas son representados por una línea sencilla en lugar de una barra delgada, como es el caso de las ventanas sin congelar.

Vea lo que ocurre cuando se desplaza hacia arriba la hoja de trabajo luego de congelar las ventanas (mostrado en la Figura 6-6). En esta Figura, desplacé la hoja de trabajo hacia arriba para que las filas de la 18 a la 34 aparecieran debajo de las filas 1 y 2. Debido a que la ventana vertical con el título de la hoja de trabajo y los encabezados de columna están congelados, permanecen en pantalla. (Generalmente, las filas 1 y 2 hubieran desaparecido primero, conforme se desplaza en la hoja de trabajo).

Observe la Figura 6-7 para ver qué ocurre cuando desplaza la hoja de trabajo hacia la izquierda. En esta Figura, desplacé la hoja de trabajo para que los datos en las columnas de la E a la L aparecieran después de los datos en las columnas A y B. Debido a que las dos primeras columnas están congeladas, estas permanecen en la pantalla y le ayudan a identificar a quién pertenece tal información.

Para descongelar las ventanas en una hoja de trabajo, seleccione Window⇨Unfreeze Panes. La escogencia de este comando remueve las ventanas y Excel muestra que las ha descongelado.

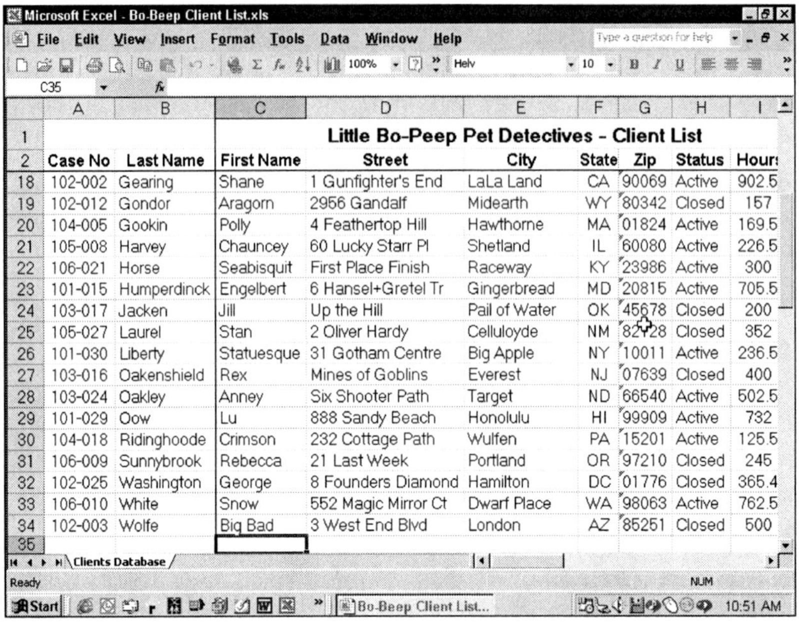

**Figura 6-6:**
La lista de clientes después de desplazar las filas para mostrar los registros finales en esta.

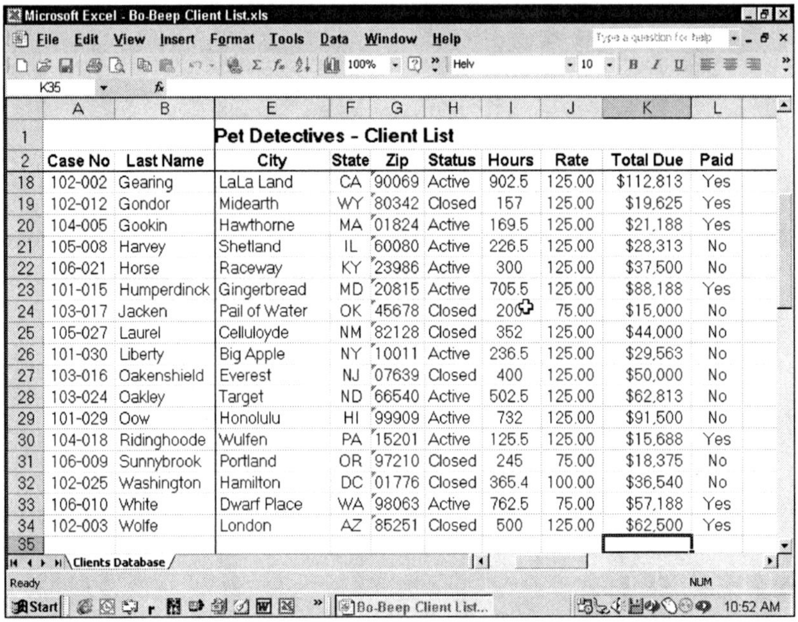

| | A | B | C | D | E | F | G | H | I |
|---|---|---|---|---|---|---|---|---|---|
| 1 | | | | **Little Bo-Peep Pet Detectives – Client List** | | | | | |
| 2 | Case No | Last Name | First Name | Street | City | State | Zip | Status | Hours |
| 18 | 102-002 | Gearing | Shane | 1 Gunfighter's End | LaLa Land | CA | 90069 | Active | 902.5 |
| 19 | 102-012 | Gondor | Aragorn | 2956 Gandalf | Midearth | WY | 80342 | Closed | 157 |
| 20 | 104-005 | Gookin | Polly | 4 Feathertop Hill | Hawthorne | MA | 01824 | Active | 169.5 |
| 21 | 105-008 | Harvey | Chauncey | 60 Lucky Starr Pl | Shetland | IL | 60080 | Active | 226.5 |
| 22 | 106-021 | Horse | Seabisquit | First Place Finish | Raceway | KY | 23986 | Active | 300 |
| 23 | 101-015 | Humperdinck | Engelbert | 6 Hansel+Gretel Tr | Gingerbread | MD | 20815 | Active | 705.5 |
| 24 | 103-017 | Jacken | Jill | Up the Hill | Pail of Water | OK | 45678 | Closed | 200 |
| 25 | 105-027 | Laurel | Stan | 2 Oliver Hardy | Celluloyde | NM | 82128 | Closed | 352 |
| 26 | 101-030 | Liberty | Statuesque | 31 Gotham Centre | Big Apple | NY | 10011 | Active | 236.5 |
| 27 | 103-016 | Oakenshield | Rex | Mines of Goblins | Everest | NJ | 07639 | Closed | 400 |
| 28 | 103-024 | Oakley | Anney | Six Shooter Path | Target | ND | 66540 | Active | 502.5 |
| 29 | 101-029 | Oow | Lu | 888 Sandy Beach | Honolulu | HI | 99909 | Active | 732 |
| 30 | 104-018 | Ridinghoode | Crimson | 232 Cottage Path | Wulfen | PA | 15201 | Active | 125.5 |
| 31 | 106-009 | Sunnybrook | Rebecca | 21 Last Week | Portland | OR | 97210 | Closed | 245 |
| 32 | 102-025 | Washington | George | 8 Founders Diamond | Hamilton | DC | 01776 | Closed | 365.4 |
| 33 | 106-010 | White | Snow | 552 Magic Mirror Ct | Dwarf Place | WA | 98063 | Active | 762.5 |
| 34 | 102-003 | Wolfe | Big Bad | 3 West End Blvd | London | AZ | 85251 | Closed | 500 |
| 35 | | | | | | | | | |

**Figura 6-7:**
La lista de clientes luego de desplazar las columnas a la izquierda para mostrar el último grupo de campos en esta.

| | A | B | E | F | G | H | I | J | K | L |
|---|---|---|---|---|---|---|---|---|---|---|
| 1 | | | **Pet Detectives – Client List** | | | | | | | |
| 2 | Case No | Last Name | City | State | Zip | Status | Hours | Rate | Total Due | Paid |
| 18 | 102-002 | Gearing | LaLa Land | CA | 90069 | Active | 902.5 | 125.00 | $112,813 | Yes |
| 19 | 102-012 | Gondor | Midearth | WY | 80342 | Closed | 157 | 125.00 | $19,625 | Yes |
| 20 | 104-005 | Gookin | Hawthorne | MA | 01824 | Active | 169.5 | 125.00 | $21,188 | Yes |
| 21 | 105-008 | Harvey | Shetland | IL | 60080 | Active | 226.5 | 125.00 | $28,313 | No |
| 22 | 106-021 | Horse | Raceway | KY | 23986 | Active | 300 | 125.00 | $37,500 | No |
| 23 | 101-015 | Humperdinck | Gingerbread | MD | 20815 | Active | 705.5 | 125.00 | $88,188 | Yes |
| 24 | 103-017 | Jacken | Pail of Water | OK | 45678 | Closed | 200 | 75.00 | $15,000 | No |
| 25 | 105-027 | Laurel | Celluloyde | NM | 82128 | Closed | 352 | 125.00 | $44,000 | No |
| 26 | 101-030 | Liberty | Big Apple | NY | 10011 | Active | 236.5 | 125.00 | $29,563 | No |
| 27 | 103-016 | Oakenshield | Everest | NJ | 07639 | Active | 400 | 125.00 | $50,000 | No |
| 28 | 103-024 | Oakley | Target | ND | 66540 | Active | 502.5 | 125.00 | $62,813 | No |
| 29 | 101-029 | Oow | Honolulu | HI | 99909 | Active | 732 | 125.00 | $91,500 | No |
| 30 | 104-018 | Ridinghoode | Wulfen | PA | 15201 | Active | 125.5 | 125.00 | $15,688 | Yes |
| 31 | 106-009 | Sunnybrook | Portland | OR | 97210 | Closed | 245 | 75.00 | $18,375 | Yes |
| 32 | 102-025 | Washington | Hamilton | DC | 01776 | Closed | 365.4 | 100.00 | $36,540 | No |
| 33 | 106-010 | White | Dwarf Place | WA | 98063 | Active | 762.5 | 75.00 | $57,188 | Yes |
| 34 | 102-003 | Wolfe | London | AZ | 85251 | Closed | 500 | 125.00 | $62,500 | Yes |
| 35 | | | | | | | | | | |

# Notas Adhesivas Electrónicas

Puede agregar comentarios de texto a celdas específicas en una hoja de trabajo de Excel. *Comments* actúa como versiones electrónicas de notas adhesivas. Por ejemplo, puede agregar un cometario para usted mismo para verificar una cifra específica antes de imprimir la hoja de trabajo o para recordarle que un valor en particular es solo una estimación (¡o hasta recordarle que es su aniversario y que debe ir a comprar algo especial para su esposo(a) de camino a la casa!).

Además de usar notas adhesivas para recordarle algo que ha hecho o que está pendiente, también puede usar un comentario para ubicar su sitio actual en una hoja de trabajo grande. Así puede usar la ubicación del comentario para buscar rápidamente su sitio de inicio la próxima vez que trabaja con esa hoja de trabajo.

# Agregar un comentario a una celda

Para agregar un comentario a una celda, siga estos pasos:

1. **Seleccione la celda a la cual desea agregarle un comentario.**

2. **Escoja Insert➪Comment en la barra de menú.**

   Aparece una nueva casilla de texto (similar la que se muestra en la Figura 6-8). Esta casilla de texto contiene el nombre del usuario como aparece en la casilla de texto User name (en la pestaña General del recuadro de diálogo Options) y el punto de inserción se ubica al inicio de una nueva línea justo abajo del nombre del usuario.

3. **Digite el texto de su comentario en la casilla de texto que aparece.**

4. **Cuando termina de introducir el texto del comentario, haga clic en algún sitio fuera de la casilla de texto.**

   Excel marca la ubicación de un comentario en una celda agregando un pequeño triángulo en la esquina superior derecha de la celda. (Este indicador de nota en forma de triángulo aparece en rojo en un monitor a colores).

5. **Para mostrar el comentario en una celda, coloque el puntero del mouse en forma de cruz blanca gruesa en algún sitio dentro de la celda con el indicador de nota.**

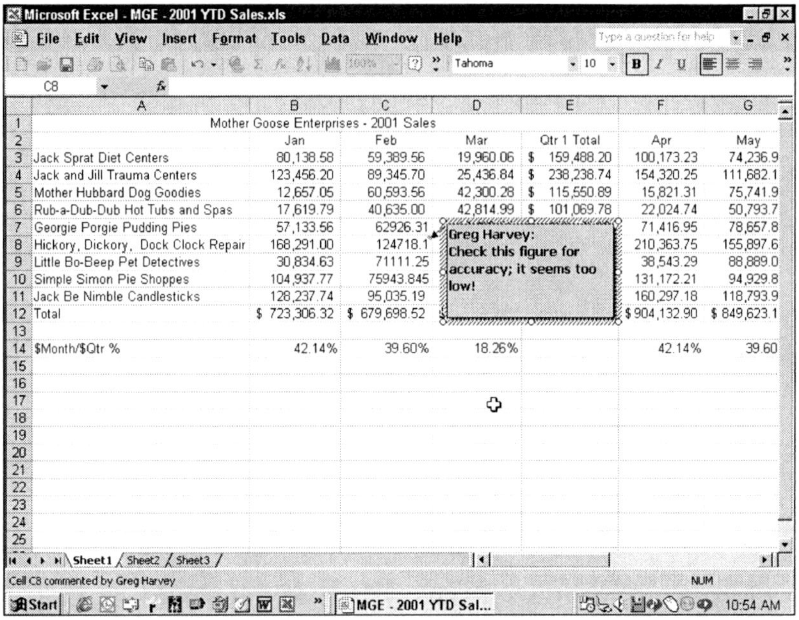

**Figura 6-8:**
Agregar un
comentario
a una celda
en una
nueva
casilla
de texto.

# Comentarios en revisión

Cuando tiene un libro de trabajo con hojas que contienen varios comentarios diferentes, probablemente no querrá tomar el tiempo para colocar el puntero del mouse sobre cada una de sus celdas con el fin de ser capaz de leer cada uno. En esos casos, necesita seleccionar View⇨Comments en la barra de menú. Cuando escoge este comando, Excel muestra todos los comentarios en el libro de trabajo mientras despliega la barra de herramientas Reviewing (mostrada en la Figura 6-9).

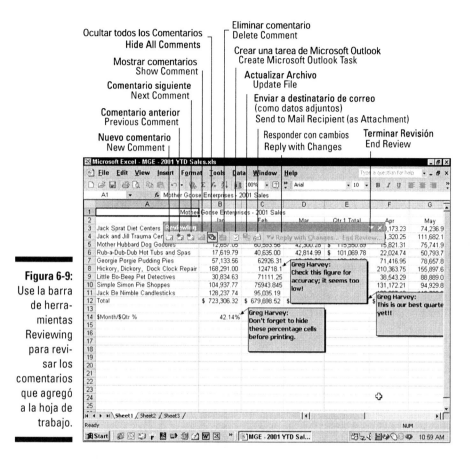

**Figura 6-9:**
Use la barra de herramientas Reviewing para revisar los comentarios que agregó a la hoja de trabajo.

Con la barra de herramientas Reviewing abierta, puede trasladarse de un comentario a otro haciendo clic sobre los botones Next Comment y Previous Comment. Cuando llega al último comentario en el libro de trabajo, aparece una casilla de aviso que le pregunta si desea continuar revisando los comentarios desde el principio (lo que puede lograr simplemente haciendo clic sobre OK). Una vez que haya terminado de revisar los comentarios en su libro de trabajo, puede ocultar su visualización haciendo clic sobre los botones Show All Comments en la barra de herramientas Reviewing (o seleccionando nuevamente View⇨Comments en la barra de menú si la barra de herramientas Reviewing ya no está abierta).

# *Editar los comentarios en una hoja de trabajo*

Excel brinda un par de métodos diferentes para editar los contenidos de un comentario, dependiendo de si el comentario está desplazado o no en la pantalla. Si el comentario está mostrado en la hoja de trabajo, puede editar sus contenidos haciendo clic sobre el puntero del mouse en forma de I en su cuadro de texto. Cuando hace clic sobre el puntero del mouse en forma de I, este ubica el punto de inserción mientras selecciona a la vez la casilla de texto del comentario (indicado por la aparición de una línea con cruces sombreadas y gruesas con controladores de dimensionamiento alrededor de la casilla de texto). Luego de realizar sus cambios de edición, simplemente haga clic en algún sitio fuera de la casilla de texto para deseleccionar el comentario.

Si el comentario no se muestra en la hoja de trabajo, necesita seleccionar su celda. Una vez que el puntero de celda se encuentra dentro de esta con un comentario que requiere ser editado, seleccione Insert➪Edit Comment en la barra de menú o Edit Comment en el menú de acceso directo de la celda (abra este haciendo clic derecho sobre la celda).

Para cambiar la colocación de un comentario en relación con su celda, seleccione el comentario haciendo clic en algún lugar en este y luego posicione el puntero del mouse en uno de los bordes de su casilla de texto. Cuando aparece una flecha con cuatro puntas al final del puntero del mouse, puede arrastrar la casilla de texto a un nuevo sitio en la hoja de trabajo. Note que cuando suelta el botón del mouse, Excel dibuja nuevamente la flecha conectando la casilla de texto del comentario al indicador de nota en la esquina superior derecha de la celda.

Para cambiar el tamaño de una casilla de texto de comentario, seleccione el comentario, posicione el puntero del mouse en uno de sus controladores de dimensionamiento y luego arrastre hacia la dirección apropiada (lejos del centro de la casilla para aumentar su tamaño, o hacia el centro para reducirlo). Cuando suelta el botón del mouse, Excel dibuja nuevamente la casilla de texto del comentario con su nueva forma y tamaño. Cuando cambia el tamaño y la forma de una casilla de texto de comentario, Excel 2002 automáticamente ajusta el texto para que calce en este.

Para cambiar la fuente de un comentario de texto, necesita seleccionarlo (seleccionando el texto para edición y luego arrastrándolo) y escoger Format➪Comment de la barra de menú (o puede pulsar Ctrl+1 como lo hace para abrir el recuadro de diálogo Format Cells). Una vez que lo ha hecho, Excel abre el recuadro de diálogo Format Comment que contiene una sola pestaña Font (con las mismas opciones que la pestaña Font del recuadro de diálogo Format Cells —refiérase a la Figura 3-15). Seguidamente, puede usar las opciones en la pestaña

Font para cambiar la fuente, el estilo o el tamaño de fuente, o el color del texto mostrado en el comentario seleccionado.

 Para borrar un comentario, necesita seleccionar su celda en la hoja de trabajo y luego seleccionar Edit⇨Clear⇨Comments de la barra de menú o escoger Delete Comment en el menú de acceso directo de la celda. Excel elimina el comentario junto con el indicador de nota de la celda seleccionada.

Note que puede seleccionar una nueva forma o sombreado para el cuadro de texto utilizando los botones en la barra de herramientas Drawing. Para más información acerca de cómo identificar y usar sus botones, refiérase al Capítulo 8.

## Imprimir sus comentarios

Cuando imprime una hoja de trabajo, puede imprimir los comentarios junto con los datos de la hoja de trabajo seleccionada al escoger las opciones At End of Sheet o As Displayed on Sheet, en el menú de Comments, en la pestaña Sheet del recuadro de diálogo Page Setup (seleccione File⇨Page Setup). (Refiérase al Capítulo 5 para más detalles).

# El Juego de Nombrar la Celda

Asignar nombres descriptivos a las celdas y los rangos de celdas puede ayudarle a mantenerse al tanto de la ubicación de información importante en una hoja de trabajo. En lugar de tratar de asociar coordenadas de celdas aleatorias con información específica, simplemente tiene que recordar un nombre. También puede usar nombres de rango para designar la selección de celdas que desea imprimir o utilizar en otros programas de Office XP, como Word o Access. Y, lo mejor de todo, luego de que haya nombrado una celda o rango de celda, puede usar este nombre con la opción Go To.

## Si solo tuviera un nombre . . .

Cuando asigna nombres de rango a una celda o rango de celdas, necesita seguir algunos lineamientos:

✔ **Los nombres de rango deben empezar con una letra del alfabeto y no con un número.**

Por ejemplo, en lugar de *01*Profit, use *Profit*01.

✔ **Los nombres de rango no pueden incluir espacios.**

En lugar de un espacio, use el subrayado (Shift+hyphen) para vincular las partes del nombre. Por ejemplo, en lugar de Profit 01, use Profit_01.

✔ **Los nombres de rango no pueden corresponder a coordenadas de celdas en la hoja de trabajo.**

Por ejemplo, no puede nombrar una celda como *Q1* porque esta es una coordenada de celda válida. En su lugar, use algo como Q1_sales.

Para nombrar una celda o rango de celdas en una hoja de trabajo:

1. **Seleccione la celda o rango de celdas que desea nombrar.**

2. **Haga clic sobre la dirección de la celda para la celda actual que aparece en el Name Box, en la izquierda opuesta de la barra Formula (la cuarta fila en la parte superior de la pantalla).**

   Excel selecciona la dirección de la celda en el Name Box.

3. **Digite el nombre para la celda o rango de celdas seleccionado en el Name Box.**

   Cuando digita el nombre de rango, debe seguir las convenciones de nombre de Excel: refiérase a la lista con viñetas de los nombres de celda debidos e indebidos explicados anteriormente en esta sección para más detalles.

4. **Pulse Enter.**

Para seleccionar una celda o rango denominado en una hoja de trabajo, haga clic sobre el nombre de rango en la lista contextual Name Box. Para abrir esta lista, haga clic sobre el botón de flecha desplegable que aparece a la derecha de la dirección de celda en la barra Formula.

Note que también puede lograr lo mismo pulsando F5 o seleccionando Edit⇨Go To en la barra de menú. Aparece el recuadro de diálogo Go To (refiérase a la Figura 6-10). Haga doble clic sobre el nombre de rango deseado en la casilla de lista Go To (de lo contrario, seleccione el nombre y haga clic sobre OK o pulse Enter). Excel traslada el puntero de la celda directamente a la celda nombrada. Si seleccionó un rango de celdas, todas las celdas en este se seleccionan.

**Figura 6-10:**
Seleccione
un rango de
celdas en
una hoja de
trabajo.

# ¡Póngale Nombre a esa fórmula!

Los nombres de celdas no solo son una forma increíble de identificar y buscar celdas y rangos de celdas en su hoja de cálculo, sino también son una forma fantástica de plantear el propósito de sus fórmulas. Por ejemplo, digamos que tiene una fórmula sencilla en la celda K3 que calcula el total adeudado a su persona multiplicando las horas que trabajó para un cliente (en la celda I3) por la tarifa por hora del cliente (en la celda J3). Normalmente, introduciría esta fórmula en la celda K3 como:

```
=I3*J3 =
```

Sin embargo, si asigna el nombre *Hours* par la celda I3 y el nombre Rate para la celda J3, puede entonces introducir la fórmula como

```
Hours*Rate
```

en la celda K3. No creo que haya nadie que disputaría que la fórmula `=Hours*Rate` es más fácil de entender que `=I3*J3`.

Para introducir una fórmula usando los nombres de celda en lugar de las referencias de celda, siga estos pasos (refiérase al Capítulo 2 para refrescar los conocimientos de cómo crear fórmulas):

1.  **Nombre sus celdas como describí anteriormente en esta sección.**

    Para este ejemplo, introduzca el nombre *Hours* para la celda I3 y el nombre *Rate* para la Celda J3.

2.  **Coloque el puntero de celda en la celda donde debe aparecer la fórmula.**

    Para este ejemplo, coloque el puntero de celda en la celda K3.

3.  **Digite = (signo de igual) para iniciar la fórmula.**

4. **Seleccione la primera celda de referencia en la fórmula (sea haciendo clic o moviendo el puntero de celda hacia esta).**

   Para este ejemplo, seleccioné la celda Hours escogiendo la celda I3.

5. **Digite el operador aritmético que utilizará en la fórmula.**

   Para este ejemplo, digité * (asterisco) para la multiplicación. (Refiérase al Capítulo 2 para una lista de los demás operadores aritméticos).

6. **Seleccione la segunda celda de referencia en la fórmula escogiendo su celda ya sea haciendo clic o moviendo el puntero de celda como lo hizo en el paso 4.**

   Para este ejemplo, seleccioné la celda Rate escogiendo la celda J3.

7. **Haga clic sobre la casilla Enter o pulse Enter para completar la fórmula.**

   En este ejemplo, Excel introduce la fórmula =Hours*Rate en la celda K3.

No puede utilizar el controlador de relleno para copiar una fórmula que usa los nombres de celda, en lugar de direcciones de celda, a otras celdas en una columna o fila que ejecutan la misma función (refiérase al Capítulo 4). Cuando copia una fórmula original que usa nombres en lugar de direcciones, Excel copia la fórmula original sin ajustar las referencias de celda a las nuevas filas y columnas. Refiérase a la sección "Nombrar constantes," seguidamente en este capítulo, para descubrir una forma de usar sus encabezados de columna y fila para identificar las referencias de celda en las copias, así como la fórmula original de las cuales se hacen las copias.

## *Ponerle nombre a constantes*

Ciertas fórmulas usan valores constantes, como una tasa impositiva del 7.5% o una tasa de descuento del 10%. Si no desea tener que introducir estas constantes en una celda de la hoja de trabajo para usarlas en fórmulas, puede crear nombres de rango que incluyen sus valores y luego usarlos en las fórmulas que crea.

Por ejemplo, para crear una constante llamada *tax_rate* de 7.5%, siga estos pasos:

1. **Seleccione Insert⇨Name⇨Define de la barra de menú de Excel para abrir el recuadro de diálogo Define Name.**

2. **En el recuadro de diálogo Define Name, digite el nombre de rango (tax_rate en este ejemplo) en la casilla de texto Names in Workbook.**

3. **Haga clic dentro la casilla de texto Refers To y remplace (introduzca) la dirección de la celda actual con el valor 7.5%.**

   **4. Haga clic sobre el botón Add para agregar este nombre de rango a la hoja de trabajo.**

   **5. Haga clic sobre OK para cerrar el recuadro de diálogo Define Name.**

Luego de que asigna una constante a un nombre de rango utilizando este método, puede aplicarlo a las fórmulas que creó en la hoja de trabajo de una de estas dos formas:

   ✔ Digite el nombre del rango al cual desea asignarle la constante en el sitio dentro de la fórmula donde su valor es requerido.

   ✔ Inserte el nombre del rango al cual asigna un valor de constante dentro de la fórmula seleccionando el comando Insert⇨Name⇨Paste de la barra de menú y luego haga doble clic sobre el nombre del rango sosteniendo la constante en el recuadro de diálogo Paste Name.

Cuando copia una fórmula que usa un nombre de rango que contiene una constante, su valor permanece sin cambio en todas las copias de la fórmula que crea con el controlador Fill (en otras palabras, los nombres de rango en las fórmulas funcionan como direcciones de celdas absolutas en la fórmulas copiadas —refiérase al Capítulo 4 para más acerca de copiar fórmulas).

También, note que cuando actualiza una constante cambiando su valor en el recuadro de diálogo Define Name, todas fórmulas que utilizan esa constante (al referirse al nombre de rango) son actualizadas automáticamente (recalculadas) para reflejar este cambio.

# Busque y Encuentre . . .

Cuando todo lo demás falla, puede usar la opción Find de Excel para ubicar información específica en la hoja de trabajo. Cuando selecciona Edit⇨Find de la barra de menú, o pulsa Ctrl+F o Shift+F5, Excel abre el recuadro de diálogo Find and Replace. En la casilla de texto Find What, introduzca el texto o valores que desea ubicar y luego haga clic sobre el botón Find Next o pulse Enter para iniciar la búsqueda. Seleccione el botón Options en el recuadro de diálogo Find and Replace para expandir las opciones de búsqueda (como se muestra en la Figura 6-11).

**Figura 6-11:**
Use las
opciones en
el recuadro
de diálogo
Find and
Replace
para ubicar
las entradas
de celda.

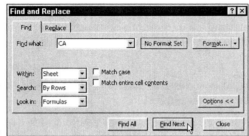

También puede abrir el recuadro de diálogo Find and Replace desde la ventana de tareas Search haciendo clic sobre el hipervínculo Find in this Document ubicado en la parte inferior de la ventana. Para mostrar la ventana de tareas Search, primero necesita seleccionar View➪ Task Pane en la barra de menú si esta no está desplegada en la pantalla. Luego, seleccione Search en el menú contextual haciendo clic sobre el botón desplegable a la derecha de la ventana de tareas (a la izquierda inmediata del botón Close).

Cuando busca una entrada de texto con la opción Find and Replace, tenga presente que el texto o número que introdujo en la casilla de texto Find What está separado en su celda o aparece como parte de otra palabra o valor. Por ejemplo, si introduce los caracteres **ca** en la casilla de texto Find What y no selecciona la casilla de verificación Match Entire Cell Contents (refiérase a la Figura 6-13 para observar esto), Excel encuentra

✔ El nombre de campo Ca en Case No en la celda A2

✔ El código de estado CA (para California) en las celdas F8, F9 y F11

✔ El ca que aparecen en Rebecca en la celda C31

Si selecciona la casilla de verificación Match Entire Cell Contents en el recuadro de diálogo Find and Replace antes de iniciar la búsqueda, Excel no considerará el *Ca* en *Case No* o el *ca* en *Rebecca* como una correspondencia, dado que en ambos casos existe más texto que rodea aquel que anda buscando.

Cuando busca texto, también puede especificar si desea que Excel coincida o no las mayúsculas y minúsculas que utiliza cuando introduce el texto de búsqueda en la casilla de texto Find What. De forma predeterminada, Excel ignora las diferencias de mayúsculas y minúsculas entre los textos de las celdas de su hoja de trabajo y el texto de búsqueda que digita en la casilla de texto Find What. Para realizar una búsqueda donde coincidan las mayúsculas y minúsculas, necesita seleccionar la casilla de verificación Match Case (disponible cuando hace clic sobre el botón Options para expandir el recuadro de diálogo Find and Replace, como se muestra en la Figura 6-13).

 Si el texto o los valores que desea localizar en la hoja de trabajo tienen un formato especial, puede especificar los formatos para que estos correspondan cuando realiza la búsqueda.

Para que Excel corresponda los formatos asignados a una celda específica en la hoja de trabajo,

1. **Haga clic sobre el botón desplegable a la derecha del botón Format y seleccione Choose Format de la opción Cell en el menú contextual.**

    El recuadro de diálogo Find and Replace desaparece temporalmente y Excel agrega un icono de tintero al puntero del mouse normal en forma de cruz blanca.

2. **Haga clic sobre este puntero de mouse en la celda de la hoja de trabajo que contiene el formato que desea corresponder.**

    El recuadro de diálogo Find and Replace reaparece y la opción Find and Replace reconoce el formato de celda.

Para seleccionar el formato para que corresponda en la búsqueda entre las opciones en el recuadro de diálogo Find Format (las cuales son idénticas a aquellas en el recuadro de diálogo Format Cells),

1. **Haga clic sobre el botón Format o haga clic sobre su botón desplegable y seleccione Format en su menú contextual.**

2. **Seguidamente, seleccione las opciones de formato para corresponder con las diferentes pestañas (refiérase al Capítulo 3 para más ayuda acerca de seleccionar estas opciones) y haga clic sobre OK.**

Cuando utiliza cualquiera de estos métodos para escoger los tipos de formatos para corresponder en su búsqueda, el botón No Format Set (ubicado entre la casilla de texto Find What y el botón Format) cambia a un botón Preview. La palabra *Preview* en este botón aparece en cualquier fuente y atributos que Excel toma de la celda de muestra o a través de sus selecciones en la pestaña Font del recuadro de diálogo Find Format.

Cuando busca valores en la hoja de trabajo, tenga en mente las diferencias entre las fórmulas y los valores. Por ejemplo, la celda K24 de la Lista de Clientes Bo Peep (refiérase a la Figura 6-7) contiene el valor $15,000. Si digita **15000** en la casilla de texto Find What y pulsa Enter para buscar este valor, Excel muestra la casilla de alerta con el siguiente mensaje:

```
Cannot find matching data
```

en lugar de buscar el valor 15000 en la celda K24. Esto se debe a que el valor en esta celda es calculado con la siguiente fórmula:

```
=I24*J24
```

y en ningún sitio dentro de la fórmula aparece el valor 15000. Para que Excel busque cualquier entrada que corresponda a 15000 en las celdas de la hoja de trabajo, debe seleccionar Values en el menú de Look In en el recuadro de diálogo Find and Replace en lugar de la opción Formulas generalmente empleada.

 Para restringir la búsqueda a solo texto o valores en el texto de los comentarios en la hoja de trabajo, seleccione la opción Comments en el menú de Look In.

Si no conoce la ortografía exacta de la palabra o el nombre, el valor preciso o fórmula de lo que está buscando, puede usar *wildcards (comodines),* los cuales son símbolos que representan texto desconocido o faltante. Use el signo de interrogación (?) para representar un carácter desconocido; use el asterisco (*) para representar cualquier número de caracteres faltantes. Suponga que introdujo lo siguiente en la casilla de texto Find What y seleccionó la opción Values en el menú de Look In:

```
7*4
```

Excel se detiene en las celdas que incluyen los valores *74, 704* y *7,5234,* y hasta busca la entrada de texto *782 4th Street.*

Si realmente desea buscar un asterisco en la hoja de trabajo, en lugar de usarlo como un comodín, coloque un signo de (~) justo delante del asterisco, como sigue:

```
~*4
```

este arreglo le permite buscar las fórmulas en la hoja de trabajo por una que multiplica con el número 4 (recuerde que Excel usa el asterisco como un signo de multiplicación).

La siguiente entrada en la casilla de texto Find What busca las celdas que contienen *Jan, January, June, Janet* y así sucesivamente.

```
J?n*
```

Normalmente, Excel busca solo en la hoja de trabajo actual cualquier texto de búsqueda que introduce. Si desea que el programa busque en todas las hojas de trabajo en el libro de trabajo, debe seleccionar la opción Workbook en el menú de Within.

Cuando Excel ubica una celda en la hoja de trabajo que contiene el texto o los valores que está buscando, este selecciona esa celda mientras que deja abierto el recuadro de diálogo Find and Replace. (Recuerde que puede mover el recuadro de diálogo Find si obstaculiza la vista de la celda.) Para buscar la siguiente ocurrencia del texto o valor, haga clic sobre el botón Find Next o pulse Enter.

Excel normalmente busca hacia abajo en la hoja de trabajo por filas. Para buscar a través de las columnas primero, seleccione la opción By Columns en el menú de Search. Para reversar la dirección de búsqueda y visitar nuevamente las ocurrencias anteriores de correspondencia de entradas de celda, pulse la tecla Shift mientras hace clic sobre el botón Find Next en el recuadro de diálogo Find.

## ¡Puede ser Reemplazado!

Si su propósito de buscar una celda con una entrada particular es para poder cambiarla, puede automatizar este proceso utilizando la pestaña Replace en el recuadro de diálogo Find and Replace. Si selecciona Edit⇨Replace en lugar de Edit⇨Find en la barra de menú (Ctrl+H), Excel abre el recuadro de diálogo Find and Replace con la pestaña Replace (en lugar de la pestaña Find) seleccionada. En la pestaña Replace, introduzca el texto o el valor que desea reemplazar en la casilla de texto Find What y luego digite el texto o valor de reemplazo en la casilla de texto Replace With.

Cuando introduce texto de reemplazo, digítelo como desea que aparezca en la celda. En otras palabras, si reemplaza todas las ocurrencias de *Jan* en la hoja de trabajo con *January,* introduzca lo siguiente en la casilla de texto Replace With:

```
January
```

Asegúrese de que utiliza la J mayúscula en la casilla de texto Replace With, aunque puede introducir lo siguiente en la casilla de texto Find What (siempre y cuando no seleccione la casilla de verificación Match Case que aparece solamente cuando escoge el botón Options para expandir las opciones del recuadro de diálogo Search and Replace):

```
jan
```

Luego de especificar lo que desea reemplazar y con qué reemplazarlo (como se muestra en la Figura 6-12), Excel puede cambiar las ocurrencias en la hoja de trabajo sobre una base de caso por caso o globalmente. Para reemplazar todas las ocurrencias en una sola operación, haga clic sobre el botón Replace All.

**Figura 6-12:**
Use las opciones Replace para cambiar entradas de celdas particulares.

Tenga cuidado con las operaciones de búsqueda y reemplazo global; pueden realmente causar caos en una hoja de trabajo si inadvertidamente reemplaza valores, partes de fórmulas o caracteres en títulos y encabezados que no tenía planeado cambiar. Con esto en mente, siga siempre una sola regla:

Nunca ejecute una operación de búsqueda y reemplazo global en una hoja de trabajo sin guardar.

También verifique si la casilla de verificación Match Entire Cell Contents (mostrada únicamente cuando hace clic sobre el botón Options) es seleccionada antes de que empiece. Puede acabar con muchos reemplazos no deseados si deja esta casilla de verificación sin activar cuando realmente solo desea reemplazar las entradas de celda completas (en lugar de corresponder partes en las entradas de celda).

Si hace un desastre, seleccione el comando Edit⇨Undo Replace ( o pulse Ctrl+Z) para restaurar la hoja de trabajo.

Para ver una ocurrencia antes de reemplazarla, haga clic sobre el botón Find Next o pulse Enter. Excel selecciona la próxima celda con el texto o el valor que introduce en la casilla de texto Find What. Para que el programa reemplace el texto seleccionado, haga clic sobre el botón Replace. Para saltarse esta ocurrencia, haga clic sobre el botón Find Next para continuar la búsqueda. Cuando termina de reemplazar ocurrencias, haga clic sobre el botón Close para cerrar el recuadro de diálogo Replace.

# *Puede ser tan Calculador*

Ubicar información en una hoja de trabajo —aunque pueda ser realmente importante— es solo parte de la historia de mantenerse enfocado con la información en una hoja de trabajo. En libros de trabajo realmente grandes que contienen muchas hojas de trabajo completadas, puede desear cambiar al cálculo manual para que pueda controlar cuándo las fórmulas en la hoja de trabajo son calculadas. Necesita este tipo de control cuando halla que el nuevo cálculo de fórmulas cada vez que introduce o cambia información en las celdas ha disminuido el tiempo de respuesta del programa. Al evitar los cálculos nuevamente hasta que esté listo para guardar o imprimir el libro de trabajo, encontrará que puede trabajar con las hojas de trabajo de Excel sin retrasos.

Para colocar el libro de trabajo en cálculo manual, seleccione Tools⇨Options de la barra de menú y haga clic sobre la pestaña Calculation (refiérase a la Figura 6-13). Luego, seleccione el botón de opción Manual en el área Calculation. Cuando hace esto, probablemente no desea remover (deseleccionar) la marca de verificación de la casilla de verificación Recalculate Before Save (generalmente no es una buena idea) para que Excel calcule nuevamente de forma automática todas las fórmulas antes de guardar el libro de trabajo. Al mantener esta configuración activa, se asegura de guardar solo los valores más actualizados.

Luego de cambiar al cálculo manual, Excel muestra el mensaje

```
Calculate
```

en la barra de estado cuando le realiza un cambio a la hoja de trabajo que de algún modo afecta los valores actuales de sus fórmulas. Cuando observa Calculate en la barra de estado, esta es una señal de que necesita actualizar las fórmulas antes de guardar el libro de trabajo (como lo haría antes de imprimir las hojas de trabajo).

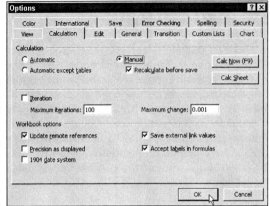

**Figura 6-13:**
Cambiar a
cálculo
manual en
el recuadro
de diálogo
Options.

Para calcular nuevamente las fórmulas en un libro de trabajo cuando el cálculo está en manual, pulse F9 o Ctrl+= (signo de igual), o haga clic sobre el botón Calc Now (F9) en la pestaña Calculation en el recuadro de diálogo Options.

Excel luego calcula nuevamente las fórmulas en todas las hojas de trabajo en su libro de trabajo. Si únicamente realizó cambios a la hoja de trabajo actual y no desea esperar para que Excel calcule nuevamente toda hoja de trabajo en el libro, puede restringir el cálculo a la hoja de trabajo actual haciendo clic sobre el botón Calc Sheet en la pestaña Calculation en el recuadro de diálogo Options o pulsando Shift+F9.

# Para proteger y compartir . . .

Si crea un libro de trabajo con contenidos que serán actualizados por diferentes usuarios en su red, puede utilizar el comando Protect and Share Workbook del submenú Tools⇨Protection. Este comando asegura que Excel mantiene un registro de todos los cambios hechos y que ningún usuario puede intencional o inadvertidamente remover el rastreo de cambios de Excel que se realizan al archivo. Para esto, simplemente seleccione la casilla de verificación Sharing with Tracked Changes en el recuadro de diálogo Protected Shared Workbook que aparece luego de que haya seleccionado el comando. Una vez que selecciona esta casilla de verificación, puede agregar una contraseña en la casilla de texto Password (opcional) que cada usuario debe proporcionar antes de que él o ella pueda abrir el libro de trabajo y realizarle cualquier cambio.

# Instalar la Protección

Luego de que termine más o menos una hoja de trabajo revisando sus fórmulas y editando su texto, frecuentemente desea asegurarla contra cualquier cambio imprevisto.

Cada celda en la hoja de trabajo puede ser bloqueada o desbloqueada. De forma predeterminada, Excel bloquea todas las celdas en una hoja de trabajo para que, cuando siga estos pasos, este se asegure en forma casi hermética.

1. **Seleccione Tools⇨Protection⇨Protect Sheet de la barra de menú.**

   Excel abre el recuadro de diálogo Protect Sheet (refiérase a la Figura 6-14) en el cual seleccioné las opciones de la casilla de verificación que desea que estén disponibles cuando la protección está activada en la hoja de trabajo. De forma predeterminada, Excel selecciona la casilla de verificación Protect Worksheet and Contents of Locked Cells en la parte superior del recuadro de diálogo Protect Sheet. Además, el programa selecciona ambas casilla de verificación Select Locked Cells y Select Unlocked Cells en la casilla de lista Allow All Users of This Worksheet To.

2. **(Opcional) Haga clic sobre cualquiera de las opciones de la casilla de verificación en la casilla de lista Allow All Users of This Worksheet To (tal como Format Cells o Insert Columns) que todavía desea que sean funcionales cuando la protección de la hoja de trabajo es operacional.**

3. **Si desea asignar una contraseña que debe ser suministrada antes de que pueda remover la protección de la hoja de trabajo, digite la contraseña en la casilla de texto Password to Unprotect Sheet.**

4. **Haga clic sobre OK o pulse Enter.**

   Si digita una contraseña en la casilla de texto Password to Unprotect Sheet, Excel abre el recuadro de diálogo Confirm Password. Reintroduzca la contraseña en la casilla de texto Reenter Password to Proceed exactamente como la digitó en la casilla de texto Password to Unprotect Sheet en el recuadro de diálogo Protect Sheet y luego haga clic sobre OK o pulse Enter.

**Figura 6-14:**
Opciones de
protección
en el
recuadro de
diálogo
Protect
Sheet.

Si desea ir un paso más allá y proteger el esquema de las hojas de trabajo en el libro de trabajo, debe proteger el libro de trabajo completo de la siguiente manera:

**1. Seleccione Tools⇨Protection⇨Protect Workbook en la barra de menú.**

Excel abre el recuadro de diálogo Protect Workbook donde la casilla de verificación Structure es seleccionada y la casilla de verificación Windows no lo está. Con la casilla de verificación Structure seleccionada, Excel no le permitirá modificar las hojas en el libro de trabajo (borrándolas o acomodándolas nuevamente). Si desea proteger cualquier ventana que ha configurado (tal como lo describo en el Capítulo 7), también necesita seleccionar la casilla de verificación Windows.

**2. Para asignar una contraseña que debe ser suministrada antes de poder eliminar la protección de la hoja de trabajo, digite la contraseña en la casilla de texto Password (opcional).**

**3. Haga clic sobre OK o pulse Enter.**

Si digita una contraseña en la casilla de texto Password (opcional), Excel abre el recuadro de diálogo Confirm Password. Reintroduzca la contraseña en la casilla de texto Reenter Password to Proceed exactamente como lo hizo en la casilla de texto Password (opcional), en el recuadro de diálogo Protect Sheet y luego haga clic sobre OK o pulse Enter.

Seleccionar el comando Protect Sheet hace imposible realizarles cambios adicionales a los contenidos de cualquier celda bloqueada en esa hoja de trabajo salvo por aquellas opciones que específicamente exime en la casilla de lista Allow All Users of This Worksheet To. (Refiérase al paso 2 en el primer conjunto de pasos en esta sección). Seleccionar el comando Protect Workbook hace imposible realizarle cambios adicionales al esquema de las hojas de trabajo en ese libro.

Excel muestra un recuadro de diálogo de alerta con el siguiente mensaje cuando intenta editar o reemplazar una entrada en una celda bloqueada:

```
The celda or chart you are trying to change is protected and
     therefore read-only. To modify a protected celda or chart,
     first remove protection using the Unprotect Sheet command
     (Tools menu, Protection submenu). You may be prompted for
     a password..
```

Generalmente, su intención al proteger una hoja de trabajo o un libro de trabajo completo no es para impedir todos los cambios, sino para prevenir cambios en ciertas áreas de la hoja de trabajo. Por ejemplo, en una hoja de trabajo de presupuesto, puede desear proteger todas las celdas que incluyen encabezados y fórmulas, pero permitir cambios en todas aquellas donde introdujo las cantidades presupuestadas. De esa forma, no puede borrar inadvertidamente un título o fórmula en la hoja de trabajo sencillamente introduciendo un valor en una columna o fila equivocada (lo cual puede ser una ocurrencia común). Para dejar ciertas celdas desbloqueadas para que pueda cambiarlas aún cuando haya protegido la hoja o libro de trabajo, siga los siguientes pasos:

1. **Seleccione las celdas que desea que permanezcan desbloqueadas en la hoja o libro de trabajo protegido.**

2. **Seleccione Tools⊏⇒Protection⇨Allow Users to Edit Ranges en la barra de menú.**

3. **Seleccione el botón New en el recuadro de diálogo Allow Users to Edit Ranges.**

4. **(Opcional) Si desea darle un nombre de rango descriptivo al rango de celdas que desea que permanezca sin protección (diferente al nombre Range1 dado por el programa), digite el nombre nuevo en la casilla de texto Title del recuadro de diálogo New Range.**

Cuando introduce un nombre de rango en la casilla de texto Title, asegúrese de conectar las palabras con un subrayado si digita más de una palabra.

5. **Verifique el rango de celda en la casilla de texto Refer to Cells para asegurarse de que sus direcciones de celda incluyen todas las celdas que desea que sus usuarios sean capaces de editar.**

   Si ve que necesita editar este rango de celda, pulse para seleccionar esta casilla de texto, y luego use el puntero del mouse arrastrando y seleccionando todas las celdas. Conforme arrastra, Excel automáticamente condensa el recuadro de diálogo hacia abajo a la casilla de texto Refers to Cells. Cuando suelta el botón del mouse, el programa automáticamente expande el recuadro de diálogo a su tamaño original.

6. **(Opcional) Si desea asignar una contraseña para proteger este rango (para que solo los usuarios que la tengan pueda realizarle cambios), pulse Tab hasta que la casilla de texto Range Password esté seleccionada y luego introduzca la contraseña allí.**

7. **Haga clic sobre OK para cerrar el recuadro de diálogo New Range y regresar al recuadro de diálogo Allow Users to Edit Ranges.**

   Si digita una contraseña de rango en el paso 6, necesita reproducirla en el recuadro de diálogo Confirm Password y luego hacer clic sobre OK antes de que Excel lo regrese al recuadro de diálogo Allow Users to Edit Ranges.

8. **(Opcional) Si la hoja de trabajo contiene otros rangos que desea tener disponibles para edición, haga clic sobre el botón New y repita los pasos del 4 al 7.**

9. **Luego de que haya terminado de definir los rangos que pueden ser editados mientras la protección está activada, haga clic sobre el botón Protect Sheet para abrir el recuadro de diálogo Protect Sheet.**

   Aquí puede especificar una contraseña para la hoja desprotegida y designar cuáles opciones permanecen operacionales cuando la protección está activada. Refiérese al primer conjunto de cuatro pasos al inicio de esta sección para más detalles acerca de activar la protección.

Para eliminar la protección del documento de la hoja de trabajo o libro de trabajo actual para que pueda nuevamente realizarles cambios a sus celdas (estén bloqueadas o desbloquedas), seleccione Tools➪Protection y luego escoja el comando Unprotect Sheet or Unprotect Workbook en el menú que se despliega. Si asigna una contraseña cuando protege la hoja de trabajo o el libro de trabajo, debe entonces reproducir la contraseña exactamente como la asignó (incluyendo cualquier diferencia en mayúsculas y minúsculas) en la casilla de texto Password del recuadro de diálogo Unprotect Sheet or Unprotect Workbook.

# Capítulo 7

# Mantener Múltiples Hojas de Trabajo

. . . . . . . . . . . . . . . . . . . . . . . . . . . . . . . . . . . . . . . . . . . . . . . . . .

*En este capítulo*

▶ Trasladarse de una hoja a otra en su libro de trabajo

▶ Agregar y borrar hojas en un libro de trabajo

▶ Seleccionar hojas para editar en grupo

▶ Nombrar pestañas de hojas de forma descriptiva

▶ Reacomodar hojas en un libro de trabajo

▶ Mostrar partes de diferentes hojas

▶ Copiar o mover hojas de un libro de trabajo a otro

▶ Crear fórmulas que abarcan hojas de trabajo

. . . . . . . . . . . . . . . . . . . . . . . . . . . . . . . . . . . . . . . . . . . . . . . . . .

**C**uando se inicia con hojas de cálculo, tiene suficientes problemas tratando de no perder de vista una sola hoja de trabajo — mucho menos tres de ellas — y solo el hecho de pensar en trabajar con más de una puede ser intimidante. Sin embargo, una vez que adquiere un poco de experiencia, encontrará que trabajar con más de una hoja en un libro de trabajo no es más difícil que hacerlo con una sola.

No confunda el término *workbook (libro de trabajo) con worksheet (hoja de trabajo).* El libro de trabajo conforma el documento (archivo) que abre y guarda conforme trabaja. Cada libro de trabajo (archivo) normalmente contiene tres hojas de trabajo en blanco. Estas hojas de trabajo son como las páginas individuales en un portafolio del cual puede eliminar o agregar una según lo necesite. Para ayudarle a no perder de vista las hojas de trabajo en su libro de trabajo y navegar a través de ellas, Excel le brinda pestañas de hojas (de Sheet1 a Sheet3) que son como las pestañas divisoras en un portafolio.

# *Manipular Hojas de Trabajo*

Usted necesita saber *cómo* trabajar con más de una hoja en un libro de trabajo, pero también es importante saber *porqué* quiciera hacer una cosa tan atrevida en primera instancia. La situación más común es, por supuesto, cuando tiene varias hojas de trabajo de algún modo relacionadas las unas a las otras y, por lo tanto, pertenecen al mismo libro de trabajo. Por ejemplo, tome el caso de Mother Goose Enterprises con sus diferentes empresas: Jack Sprat Diet Centers, Jack and Jill Trauma Centers, Mother Hubbard Dog Goodies; Rub-a-Dub-Dub Hot Tubs and Spas; Georgie Porgie Pudding Pies; Hickory, Dickory, Dock Clock Repair; Little Bo Peep Pet Detectives; Simple Simon Pie Shoppes y Jack Be Nimble Candlesticks. Para no perder de vista las ventas anuales de todas estas compañías, necesita crear un libro de trabajo que contiene una hoja de trabajo para cada una de estas nueve empresas.

Al mantener las cifras de venta para cada compañía en una hoja diferente del mismo libro de trabajo, logra cada uno de los siguientes beneficios:

✔ Puede introducir las cosas que sean necesarias en todas las hojas de trabajo de ventas (si selecciona aquellas pestañas de hoja) solamente digitándolo una vez en la primera hoja de trabajo (refiérase a la sección "Editar masivamente", más adelante en este capítulo).

✔ Para ayudarle a construir la hoja de trabajo para las ventas de la primera compañía, puede agregar marcos al libro de trabajo actual para que estén disponibles cuando crea las hojas de trabajo para otras compañías. (Un macro es una secuencia de tareas ejecutadas frecuentemente y repetitivas, así como cálculos que registra para  reproducirlas fácilmente).

✔ Puede comparar rápidamente las ventas de una compañía con otra (Refiérase a la sección "Abrir Ventanas en su Hojas de Trabajo" más adelante en este capítulo).

✔ Puede imprimir toda la información de ventas para cada compañía como un solo reporte en una operación de impresión. (Lea el Capítulo 5 para más detalles acerca de imprimir un libro de trabajo completo y hojas de trabajo específicas en un libro de trabajo.)

✔ Puede fácilmente crear gráficos que comparan ciertos datos de venta de diferentes hojas de trabajo (Refiérase al Capítulo 8 para más detalles).

✔ Puede configurar fácilmente un resumen de hoja de trabajo con fórmulas que brindan el total trimestral y anual de ventas para las nueve compañías (Refiérase a la sección "Para Resumir . . ." más adelante en este capítulo).

# Trasladarse entre hojas

Cada libro de trabajo que crea contiene tres hojas de trabajo, conocidas como *Sheet1* a *Sheet3*. De forma típica en Excel, estos nombres aparecen en pestañas en la parte inferior de la ventana del libro de trabajo. Para pasar de una hoja de trabajo a otra, simplemente haga clic sobre la pestaña que contiene el nombre de la hoja que desea ver. Excel, por su parte, trae la hoja de trabajo a la parte superior de la pila y muestra su información en la ventana del libro de trabajo actual. Siempre puede saber cuál hoja de trabajo es la actual ya que su nombre es mostrado en negrita en la pestaña y esta última aparece sin ninguna línea divisora como una extensión de la hoja de trabajo actual.

El único problema con mover una nueva hoja haciendo clic sobre su pestaña ocurre cuando agrega muchas hojas al libro de trabajo (como describiré más adelante en este capítulo, en la sección "¡No me Quite una Hoja!") es que no todas las pestañas de la hoja son visibles a la vez y la pestaña de hoja a la que desea hacerle clic no está visible en el libro de trabajo. Para resolver este problema, Excel le brinda botones de desplazamiento de pestañas (refiérase a la Figura 7-1) que puede usar para hacer una nueva pestaña de hoja visible.

- ✔ Haga clic sobre el botón de desplazamiento de pestañas Next (con el triángulo que apunta a la derecha) para traer a la vista la siguiente pestaña de la hoja a la derecha. Sostenga la tecla Shift mientras hace clic sobre este botón para desplazarse a través de varias pestañas a la vez.

- ✔ Haga clic sobre el botón de desplazamiento de pestañas Previous (con el triángulo que apunta a la izquierda) para traer a la vista la siguiente pestaña de la hoja a la izquierda. Sostenga la tecla Shift mientras hace clic sobre este botón para desplazarse a través de varias pestañas a la vez.

- ✔ Haga clic sobre el botón de desplazamiento de pestañas Last (con el triángulo que apunta a la derecha de la barra vertical) para traer a la vista el último grupo de pestañas de hoja, incluyendo la última.

- ✔ Haga clic sobre el botón de desplazamiento de pestañas First (con el triángulo que apunta a la izquierda de la barra vertical) para traer a la vista el primer grupo de pestañas de hoja, incluyendo la primera.

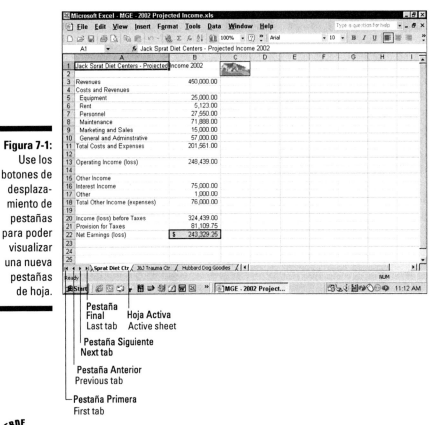

**Figura 7-1:**
Use los
botones de
desplaza-
miento de
pestañas
para poder
visualizar
una nueva
pestañas
de hoja.

Pestaña
Final
Last tab

Hoja Activa
Active sheet

Pestaña Siguiente
Next tab

Pestaña Anterior
Previous tab

Pestaña Primera
First tab

No olvide que desplazarse a la pestaña de la hoja que desea visualizar no es lo mismo que seleccionarla: todavía necesita hacer clic sobre la pestaña para la hoja deseada para llevarla al frente de la pila.

Para facilitarle buscar la pestaña de hoja que desea seleccionar sin tener que hacer una cantidad de maniobras de desplazamiento a través de pestañas, puede arrastrar la barra de división de pestañas (refiérase a la Figura 7-2) hacia la derecha para mostrar más pestañas de hoja (consecuentemente se hace la barra de desplazamiento horizontal más corta). Si no le importa el uso de la barra de desplazamiento horizontal, puede maximizar la cantidad de pestañas de hoja a la vista eliminando esta barra. Para lograrlo, arrastre la barra de división de pestañas a la derecha hasta que se junte con la barra de división vertical, la cual le trae a la vista cerca de 12 pestañas de hoja a la vez (en un monitor estándar de 14 pulgadas con una resolución de 640 x 480 pixeles).

Cuando decide que desea restaurar la barra de división horizontal a su largo normal, puede arrastrar manualmente la barra de división de pestañas a la izquierda o sencillamente hacer doble clic sobre esta.

**Figura 7-2:**
Use la barra de división de pestañas para mostrar más pestañas de hoja haciendo la barra de división horizontal más pequeña.

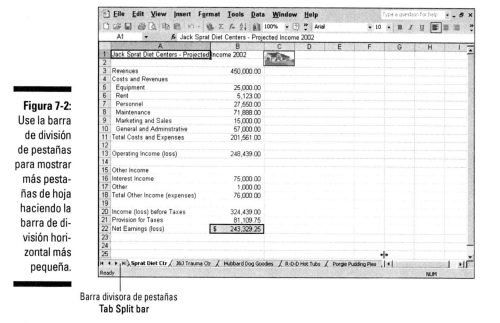

Barra divisora de pestañas
Tab Split bar

# Editar masivamente

Cada vez que hace clic sobre una pestaña de hoja, selecciona una hoja de trabajo y la hace activa, lo cual le permite realizar todos los cambios que sean necesarios en sus celdas. Sin embargo, a veces puede querer seleccionar varias hojas de trabajo para realizar los mismos cambios de edición a todas de forma simúltanea. Cuando selecciona múltiples hojas de trabajo, cualquier cambio de edición que le haga a la hoja actual — como introducir información en celdas o borrar cosas de ellas — afecta la misma celda en todas las hojas seleccionadas exactamente de la misma manera.

En otras palabras, suponga que necesita configurar tres hojas de trabajo en un libro de trabajo nuevo, las cuales contienen los nombres de los 12 meses, en la fila 3 empezando en la columna B. Antes de introducir **Enero** en la celda B3 y luego de usar el controlador AutoFill (descrito en el Capítulo 2) para llenar el resto de los 11 meses a lo largo de la fila 3, necesita seleccionar las tres hojas de trabajo (es decir Sheet1, Sheet2 y Sheet3, por ejemplo). Haga esto y Excel inserta los nombres de los 12 meses en la fila 3 de las tres hojas de trabajo seleccionadas cuando los introduce una vez en la tercera fila de la primera hoja. (Bastante conveniente, ¿no?).

Del mismo modo, supongamos que tiene otro libro de trabajo en el cual necesita borrar Sheet2 y Sheet3. En lugar de hacer clic sobre Sheet2, seleccionando Edit⇨Delete Sheet y luego haciendo clic sobre Edit⇨Delete Sheet y repitiendo el comando Edit⇨Delete Sheet, seleccione ambas hojas de trabajo y luego elimínelas en una sola acción seleccionando el comando Edit⇨Delete Sheet.

Para seleccionar varias hojas de trabajo en un libro de trabajo, tiene las siguientes opciones:

✔ Para seleccionar un grupo de hojas de trabajo consecutivas, haga clic sobre la primera pestaña de hoja y luego desplace las pestañas de hoja hasta que vea la pestaña de la última hoja de trabajo que desea seleccionar. Sostenga la tecla Shift mientras hace clic sobre la última pestaña de hoja para seleccionar todas las pestañas en el medio — el viejo método de hacer clic sobre Shift aplicado a las pestañas de la hoja de trabajo.

✔ Para seleccionar un grupo de hojas de trabajo no consecutivas, haga clic sobre la primera pestaña de hoja y luego sostenga la tecla Ctrl mientras hace clic sobre las pestañas de las demás hojas que desea seleccionar.

✔ Para seleccionar todas las hojas en el libro de trabajo, haga clic en el botón derecho sobre la pestaña de la hoja de trabajo que desea activa y seleccione Select All Sheets en el menú de acceso directo que aparece.

## Ir de hoja en hoja por medio del teclado

Puede olvidarse de los condenados botones de desplazamiento de pestañas y pestañas de hoja y simplemente trasladarse hacia delante o hacia atrás de las hojas en un libro de trabajo con su teclado. Para trasladarse a la siguiente hoja en un libro de trabajo, pulse Ctrl+PgDn. Para moverse a la hoja anterior en un libro de trabajo, pulse Ctrl+PgUp. Lo bueno de usar los accesos directos Ctrl+PgDn y Ctrl+PgUp de su teclado es que funcionan, esté o no mostrada actualmente la siguiente hoja o la anterior en la ventana del libro de trabajo.

Excel le muestra cuáles hojas de trabajo selecciona mostrando las pestañas de estas en blanco (aunque solo las pestañas de las hojas activas aparecen en negrita) y mostrando [Group] después del nombre del archivo del libro de trabajo en la barra de título de la ventana de Excel.

Para deseleccionar el grupo de hojas de trabajo cuando termina de editar su grupo, simplemente haga clic sobre una pestaña no seleccionada de la hoja de trabajo (es decir, con sombra). También puede deseleccionar todas las hojas de trabajo seleccionadas, con excepción la hoja activa, haciendo clic en el botón derecho sobre la pestaña de hoja activa y luego escogiendo el comando Ungroup Sheets en el menú de acceso directo adjunto a la pestaña de hoja activa.

# ¡No me Quite una Hoja!

Para algunos las tres hojas de trabajo automáticamente colocadas en un nuevo libro de trabajo son suficiente. Para otros tres no son suficientes para los libros de trabajo que crean (por ejemplo, digamos que su empresa opera en 10 sitios diferentes, o que generalmente crea presupuestos para 20 diferentes departamentos o que rastrea los gastos para 40 representantes de cuentas).

Excel le facilita insertar hojas de trabajo adicionales en un libro de trabajo (hasta 255 en total) o eliminar aquellas que no necesita. Para insertar una nueva hoja de trabajo en el libro de trabajo, siga estos pasos:

1. **Seleccione la pestaña de la hoja donde desea que Excel inserte la nueva hoja de trabajo.**

2. **Seleccione Insert⇔Worksheet en la barra de menú de Excel o escoja Insert en el menú de acceso directo de la pestaña de hoja.**

   Si selecciona el comando Insert⇔Worksheet, Excel inserta una nueva hoja de trabajo y le proporciona a la pestaña el siguiente número disponible (tal como Sheet4).

   Si escoge el comando Insert en el menú de acceso directo de la pestaña de hoja, Excel abre el recuadro de diálogo Insert en el cual puede especificar el tipo de hoja por insertar (como Worksheet, Chart, MS Excel 4.0 Macro, o MS Excel 5.0 dialog), y necesita ejecutar el paso 3.

3. **Asegúrese de que el icono Worksheet en la pestaña General del recuadro de diálogo Insert está seleccionado y luego haga clic sobre OK o pulse Enter.**

Para insertar varias hojas de trabajo nuevas en fila en el libro de trabajo, seleccione un grupo con el mismo número de pestañas que la cantidad de nuevas hojas de trabajo que desea agregar, empezando con la pestaña donde desea insertar las nuevas hojas de trabajo. Seguidamente, seleccione Insert⇨Worksheet en la barra de menú de Excel.

Para eliminar una hoja del libro de trabajo, siga los siguientes pasos:

1. **Haga clic sobre la pestaña de la hoja de trabajo que desea borrar.**

2. **Seleccione Edit⇨Delete Sheet en el menú Edit o haga clic en el botón derecho sobre la pestaña y escoja Delete en su menú de acceso directo.**

   Excel luego muestra un mensaje preocupante en un cuadro de alerta, el cual le indica que va a borrar permanentemente las hojas seleccionadas.

3. **Proceda y haga clic sobre OK o pulse Enter si está realmente seguro que desea eliminar la hoja completa.**

Solo tenga en mente que esta es una de esas situaciones en que el comando Undo no es efectivo para restablecer la hoja borrada en el libro de trabajo.

Para borrar varias hojas del libro de trabajo, seleccione todas las que desea eliminar y escoja Edit⇨Delete Sheet en la barra de menú o seleccione Delete en el menú de acceso directo de la pestaña. Luego, cuando está seguro de que ninguna de las hojas de trabajo será necesaria, haga clic sobre OK o pulse Enter cuando aparece el recuadro de diálogo de alerta.

Si se encuentra constantemente jugueteando con la cantidad de hojas en un libro de trabajo, es decir agregando un grupo de nuevas hojas de trabajo o borrando todas salvo una, podría pensar en cambiar el número predeterminado de hojas en un libro de trabajo para que la próxima vez que abra uno nuevo, tenga una cantidad de hojas más realista a mano. Para cambiar el número predeterminado, seleccione Tools⇨Options para abrir el recuadro de diálogo Options, seleccione la pestaña General e introduzca un número entre 1 y 255 en la casilla de texto Sheets in New Workbook, o seleccione un nuevo número con los botones antes de hacer clic sobre OK.

## *Una hoja de trabajo con cualquier otro nombre...*

Los nombres de hoja que Excel propone para las pestañas en un libro de trabajo (*Sheet1* a *Sheet3*) no son muy originales que digamos — y ¡ciertamente no son descriptivos sobre su función en esta vida! Usted puede fácilmente cambiar el nombre de una pestaña de una hoja de trabajo a cualquier cosa que le ayude a

## Corto y Bueno (nombres de hoja)

Aunque Excel le permite hasta 31 caracteres (incluyendo espacios) para un nombre de hoja, es preferible mantenerlo lo más cortos posible por dos razones:

✔ Primero, cuanto más largo sea el nombre, más larga es la pestaña de hoja. Y cuanto más grande sea la pestaña de hoja, menos serán las pestañas desplegadas en la pantalla. Y cuanto menores sean estas, más tendrá que desplazarse entre las pestañas para seleccionar las hojas con las cuales desea trabajar.

✔ Segundo, si empieza por crear fórmulas que usan celdas en diferentes hojas de trabajo (Refiérase a la sección "Para Resumir . . ." más adelante en este capítu-

lo, para un ejemplo), Excel utiliza el nombre de la hoja como parte de la referencia de celda en la fórmula. (¡De qué otra forma Excel puede hacer constar un valor en la celda C1 en la Sheet1 del valor de la celda C1 en la Sheet2!) Por lo tanto, si los nombres de sus hojas son largas, acabará con fórmulas difíciles de manejar en las celdas y en la barra Formula aún cuando está lidiando con fórmulas sencillas que se refieren únicamente a celdas en un par de diferentes hojas de trabajo.

Así que recuerde: como regla general, cuantos menos caracteres tenga el nombre de una hoja, mejor.

recordar lo que colocó en ella (siempre y cuando este nombre descriptivo no sea mayor de 31 caracteres).

Para cambiarle el nombre a una pestaña de hoja de trabajo, solo siga estos pasos:

1. **Haga doble clic sobre la pestaña de hoja o haga clic en el botón derecho sobre la pestaña de hoja y luego seleccione el comando Rename en el menú deacceso directo de la pestaña de hoja.**

    Esto selecciona el nombre actual en la pestaña de hoja.

2. **Reemplace el nombre actual en la pestaña de hoja digitando el nuevo nombre en esta.**

3. **Pulse Enter.**

    Excel muestra el nuevo nombre de la hoja de su pestaña en la parte inferior de la ventana del libro de trabajo.

# Una pestaña de hoja de cualquier color . . .

En Excel 2002, puede asignarles colores a las diferentes pestañas de hoja de trabajo. Esta opción le permite codificar con colores las diferentes hojas de trabajo. Por ejemplo, puede asignarle rojo a las pestañas de aquellas hojas de trabajo que necesitan revisión inmediata y azul a aquellas que ya ha revisado.

Para asignarle un color a una pestaña de hoja de trabajo, haga clic en el botón derecho sobre la pestaña y seleccione Tab Color en su menú de acceso directo para abrir el recuadro de diálogo Format Tab Color. Haga clic sobre el color que le desea asignar a la pestaña de hoja seleccionada en el recuadro de diálogo Format Tab Color y luego haga clic sobre OK. Cuando desaparece el recuadro de diálogo Format Tab Color, el nombre de la pestaña de hoja activa aparece subrayada en el color que acaba de escoger. Cuando hace activa otra pestaña de hoja, la pestaña completa toma el color asignado (y el texto del nombre de la pestaña cambia a blanco si el color seleccionado es tan oscuro que las letras en negro sean imposibles de leer).

Para eliminar un color de una pestaña, abra el recuadro de diálogo Format Tab Color en el menú de acceso directo en la pestaña y luego escoja la selección No Color en la parte superior antes de hacer clic sobre OK.

# Ordenar sus hojas

A veces, puede requerir cambiar el orden en el cual aparecen sus hojas en el libro de trabajo. Excel le facilita hacerlo al permitirle arrastrar la pestaña de la hoja que desea ordenar en el libro de trabajo al sitio donde desea insertarla. Mientras arrastra la pestaña, el puntero cambia al icono de hoja con una flecha en esta y el programa muestra su avance entre las pestañas de hoja (Refiérase a las Figuras 7-3 y 7-4 para ejemplos). Cuando suelta el botón del mouse, Excel reacomoda las hojas en el libro de trabajo insertando la hoja en el lugar donde dejó la pestaña.

Si sostiene la tecla Ctrl mientras arrastra la pestaña, Excel inserta una copia de la hoja de trabajo en el lugar donde soltó el botón del mouse. Puede saber si Excel está copiando la hoja en lugar de solo moverla en el libro de trabajo, debido a que el puntero muestra un signo de más (+) en el icono de hoja que contiene una flecha. Cuando suelta el botón del mouse, Excel inserta la copia en el libro de trabajo, el cual está designado por la adición de un (2) seguido del nombre de pestaña. Por ejemplo, si copia Sheet5 a otro lugar en el libro de trabajo, la pestaña de hoja de la copia se conoce como *Sheet5 (2)*. Luego puede cambiar el nombre de la pestaña a algo más civilizado (Refiérase a la sección "Una hoja de trabajo con cualquier nombre . . ." previamente en este capítulo, para más detalles).

También puede mover o copiar hojas de trabajo de un sitio del libro de trabajo a otro, al activar la hoja que desea mover o copiar seleccionando el comando Move or Copy en el menú de acceso directo de la pestaña de la hoja. En la casilla de listas Before Sheet del recuadro de diálogo Move or Copy, haga clic sobre el nombre de la hoja de trabajo delante de donde desea que la hoja activa sea movida o copiada.

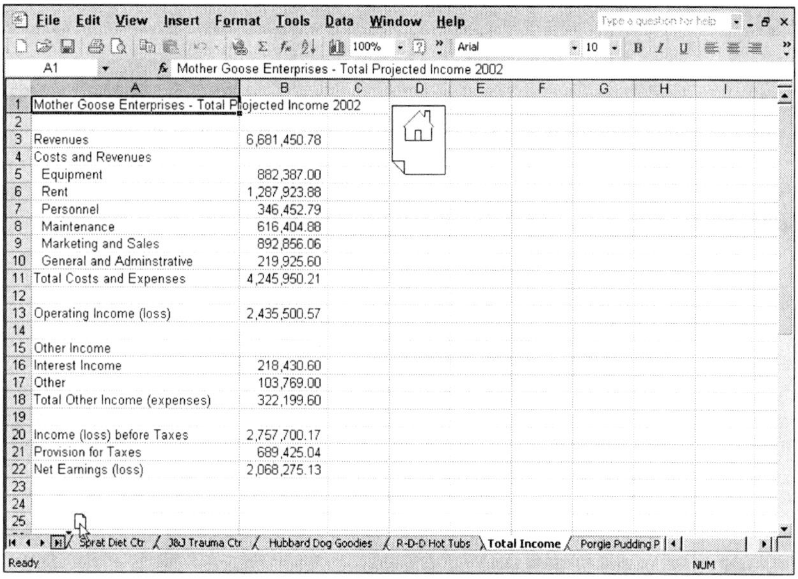

**Figura 7-3:**
Arrastre la pestaña Total Income hacia delante para reacomodar las hojas en esta hoja de trabajo.

| | A | B | C |
|---|---|---|---|
| 1 | Mother Goose Enterprises - Total Projected Income 2002 | | |
| 2 | | | |
| 3 | Revenues | 6,681,450.78 | |
| 4 | Costs and Revenues | | |
| 5 | Equipment | 882,387.00 | |
| 6 | Rent | 1,287,923.88 | |
| 7 | Personnel | 346,452.79 | |
| 8 | Maintenance | 616,404.88 | |
| 9 | Marketing and Sales | 892,856.06 | |
| 10 | General and Adminstrative | 219,925.60 | |
| 11 | Total Costs and Expenses | 4,245,950.21 | |
| 12 | | | |
| 13 | Operating Income (loss) | 2,435,500.57 | |
| 14 | | | |
| 15 | Other Income | | |
| 16 | Interest Income | 218,430.60 | |
| 17 | Other | 103,769.00 | |
| 18 | Total Other Income (expenses) | 322,199.60 | |
| 19 | | | |
| 20 | Income (loss) before Taxes | 2,757,700.17 | |
| 21 | Provision for Taxes | 689,425.04 | |
| 22 | Net Earnings (loss) | 2,068,275.13 | |
| 23 | | | |
| 24 | | | |
| 25 | | | |

Sprat Diet Ctr / J&J Trauma Ctr / Hubbard Dog Goodies / R-D-D Hot Tubs \ Total Income / Porgie Pudding P

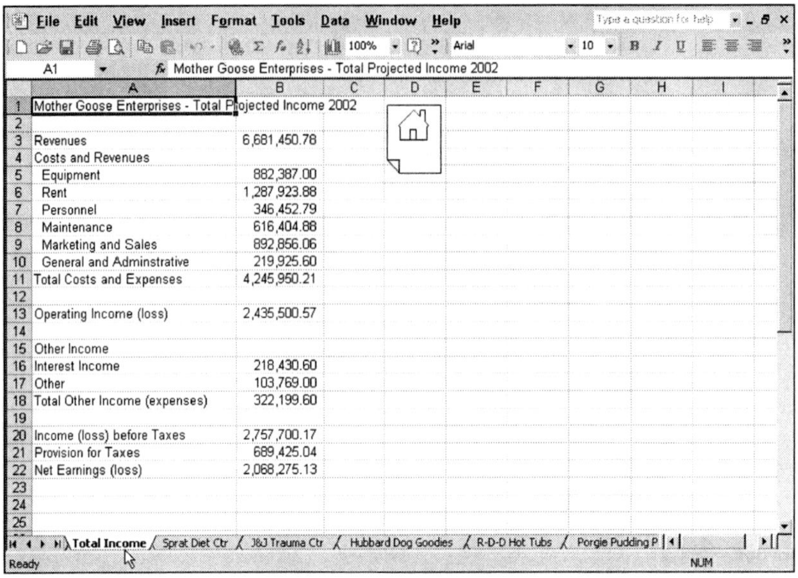

**Figura 7-4:**
La hoja Total
Income
reubicada
está ahora
de primera
en el libro
de trabajo.

Para mover la hoja activa inmediatamente delante de la hoja que seleccionó en la casilla de lista Before Sheet, simplemente haga clic sobre OK. Para copiar la hoja activa, asegúrese de seleccionar la casilla de verificación Create a Copy antes de hacer clic sobre OK. Si copia una hoja de trabajo en lugar de solamente trasladarla, Excel agrega un número al nombre de la hoja. Por ejemplo, si copia una hoja llamada *Total Income*, Excel automáticamente denomina la hoja de trabajo *Total Income (2)* y este nombre aparece en su respectiva pestaña de hoja.

# Abrir Ventanas en sus Hojas de Trabajo

Así como puede dividir una sola hoja de trabajo en ventanas para poder visualizar y comparar las diferentes partes de esa misma hoja en la pantalla (Refiérase al Capítulo 6), puede dividir un solo libro de trabajo en ventanas de hoja de trabajo y luego acomodarlas para poder visualizar diferentes partes de cada hoja de trabajo en la pantalla.

Para abrir las hojas de trabajo que desea comparar en diferentes ventanas, simplemente inserte nuevas ventanas del libro de trabajo (además de la que Excel abre automáticamente cuando abre el archivo del libro de trabajo en sí), y luego seleccione la hoja de trabajo que desea mostrar en la nueva ventana. Puede lograr esto siguiendo los pasos a continuación:

1. Seleccione Window⇨New Window en la barra de menú para crear una segunda ventana de hoja de trabajo; luego haga clic sobre la pestaña de la hoja de trabajo que desea mostrar en esta segunda ventana (indicada por el :2 que Excel agrega al final del nombre de archivo en la barra de título).

2. Seleccione el comando Window⇨New Window nuevamente para crear una tercera ventana de hoja de trabajo; luego haga clic sobre la pestaña de la hoja de trabajo que desea mostrar en esta tercera ventana (indicada por el :3 que Excel agrega al final del nombre de archivo en la barra de título).

3. Continúe de esta forma usando el comando Window⇨New Window para crear una nueva ventana y luego seleccionando la pestaña de la hoja de trabajo que desea mostrar en esa ventana para cada hoja de trabajo que desea comparar.

4. Seleccione el comando Window⇨Arrange y escoja una de las opciones Arrange (como describiré a continuación); luego haga clic sobre OK o pulse Enter.

Cuando abre el recuadro de diálogo Arrange Windows, se le presentan las siguientes opciones:

✔ **Mosaico:** Seleccione este botón de opciones para que Excel ordene y ajuste el tamaño de las ventanas para que se acomoden una a la par de la otra en la pantalla en el orden en que las abrió. (Consulte la Figura 7-5 para visualizar la pantalla luego de seleccionar la casilla de verificación Windows of Active Workbook y de escoger el botón de opción Tiled, cuando tres ventanas de la hoja de trabajo están abiertas).

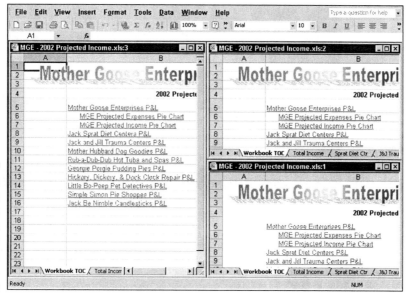

**Figura 7-5:** Ordenar tres ventanas de la hoja de trabajo con la opción Tiled.

✔ **Horizontal:** Seleccione este botón de opción para que Excel cambie los tamaños de las ventanas uniformemente y luego coloque una arriba de otra. (En la Figura 7-6, puede ver la pantalla luego de seleccionar la casilla de verificación Windows of Active Workbook y de escoger el botón de opción Horizontal, cuando tres ventanas de la hoja de trabajo están abiertas).

✔ **Vertical:** Seleccione este botón de opción para que Excel cambie los tamaños de las ventanas uniformemente y luego coloque una al lado de la otra. (En la Figura 7-7, puede ver la pantalla luego de seleccionar la casilla de verificación Windows of Active Workbook y de escoger el botón de opción Vertical, cuando tres ventanas de la hoja de trabajo están abiertas).

✔ **Cascade:** Seleccione este botón de opción para que Excel acomode y cambie los tamaños de las ventanas para que se traslapen una con otra y muestren solo sus barras de título. (Refiérase a la Figura 7-8 para ver la pantalla luego de haber seleccionado la casilla de verificación Windows of Active Workbook y de haber escogido el botón de opción Cascade, cuando tres ventanas de la hoja de trabajo están abiertas).

✔ **Windows of Active Workbook:** Seleccione esta casilla de verificación para que Excel muestre solo las ventanas que tiene abiertas en el libro de trabajo actual. De otra forma, Excel también muestra todas las ventanas en cualquier otro libro de trabajo que tenga abierto. Sí, es posible abrir más de un libro de trabajo — así como más de una ventana dentro de cada libro de trabajo abierto — siempre y cuando su computadora tenga suficiente memoria y usted tenga suficiente energía para no perder de vista toda esa información.

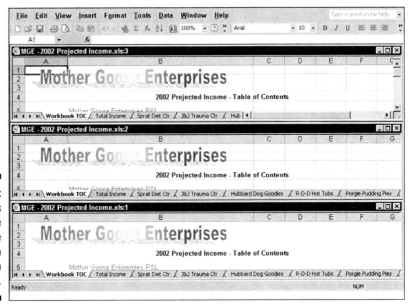

**Figura 7-6:** Ordenar tres ventanas de la hoja de trabajo con la opción Horizontal.

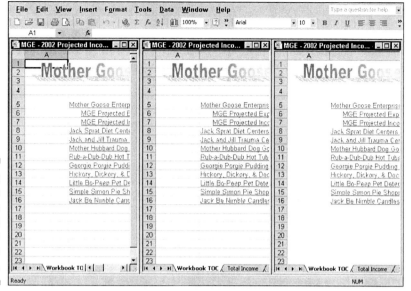

**Figura 7-7:**
Ordenar tres
ventanas de
la hoja de
trabajo con
la opción
Vertical.

**Figura 7-8:**
Ordenar tres
ventanas de
la hoja de
trabajo con
la opción
Cascade.

Luego de colocar las ventanas en un arreglo u otro, active el que desea emplear (si aún no ha sido seleccionado) haciendo clic sobre él. En el caso del arreglo en cascada, necesita hacer clic sobre la barra de título de la ventana de la hoja de trabajo o puede hacer clic sobre su botón en la barra de tareas de Windows 98/Me o 2000. Use el consejo de pantalla del botón para determinar esta información.

Cuando hace clic sobre la ventana de una hoja de trabajo que tiene el arreglo de mosaico, horizontal o vertical, Excel indica que la ventana está seleccionada destacando su barra de título y agregando las barras de desplazamiento en la ventana. Cuando hace clic sobre la barra de título de una ventana de una hoja de trabajo que colocó en el arreglo cascada, el programa muestra la ventana en la parte superior de la pila y de igual forma destaca su barra de título y agrega barras de desplazamiento.

Puede acercar la ventana temporalmente a su tamaño total haciendo clic sobre el botón Maximize en la barra de título de la ventana. Cuando termina el trabajo que necesita hacer en la ventana maximizada de la hoja de trabajo, regrese al arreglo previo haciendo clic sobre el botón Restore.

Para seleccionar la siguiente ventana en mosaico, horizontal, o vertical en la pantalla o mostrar la próxima ventana en un arreglo de cascada con el teclado, pulse Ctrl+F6. Para seleccionar la ventana anterior en mosaico, horizontal o vertical, o mostrar la ventana previa en un arreglo de cascada, pulse Ctrl+Shift+F6. Note que estos teclazos funcionan para seleccionar la ventana previa o siguiente de la hoja de trabajo, aún cuando las ventanas están maximizadas en la ventana del programa de Excel.

Si cierra una de las ventanas que ha arreglado con el botón Close (el que tiene una X en la esquina superior derecha) o pulsa Ctrl+W, Excel no cambia el tamaño automáticamente de las demás ventanas abiertas para rellenar el vacío. De igual forma, si crea otra ventana con el comando Window➪New Window, Excel no la acomoda automáticamente con las demás (de hecho, la nueva ventana se ubica justo arriba de las demás ventanas abiertas).

Para rellenar el vacío creado al cerrar una ventana o para integrar una nueva ventana que acaba de abrir en el arreglo actual, seleccione Windows➪Arrange para abrir el recuadro de diálogo Arrange Windows y haga clic sobre OK o pulse Enter. (El mismo botón de opciones que seleccionó la última vez todavía está seleccionado; si desea utilizar un nuevo arreglo, seleccione un nuevo botón de opciones antes de hacer clic sobre OK).

No intente cerrar una ventana de hoja de trabajo particular con el comando File➪Close en la barra de menú porque solo logrará cerrar el archivo del libro de trabajo completo, y a la vez eliminará todas las ventanas de la hoja de trabajo que creó.

Cuando guarda un libro de trabajo, Excel guarda también el arreglo de la ventana actual como parte del archivo junto con los demás cambios. Si no desea guardar el arreglo de ventana actual, cierre todas las ventanas excepto una (haciendo doble clic sobre sus botones de menú Control o seleccionando sus ventanas y luego pulsando Ctrl+W). Seguidamente, haga clic sobre el botón Maximize de la última ventana y seleccione la pestaña de la hoja de trabajo que desea mostrar la próxima vez que abra el libro de trabajo antes de guardar el archivo.

# *Pasar Hojas en la Noche*

En algunas situaciones, necesita mover una hoja de trabajo particular o copiar una de un libro de trabajo a otro. Para mover o copiar hojas de trabajo entre libros de trabajo, siga los pasos a continuación:

1. **Abra ambos, el libro de trabajo con la(s) hoja(s) de trabajo que desea mover o copiar, y el libro de trabajo que debe incluir la(s) hoja(s) de trabajo movida(s) o copiada(s).**

   Use la herramienta Open en la barra de herramientas Standard o seleccione el comando (Ctrl+O) para abrir los libros de trabajo.

2. **Seleccione el libro de trabajo que incluye la(s) hoja(s) de trabajo que desea mover o copiar.**

   Para seleccionar el libro de trabajo con la(s) hoja(s) que será(n) movida(s) o copiada(s), seleccione su(s) nombre(s) en el menú desplegable Window.

3. **Seleccione la(s) hoja(s) de trabajo que desea mover o copiar.**

   Para seleccionar una sola hoja de trabajo, haga clic sobre la pestaña de hoja. Para seleccionar un grupo de hojas circundantes, haga clic sobre la primera pestaña y luego sostenga Shift mientras hace clic sobre la última pestaña. Para seleccionar varias hojas no consecutivas, haga clic sobre la primera pestaña y luego sostenga Ctrl mientras hace clic sobre cada una de las otras pestañas de hoja.

4. **Seleccione el comando Edit⇨Move o Copy Sheet en la barra de menú o escoja el comando Move o Copy en el menú de acceso directo de la pestaña.**

   Excel abre el recuadro de diálogo Move or Copy (similar al que se muestra en la Figura 7-9) en el cual usted indica si desea mover o copiar la(s) hoja(s) seleccionada(s) y dónde moverla(s) o copiarla(s).

5. **En la casilla de lista desplegable To Book, seleccione el nombre del libro de trabajo al cual desea copiar o mover las hojas de trabajo.**

   Si desea mover o copiar la(s) hoja(s) de trabajo seleccionada(s) a un nuevo libro de trabajo en lugar de a uno existente que tenga abierto, seleccione la opción (new book) que aparece en la parte superior de la lista To Book.

6. **En la casilla de lista Before Sheet, seleccione el nombre de la hoja que la(s) hoja(s) de trabajo que está por mover o copiar debe(n) preceder. Si desea que la(s) hoja(s) que está por mover o copiar aparezca(n) al final del libro de trabajo, seleccione la opción (move to end).**

7. **Seleccione la casilla de verificación Create a Copy para copiar la(s) hoja(s) de trabajo seleccionada(s) al libro de trabajo designado (en lugar de moverla(s)).**

8. **Haga clic sobre OK o pulse Enter para completar la operación mover o copiar.**

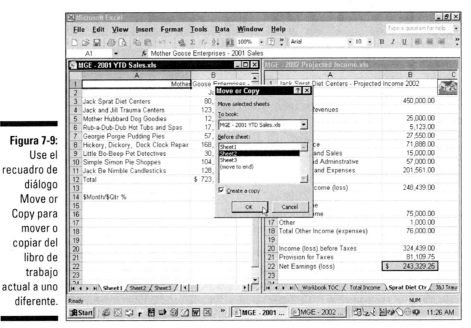

**Figura 7-9:**
Use el recuadro de diálogo Move or Copy para mover o copiar del libro de trabajo actual a uno diferente.

Si prefiere un enfoque más directo, puede mover o copiar hojas entre libros de trabajo abiertos arrastrando sus pestañas de hoja de una ventana de libro de trabajo a otra. Note que este método funciona con varias hojas así como con una sola; solo asegúrese de seleccionar todas sus pestañas de hoja antes de iniciar el procedimiento de arrastrar y soltar.

Para arrastrar una hoja de un libro de trabajo a otro, debe abrir ambos libros de trabajo. Use el comando Window⇨Arrange en la barra de menú y luego seleccione un arreglo (como Horizontal o Vertical para colocar las ventanas del libro de trabajo, ya sea unas encima de otras o unas al lado de las otras). Antes de cerrar el recuadro de diálogo

Arrange Windows, asegúrese de que la casilla de verificación Windows of Active Workbook no contenga una marca de verificación.

Luego de acomodar las ventanas del libro de trabajo, arrastre la pestaña de la hoja de un libro de trabajo a otro. Si desea copiar en lugar de mover la hoja de trabajo, sostenga la tecla Ctrl mientras arrastra el(los) icono(s) de la hoja. Para ubicar la hoja de trabajo en el nuevo libro de trabajo, coloque el triángulo que apunta hacia abajo, el cual se mueve con el icono de la hoja, delante de la pestaña de la hoja de trabajo donde desea insertarla; luego suelte el botón del mouse.

Esta operación de arrastrar y soltar es una de esas que no puede revertir cuando utiliza la opción Undo de Excel (Refiérase al Capítulo 4). ¡Esto significa que si suelta la hoja en el libro de trabajo equivocado, tendrá que retomar la hoja y arrastrarla de nuevo al lugar donde antes permanecía!

En las Figuras 7-10 y 7-11, muestro lo fácil que es mover o copiar una hoja de trabajo de un libro de trabajo a otro usando este método de arrastrar y soltar.

En la Figura 7-10, verá dos ventanas de libro de trabajo: el libro de trabajo MGE — 2001 YTD Sales (ventana izquierda) y el libro de trabajo MGE — 2002 Projected Income (ventana derecha). Acomodé estas ventanas de libro de trabajo con la opción Vertical en el recuadro de diálogo Arrange Windows. Para copiar la hoja Sprat Diet Ctr del libro de trabajo MGE — 2002 Projected Income al libro de trabajo MGE — 2001 YTD Sales, simplemente seleccioné la pestaña de hoja Sprat Diet Ctr y luego sostuve la tecla Ctrl mientras arrastraba el icono de la hoja a su nueva posición justo delante de Sheet2 del libro de trabajo MGE — 2001 YTD Sales.

Después, miré la Figura 7-11 para visualizar los libros de trabajo luego de que solté el botón del mouse. Como puede ver, Excel inserta la copia de la hoja de trabajo Sprat Diet Ctr en el libro de trabajo MGE — 2001 YTD Sales en el sitio indicado por el triángulo que acompaña el icono de hoja (entre Sheet1 y Sheet2 en este ejemplo).

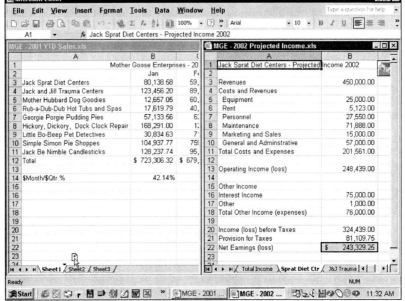

**Figura 7-10:**
Copiar la
hoja de
trabajo al
libro de
trabajo MGE
– 2001 YTD
Sales por
medio de
arrastrar
y soltar.

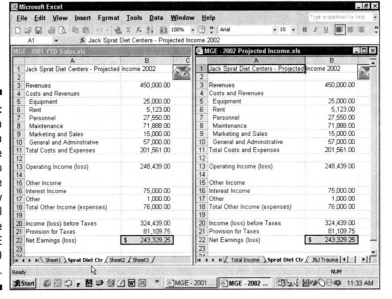

**Figura 7-11:**
Inserta una
copia de la
hoja de
trabajo
entre
Sheet1 y
Sheet2 del
libro de
trabajo MGE
— 2001 YTD
Sales.

# *Para Resumir . . .*

Sería descuidado si no lo introdujera al fascinante tema de crear una *summary worksheet (hoja de trabajo de resumen)* que recapitula o totaliza los valores almacenados en varias hojas en el libro de trabajo.

La mejor forma para poder enseñarle cómo crear una hoja de trabajo de resumen es llevándolo de la mano a través del procedimiento de hacer uno (llamado Total Income) para el libro de trabajo MGE — 2002 Projected Income. Esta hoja de trabajo de resumen totaliza el ingreso y los gastos proyectados para todas las compañías que posee Mother Goose Enterprises.

Debido a que el libro de trabajo MGE — 2002 Projected Income ya incluye nueve hojas de trabajo, cada una con los ingresos y gastos proyectados para el 2001 para una de estas empresas y, porque estas hojas de trabajo están acomodadas con el mismo arreglo, crear esta hoja de trabajo de resumen será un pastel:

1. **Inserté una nueva hoja de trabajo delante de las demás en el libro de trabajo MGE — 2002 Projected Income y cambié el nombre de su pestaña de** Sheet1 **a** Total Income.

   Para saber cómo insertar una nueva hoja de trabajo, refiérase a la sección "¡No me Quite una Hoja!" en este capítulo. Para conocer cómo cambiar el nombre de una pestaña de hoja, lea la sección "Una hoja de trabajo con cualquier otro nombre . . ."

2. **Seguidamente, introduje el título de la hoja de trabajo** Mother Goose Enterprises – Projected Income 2002 **en la celda A1.**

   Haga esto seleccionando la celda A1 y luego digitando el texto.

3. **Finalmente, copié el resto de los encabezados de fila en la columna A (que contiene las descripciones de los ingresos y gastos) de la hoja de trabajo Sprat Diet Ctr a la hoja de trabajo Total Income.**

   Para hacer esto, seleccione la celda A3 en la hoja Total Income y luego haga clic sobre la pestaña Sprat Diet Ctr. Seleccione el rango de celda A3:A22 en esta hoja; luego pulse Ctrl+C, haga clic sobre la pestaña Total Income nuevamente y pulse Enter.

Ahora estoy listo para crear la fórmula maestra SUM que totaliza los ingresos para las nueve compañías en la celda B3 de la hoja Total Income:

1. **Empecé haciendo clic sobre la celda B3 y luego haciendo clic sobre la herramienta AutoSum en la barra de herramientas Standard.**

   Excel luego coloca =SUM( ) en la celda con el punto de inserción ubicado entre dos paréntesis.

2. **Hice clic sobre la pestaña de hoja Sprat Diet Ctr, y luego hice clic sobre su celda B3 para seleccionar los ingresos proyectados para Jack Sprat Diet Centers.**

   La barra Formula muestra =SUM('Sprat Diet Ctr'!B3) luego de seleccionar esta celda.

3. **Luego digité una coma (,) — la coma empieza un nuevo argumento. Hice clic sobre la pestaña de la hoja J&J Trauma Ctr y luego hice clic sobre su celda B3 para seleccionar los ingresos proyectados para Jack and Jill Trauma Centers.**

   La barra Formula ahora muestra =SUM('Sprat Diet Ctr'!B3,'J&J Trauma Ctr'!B3), luego de seleccionar esta celda.

4. **Continué de esta forma digitando una coma (para iniciar un nuevo argumento) y luego seleccionando la celda B3 con los ingresos proyectados para las demás compañías en la siguientes siete hojas.**

   Al final de este procedimiento, la barra Formula aparece con la fórmula SUM mostrada en la barra Formula en la Figura 7-12.

5. **Para completar la fórmula SUM en la celda B3 de la hoja de trabajo Total Income, hice clic sobre la casilla Enter en la barra Formula (también hubiera podido pulsar Enter en mi teclado).**

   En la Figura 7-12, note el resultado luego de usar AutoFit para ensanchar la columna B. Como puede ver en la barra de fórmula, la fórmula maestra SUM que retorna 6,681,450.78 a la celda B3 de la hoja de trabajo Total Income obtiene su resultado de la suma de los valores en B3 en todas las nueve hojas de trabajo de soporte.

**Figura 7-12:**
La hoja de trabajo Total Income luego de que creó una fórmula SUM para sumar los ingresos totales proyectados para las nueve empresas de Mother Goose.

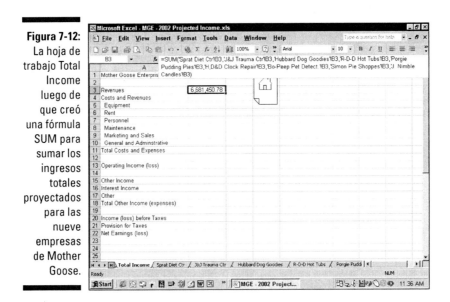

Todo lo que falta por hacer ahora es usar AutoFill para copiar la fórmula maestra en la celda B3 hasta la fila 22 como sigue:

1. **Con la celda B3 todavía seleccionada, arrastro el controlador AutoFill en la esquina inferior derecha de la celda B3 hasta la celda B22 para copiar la fórmula para sumar los valores para las nueve compañías en esta columna.**

2. **Luego elimino las fórmulas SUM de las celdas B4, B12, B14, B15 y B19 (todas las cuales incluyen ceros porque estas celdas no tienen ingresos o gastos a ser totalizados).**

En la Figura 7-13, visualiza la primera sección del resumen de la hoja de trabajo de ingresos proyectados luego de que copié la fórmula creada en la celda B3 y luego de que eliminé las fórmulas de las celdas que deben estar en blanco (todas las que dieron 0 en la columna B).

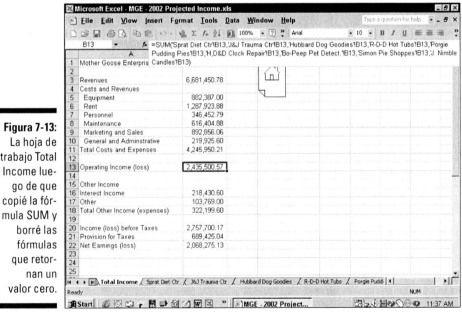

**Figura 7-13:** La hoja de trabajo Total Income luego de que copié la fórmula SUM y borré las fórmulas que retornan un valor cero.

# Parte IV
# Vida Después de la Hoja de Cálculo

**La 5a Ola**                                              **Por Rich Tennant**

¡BUEN INTENTO! ESTE GRÁFICO DE BERENJENA ES TAN CONFUSO COMO EL DE ZAPALLO Y EL DE AYOTE. PERO, ¿PODRÁS HACER UN GRÁFICO TIPO PASTEL COMO TODOS LOS DEMÁS?

## En esta parte . . .

No deje que lo molesten: las hojas de cálculo son el pan y la mantequilla de Excel 2002. Y para muchos de ustedes, crear, editar e imprimirlas es el principio y el fin de Excel — "¿Quién podría pedir algo más?" Pero no obtenga la impresión equivocada. Solo porque Excel es un genio con las hojas de cálculo no quiere decir que sea un pony mañoso. Y solo porque las hojas de cálculo puedan ser la única cosa que maneje en su trabajo actual, no quiere decir que algún día no tendrá un trabajo donde necesita trazar información desde una hoja de cálculo, crear y mantener bases de datos de Excel - y, quién sabe — incluso publicar su propia información de la hoja de trabajo en la World Wide Web.

Creé esta parte solo en caso que necesite ir más allá de los confines de su hoja de cálculo hacia áreas tan exóticas como crear gráficos y agregar imágenes de gráficos, crear, acomodar y filtrar bases de datos y publicar las hojas de trabajo en la Internet o Intranet de la compañía. Entre la información de entretenimiento en el Capítulo 8 sobre crear gráficos, la información llena de hechos en el Capítulo 9 sobre trabajar con bases de datos de Excel y los consejos y trucos sobre crear hipervínculos y convertir hojas de trabajo en documentos de HTML en el Capítulo 10, estará más que listo cuando llegue el día (o quizás ya esté aquí) en que tenga que ir más allá de las pálidas y buenas hojas de cálculo de Excel.

# Capítulo 8

# El Sencillo Arte
# de Hacer Gráficos

### En este capítulo

▶ Crear gráficos de apariencia maravillosa con el Chart Wizard

▶ Cambiar el gráfico con la barra de herramientas Chart

▶ Formatear los ejes del gráfico

▶ Agregar una casilla de texto y una flecha a un gráfico

▶ Insertar imágenes prediseñadas en sus hojas de trabajo

▶ Usar las herramientas de dibujo para agregar gráficos a hojas de trabajo

▶ Imprimir un gráfico sin imprimir el resto de los datos de la hoja de trabajo

Como Confucio dijo: "Una fotografía vale más que mil palabras" (o, en nuestro caso, números). Al agregar gráficos a hojas de trabajo, no solo eleva el interés en los números otrora aburridos, sino también ilustra tendencias y anomalías que no podrían ser aparentes con solo mirar los valores. Debido a que Excel 2002 hace tan fácil poner los números en un gráfico en una hoja de trabajo, también puede experimentar con tipos diferentes de gráficos hasta que encuentre el que mejor representa los datos; en otras palabras, la fotografía que mejor cuenta la historia particular.

Unas cuantas palabras acerca de gráficos antes de que descubra cómo hacerlos en Excel. ¿Recuerda a su maestro de álgebra de la secundaria valientemente tratando de enseñarle cómo hacer un gráfico de ecuaciones representando gráficamente valores diferentes en un eje "x" de abscisas y un eje "y" vertical en papel cuadriculado? Por supuesto, usted estaba probablemente demasiado ocupado con cosas más importantes como coches maravillosos y rock-n-roll para prestar demasiada atención a un viejo maestro. ¡Además, probablemente se dijo a sí mismo, " nunca necesitaré esta basura cuando salga de aquí y obtenga un puesto!"

Bueno, vea, uno nunca sabe. Resulta que si bien Excel automatiza casi el todo proceso de trazar datos de la hoja de trabajo, quizás necesite poder distinguir los ejes X y Y, por si acaso Excel no traza el gráfico en la forma que tenía en mente. Para refrescar su memoria y enorgullecer a su maestro de álgebra, el eje x- es el horizontal, usualmente localizado a lo largo de la parte inferior del gráfico; el eje y- es el vertical, usualmente localizado en el lado izquierdo del gráfico.

En la mayoría de los gráficos que usan estos dos ejes, Excel traza las categorías a lo largo del eje X en la parte inferior y sus valores relativos a lo largo del eje Y a la izquierda. El eje X es algunas veces llamado el *eje del tiempo* porque a menudo representa valores en lapsos diferentes, como meses, trimestres, años, etcétera.

# Conjurar Gráficos con el Chart Wizard

Excel hace el proceso de crear un gráfico nuevo en una hoja de trabajo tan indoloro como sea posible con el Chart Wizard. El Chart Wizard lo guía a través de un procedimiento de cuatro pasos, al final de cual usted tiene un gráfico completo, bello y nuevo.

Antes de que inicie el Chart Wizard, es una buena idea seleccionar primero el rango de celdas que contiene la información que quiere delineada. Recuerde que para terminar con el gráfico que quiere, la información debería ser introducida en el formato estándar de la tabla. Con la información en este formato, puede seleccionarla toda como un solo rango (refiérase a la Figura 8-1).

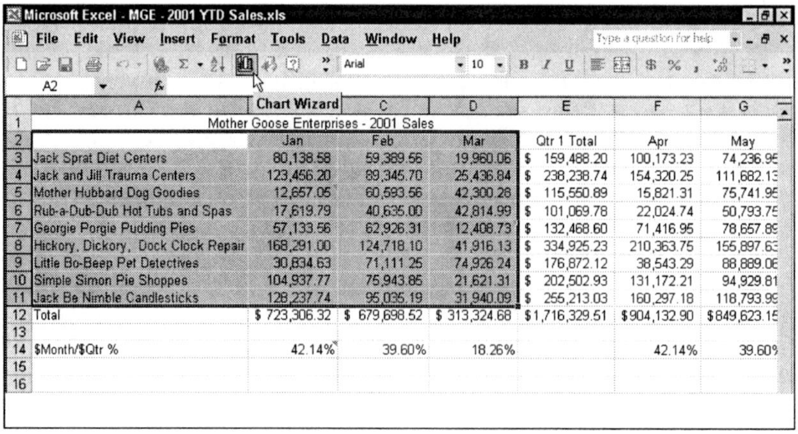

**Figura 8-1:** Seleccionar la información por ser trazada.

Si crea un gráfico que usa un eje "x-" (como la mayoría) y un eje "y-", entonces el Chart Wizard naturalmente usa la fila de encabezados de columna en la tabla seleccionada para las etiquetas de categoría a lo largo del eje "x-". Si la tabla tiene encabezados de fila, entonces el Chart Wizard usa estos como encabezados en la leyenda del gráfico (si escoge incluir uno). La leyenda identifica cada punto, columna o barra en el gráfico que representa los valores en la tabla.

Después de que seleccione la información para el gráfico, siga estos pasos para crear el gráfico:

1. **Haga clic sobre el botón Chart Wizard en la barra de herramientas Standard para abrir el Chart Wizard – paso 1 de 4 – recuadro de diálogo Chart Type, como se muestra en la Figura 8-2.**

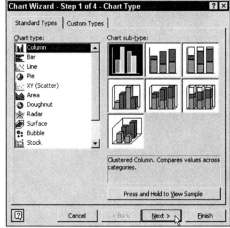

**Figura 8-2:**
El Chart
Wizard -
Paso 1 de 4
– recuadro
de diálogo
Chart Type.

El botón Chart Wizard es el que tiene la fotografía de un gráfico de columnas.

2. **Si desea usar un gráfico diferente en el lugar predefinido Clustered Column, seleccione un nuevo tipo de gráfico o sub tipo de gráfico en las pestañas Standard Types o Custom Types en el Chart Wizard – Paso 1 de 4 – recuadro de diálogo Chart Type.**

Para seleccionar otro tipo de gráfico, haga clic sobre su gráfico de muestra en la casilla de texto Chart Type. Para seleccionar un subtipo de gráfico, haga clic sobre su representación en la porción Chart SubType del recuadro de diálogo. Para ver cómo lucirán sus datos usando el tipo de gráfico y el subtipo de gráfico que ha seleccionado en la pestaña Standard Types, haga clic y sostenga el botón Press and Hold to View Sample directamente debajo del área que muestra el nombre y el subtipo del gráfico.

3. **Haga clic sobre el botón Next o pulse Enter para abrir el Chart Wizard – Paso 2 de 4 – recuadro de diálogo Chart Source Data.**

Use las opciones en el recuadro de diálogo Chart Wizard Source Data (parecido al mostrado en la Figura 8-3) — el Paso 2 de 4 — para cambiar el rango de datos por ser graficados (o seleccionarlo desde el principio, si no lo ha hecho), así como también establecer la serie dentro del rango de datos. Las dos pestañas del Paso 2 del Chart Wizard son Data Range y Series.

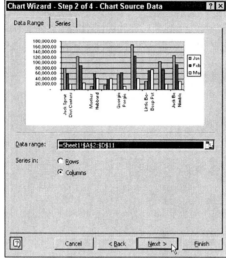

**Figura 8-3:**
El Chart Wizard - Paso 2 de 4 - Chart Source Data.

Cuando este recuadro de diálogo está abierto con la pestaña Data Range mostrada, cualquier rango de celdas seleccionado antes de seleccionar al Chart Wizard está rodeado de la marquesina en su hoja de trabajo y especificado en forma de fórmula (con referencias de celdas absolutas) en la casilla de texto Data Range. Para modificar este rango (quizá incluir la fila de encabezados de columna o la columna de encabezados de fila), reseleccione el rango con el mouse o revise las referencias en la casilla de texto Data Range.

Si el recuadro de diálogo Chart Wizard Chart Source Data — está en la vía de las celdas que necesita seleccionar, puede reducirle a solo la casilla de texto y la barra de título haciendo clic sobre el botón Collapse/Expand Dialog en la casilla de texto — Paso 2 de 4. Para re-expandir el recuadro de diálogo, haga clic sobre el botón Expand Dialog (que reemplaza el botón Collapse Dialog) otra vez. Además, tenga en mente que el recuadro de diálogo Data Source automáticamente se contiene hasta la casilla de texto Data Range tan pronto como inicie el arrastre a través de las celdas de la hoja de trabajo, y automáticamente se re-expande en el momento en que usted suelta el botón mouse.

4. **Revise el rango de celdas mostrado en la casilla de texto Data Range y, si es necesario, ajuste la dirección del rango (ya sea digitando o seleccionando el rango de celdas en la hoja de trabajo).**

Normalmente, el Chart Wizard convierte cada columna de valores en la tabla seleccionada en una *serie separada de datos* en el gráfico. La *legend (leyenda)* (el área en cajas con muestras de los colores o los patrones usados en el gráfico) identifica cada serie de datos en el gráfico.

Para los datos de la hoja de trabajo seleccionados en la hoja de trabajo de las ventas trimestrales del 2001 de Mother Goose Enterprises (refiérase a la Figura 8-1), Excel usa cada barra en el gráfico de la columna para representar las ventas de un mes diferente y agrupar estas ventas por las nueve compañías diferentes. Si quiere, puede cambiar la serie de datos de columnas a filas seleccionando el botón de opción Rows. Seleccionar el botón de opción Rows en este ejemplo hace que cada barra represente las ventas de una de las nueve compañías diferentes y agrupadas por mes.

Cuando el gráfico forma la serie de datos por columnas, el Chart Wizard usa las entradas en la primera columna (los encabezados de la fila en el rango de la celda A3:A11) para etiquetar el eje X (las *etiquetas de categoría*). El Chart Wizard usa las entradas en la primera fila (las etiquetas de la columna en el rango de la celda B2:D2) como los encabezados en la leyenda.

5. **Si desea que el Chart Wizard use las filas del rango de datos seleccionados como la serie de datos del gráfico (en lugar de las columnas), seleccione el botón de opción Rows junto al encabezado Series In en la pestaña Date Range.**

Si necesita hacer cambios individuales a cualquiera de los nombres o celdas usadas en la serie de datos, puede lograrlo al hacer clic sobre la pestaña Series en el Chart Wizard — Paso 2 de 4 — recuadro de diálogo Chart Source Data.

6. **Haga clic sobre el botón Next o pulse Enter para proceder al Chart Wizard — Paso 3 de 4 — recuadro de diálogo Chart Options.**

El Chart Wizard — Paso 3 de 4 — recuadro de diálogo Chart Options (mostrado en la Figura 8-4) le permite asignar un montón de opciones, incluyendo los títulos para que aparezcan en el gráfico, si usar las cuadrículas, donde la leyenda es desplegada, si las etiquetas de los datos aparecen junto a su serie de datos y si el Chart Wizard dibuja una tabla de datos que muestra los valores que se están trazando justo debajo de la serie de datos en el gráfico.

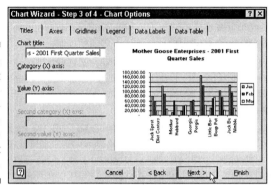

**Figura 8-4:**
El Chart
Wizard -
Paso 3 de 4
– recuadro
de diálogo
Chart
Options.

7. **Seleccione la pestaña para las opciones que desea cambiar (Titles, Axes, Gridlines, Legend, Data Labels o Data Table) y luego cambie las configuraciones de la opción según sea necesario (refiérase a "Cambiar las Opciones de Gráfico", más adelante en este capítulo, para más información).**

8. **Haga clic sobre el botón Next en el recuadro de diálogo o pulse Enter para proceder al Chart Wizard — Paso 4 de 4 — recuadro de diálogo Chart Location.**

   Seleccione entre dos botones de opción en el Chart Wizard — Paso 4 de 4 — recuadro de diálogo Chart Location (refiérase a la Figura 8-5) para colocar su nuevo gráfico ya sea en su propia hoja de gráfico en el libro de trabajo o como un nuevo objeto de gráfico en una de las hojas de trabajo en su libro de trabajo.

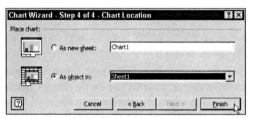

**Figura 8-5:**
El Chart
Wizard -
Paso 4 de 4
– recuadro
de diálogo
Chart
Location.

9a. **Para colocar el gráfico en su propia hoja, seleccione el botón de opción As New Sheet; luego, si desea, introduzca un nuevo nombre para la hoja (aparte de Chart1, Chart2, etcétera) en la casilla de texto a su derecha.**

9b. **Para colocar el gráfico en alguna parte en una de las hojas de trabajo en su libro de trabajo, seleccione el botón de opción As Object In y luego el nombre de la hoja de trabajo en la lista desplegable a su derecha.**

10. **Haga clic sobre el botón Finish o pulse Enter para cerrar el último recuadro de diálogo Chart Wizard.**

Si selecciona la opción As New Sheet, su nuevo gráfico aparece en su propia hoja de gráfico y la barra de herramientas Chart mágicamente aparece en la ventana del documento del libro de trabajo. Seleccione el botón de opción As Object In y su gráfico aparece como un gráfico seleccionado — junto con la barra de herramientas flotante Chart — en la hoja de trabajo designada (parecida a la mostrada en la Figura 8-6, que exhibe el gráfico de columna creado para las ventas del primer trimestre del 2001 de Mother Goose Enterprises).

**Figura 8-6:**
El gráfico completado Clustered Column cuando lo inserta en la hoja de trabajo.

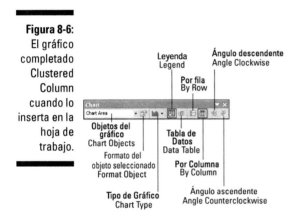

Leyenda
Legend

Por fila
By Row

Ángulo descendente
Angle Clockwise

Objetos del gráfico
Chart Objects

Formato del objeto seleccionado
Format Object

Tipo de Gráfico
Chart Type

Tabla de Datos
Data Table

Por Columna
By Column

Ángulo ascendente
Angle Counterclockwise

## *Mover y ajustar el tamaño de un gráfico en una hoja de trabajo*

Después de crear un gráfico nuevo como un objeto gráfico en una hoja de trabajo, puede fácilmente mover o ajustar el tamaño del gráfico inmediatamente después de crearlo, porque el gráfico está todavía seleccionado. (Siempre puede saber cuándo un objeto gráfico es seleccionado porque usted ve las *selection handles (agarraderas de selección)* — esos cuadrados diminutos — alrededor de los bordes del objeto). Inmediatamente después de crear el gráfico, la barra de herramientas Chart aparece flotando arriba en la ventana del documento del libro de trabajo.

✔ Para mover el gráfico, coloque el puntero del mouse en alguna parte adentro del gráfico y arrastre el gráfico a una nueva ubicación.

✔ Para ajustar el tamaño del gráfico (quizás desea hacerlo más grande si parece distorsionado en alguna forma), coloque el puntero del mouse en uno de los controles de selección. Cuando el puntero cambia de cabeza de flecha a una

## Gráficos instantáneos

Si no tiene tiempo para completar el proceso de cuatro pasos del Chart Wizard, puede crear un objeto cuadro-como-gráfico Clustered Column al seleccionar las etiquetas y valores por ser trazados, haciendo clic sobre el botón Chart Wizard en la barra de herramientas Standard y luego haciendo clic sobre el botón Finish en el Chart Wizard — Paso 1 de 4 — recuadro de diálogo Chart Type.

Para crear un gráfico terminado en su propia hoja de gráfico, seleccione las etiquetas y valores por ser trazados y luego pulse F11. Excel luego crea un nuevo gráfico Clustered Column usando los datos seleccionados en su propia hoja de gráfico (Chart1) que precede todas las otras hojas en el libro de trabajo.

flecha de dos cabezas, arrastre el costado o esquina (dependiendo de cuál agarradera selecciona) para aumentar o reducir el gráfico.

Cuando el gráfico es ajustado adecuadamente y colocado en la hoja de trabajo, establezca el gráfico en posición al deseleccionarlo (simplemente haga clic sobre el puntero del mouse en cualquier celda fuera del gráfico). Tan pronto deseleccione el gráfico, desaparecen los controles de selección, al igual que la barra de herramientas Chart, en la ventana. Para volver a seleccionar el gráfico (para editar, ajustar el tamaño o moverlo), haga clic en cualquier parte sobre él con el puntero del mouse.

## *Cambiar el gráfico con la barra de herramientas Chart*

Después de que cree un gráfico, puede usar los botones en la barra de herramientas Chart (refiérase a la Figura 8-6) para hacerle todo tipo de cambios.

✔ **Chart Objects:** Para seleccionar la parte del gráfico por cambiar, haga clic sobre el botón desplegable Chart Objects y haga clic sobre el nombre del objeto en el menú de selección o haga clic sobre el objeto directamente en el gráfico en sí con el puntero del mouse. Cuando hace clic sobre un nuevo objeto en un gráfico, su nombre aparece automáticamente en la casilla de texto Chart Objects.

✔ **Format Object:** Para cambiar el formato del objeto seleccionado del gráfico (su nombre es mostrado en la casilla de texto en el botón Chart Objects), haga clic sobre el botón Format Object para abrir un recuadro de diálogo con las opciones de formato que puede modificar. Note que el nombre de este botón es mostrado con cambios en los consejos de pantalla para corresponder al objeto del gráfico que usted selecciona, de manera que si Chart Area aparece en la casilla de texto Chart Objects, el botón se llame Format Chart Area. Así también, si Legend aparece como el objeto seleccionado del gráfico en esta casilla de texto, el nombre del botón cambia a Format Legend.

✔ **Chart Type:** Para cambiar el tipo de gráfico, haga clic sobre el botón Chart Type y luego haga clic sobre el nuevo tipo de gráfico en la paleta que aparece.

✔ **Legend:** Haga clic sobre el botón Legend para ocultar o desplegar la leyenda del gráfico.

✔ **Data Table:** Haga clic sobre el botón Data Table para agregar o eliminar una tabla de datos que encapsula los valores representados por los gráficos. (En la Figura 8-7, puede ver un ejemplo de una tabla de datos agregada al gráfico Clustered Column agregado a la hoja de trabajo de Ventas del primer trimestre de Mother Goose Enterprises )

✔ **By Row:** Haga clic sobre el botón By Row para hacer que la serie de datos en el gráfico represente las filas de valores en el rango de datos seleccionados.

✔ **By Column:** Haga clic sobre el botón By Column para hacer que la serie de datos en el gráfico represente las columnas de valores en el rango de datos seleccionados.

✔ **Angle Clockwise:** Haga clic sobre el botón Angle Clockwise cuando desee que el texto de las etiquetas de los objetos de Category Axis o Value Axis se incline 45 grados (note la inclinación hacia abajo de ab que aparece en este botón).

✔ **Angle Counterclockwise:** Haga clic sobre el botón Angle Counterclockwise cuando desee que el texto de las etiquetas de los objetos Category Axis o Value Axis se inclinan hacia arriba 45 grados (note la inclinación hacia arriba de ab que aparece en este botón).

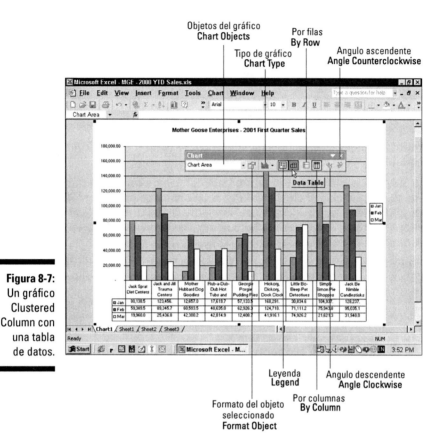

**Figura 8-7:**
Un gráfico
Clustered
Column con
una tabla
de datos.

# Editar el gráfico directamente en la hoja de trabajo

En ocasiones, puede querer hacer los cambios a las partes específicas del gráfico (por ejemplo, seleccionar una fuente nueva para títulos o reposicionar la leyenda). Para hacer este tipo de cambios, debe hacer doble clic sobre el objeto particular (como el título, leyenda, área de trazado, etcétera). Cuando hace doble clic sobre un objeto del gráfico, Excel lo selecciona y despliega un recuadro de diálogo del formato específico para la parte de gráfico donde hizo doble clic. Por ejemplo, si hace doble clic sobre alguna parte de la leyenda de un gráfico, aparece el recuadro de diálogo Format Legend con su tres pestaña (Patterns, Font, y Placement), como se muestra en la Figura 8-8. Puede luego usar las opciones en cualquiera de estas pestañas para acicalar su apariencia.

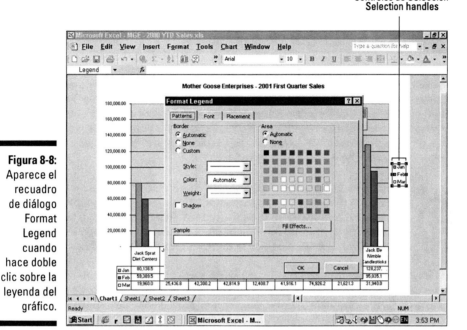

Controles de Selección
Selection handles

**Figura 8-8:**
Aparece el
recuadro
de diálogo
Format
Legend
cuando
hace doble
clic sobre la
leyenda del
gráfico.

Note que puede también editar un gráfico al seleccionar la parte que desea cambiar de la siguiente forma:

✔ Para seleccionar uno de los objetos de este gráfico, simplemente haga clic sobre él. Use el consejo de pantalla que aparece en el puntero del mouse para identificar el objeto del gráfico antes de que haga clic para seleccionarlo.

✔ Puede saber cuando un objeto es seleccionado porque aparecen los controles de selección alrededor suyo. (Puede ver los controles de selección alrededor de la leyenda del gráfico en la Figura 8-8). Con algunos objetos, puede usarlas para ajustar el tamaño o reorientar el objeto.

✔ Después de seleccionar algunos objetos del gráfico, puede moverlos dentro del gráfico al colocar el puntero con cabeza de flecha en el medio y luego arrastrar su límite.

✔ Para desplegar el menú de acceso directo del objeto del gráfico, haga clic en el botón derecho y luego arrastre al comando deseado en el menú o haga clic sobre él con el botón del mouse principal.

✔ Para eliminar la parte seleccionada del gráfico, pulse la tecla Delete.

Después de que selecciona un objeto en el gráfico haciendo clic sobre él, puede ciclarlo y seleccionar los otros objetos en el gráfico al pulsar las teclas ↑ y ↓. Pulsar la tecla → selecciona el siguiente objeto; pulsar la tecla ← selecciona el objeto anterior.

Todas las partes del gráfico que puede seleccionar en una ventana de gráfico tienen menúes adjuntos al acceso directo. Si sabe que desea escoger un comando desde el menú de acceso directo tan pronto selecciona una parte del gráfico, puede seleccionar el objeto y abrir el menú de acceso directo al hacer clic en el botón derecho sobre el objeto del gráfico. (No tiene que hacer clic en el botón derecho sobre el objeto con el botón izquierdo para seleccionarlo y luego hacer clic de nuevo con el derecho para abrir el menú).

 Note que puede mover el título del gráfico arrastrándolo a una nueva posición dentro del gráfico. Además de mover del título, puede también dividir el título en distintas líneas. Luego, si desea, puede usar opciones en la pestaña Alignment en el recuadro de diálogo Format Chart Title (Ctrl+1) para cambiar la alineación del texto dividido.

Para forzar parte del título en una nueva línea, haga clic sobre el punto de inserción en el lugar en el texto donde ocurrirá la división de la línea. Después de posicionar el punto de inserción sobre el título, pulse Enter para iniciar una nueva línea.

Además de cambiar la forma en la que los títulos aparecen en el gráfico, puede modificar la forma en que la serie de datos, la leyenda y los eje "X" y "Y" aparecen en el gráfico al hacer clic en el botón derecho sobre ellos para abrir sus menúes de acceso directo y seleccionar los comandos adecuados.

## Cambiar las Opciones del Gráfico

Si encuentra que necesita hacer algunas alteraciones sustanciales a su gráfico, puede abrir el recuadro de diálogo Chart Options. (Este recuadro de diálogo contiene las mismas pestañas y opciones que el Chart Wizard - Paso 3 de 4 — recuadro de diálogo Chart Options cuando crea un gráfico — refiérase a la Figura 8-4). Puede abrir este recuadro de diálogo al seleccionar el área del gráfico y escoger Chart⇨Chart Options en la barra de menú o escoger Chart Options en el menú del acceso directo de Chart Area.

El recuadro de diálogo Chart Options puede contener hasta seis pestañas (dependiendo del tipo de gráfico que seleccione — los gráficos de pastel, por ejemplo, tienen solo las tres primeras pestañas) con opciones para hacer lo siguiente:

✔ **Titles:** Use las opciones en la pestaña Titles para agregar o modificar el título Chart (que aparece en la parte superior del gráfico), el título Category (que aparece debajo del eje X), o el título Value (que aparece a la izquierda del eje Y).

✔ **Axes:** Use las opciones en la pestaña Axes para ocultar o desplegar las marcas de señal tick y etiquetas a lo largo del eje (x) Category o el eje (y) Value.

✔ **Gridlines:** Puede usar las opciones en la pestaña Gridlines para ocultar o desplegar las cuadrículas mayores y menores que aparecen en las marcas de señal tick a lo largo del eje (x) Category o el eje (y) Value.

✔ **Legend:** Use las opciones en la pestaña Legend para ocultar o desplegar la leyenda o para cambiar su posición en relación con el área del gráfico (al seleccionar el botón de opción Bottom, Corner, Top, Right o Left).

✔ **Data Labels:** Puede usar las opciones en la pestaña Data Labels para ocultar o desplegar etiquetas que identifican cada serie de datos en el gráfico.

✔ **Data Table:** Use las opciones en la pestaña Data Table para agregar o eliminar la tabla de datos que muestra los valores de la hoja de trabajo trazadas. (Refiérase a la Figura 8-7 para un ejemplo de un gráfico con una tabla de datos).

# Contar Todo con una casilla de texto

En la Figura 8-9, usted ve un gráfico Area para las ventas del primer trimestre del 2001 de Mother Goose Enterprises. Agregué una casilla de texto con una flecha que indica cuán extraordinarias fueron las ventas para las tiendas Hickory, Dickory, Dock Clock Repair en este trimestre y formateé los valores en el eje Y con el formato de número Currency.

**Figura 8-9:**
Un gráfico Area con una casilla de texto agregada y los valores del eje Y formateadas.

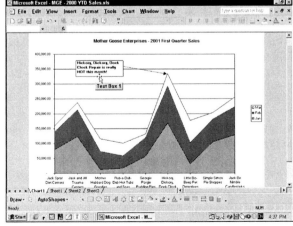

Para agregar una casilla de texto al gráfico, abra la barra de herramientas Drawing (mostrada en la Figura 8-10) haciendo clic sobre el botón Drawing en la barra de herramientas Standard. Como puede ver en la Figura 8-9, la barra de herramientas Drawing automáticamente se ancla en la parte inferior de la ventana del libro de trabajo. Haga clic sobre el botón Text Box y Excel cambia el puntero del mouse a una línea vertical angosta con una cruz corta cerca de la parte inferior. Haga clic en el lugar donde desea dibujar la casilla de texto o dibuje la casilla de texto en el gráfico o la hoja de trabajo al arrastrar su contorno. Cuando hace clic sobre este puntero del mouse, Excel dibuja una casilla de texto cuadrada. Cuando suelta el botón del mouse después de arrastrar el puntero del mouse, Excel dibuja una casilla de texto en la forma y tamaño del contorno.

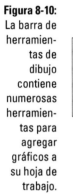

**Figura 8-10:** La barra de herramientas de dibujo contiene numerosas herramientas para agregar gráficos a su hoja de trabajo.

Después de crear la casilla de texto, el programa coloca el punto de inserción en la parte superior y puede luego digitar el texto que desea que aparezca adentro. El texto que aparece en la casilla de texto se ajusta a una nueva línea cuando alcanza el borde derecho de la casilla. ***Recuerde:*** Puede pulsar Enter cuando desee forzar el texto a aparecer en una nueva línea. Cuando termine de introducir el mensaje para su casilla de texto, haga clic en cualquier parte fuera de la casilla para deseleccionarla.

Después de agregar una casilla de texto a un gráfico empotrado (u hoja de trabajo), puede editarla de la siguiente manera:

✔ Puede mover la casilla de texto a una nueva ubicación en el gráfico al arrastrarla.

✔ Puede ajustar el tamaño de la casilla de texto al arrastrar el control de selección adecuado.

✔ Cambie o elimine el borde alrededor de la casilla de texto en el recuadro de diálogo Format Text Box. Para abrir este recuadro de diálogo, haga clic sobre el borde de la casilla de texto para seleccionar la casilla y luego pulse Ctrl+1 para abrir el recuadro de diálogo Format AutoShape. Haga clic sobre la pestaña Colors and Lines en este recuadro de diálogo y luego haga todos los cambios necesarios a las opciones en la sección Line de la casilla. Por ejemplo, para eliminar todos los bordes de su casilla de texto, seleccione el menú de No Line on the Color.

✔ Para agregar el efecto de sombra despegada, haga clic sobre el borde de la casilla de texto para seleccionarlo, haga clic sobre el botón Shadow en la barra de herramientas Drawing (la que tiene la fotografía de una sombra despegada detrás de un rectángulo) y luego seleccione el tipo de sombra despegada por aplicar en la paleta que aparece.

✔ Para hacer la casilla de texto tridimensional, haga clic sobre el borde de la casilla de texto para seleccionarla, haga clic sobre el botón 3-D en la barra de herramientas Drawing (la última con el rectángulo 3-D) y luego seleccione la forma de la casilla 3-D que desea aplicar desde la paleta.

 Puede hacer que el texto en su casilla de texto corra verticalmente hacia abajo de las columnas de la casilla (leyendo de izquierda a derecha) en lugar de usar el flujo de texto normal que fluye hacia debajo de las líneas (que también es leído de izquierda a derecha). Simplemente, cree su casilla de texto al seleccionar el botón Vertical Text Box en lugar del botón regular Text Box (localizado justo a la par) en la barra de herramientas Drawing. Note que Excel convierte el texto que usted introduce para que este corra hacia abajo en las columnas tan pronto hace clic en alguna parte en la hoja de trabajo fuera de la casilla de texto para deseleccionarla.

Al crear una casilla de texto, quizás desee agregar una flecha para apuntar directamente al objeto o parte del gráfico al que se está refiriendo. Para agregar una flecha, haga clic sobre el botón Arrow en la barra de herramientas Drawing y luego arrastre la cruz desde el lugar donde debe aparecer el final de la flecha (el que *no tiene* la cabeza de flecha) al lugar donde empieza la flecha (aparece la cabeza de flecha) y suelte el botón del mouse.

Excel luego dibuja una nueva flecha, que permanece seleccionada (con los controles de selección al principio y final de la flecha). Puede luego modificar la flecha de la siguiente forma:

✔ Para mover la flecha, arrástrela en posición.

✔ Para cambiar la longitud de la flecha, arrastre uno de los controles de selección.

✔ Conforme cambie la longitud, puede también cambiar la dirección de la flecha al rotar el puntero del mouse alrededor del control de selección estacionario.

✔ Si desea cambiar la forma de la cabeza de flecha o el grosor del eje de la flecha, seleccione la flecha en la hoja de trabajo, haga clic sobre el botón Arrow Style en la barra de herramientas Drawing (la que tiene tres flechas) y luego escoja el tipo de cabeza de flecha para aplicar en el menú que aparece. Si necesita cambiar el color de la flecha, el grosor o estilo de la línea o si desea crear una cabeza de flecha personalizada, escoja el comando More Arrows en la parte inferior del menú que aparece para abrir el recuadro de diálogo Format AutoShape. (Puede también abrir este recuadro de diálogo al escoger Format⇨ Selected Object en la barra de menú o al pulsar Ctrl+1).

## *Formatear el eje X y el eje Y*

Al trazar un montón de valores, Excel no es tan cuidadoso sobre cómo formatea los valores que aparecen en el eje Y (o el eje X cuando usa algunos tipos de gráfico como 3-D Column o XY Scatter). Si no está contento con la forma en que aparecen los valores en alguno de los ejes, puede cambiar el formato de la siguiente forma:

1. **Haga doble clic sobre el eje X o eje Y en el gráfico o haga clic sobre el eje y luego escoja F̲o̲rmat⇨S̲elected Axis en la barra de menú (o pulse Ctrl+1).**

   Excel abre el recuadro de diálogo Format Axis que contiene las siguientes pestañas: Patterns, Scale, Font, Number y Alignment.

2. **Para cambiar la apariencia de las marcas gruesas a lo largo del eje, cambie las opciones en la pestaña Patterns (la cual es automáticamente seleccionada cuando abre por primera vez el recuadro de diálogo Format Axis) como lo desee.**

3. **Para cambiar la escala del eje seleccionado, haga clic sobre la pestaña Scale y cambie las opciones de Scale en la forma que desee.**

4. **Para cambiar la fuente de las etiquetas que aparecen en las marcas de señal en el eje seleccionado, haga clic sobre la pestaña Font y cambie las opciones Font como desee.**

5. **Para cambiar el formato de los valores que aparecen en las marcas de señal en el eje seleccionado, seleccione la pestaña Number; luego escoja el tipo de formato en la casilla de lista Category seguido por las opciones adecuadas asociadas con esa categoría.**

   Por ejemplo, para seleccionar el formato Currency sin lugares decimales, seleccione Currency en la casilla de lista Category; luego introduzca **0** en la casilla de texto Decimal Places o seleccione 0 con los botones spinner.

6. **Para cambiar el formato de la orientación de las etiquetas que aparecen en las marcas de señal en el eje seleccionado, seleccione la pestaña Alignment. Luego indique la nueva orientación al hacer clic sobre ella en la casilla de muestra Text o al introducir el número de grados (entre 90 y −90) en la casilla de texto Degrees (o al seleccionar este número con los botones).**

7. **Haga clic sobre OK o pulse Enter para cerrar el recuadro de diálogo Format Axis.**

Tan pronto cierre el recuadro de diálogo Format Axis, Excel redibuja el eje del gráfico de acuerdo con las nuevas configuraciones. Por ejemplo, si escoge un nuevo formato de número para un gráfico, Excel inmediatamente formatea todos los números que aparecen a lo largo del eje seleccionado usando ese formato.

## Los valores vacilantes significan gráficos cambiantes

Tan pronto termine de modificar los objetos en un gráfico, puede deseleccionar el objeto, las etiquetas y los valores del gráfico y retornar a la hoja de trabajo normal y a sus celdas al hacer clic sobre el puntero en cualquier parte fuera del gráfico. Después de que un gráfico es deseleccionado, puede mover de nuevo el puntero de la celda sobre la hoja de trabajo. Solo recuerde que si usa las teclas de flecha para mover el puntero de la celda, este puntero desaparece cuando se mueve a una celda en la hoja de trabajo que está oculta detrás del gráfico (por supuesto, si intenta seleccionar una celda cubierta por un gráfico al hacer clic sobre el puntero del mouse, solo tendrá éxito al seleccionar el gráfico en sí).

Recuerde que los valores de la hoja de trabajo representados gráficamente permanecen vinculados al gráfico para que, en caso de hacer un cambio a uno o más de los valores trazados en la hoja de trabajo, Excel automáticamente actualizará el gráfico para que calcen.

## ¡Imagínese Esto!

Los cuadros no son el único tipo de gráficos que puede agregar a una hoja de trabajo. De hecho, Excel le permite acicalar una hoja de trabajo con dibujos, casillas de texto e incluso imágenes gráficas importadas de otras fuentes, como imágenes escaneadas o dibujos creados en otros programas de gráficos o bajados de la Internet.

Para mostrar una pieza de imagen prediseñada incluida con Office XP, usted escoge el comando Insert⇨Picture⇨ClipArt en la barra de menú o hace clic sobre el botón Insert Clip Art en la barra de herramientas Drawing (si esta barra de herramientas es desplegada). Cuando hace esto, Excel 2002 despliega la barra de tareas Insert Clip Art (parecida a la mostrada en la Figura 8-11) desde la cual usted busca el tipo de arte que desea usar. Para localizar la(s) imagen(es) que desea insertar en la hoja de trabajo en el panel de tareas Insert Clip Art, siga estos pasos:

1. **Haga clic sobre la casilla Search Text en la parte superior debajo del encabezado Search For y luego introduzca la(s) palabra(s) clave para el tipo de imagen prediseñada que desea encontrar.**

   Al introducir palabras clave para encontrar tipos particulares de imágenes prediseñadas, intente introducir términos generales y descriptivos como árboles, flores, personas y similares.

2. **(Opcional) Haga clic sobre el botón desplegable Search In y elimine (deseleccione) marcas de verificación desde cualquier colección de imagen prediseñada que no desea buscar.**

   Por omisión, Excel busca todas las colecciones de imagen prediseñada (incluyendo la colección Media Gallery Online en la Web. Para limitar su búsqueda, necesita asegurarse de que solo las colecciones de imagen prediseñada que desea incluir en la búsqueda tienen marcas de verificación antes de sus nombres.

3. **(Opcional) Para limitar la búsqueda a solo imágenes prediseñadas, haga clic sobre el botón desplegable Results Should Be y elimine marcas de verificación de las categorías All Media Types, Photographs, Movies y Sounds.**

   Puede limitar aún más los tipos de archivos de imágenes prediseñadas incluidos en la búsqueda al hacer clic sobre el signo de más frente a Clip Art y luego eliminar las marcas de verificación desde cualquier tipo de imagen (como CorelDraw o Macintosh PICT) que no quiere o necesita usar.

4. **Haga clic sobre el botón Search cerca de la parte superior del panel de tareas Insert Clip Art para iniciar la búsqueda.**

**Figura 8-11:**
Use el panel
de tareas
Insert Clip
Art para
buscar una
imagen pre-
diseñada.

Cuando haga clic sobre el botón Search, Excel busca todos los lugares que especifica en la lista Search In y despliega los resultados de la búsqueda en el panel
de tareas Insert Clip Art (refiérase a la Figura 8-12). Para insertar una imagen
particular en la hoja de trabajo actual, haga clic sobre ella con el mouse. Puede
también insertar una imagen al colocar el mouse sobre ella para desplegar su
botón y luego hacer clic sobre el botón desplegable y escoger Insert en la parte
superior del menú que aparece.

No puede usar la opción de búsqueda en el panel de tareas Insert Clip
Art hasta después de que organice las imágenes con el Clip Organizer.
Para hacer esto, haga clic sobre el vínculo <u>Clip Organizer</u> cerca de la
parte inferior del panel de tareas Insert Clip Art. Cuando haga clic sobre este vínculo, Excel abre la ventana Add Clips to Organize en la cual
hace clic sobre el botón Now y hace que todos sus archivos de media
sean ordenadas por palabras clave. Después de que Clip Organizer termina de ordenar su Clip art, está listo para buscar imágenes según son
contorneadas en los pasos anteriores.

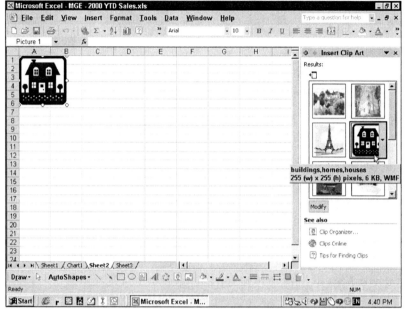

**Figura 8-12:**
Seleccione
y agregue la
imagen pre-
diseñada de
los resulta-
dos de su
búsqueda
en el panel
de tareas
Insert
Clip Art.

Si tiene dificultad para encontrar una pieza de imagen prediseñada, intente editar sus palabras clave para facilitar encontrarla la próxima vez. Para hacer esto, haga clic sobre el botón desplegable de la imagen y luego escoja Edit Keywords en el menú que aparece. Hacer esto abre el recuadro de diálogo Keywords que muestra todas las palabras clave asignadas a la imagen. Para agregar su propia palabra a la lista, introdúzcala en la casilla de texto despegable Keyword y haga clic sobre el botón Add. Además, si ve una imagen que está cerca pero no es exactamente lo que desea, intente encontrar imágenes parecidas al hacer clic sobre el botón desplegable de la imagen y luego escoger el menú de Find Similar Style.

## Insertar imágenes gráficas de archivos

Si desea traer una imagen gráfica creada en otro programa y guardada en su propio archivo gráfico, escoja el comando Insert⇨Picture⇨From File y luego seleccione el archivo gráfico en el recuadro de diálogo Insert Picture (que funciona como abrir un archivo de libro de trabajo de Excel en el recuadro de diálogo Open).

Si desea traer una imagen gráfica creada en otro programa de gráficos y que no está guardada en su propio archivo, seleccione el gráfico en ese programa y luego cópielo al Clipboard (pulse Ctrl+C o escoja el comando Edit➪Copy en la barra de menú) antes de regresar a la hoja de trabajo de Excel. Cuando regresa a la hoja de trabajo, coloque el cursor donde desea que vaya la fotografía y luego pegue la imagen en posición (pulse Ctrl+V o escoja el comando Edit➪Paste).

## Dibujar su propio gráfico

Además de los gráficos o imágenes dibujados en otros programas de gráficos, puede usar las herramientas en la barra de herramientas Drawing para hacer sus propios gráficos dentro de Excel. La barra de herramientas Drawing contiene todo tipo de herramientas de dibujo que puede usar para dibujar  formas delineadas o rellenas como líneas, rectángulos, cuadrados y óvalos.

Como parte de estas herramientas de dibujo, la barra de herramientas Drawing contiene un botón AutoShapes que le brinda acceso a una gama de líneas y formas especializadas listas. Para seleccionar una de estas líneas o formas, haga clic sobre ella en la paleta que se abre tan pronto como destaque el elemento Lines, Connectors, Basics Shapes, Block Arrows, Flowchart, Stars and Banners o Callouts en el menú que aparece cuando hace clic sobre el botón AutoShapes.

Haga clic sobre el elemento More AutoShapes en el menú del botón AutoShapes para abrir el panel de tareas Insert Clip Art que ofrece un montón de dibujos lineales adicionales, incluyendo varias formas de computadoras que puede insertar en su documento al hacer clic sobre sus imágenes.

## Trabajar con WordArt

Si tener líneas y formas especializadas disponibles con el botón AutoShapes no le brinda suficiente variedad para su hoja de trabajo, quizá desee intentar agregar algún texto sofisticado con el botón WordArt en la barra de herramientas Drawing. Puede agregar este tipo de texto a su hoja de trabajo  siguiendo estos pasos:

1. **Seleccione la celda en el área de la hoja de trabajo donde aparecerá el texto de WordArt.**

Como WordArt es creado como un objeto gráfico en la hoja de trabajo, puede ajustar el tamaño y mover el texto después de que lo cree, como lo haría con cualquier otro gráfico de hoja de trabajo.

2. **Haga clic sobre el botón WordArt (el que tiene la fotografía de la letra *A* inclinada hacia abajo) en la barra de herramientas Drawing.**

Cuando hace clic sobre el botón WordArt, Excel despliega el recuadro de diálogo WordArt Gallery, como se muestra en la Figura 8-13.

3. **Haga clic sobre el estilo de WordArt que desea usar en el recuadro de diálogo WordArt Gallery y luego haga clic sobre OK o pulse Enter.**

   Excel abre el recuadro de diálogo Edit WordArt Text, en el cual introduce el texto que desea que aparezca en la hoja de trabajo y luego seleccione su fuente y tamaño de fuente.

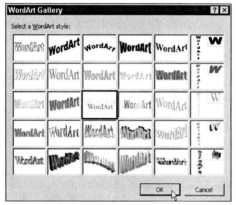

**Figura 8-13:**
Seleccione el tipo de texto en la WordArt Gallery.

4. **Digite el texto que desee desplegar en la hoja de trabajo en la casilla de texto Text.**

   Tan pronto como empiece a digitar, Excel reemplaza la frase Your Text Here destacada con el texto que desea que aparezca en la hoja de trabajo.

5. **Seleccione la fuente que desea usar en la casilla de lista desplegable Font y el tamaño de la fuente en la casilla de lista desplegable Size.**

6. **Haga clic sobre OK.**

   Excel dibuja su texto de WordArt en la hoja de trabajo en la posición del puntero de la celda, mientras despliega al mismo tiempo la barra de herramientas flotante WordArt (como se muestra en la Figura 8-14). Puede usar los botones en esta barra para formatear aún más el estilo básico de WordArt o editar el texto.

7. **Luego de hacer cualquier ajuste final al tamaño, forma o formato del texto de WordArt, haga clic sobre una celda en alguna parte fuera del texto para deseleccionar el gráfico.**

   Cuando haga clic fuera del texto de WordArt, Excel deselecciona el gráfico y la barra de herramientas  WordArt se oculta. (Si alguna vez desea que reaparezca la barra de herramientas, todo lo que tiene que hacer es clic en cualquier parte del texto de WordArt para seleccionar el gráfico).

**Figura 8-14:**
Use las herramientas en la barra de herramientas WordArt para refinar más el texto.

# Ordenar los Organization Charts

En Excel 2002, la barra de herramientas Drawing contiene un botón Insert Diagram or Organization Chart (refiérase a la Figura 8-10) que puede usar para rápida y fácilmente agregar gráficos organizacionales a sus hojas de trabajo. Simplemente, haga clic sobre el botón Insert Diagram or Organization Chart para desplegar el recuadro de diálogo Diagram Gallery (mostrado en la Figura 8-15). Seleccione el tipo de gráfico por dibujar haciendo doble clic sobre su imagen o clic sobre la imagen y luego sobre OK.

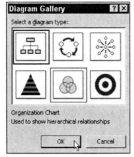

**Figura 8-15:**
Seleccione
un gráfico
organizacio-
nal en la
Diagram
Gallery.

Luego de que Excel inserte la estructura básica del gráfico organizacional en su hoja de trabajo, puede reemplazar el texto con el suyo haciendo clic sobre el botón Click to Add Text (¡¿de qué otra forma lo podría llamar Microsoft?!) y digitando el nombre o título de la persona o lugar que habita en cada nivel del gráfico (como se muestra en la Figura 8-16).

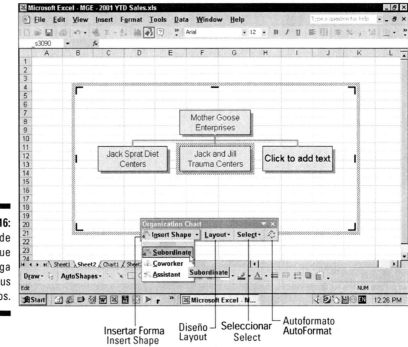

**Figura 8-16:**
Formato de
texto que
agrega
a sus
gráficos.

Insertar Forma
Insert Shape

Diseño
Layout

Seleccionar
Select

Autoformato
AutoFormat

Para insertar una forma adicional al mismo nivel de administración en el gráfico, escoja la opción Coworker en el menú de Insert Shape. Para insertar una forma para un nivel administrativo subordinado directamente debajo del que está actualmente seleccionado, escoja la opción Subordinate en este menú. Para insertar una forma para un nivel administrativo subordinado indirectamente conectado a la forma actualmente seleccionada, escoja Assistant en el menú que aparece.

Para destacar la apariencia de su gráfico organizacional, haga clic sobre el botón AutoFormat en la barra de herramientas Organization Chart y luego seleccione el estilo de diagrama que desea aplicar a todo el gráfico organizacional en el recuadro de diálogo Organization Chart Style Gallery. Para hacer que Excel ajuste el tamaño del texto que agrega al tamaño de las formas en el gráfico, escoja la opción Fit Organization Chart to Contents en el menú de Layout. Para aumentar el tamaño de las formas y el tamaño general del gráfico para que ajuste el texto que introduce en el gráfico, escoja la opción Expand Organization Chart en el menú de Layout, en lugar de ello.

# *Uno Sobre el Otro . . .*

En caso que no lo haya notado, los objetos gráficos flotan en la parte superior de las celdas de la hoja de trabajo. La mayoría de los objetos (incluyendo gráficos) son opacos, lo que quiere decir que ocultan (*sin* reemplazar) información en las celdas debajo. Si mueve un gráfico opaco sobre otro, el que está encima oculta el de abajo, y si pone una hoja de papel sobre otra  oculta la información de la que está abajo. Esto significa que la mayoría del tiempo, debería asegurarse de que los objetos gráficos no se traslapan entre sí o se traslapan con las celdas con información de la hoja de trabajo que desea desplegar.

Algunas veces, por ejemplo, puede crear algunos efectos especiales interesantes al colocar un objeto gráfico transparente (como un círculo) frente a uno opaco. El único problema que podría encontrar es si el objeto opaco se coloca sobre el transparente. Si esto ocurre, cambie sus posiciones al hacer clic en el botón derecho del objeto y luego al escoger el comando Order⇨Send to Back en el menú de acceso directo del objeto. Si alguna vez necesita mostrar un gráfico que está debajo de otro, haga clic en el botón derecho de este gráfico subyacente y luego escoja el comando Order⇨Bring to Front en el menú de acceso directo del objeto.

Algunas veces puede encontrar la necesidad de agrupar varios objetos para que actúen como una unidad (como  una casilla de texto con su flecha). En esa forma, puede mover estos objetos o ajustar su tamaño en una operación. Para agrupar objetos, necesita hacer Shift-clic sobre cada objeto agrupado para seleccionarlos todos y luego hacer clic en el botón derecho sobre el último objeto para desplegar un menú de acceso directo donde escoge el comando Grouping➪Group. Después de agrupar varios objetos, cuando haga clic sobre cualquier parte del megaobjeto, cada parte es seleccionada (y aparecen los controles de selección solamente alrededor del perímetro del objeto combinado).

En caso que luego decida que necesita independientemente mover o ajustar el tamaño de los objetos que ha agrupado, puede desagruparlos haciendo clic en el botón derecho sobre el objeto agrupado y luego escogiendo Grouping➪Ungroup en el menú de acceso directo del objeto.

## Ocultar los Gráficos

Aquí hay algo que deseará saber sobre los gráficos que agrega a una hoja de trabajo: cómo ocultarlos. Agregar gráficos a una hoja de trabajo puede demorar la respuesta de la pantalla porque Excel tiene que tomar el tiempo para redibujar cada pequeña imagen en la ventana del documento cuando desplace la vista aunque sea levemente. Para evitar que esta lentitud lo vuelva loco, oculte el despliegue de todos los gráficos mientras edita otras cosas en la hoja de trabajo o reemplácelos temporalmente con rectángulos grises que continúan marcando sus lugares en la hoja de trabajo pero no toma tanto tiempo para redibujarse.

Para ocultar todos los gráficos o reemplazarlos con sujetadores grises, escoja el comando Tools➪Options en la barra de menú y luego seleccione la pestaña View tab. Seleccione el botón de opción Hide All debajo de Objects para eliminar el despliegue de todos los gráficos por completo. Seleccione el botón de opción Show Placeholders para reemplazar temporalmente sus gráficos con rectángulos sombreados. Note que seleccionar la opción Show Placeholders no tiene efecto sobre los gráficos creados con las herramientas en la barra de herramientas Drawing o importados a la hoja de trabajo.

Antes de que imprima la hoja de trabajo, asegúrese de que redespliegue los objetos gráficos: abra el recuadro de diálogo Options, seleccione la pestaña View y luego seleccione el botón de opción Show All.

## Imprimir Solo Gráficos

Algunas veces, quizás desea imprimir solo un gráfico en particular en la hoja de trabajo (independiente de la información en la hoja de trabajo que representa o cualquier otra cosa que ha agregado). Para hacer esto, primero asegúrese de que los gráficos ocultos o grises estén desplegados en la hoja de trabajo. Para desplegar de nuevo los gráficos ocultos en una hoja de trabajo, necesita seleccionar el botón de opción Show All en la pestaña View del recuadro de diálogo Options. Para redesplegar gráficos grises con la opción Show Placeholders, simplemente haga clic sobre el gráfico (Shift-clic para desplegar múltiples gráficos). Luego, escoja el comando File⇨Print en la barra de menú (o pulse Ctrl+P) o haga clic sobre la herramientas Print en la barra de herramientas Standard.

Si escoge el comando File⇨Print en la barra de menú en lugar de hacer clic sobre la herramienta Print, ve que el botón Selected Chart debajo de Print What está seleccionado. Por omisión, Excel imprime el gráfico del tamaño completo de la página. Esto puede significar que todo el gráfico no puede imprimirse en una sola página — asegúrese de que haga clic sobre el botón Preview para que todo el gráfico calce en una página.

Si encuentra en Print Preview que necesita cambiar el tamaño del gráfico impreso o la orientación de la impresión (o ambos), haga clic sobre el botón Setup en la ventana Print Preview. Para cambiar la orientación de la impresión (o el tamaño del papel), seleccione la pestaña Page en el recuadro de diálogo Page Setup y cambie estas opciones. Cuando todo se ve bien en la ventana Print Preview, empiece a imprimir el gráfico escogiendo el botón Print.

# Capítulo 9

# Cómo Enfrentarse
# a una Base de Datos

*E*l propósito de todas las tablas de una hoja de trabajo que he discutido en otros sitios de este libro ha sido ejecutar cáculos esenciales (tales como sumar cifras de ventas mensuales o trimestrales) y luego presentar la información de una forma comprensible. Pero puede crear otro tipo de tablas de hoja de trabajo en Excel: una *(database) base de datos* (o más precisamente, una *(datalist) lista de datos.* El objetivo de una base de datos no es calcular nuevos valores, sino más bien almacenar mucha información de una forma consistente. Por ejemplo, puede crear una base de datos que contenga los nombres y las direcciones de todos sus clientes, o una que incluya todos los datos esenciales de sus empleados.

## Diseñar el Formulario de Datos

Crear una base de datos es muy parecido a crear una tabla de hoja de trabajo. Cuando configura una base de datos, empieza por insertar una fila de encabezados de columna (técnicamente conocida como *field name nombres de campos* en el lenguaje de las base de datos) para identificar los diferentes tipos de elementos que necesita mantener (como el nombre, apellidos, calle, ciudad, estado y así sucesivamente). Una vez que haya insertado la fila de los nombres de campo, empieza a introducir la información para la base de datos en las columnas apropiadas de las filas inmediatamente debajo de los nombres de campo.

Conforme avanza, notará que cada columna en la base de datos incluye información para un elemento en particular que desea rastrear en la base de datos, como el nombre de la compañía de un cliente o la extensión telefónica de un empleado. Cada columna también se conoce como un *field (campo)* en la base de datos. Cuando revisa su trabajo, verá que cada fila de la base de datos contiene información completa acerca de una persona o cosa en particular, ya sea una compañía como Do-Rite Drugs o un empleado específico como Ida Jones. Los individuos o entidades descritos en las filas de la base de datos también se conocen como *records (registros)*. Cada registro (fila) contiene varios campos (columnas).

## Crear un formulario de datos únicamente con nombres de campo

Puede crear un formulario de datos para una nueva base de datos sencillamente introduciendo una fila de nombres de campo y luego colocando el puntero de la celda en la primera, antes de seleccionar Data⇨Form en la barra de menú. Cuando hace esto, Excel muestra el recuadro de diálogo de alerta, el cual le indica que el programa no puede determinar cuál fila en su lista contiene las etiquetas de columna (es decir, los nombres de campo). Para que Excel utilice la fila seleccionada como los nombres de campo, haga clic sobre OK o pulse Enter. Excel luego creará un formulario de datos en blanco con una lista descendiente de todos los campos en el mismo orden que aparecen a lo largo de la fila seleccionada.

Crear un formulario de datos en blanco de solamente los nombres de campo está bien,

siempre y cuando su base de datos no incluya ningún campo calculado (es decir, campos con entradas que resultan de un cálculo de fórmula en lugar de una entrada manual). Si su nueva base de datos incluirá campos calculados, necesita establecer las fórmulas en los campos apropiados del primer registro. Luego, seleccione la fila de los nombres de campo y el primer registro de la base de datos con las fórmulas que indican cómo las entradas son calculadas antes de seleccionar Form en el menú de Data. Excel conoce cuáles campos son calculados y cuáles no lo son (puede reconocer que un campo es uno calculado en el formulario de datos porque Excel presenta una lista de los nombres de campo, pero no brinda una casilla de texto para que introduzca cualquier información en este).

Configurar y mantener una base de datos es sencillo con el *dataform (formulario de datos)* de Excel. Utilice el formulario de datos para agregar, borrar o editar registros en la base de datos. Para crear un formulario para una nueva base de datos, primero tiene que insertar la fila de los encabezados de columna utilizada para los nombres de campos y un registro de muestra en la siguiente fila (refiérase a la base de datos del cliente en la Figura 9-1). Luego, formatee cada entrada de campo a como desea que aparezca cada entrada subsiguiente en esa columna de la base de datos, ampliando las columnas para que los encabezados y datos aparezcan completos. Seguidamente, posicione el puntero de la celda en cualquiera de las celdas en estas dos filas y seleccione el comando Data⇨Form de la barra de menú.

Tan pronto seleccione el comando Data⇨Form en la barra de menú, Excel analiza la fila de los nombres de campo y entradas para el primer registro y crea un formulario de datos que brinda una lista de los nombres de campo hacia abajo a la izquierda del formulario con las entradas para el primer registro en las debidas casillas de texto al lado de estos. En la Figura 9-1, puede ver el formulario de datos para la nueva base de datos de clientes Little Bo Peep Pet Detectives; se parece un poco a un recuadro de diálogo personalizado.

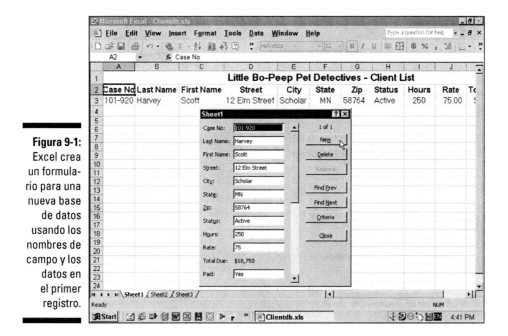

**Figura 9-1:**
Excel crea un formulario para una nueva base de datos usando los nombres de campo y los datos en el primer registro.

El formulario de datos que crea Excel incluye las entradas que hizo en el primer registro. El formulario de datos también contiene una serie de botones (en el lado derecho) que puede utilizar para agregar, borrar o buscar registros específicos en la base de datos. Justo arriba del primer botón (New), el formulario de datos muestra una lista del número de registros que está mirando seguido del número total de registros (1 de 1 cuando primero crea el formulario de datos).

No olvide formatear las entradas en los campos del primer registro de la base de datos en la segunda fila, así como los nombres de campo en la fila de arriba. Todos los formatos que asigna a las entradas particulares en el primer registro son automáticamente aplicadas en aquellos campos en los registros subsiguientes. Por ejemplo, si su lista de datos incluye un campo de teléfono, sencillamente introduzca los diez dígitos del número de teléfono en el campo Telephone del primer registro y luego formatee esta celda con el formato Special Phone Number (refiérase al Capítulo 3 para más detalles acerca de organizar formatos de número). De este modo, en el formulario de datos, puede introducir solamente el número de teléfono — **3075550045**, por ejemplo. Excel luego aplicará el formato Phone Number a este para que aparezca como (307) 555-0045 en la debida celda de la lista de datos en sí.

## *Agregar registros a la base de datos*

Luego de crear el formulario de datos con el primer registro, puede utilizarlo para agregar el resto de los registros de la base de datos. El proceso es sencillo. Cuando hace clic sobre el botón New, Excel muestra un formulario de datos en blanco (marcado New Record al lado derecho del formulario de datos), el cual puede rellenar.

Una vez que haya introducido la información para el primer campo, pulse la tecla Tab para avanzar al próximo campo del registro.

¡Cuidado! No pulse la tecla Enter para avanzar al siguiente campo en un registro. Si lo hace, insertará el nuevo registro incompleto en la base de datos.

Siga introduciendo información para cada campo y pulse Tab para ir al siguiente en la base de datos.

✔ Si nota que ha cometido un error y desea editar una entrada en un campo que ya pasó, pulse Shift+Tab para regresar a ese campo.

✔ Para reemplazar la entrada, solo empiece a digitar.

✔ Para editar algunos de los caracteres en el campo, pulse → o haga clic sobre el puntero I-beam en la entrada para ubicar el punto de inserción; luego modifique la entrada desde allí.

Cuando introduce información en un campo en especial, puede copiar la entrada en ese campo del registro anterior, pulsando Ctrl+' (apóstrofe). Pulse Ctrl+',
por ejemplo, para llevar hacia delante la misma entrada en el campo State de cada nuevo registro cuando introduce una serie de registros de personas quienes
viven en el mismo estado.

Cuando introduce fechas en un campo de este tipo, use un formato de fecha que
conozca Excel (por ejemplo, digite algo como **7/21/98**). Cuando introduce un código postal que ocasionalmente empiezan con ceros y los cuales no desea que
desaparezcan de la entrada (como un código postal **00102**), formateé la primera
entrada de campo con el formato de número Special Zip Code (refiérase al Capítulo 3 para más detalles acerca de organizar formatos de número). En el caso de
otros números que empiezan con ceros, puede colocar un ' (apóstrofe) antes del
primer 0. El apóstrofe le indica a Excel tratar el número como una etiqueta de
texto, pero no aparece en la base de datos en sí (el único lugar donde puede visualizar el apóstrofe es en la barra de Formula cuando el puntero de la celda está
en la celda con la entrada numérica).

Pulse la tecla ↓ cuando haya introducido toda la información para el nuevo registro. O bien, en lugar de la tecla ↓, puede pulsar Enter o hacer clic sobre el botón
New (refiérase a la Figura 9-2). Excel inserta el nuevo registro como el último en la
base de datos de la hoja de trabajo y muestra un nuevo formulario de datos en
blanco en el cual puede digitar el próximo registro (refiérase a la Figura 9-3).

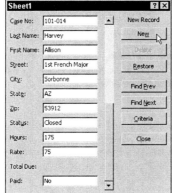

**Figura 9-2:**
Introducir
datos en los
campos del
segundo
registro.

Cuando termina de agregar registros a la base de datos, pulse la tecla Esc o haga
clic sobre el botón Close en la parte inferior del recuadro de diálogo para cerrar
el formulario de datos. Luego guarde la hoja de trabajo con el comando File⇨Sa-
ve de la barra de menú o haga clic sobre la herramienta Save en la barra de herramientas Standard.

# Entradas de campo calculadas

Cuando desea que Excel calcule las entradas para un campo particular por medio de una fórmula, necesita introducirla en el campo correcto en el primer registro de la base de datos. Luego coloque el puntero de la celda, sea en la fila de los nombres de campo o en el primer registro cuando crea el formulario de datos, después Excel copia la fórmula para este campo calculado en cada registro nuevo que agrega en el formulario de datos.

Por ejemplo, en la base de datos de clientes de Bo Peep Detectives, el campo Total Due en la celda J3 del primer registro es calculado por medio de la fórmula =Hours*Rate.

La celda I3 contiene el número de horas dedicadas al caso (Hours), y la celda J3 incluye la tarifa por hora (Rate). Seguidamente, esta fórmula computa lo que adeuda el cliente multiplicando el número de horas dedicadas al caso por la tarifa por horas. Como puede ver, Excel suma el campo calculado, Total Due, en el formulario de datos pero no brinda una casilla de texto para este campo (los campos calculados no pueden ser editados). Cuando ingresa registros adicionales a la base de datos, Excel calcula la fórmula para el campo Total Due. Si luego muestra nuevamente estos registros, verá el valor calculado previo a Total Due (aunque no será capaz de cambiarlo).

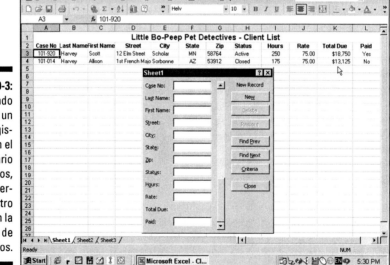

**Figura 9-3:** Cuando avanza a un nuevo registro en el Formulario de Datos, Excel inserta el registro previo en la base de datos.

# Agregar direcciones de correo electrónico y Web a un campo de hipervínculo

Cuando digita una dirección de correo electrónico o de sitio Web en un campo del Formulario de datos, Excel la convierte en un hipervínculo activo (indicado por un subrayado de la dirección en azul) en la base de datos apenas completa el registro. Por supuesto, para que Excel cree hipervínculos activos, debe introducir la dirección de correo electrónico en el formato anticipado que semeja a lo siguiente:

```
John9697@aol.com
```

Similarmente, debe introducir la dirección de la página Web en el formato esperado, de la siguiente manera:

```
www.dummies.com
```

Sin embargo, nóte que no importa cuánto se asemeja la dirección de correo electrónico o Web a una dirección real, Excel no tiene forma de saber si esta es *válida* o no. En otras palabras, solo porque Excel convierte su texto en un hipervínculo al que se le hace clic, no significa que al seguir el vínculo enviará el mensaje de correo electrónico al destinatario correcto o lo llevará a cualquier lugar en la World Wide Web. Obviamente, debe tener mucho cuidado al introducir la dirección correcta (y como seguramente lo sabe, esto no siempre es fácil).

Luego de introducir direcciones de correo electrónico o de página Web en un campo de hipervínculo en una base de datos, puede usar los vínculos para enviar a una persona en particular un nuevo mensaje de correo electrónico o visitar un sitio Web específico. Refiérase a la Figura 9-4 para encontrar un campo de hipervínculo que agrega las direcciones de correo electrónico de los clientes de la base de datos Little Bo Peep Detectives. Debido a que los hipervínculos son activos, todo lo que tiene que hacer para enviar un mensaje de correo electrónico a un destinatario específico (especialmente aquellos que no están al día en sus pagos) es hacer clic sobre su entrada de correo electrónico en la base de datos. Seguidamente, Excel lanzará su programa de correo electrónico (Outlook Express o Outlook en la mayoría de los casos) con un nuevo mensaje debidamente dirigido.

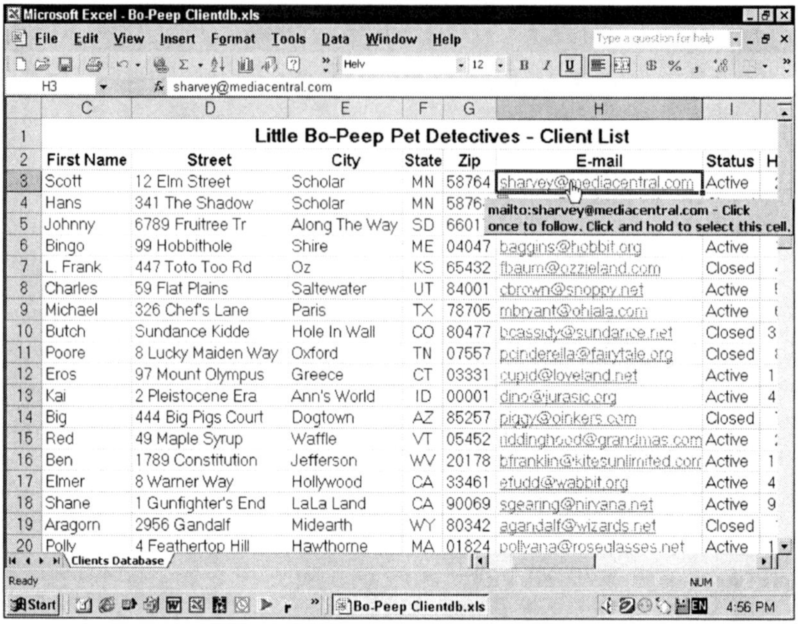

Figura 9-4:
La lista de
clientes de
Little Bo-
Peep Pet
Detectives
con un cam-
po de direc-
ción de co-
rreo electró-
nico con hi-
pervínculos
activos.

Agregar un campo de hipervínculo a una base de datos de vendedores
con las direcciones de inicio del sitio Web de las compañías con las cuales rutinariamente hace negocios le facilita tremendamente el ir en línea
y revisar los nuevos productos — y, si es realmente valiente, hasta hacer
pedidos. Agregar un campo de hipervínculo a una base de datos de
clientes con las direcciones de correo electrónico de los contactos claves, le facilita mantenerse en contacto.

## *Localizar, cambiar y borrar registros*

Una vez que la base de datos está en proceso y ya haya practicado la introducción
de nuevos registros, puede empezar a usar el formulario de datos para ejecutar
mantenimientos periódicos. Por ejemplo, puede usar el formulario de datos para
ubicar un registro que desea cambiar y luego hacerle cambios a los campos particulares. También puede usar el formulario de datos para buscar un registro específico que desea borrar y luego eliminarlo de la base de datos.

✔ Ubique el registro que desea editar en la base de datos extrayendo el formulario de datos. Refiérase a las siguientes secciones "¡Desplazarse toda la
   noche!" y "El que busca encuentra", así como la Tabla 9-1 para pistas sobre
   cómo localizar registros.

✔ Para editar los campos en el registro actual, trasládese a ese campo pulsando Tab o Shift+Tab y reemplace la entrada digitando una nueva.

De otra forma, pulse ← ó →, o haga clic sobre el cursor en forma de I para reposicionar el punto de inserción y luego hacer sus ediciones.

✔ Para borrar un campo por completo, selecciónelo y luego pulse la tecla Delete.

Para borrar el registro completo de la base de datos, haga clic sobre el botón Delete. Excel muestra un cuadro de alerta con el siguiente aviso:

```
Displayed record will be permanently deleted
```

Para proceder y eliminar el registro mostrado en el formulario de datos, haga clic sobre OK. Para ir a la segura y guardar el registro intacto, haga clic sobre el botón Cancel.

¡Por favor, tenga en mente que *no puede* usar la opción Undo para regresar el registro que borró con el botón Delete! Definitivamente, Excel *no* está bromeando cuando le avisa que lo borrará en forma permanente. Como una precaución, siempre guarde una versión de respaldo de la hoja de trabajo en la base de datos antes de empezar a remover registros viejos.

# ¡Desplazarse toda la noche!

Luego de mostrar el formulario de datos en la hoja de trabajo colocando el puntero de la celda en otro sitio en la base de datos y seleccionando el comando Form del menú desplegable Data, puede usar la barra de desplazamiento a la derecha de la lista de los nombres de campo o utilizar varias pulsaciones de tecla (ambos mostrados en la Tabla 9-1) para trasladarse a través de los registros en la base de datos hasta que encuentre uno que desea editar o borrar.

✔ **Para trasladarse en el formulario de datos al siguiente registro en la base de datos:** Pulse ↓, pulse Enter o haga clic sobre la flecha inferior de la barra de desplazamiento.

✔ **Para trasladarse en el formulario de datos al registro previo en la base de datos:** Pulse ↑, pulse Shift+Enter o haga clic sobre la flecha superior de la barra de desplazamiento.

✔ **Para trasladarse en el formulario de datos al primer registro en la base de datos:** Pulse Ctrl+↑, pulse Ctrl+PgUp o arrastre el cuadro de desplazamiento a la parte superior de la barra de desplazamiento.

✔ **Para trasladarse a un formulario de datos nuevo inmediatamente después del último registro en la base de datos:** Pulse Ctrl+↓, pulse

Ctrl+PgDn o arrastre el cuadro de desplazamiento a la parte inferior de la barra de desplazamiento.

| Tabla 9-1 | Formas de llegar a un registro particular |
|---|---|
| *Pulsaciones de tecla o Técnicas de Barra de Desplazamiento* | *Resultado* |
| Pulse ↓, Enter o haga clic sobre la flecha de la barra de desplazamiento o sobre el botón Find Next | Se traslada al siguiente regis-inferior tro en la base de datos y deja el mismo campo seleccionado |
| Pulse ↑, Shift+Enter o haga clic sobre la flecha superior de la barra de desplazamiento o sobre el botón Find Prev | Se traslada al registro previo en la base de datos y deja el mismo campo seleccionado |
| Pulse PgDn | Se traslada hacia delante diez registros en la base de datos |
| Pulse PgUp | Se traslada hacia atrás diez registros en la base de datos |
| Pulse Ctrl+↑ o Ctrl+PgUp o arrastre el cuadro de desplazamiento a la parte arriba de la barra | Se traslada al primer registro en la base de datos |
| Arrastre el cuadro de desplazamiento a la parte abajo de la barra | Se traslada al último registro en la base de datos |

## El que busca, encuentra

En una base de datos muy grande, intentar encontrar un registro trasladándose de uno a otro — o moviéndose diez registros a la vez con la barra de desplazamiento — puede tomarle todo el día. En lugar de gastar tiempo intentando buscar manualmente un registro, puede usar el botón Criteria en el formulario de datos para hallarlo.

Cuando hace clic sobre el botón Criteria, Excel borra todas las entradas de campo en el formulario de datos (y reemplaza el número de registro con la palabra *Criteria*) para que pueda introducir el criterio en casillas de texto en blanco.

Por ejemplo, suponga que necesita editar el estado del archivo Old King Cole. Desafortunadamente, su papeleo no incluye su número de caso. Todo lo que sabe es que actualmente su caso está abierto (lo cual significa que el campo Status para su registro contiene `Active` en lugar de `Closed`), y está bastante seguro de que escribe su apellido con una *C* en lugar de una *K*.

Para buscar su registro, puede usar al menos la información que tiene para reducir la búsqueda a todos los registros cuyo apellido empiezan con la letra *C* y el campo Status contiene `Active`. Para limitar su búsqueda de esta forma, abra el formulario de datos para la base de datos de clientes, haga clic sobre el botón Criteria y luego digite lo siguiente en la casilla de texto para el campo Last Name:

`C*`

También digite lo siguiente en la casilla de texto para el campo Status (refiérase a la Figura 9-5):

`Active`

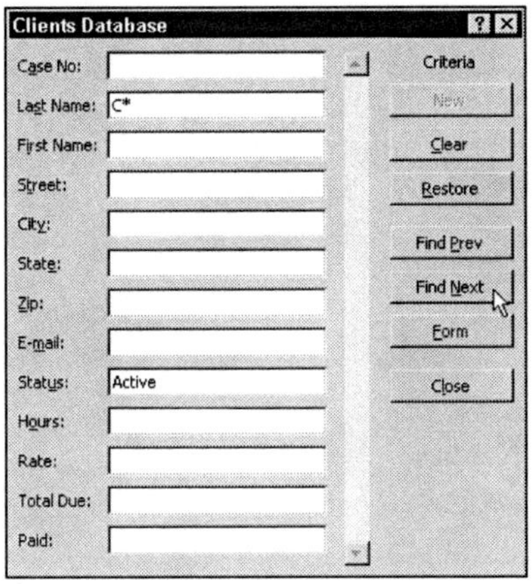

**Figura 9-5:**
Use el botón Criteria en el Formulario de datos para introducir el criterio de búsqueda para hallar un registro en particular.

Cuando introduce un criterio de búsqueda para los registros en los cuadros de texto en blanco en el formulario de datos, puede usar ? (para único) y * (para múltiples) caracteres comodines. En el Capítulo 6, le enseño cómo usar estos caracteres comodines con el comando Edit⇨Find en la barra de menú para ubicar celdas con entradas particulares.

Ahora haga clic sobre el botón Find Next. Excel muestra en el formulario del primer registro en la base de datos en el que el apellido empieza con la letra *C* y el campo Status contiene `Active`. Como se muestra en la Figura 9-6, el primer registro en esta base de datos que cumple con estos criterios es para Eros Cupid. Para pulsar y hallar nuestro registro Old King Cole, haga clic sobre el botón Find Next nuevamente. El registro Old King Cole aparece en la Figura 9-7. Una vez que haya localizado el registro Cole, puede editar el estado del caso en la casilla de texto para el campo Status. Cuando hace clic sobre el botón Close, Excel registra su nuevo estado de caso Closed en la base de datos.

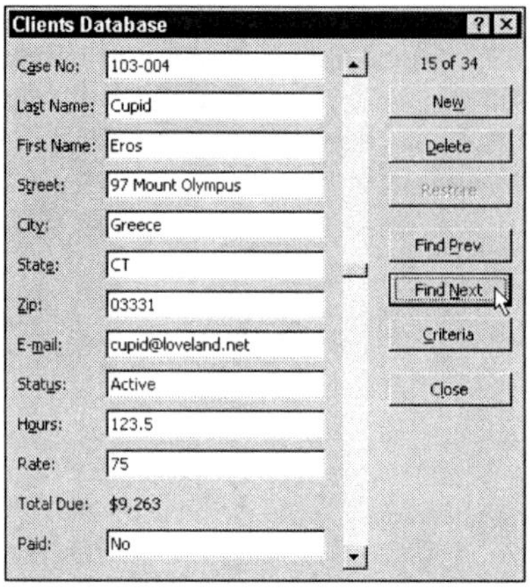

**Figura 9-6:**
El primer
registro en
la base de
datos que
cumple con
el criterio de
búsqueda.

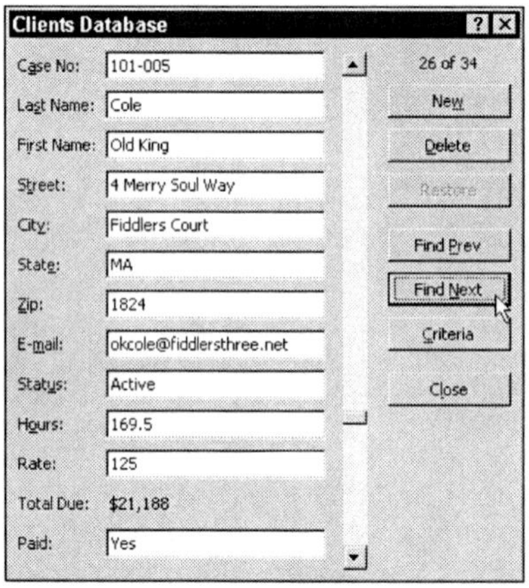

**Figura 9-7:**
¡Eureka! El
registro
perdido de
King es
hallado en
la base
de datos.

Cuando utiliza el botón Criteria en el formulario de datos para hallar registros, puede incluir los siguientes operadores en el criterio de búsqueda que introduce para ubicar un registro específico en la base de datos:

| Operador | Significado |
|----------|-------------|
| = | Igual a |
| > | Mayor que |
| >= | Mayor o igual a |
| < | Menor que |
| <= | Menor o igual a |
| <> | No es igual a |

Por ejemplo, para mostrar únicamente aquellos registros en los que el monto total adeudado del cliente es mayor o igual $50,000, introduzca **>=50000** en la casilla de texto para el campo Total Due antes de hacer clic sobre el botón Find Next.

Cuando especifica un criterio de búsqueda que corresponde a un número de registro, puede tener que hacer clic sobre el botón Find Next o Find Prev varias veces para ubicar el registro que desea. Si ningún registro calza con el criterio de búsqueda que introdujo, la computadora emite una señal de bip cuando hace clic sobre estos botones.

Para cambiar el criterio de búsqueda, primero haga clic sobre el botón Criteria en el formulario de datos y luego haga clic sobre el botón Clear. Seguidamente, seleccione las casillas de texto apropiadas y borre el criterio anterior antes de digitar uno nuevo. (Solo puede reemplazar el criterio si está usando los mismos campos).

Para regresar al criterio actual sin usar el criterio de búsqueda que introdujo, haga clic sobre el botón Form (este botón reemplaza el botón Criteria apenas hace clic sobre este).

# Organizarlo todo

Cada base de datos que configura en Excel tendrá algún tipo de orden preferido para mantener y visualizar los registros. Dependiendo de la base de datos, puede desear ver los registros en orden alfabético por apellido. En el caso de una base de datos de clientes, puede desear visualizar los registros en orden alfabético por nombre de compañía. En el caso de la base de datos de clientes de Little Bo Peep, el orden preferido es uno numérico, por número de caso asignado a cada cliente cuando él o ella contrata la agencia para buscar sus mascotas.

## Hacia arriba y hacia abajo en orden ascendente y descendente

Cuando usa el orden ascendente con un campo clave que contiene varios tipos de entradas, Excel coloca los números (desde el más pequeño al más grande) antes de las entradas de texto (en orden alfabético), seguido de cualquier valor lógico (TRUE y FALSE), valores erróneos y finalmente celdas en blanco. Cuando utiliza el orden descendente, Excel acomoda las diferentes entradas a la inversa: los números siguen siendo primero, acomodados del más grande al más pequeño; las entradas de texto van de la Z a la A; y el valor lógico FALSE precede el TRUE.

Cuando introduce por primera vez los registros para la nueva base de datos, sin duda los registra en el orden preferido o en el orden en que recibió los registros. Sin embargo, cuando empieza, como lo descubrirá prontamente, no tiene la opción de agregar registros subsiguientes en ese orden preferido. Cuando agrega un nuevo registro con el botón New en el formulario de datos, Excel lo envía a la parte inferior de la base de datos y agrega una nueva fila.

Suponga que originalmente introdujo todos los registros en orden alfabético por compañía (desde *Acme Pet Supplies a Zastfila and Sons*) y luego agrega el registro para un cliente nuevo: *Pammy's Pasta Palace.* Excel coloca el nuevo registro al final del barril — en la última fila justo después de *Zastrow and Sons* — en lugar de insertarlo en su debida posición, la cual es en algún sitio después de *Acme Pet Supplies,* pero definitivamente antes de Zastfila y sus maravillosos hijos.

Y este no es el único problema que tiene con el orden utilizado cuando introduce los registros. Aún cuando los registros en la base de datos permanecen relativamente estables, el orden preferido representa el orden que usa la *mayoría* de las veces. ¿Pero qué ocurre cuando necesita ver los registros en otro orden especial?

Por ejemplo, aunque generalmente le gusta trabajar con la base de datos de clientes en orden numérico, por número de caso, puede necesitar ver los registros en orden alfabético de acuerdo con el apellido de cada cliente para ubicar uno rápidamente y buscar su monto total adeudado para ponerlo en una impresión en papel. Cuando utiliza los registros para generar etiquetas de correo para un envío masivo, desea que estos se impriman en orden por código postal. Cuando genera un reporte para los representantes de cuentas que indique cuáles clientes se localizan en cuáles territorios, necesita que los registros estén en orden alfabético por estado o hasta por ciudad.

La flexibilidad en el orden de los registros es exactamente lo que se necesita para mantenerse actualizado con las diferentes necesidades que tiene para los datos. Esto es precisamente lo que le ofrece el comando Data⇨Sort luego de que entienda cómo utilizarlo.

Para que Excel organice correctamente los registros en una base de datos, debe especificar cuáles valores de campo determinan el nuevo orden de los registros (tales campos se conocen técnicamente como *sorting keys (teclas de organización)* en la jerga de los entusiastas de bases de datos ). Además, debe especificar cuál tipo de orden debe crearse usando la información en estos campos. Seleccione entre dos posibles órdenes:

✔ **Orden ascendente:** Las entradas de texto se colocan en orden alfabético (de la A a la Z) y los valores son organizados en orden numérico (del más pequeño al más grande).

✔ **Orden descendente:** Este es exactamente el inverso del orden alfabético (de la Z a la A) y del orden numérico (del más grande al más pequeño).

Cuando ordena los registros en una base de datos, puede especificar hasta tres campos entre los cuales ordenar. (También puede escoger entre el orden ascendente o descendente para cada campo que especifica). Necesita usar más de un campo sólo cuando el primero que emplea en la organización contiene valores duplicados y desea tener control de cómo se acomodarán los registros con valores duplicados. (Si no especifica otro campo, Excel simplemente organiza los registros en el orden en que los introdujo).

El mejor ejemplo y el más común cuando necesita más de un campo es cuando organiza una base de datos grande en orden alfabético por apellido. Digamos que tiene una base de datos que contiene varias personas con el apellido Smith, Jones o Zastfila (como es el caso cuando trabaja con Zastfila and Sons). Si especifica el campo Last Name como el único para organizar (usando el orden ascendente predeterminado), todos los duplicados con el apellido Smith, Jones y Zastfila se colocan en el orden en que fueron registrados originalmente. Para acomodar mejor estos duplicados, puede especificar el campo First Name como el segundo campo por organizar (nuevamente usando el orden ascendente predeterminado), haciendo del segundo un punto decisivo para que el registro Ian Smith preceda al de Sandra Smith, y el de Vladimir Zastfila se coloque después del de Mikhail Zastfila.

Para ordenar los registros en una base de datos de Excel, siga estos pasos:

1. **Coloque el puntero de la celda en el primer nombre de campo de la base de datos.**

2. **Seleccione Data⇨Sort en la barra de menú.**

   Excel selecciona todos los registros de la base de datos (sin incluir la primera fila de los nombres de campo) y abre el recuadro de diálogo Sort, mostrado en

CONSEJO

## Ordenar algo además de una base de datos

El comando Sort no es solo para ordenar registros en la base de datos. Puede usarlo para ordenar datos financieros o encabezados de texto en las hojas de cálculo que crea también. Cuando ordena tablas de hojas de trabajo regulares, asegúrese de seleccionar todas las celdas con los datos que desea organizar (y solo aquellos con los datos por ser ordenados) antes de seleccionar Sort del menú desplegable Data.

También, note que Excel automáticamente excluye la primera fila de la selección de las celdas por ser ordenadas (asumiendo que esta fila es una de encabezados que incluye los nombres de campo que no de-

ben incluirse). Para incluir la primera fila de la selección de las celdas que van a ser ordenadas, asegúrese de escoger el botón de opción No Header Row en la sección My List Has antes de hacer clic sobre OK para empezar a ordenar.

Si desea ordenar los datos de la hoja de trabajo por columnas, haga clic sobre el botón Options en el recuadro de diálogo Sort. Seleccione el botón de opción Select the Sort Left to Right en el recuadro de diálogo Sort Options y haga clic sobre OK. Ahora puede designar el número de la fila (o filas) para ordenar los datos en el recuadro de diálogo Sort.

la Figura 9-8. De forma predeterminada, el primer nombre de campo aparece en la casilla de lista desplegable Sort By y el botón de opción Ascending es seleccionado en la parte superior del recuadro de diálogo Sort.

**Figura 9-8:**
Configurar la organización de los registros en orden alfabético por apellido o por nombre.

3. **Seleccione el nombre del campo en que desea ordenar primero los registros de la base de datos en la casilla de lista desplegable Sort By.**

   Si desea que los registros sean ordenados en orden descendente, recuerde también seleccionar el botón de opción Descending a la derecha.

4. **Si el primer campo contiene duplicados y desea especificar cómo estos registros deben ordenarse, seleccione un segundo campo en la casilla de lista desplegable Then By, y seleccione los botones de opción Ascending y Descending a la derecha.**

5. **Si es necesario, especifique un tercer campo para ordenar los registros (use la segunda casilla de lista desplegable Then By y decida en cuál orden organizarlos).**

6. **Haga clic sobre OK o pulse Enter.**

Excel ordena los registros seleccionados. Si ve que ha ordenado la base de datos con los campos equivocados o en un orden erróneo, seleccione el comando Edit⇨Undo Sort de la barra de menú o pulse Ctrl+Z para restaurar inmediatamente los registros de la base de datos a su orden previo.

Cuando completa los pasos para ordenar una base de datos, no seleccione inadvertidamente el botón de opción No Header Row en el recuadro de diálogo Sort  (refiérase a la Figura 9-8) o sino Excel hará un desastre de sus nombres de campo organizándolos con los datos dentro de los registros actuales. Lea la barra lateral "Ordenar algo además de una base de datos" para una aclaración acerca de cuándo seleccionar este botón de opción.

Vea cómo configuré mi búsqueda en el recuadro de diálogo Sort en la Figura 9-8. En la base de datos de clientes Bo Peep, seleccioné el campo Last Name como el primero para ordenar (Sort By) y el campo First Name como el segundo (Then By) — el segundo campo acomoda los registros con entradas duplicadas en el primer campo. También escojí ordenar los registros en la base de datos de clientes Bo Peep en orden alfabético (Ascendente) por apellido y luego por nombre. Refiérase a la base de datos de clientes justo después de ordenar (en la Figura 9-9). Note cómo los Harveys — Allison, Chauncey y Scott — están ahora acomodados en el debido orden alfabético nombre/apellido).

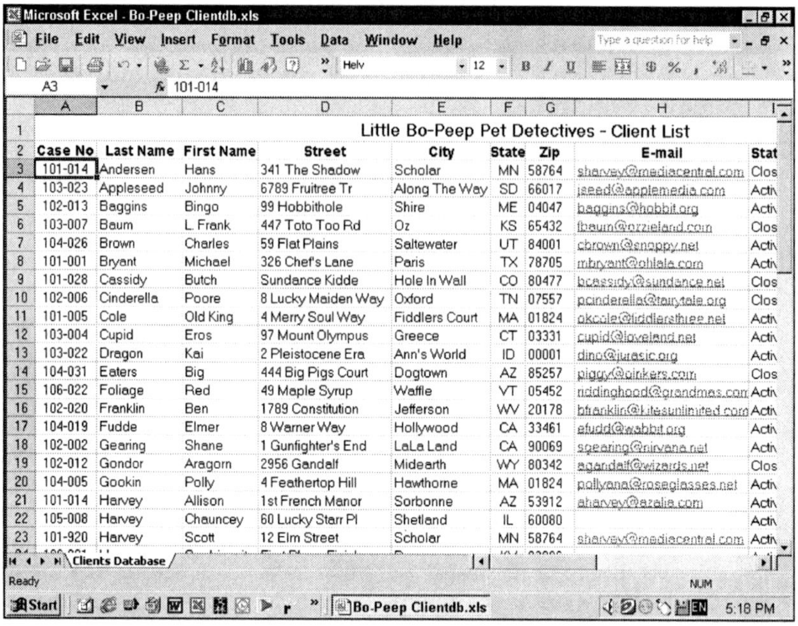

**Figura 9-9:**
La base de datos de clientes organizada en orden alfabético por apellido y luego por nombre.

| | A | B | C | D | E | F | G | H | I |
|---|---|---|---|---|---|---|---|---|---|
| 1 | Little Bo-Peep Pet Detectives - Client List | | | | | | | | |
| 2 | Case No | Last Name | First Name | Street | City | State | Zip | E-mail | Stat |
| 3 | 101-014 | Andersen | Hans | 341 The Shadow | Scholar | MN | 58764 | sharvey@mediacentral.com | Clos |
| 4 | 103-023 | Appleseed | Johnny | 6789 Fruitree Tr | Along The Way | SD | 66017 | jseed@applemedia.com | Activ |
| 5 | 102-013 | Baggins | Bingo | 99 Hobbithole | Shire | ME | 04047 | baggins@hobbit.org | Activ |
| 6 | 103-007 | Baum | L. Frank | 447 Toto Too Rd | Oz | KS | 65432 | fbaum@ozzieland.com | Clos |
| 7 | 104-026 | Brown | Charles | 59 Flat Plains | Saltewater | UT | 84001 | cbrown@enoppy.net | Activ |
| 8 | 101-001 | Bryant | Michael | 326 Chef's Lane | Paris | TX | 78705 | mbryant@ohlala.com | Activ |
| 9 | 101-028 | Cassidy | Butch | Sundance Kidde | Hole In Wall | CO | 80477 | bcassidy@sundance.net | Clos |
| 10 | 102-006 | Cinderella | Poore | 8 Lucky Maiden Way | Oxford | TN | 07557 | pcinderella@fairytale.org | Clos |
| 11 | 101-005 | Cole | Old King | 4 Merry Soul Way | Fiddlers Court | MA | 01824 | okcole@fiddlersthree.net | Activ |
| 12 | 103-004 | Cupid | Eros | 97 Mount Olympus | Greece | CT | 03331 | cupid@loveland.net | Activ |
| 13 | 103-022 | Dragon | Kai | 2 Pleistocene Era | Ann's World | ID | 00001 | dino@jurasic.org | Activ |
| 14 | 104-031 | Eaters | Big | 444 Big Pigs Court | Dogtown | AZ | 85257 | piggy@oinkers.com | Clos |
| 15 | 106-022 | Foliage | Red | 49 Maple Syrup | Waffle | VT | 05452 | riddinghood@grandmas.com | Activ |
| 16 | 102-020 | Franklin | Ben | 1789 Constitution | Jefferson | WV | 20178 | bfranklin@kitesunlimited.com | Activ |
| 17 | 104-019 | Fudde | Elmer | 8 Warner Way | Hollywood | CA | 33461 | efudd@wabbit.org | Activ |
| 18 | 102-002 | Gearing | Shane | 1 Gunfighter's End | LaLa Land | CA | 90069 | sgearing@nirvana.net | Activ |
| 19 | 102-012 | Gondor | Aragorn | 2956 Gandalf | Midearth | WY | 80342 | agandalf@wizards.net | Clos |
| 20 | 104-005 | Gookin | Polly | 4 Feathertop Hill | Hawthorne | MA | 01824 | pollyana@roseglasses.net | Activ |
| 21 | 101-014 | Harvey | Allison | 1st French Manor | Sorbonne | AZ | 53912 | aharvey@azalia.com | Activ |
| 22 | 105-008 | Harvey | Chauncey | 60 Lucky Starr Pl | Shetland | IL | 60080 | | Activ |
| 23 | 101-920 | Harvey | Scott | 12 Elm Street | Scholar | MN | 58764 | sharvey@mediacentral.com | Activ |

Puede usar la herramienta Sort Ascending (el botón con la A arriba de la Z) o la herramienta Sort Descending (el botón con la Z arriba de la A) en la barra de herramientas Standard para acomodar los registros en la base de datos en un solo campo.

✔ Para ordenar la base de datos en orden ascendente con un campo particular, coloque el puntero de la celda en ese nombre de campo en la parte superior de la base de datos y luego haga clic sobre el botón Sort Ascending en la barra de herramientas Standard.

✔ Para ordenar la base de datos en orden descendente con un campo particular, coloque el puntero de la celda en ese nombre de campo en la parte superior de la base de datos y luego haga clic sobre el botón Sort Descending en la barra de herramientas Standard.

# *Puede seleccionar AutoFilter para visualizar los Registros que desea en la Base de Datos*

La opción AutoFilter de Excel le permite ocultar fácilmente todo en una base de datos salvo los registros que desea ver. Todo lo que tiene que hacer para filtrar una base de datos con esta opción maravillosa es colocar el puntero de la celda en algún sitio en la base de datos antes de seleccionar Data⇨Filter⇨AutoFilter de la barra de menú. Cuando selecciona el comando AutoFilter, Excel agrega botones de listas desplegables a cada celda con un nombre de campo en esa fila (como aquellos mostrados en la Figura 9-10).

**Figura 9-10:**
La base de datos de clientes luego de filtrar todos los registros, salvo aquellos con un campo AZ State.

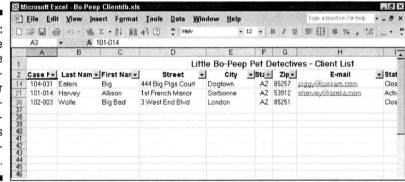

Para filtrar la base de datos solo para aquellos registros que contienen un valor particular, debe hacer clic sobre el botón de listas desplegable del campo apropiado para abrir una casilla de lista que incluye todas las entradas hechas en ese campo y seleccionar la que desea emplear como un filtro. Excel luego muestra solo aquellos registros que contienen el valor que seleccionó en ese campo (todos los demás registros son ocultados temporalmente).

Por ejemplo, en la Figura 9-10, yo filtré la base de datos de clientes de Little Bo Peep para mostrar únicamente aquellos registros en los cuales el campo State incluye AZ (para Arizona) haciendo clic sobre el botón de lista desplegable State y luego haciendo clic sobre AZ en la casilla de lista desplegable. (Es tan sencillo como eso).

Luego de que haya filtrado una base de datos para que se muestren solo los registros con los cuales desea trabajar, puede copiarlos a otras partes de la hoja de trabajo a la derecha de la base de datos (o mejor aún, a otra hoja de trabajo en el libro de trabajo). Sencillamente, seleccione las celdas y luego escoja Edit⇨Copy de la barra de menú (Ctrl+C), mueva el puntero de celda a la primera donde los registros copiados deben aparecer y pulse Enter. Después de copiar los registros filtrados, puede mostrar todos los registros nuevamente en la base de datos o aplicar un filtro levemente diferente.

Si encuentra que filtrar una base de datos seleccionando un valor único en una casilla de lista desplegable de un campo le muestra más registros de los que realmente desea, puede filtrar aún más la base de datos seleccionando otro valor en una casilla de lista desplegable de un segundo campo. Por ejemplo, digamos que selecciona CA como el valor de filtro en una casilla de lista desplegable del campo State y acaba con cientos de registros de California todavía mostrados en la hoja de trabajo. Para reducir el número de registros de California a un número más manejable, puede entonces seleccionar un valor (como San Francisco) en una casilla de lista desplegable City para filtrar aún más la base de datos y reducir los registros con los cuales tiene que trabajar en la pantalla. Cuando termina de trabajar con los registros San Francisco, California, puede mostrar otro conjunto seleccionando nuevamente una casilla de lista desplegable del campo City y cambiar el valor del filtro de San Francisco a otra ciudad (como Los Angeles).

Cuando está listo una vez más para mostrar todos los registros en la base de datos, seleccione Data⇨Filter⇨Show All de la barra de menú. También puede remover un filtro de un campo particular haciendo clic sobre su botón de lista desplegable y luego seleccionar la opción (All) en la parte superior de la lista desplegable.

Note que si solo ha aplicado un único filtro de campo a la base de datos, seleccionar la opción (All) no difiere de escoger el comando Data⇨Filter⇨Show All de la barra de menú.

## *Visualizar los 10 registros más populares*

Excel incluye una opción AutoFilter llamada Top 10. Puede usar esta opción en un campo numérico para mostrar sólo un cierto número de registros (como aquellos con los diez valores más altos o más bajos en ese campo o aquellos diez procentajes más altos o más bajos en este). Para usar la opción Top 10 para filtrar una base de datos, siga estos pasos:

1. Seleccione Data⇨Filter⇨AutoFilter en la barra de menú.

2. Haga clic sobre el botón de lista desplegable en el campo que desea usar cuando filtra los registros de la base de datos.

3. Seleccione la opción Top 10 en la casilla de lista desplegable.

   Excel abre el recuadro de diálogo Top 10 AutoFilter, similar al que se muestra en la Figura 9-11.

   De forma predeterminada, el Top 10 AutoFilter escoje mostrar los diez elementos más populares en el campo seleccionado. Sin embargo, puede cambiar estas configuraciones predeterminadas antes de filtrar la base de datos.

4. Para mostrar únicamente los diez registros más bajos, cambie Top to Bottom en la casilla de lista contextual a la izquierda.

5. Para mostrar más de los diez registros superiores o inferiores, introduzca el nuevo valor en la casilla de texto del medio (el que contiene actualmente 10) o seleccione un nuevo valor usando los botones spinner.

6. Para mostrar aquellos registros que se incluyen en el porcentaje del Top 10 o Bottom 10 (o cualquiera), cambie Items to Percent en la casilla de lista contextual a la derecha.

7. Haga clic sobre OK o pulse Enter para filtrar la base de datos usando sus configuraciones Top 10.

**Figura 9-11:**
El recuadro
de diálogo
Top 10
AutoFilter .

En la Figura 9-12, puede ver la base de datos de clientes Little Bo Peep luego de utilizar la opción Top 10 (con todas sus configuraciones predeterminadas) para mostrar únicamente aquellos registros con valores Total Due que están dentro de los diez más populares.

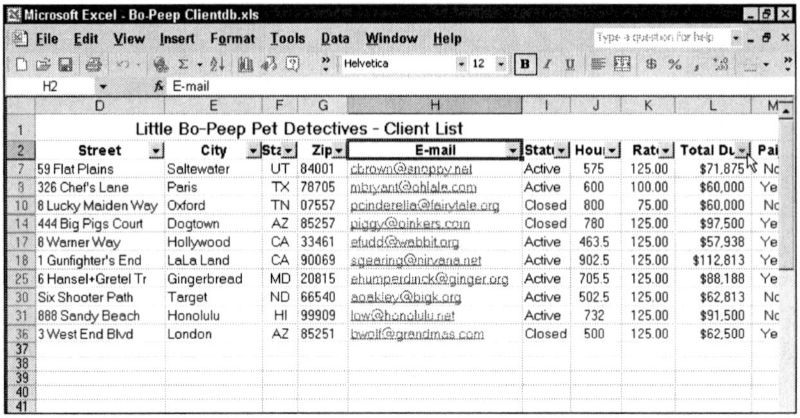

**Figura 9-12:**
La base de
datos luego
de utilizar
Top 10 Auto-
Filter para
filtrar todos
los regis-
tros, salvo
aquellos
con los 10
montos tota-
les más
altos adeu-
dados.

## Ponerse creativo con AutoFilters personalizados

Además de filtrar una base de datos con registros que contienen una entrada de
campo particular (como Newark como Ciudad o *CA* como el Estado), puede crear
AutoFilters personalizados que le permiten filtrar la base de datos con registros
que corresponden a criterios menos exactos (como los apellidos que empiezan
con M) o rangos de valores (como salarios entre $25,000 y $50,000 anuales).

Para crear un filtro personalizado para un campo, haga clic sobre el botón de listas desplegable del campo y luego seleccione la opción Custom en la parte superior de la casilla de lista contextual — entre Top 10 y la primera entrada del campo
en la casilla de lista. Cuando selecciona la opción Custom, Excel muestra el recuadro de diálogo Custom AutoFilter, similar a aquellos mostrados en la Figura 9-13.

En este recuadro de diálogo; primero, debe seleccionar el operador que desea
usar en la primera casilla de lista desplegable. Refiérase a la Tabla 9-2 para los
nombres de los operadores y lo que estos localizan. Luego introduzca el valor
(texto o números) que debe corresponder, exceder, ser inferior, o no hallarse en
los registros de la base de datos en la casilla de texto a la derecha. Nótese que
puede seleccionar cualquiera de las entradas hechas en ese campo de la base de
datos seleccionando el botón de lista desplegable y seleccionando la entrada en la
casilla de lista desplegable (como lo haría cuando selecciona un valor de AutoFilter en la base de datos).

**Figura 9-13:**
Use el Custom Auto-Filter para mostrar registros con montos totales adeudados entre $25,000 y $50,000.

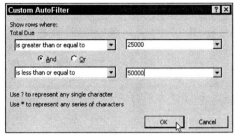

| Tabla 9-2 | | Formas de obtener un registro particular |
|---|---|---|
| *Operador* | *Ejemplo* | *Lo que encuentra en la Base de datos* |
| Igual a $35,000 | Salario es igual a 35000 | Registros en los que el valor en el campo Salario es igual a |
| No es igual a | Estado no es igual a NY | Registros en los que la entrada en el campo Estado no es NY (Nueva York)) |
| Mayor a | Código postal es mayor a 42500 | Registros en los que el número en el campo Código Postal viene después de 42500 |
| *Operador* | *Ejemplo* | *Lo que encuentra en la Base de datos* |
| Es mayor a o igual a | Código postal es mayor a o igual a 42500 | Registros en los que el número en el campo Código Postal es igual a 42500 o viene después de este |
| Es menor a | Salario es menor a 25000 | Registros en los que el valor en el campo Salario es menor a $25,000 anuales |

| Es mayor a | Salario es menor | Registros en los que el valor en el campo Salario es igual a $25,000 o menor a $25,000 |
| --- | --- | --- |
| Empieza con | Empieza con d | Registros con campos específicos que tienen entradas que empiezan con la letra *d* |
| No empieza con | No empieza con d | Registros con campos específicos que tienen entradas que no empiezan con la letra *d* |
| Termina con | Termina con ey | Registros con campos específicos que tienen entradas que terminan con las letras *ey* |
| No termina con | No termina con ey | Registros con campos específicos que tienen entradas que no terminan con las letras *ey* |
| Incluye | Incluye Harvey | Registros con campos específicos que tienen entradas que incluyen el nombre *Harvey* |
| No incluye | No incluye Harvey | Registros con campos específicos que tienen entradas que no incluyen el nombre *Harvey* |

Si solo desea filtrar registros en los cuales un campo particular corresponde, excede, es menor o sencillamente no es igual al que introdujo en la casilla de texto, haga clic sobre OK o pulse Enter para aplicar este campo a la base de datos. Sin embargo, puede usar el recuadro de diálogo Custom AutoFilter para filtrar la base de datos a registros con entradas de campo que caen dentro de un rango de valores o corresponden a uno de dos criterios.

Para configurar un rango de valores, seleccione los operadores "is greater than" o "is greater than or equal to" para el operador superior y luego introduzca o seleccione el valor menor (o el primero) en el rango. Luego, asegúrese de que el botón de opción And esté seleccionado y escoja "is less than" o "is less than or equal to" como el operador inferior y digite el valor más alto (o el último) en el rango.

Revise las Figuras 9-13 y 9-14 y vea cómo filtré los registros en la base de datos de clientes para solo aquellos en los que los montos totales adeudados se muestran entre $25,000 y $50,000. Como se visualiza en la Figura 9-13, se configura este rango de valores como el filtro, primero seleccionando "is greater than or equal to" como el operador y $25,000 como el valor de rango inferior. Luego, con el botón de opción And seleccionado, selecciona "is less than or equal to" como el operador y $50,000 como el valor de rango superior. Los resultados al aplicar este filtro a la base de datos de clientes se muestran en la Figura 9-14.

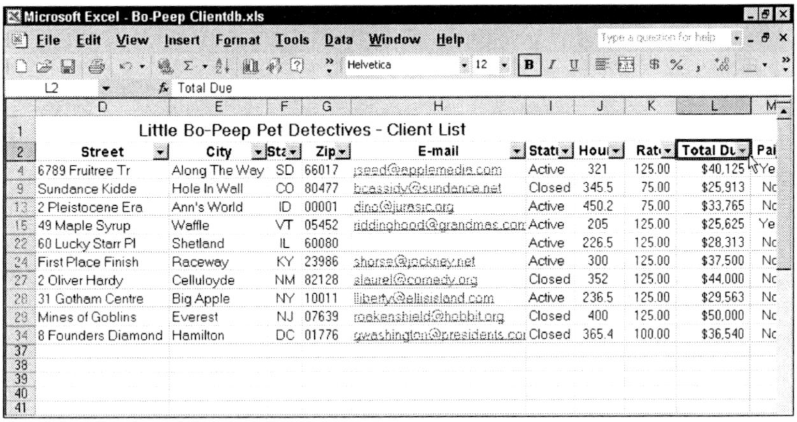

**Figura 9-14:** La base de datos después de aplicarle el AutoFilter personalizado.

Para configurar una condición either/or en el recuadro de diálogo Custom AutoFilter, normalmente seleccione entre los operadores "equals" y "does not equal" (cualquiera que sea apropiado) y luego introduzca o seleccione el primer valor que debe corresponder o no ser igual a este. Seguidamente, seleccione el botón de opción Or y selecciona cualquier operador apropiado e introduce o selecciona el segundo valor que debe corresponder o no ser igual a.

Por ejemplo, si desea filtrar la base de datos para que solo los registros de los estados WA (Washington) o IL (Illinois) sean mostrados, debe seleccionar "equals" como el primer operador y luego seleccionar o introducir WA como la primera entrada. Seguidamente, seleccione el botón de opción Or, seleccione "equals" como el segundo operador, y luego escoja o introduzca IL como la segunda entrada. Cuando luego filtra la base de datos haciendo clic sobre OK o pulsando Enter, Excel muestra solo aquellos registros con WA o IL como el código en el campo State.

# Capítulo 10

# Hipervínculos y Páginas Web

* * * * * * * * * * * * * * * * * * * * * * * * * * * * * * * * * * * * * * * * * * * * * * *

### En este capítulo

▷ Crear un hipervínculo a otro documento de Office, libro de trabajo de Excel, hoja de trabajo o rango de celdas

▷ Crear un hipervínculo a una página Web

▷ Cambiar el hipervínculo y estilos de los hipervínculos de seguimiento

▷ Guardar datos y cuadros de una hoja de trabajo de Excel en páginas Web estáticas

▷ Crear páginas Web con datos y cuadros interactivos de hojas de trabajo

▷ Editar páginas Web con su editor de páginas Web o Word favorito

▷ Enviar hojas de trabajo por correo electrónico

* * * * * * * * * * * * * * * * * * * * * * * * * * * * * * * * * * * * * * * * * * * * * * *

*A*hora que Raymundo y todo el mundo parecen tener una dosis cargada de fiebre de la Internet y la World Wide Web se ha convertido en una de las mejores cosas desde el invento del pan en rebanadas, no debe tomarle por sorpresa a nadie que Excel ofrece una cantidad de opciones maravillosas relacionadas con la Web. Lo primordial dentro de estas opciones es la capacidad de agregar hipervínculos a las celdas de su  hoja de trabajo y la de convertir sus hojas de trabajo en páginas Web que puede publicar en sus servidores de la Web.

Las páginas Web que crea de hojas de trabajo de Excel hacen que sus datos calculados, listas y cuadros estén disponibles para cualquiera que tiene un explorador de la Web y acceso a la Internet (lo cual está disponible para practicamente cualquiera que esté en el negocio estos días), sin importar qué tipo de computadora se está empleando y si está utilizando Excel. Cuando guarda hojas de trabajo como páginas Web en Excel, tiene que escoger si desea que sean estáticas o interactivas.

Cuando guarda una hoja de trabajo como una página Web estática, sus usuarios están restringidos a sencillamente visualizar los datos sin ser capaces de hacerles ningún cambio. Sin embargo, cuando guarda una hoja de trabajo como una página Web interactiva, sus usuarios (siempre y cuando estén usando Microsoft Internet Explorer 4.0 o una versión posterior) no solo pueden ver los datos, sino también pueden aplicarles ciertos cambios. Por ejemplo, si guarda un formulario de pedidos que calcula los subtotales y totales como una página Web interactiva, sus usuarios pueden editar las cantidades solicitadas y la página Web automáticamente calculará nuevamente los totales. O si guarda una lista de base de datos (como aquellas descritas en el Capítulo 9) como una página Web interactiva, ¡sus usuarios pueden organizar y filtrar los datos en sus exploradores de la Web del mismo modo que lo hace en el programa de Excel!

# Agregar Hipervínculos a una Hoja de Trabajo

Los hipervínculos en una hoja de trabajo hacen la apertura fácil de otros documentos de Office junto con libros de trabajo y hojas de trabajo de Excel con solo un clic del mouse. No importa si estos documentos están ubicados en su disco duro, en un servidor en su LAN (Red de Área Local), o en una páginas Web en la Internet o en la intranet de una compañía. También puede configurar hipervínculos de correo electrónico que automáticamente direccionen mensajes a compañeros de trabajo con los cuales generalmente interactúa, puede adjuntar libros de trabajo de Excel u otros tipos de archivos de Office a estos mensajes.

Los hipervínculos que agrega a sus hojas de trabajo de Excel pueden ser los siguientes tipos:

- Un hipertexto que normalmente aparece en la celda como un texto subrayado en azul

- Una imagen prediseñada y gráficos de archivos que haya insertado a la hoja de trabajo

- Gráficos que haya dibujado con las herramientas de la barra Drawing, con las cuales haya cambiado las imágenes de los gráficos en botones

Cuando crea un hipervínculo de texto o gráfico, puede hacer un vínculo a otro libro de trabajo de Excel o a otro tipo de archivo de Office, una dirección de sitio Web (usando la dirección de URL – usted sabe, la monstruosidad que empieza con http://), una ubicación denominada en el mismo libro de trabajo, o hasta la dirección de correo electrónico de una persona. La ubicación denominada puede ser una referencia de celda o un rango de celdas denominadas (refiérase al Capítulo 6 para más detalles acerca de denominar los rangos de celdas) en una hoja de trabajo particular.

Para crear el texto en una celda al cual adjunta un hipervínculo, siga estos pasos:

1. **Seleccione la celda en la hoja de trabajo del libro de trabajo que debe incluir el hipervínculo.**

2. **Introduzca el texto para el hipervínculo en la celda; luego haga clic sobre el botón Enter en la barra de Formula o pulse la tecla Enter.**

Para insertar una parte de una imagen prediseñada o una imagen gráfica (almacenada en su propio archivo de gráficos) en una hoja de trabajo a la cual adjuntó un hipervínculo, siga estos pasos:

1. **En la barra de menú, seleccione Insert⇨Picture⇨Clip Art o Insert ⇨Picture⇨ From File; luego busque la parte de la imagen prediseñada o seleccione el archivo de gráficos que incluye la imagen que desea utilizar para el hipervínculo.**

   Una vez que Excel inserta la imagen prediseñada o la imagen gráfica en su hoja de trabajo, la imagen es seleccionada (como se evidencia por los controladores de dimensionamiento alrededor de la casilla de límites que lo rodea).

2. **Use los controladores de dimensionamiento para establecer el tamaño de la imagen gráfica; luego arrástrela al sitio en la hoja de trabajo donde desea que aparezca la imagen del hipervínculo.**

Para agregar el hipervínculo al texto o a la imagen gráfica en su hoja de trabajo, siga estos pasos:

1. **Seleccione la celda con el texto o haga clic sobre el gráfico que será vinculado.**

2. **Seleccione Insert⇨Hyperlink desde la barra de menú, pulse Ctrl+K, o haga clic sobre el botón Insert Hyperlink (aquel con el dibujo de una parte de una cadena delante del globo) en la barra de herramientas Standard.**

   Excel abre el recuadro de diálogo Insert Hyperlink (similar al que se muestra en la Figura 10-1), el cual indica el archivo, la dirección de la Web (URL) o el sitio denominado en el libro de trabajo.

**Figura 10-1:**
Vincular una
Página Web
en el recua-
dro de diálo-
go Insert
Hyperlink.

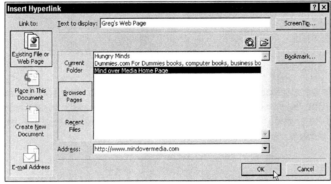

**3a.** Para que el hipervínculo abra otro documento o una página Web en la intranet de una compañía, o un sitio Web en la Internet, haga clic sobre el botón Existing File o Web Page si no se ha seleccionado aún, luego introduzca la ruta del directorio del archivo o el URL de la página Web en la casilla de texto Address.

Si el documento que desea vincular está ubicado en su disco duro o en un disco duro que está mapeado a su computadora, haga clic sobre el botón desplegable Look In y seleccione su carpeta y luego su archivo en la casilla de lista abajo. Si recientemente abrió el documento que desea vincular, puede hacer clic sobre el botón Recent Files y luego seleccionarlo de la casilla de lista.

Si el documento que desea vincular está ubicado en un sitio Web y conoce su dirección de la Web (como por ejemplo, www.dummies.com/excel2k.htm), puede digitarlo en el recuadro de texto Address. Si exploró recientemente la Página Web que desea vincular, puede hacer clic sobre el botón Browsed Pages y luego seleccionar la dirección de la página del cuadro de listas.

**3b.** Para que el hipervínculo mueva el puntero de la celda a otra celda u otro rango de celdas en el mismo libro de trabajo, haga clic sobre el botón Place in This Document. Seguidamente, digite la dirección en la celda o en el rango de celdas en la casilla de texto Type the Cell Reference o seleccione el nombre de la hoja deseada o el nombre del rango de la casilla de listas Or Select a Place in This Document (mostrada en la Figura 10-2).

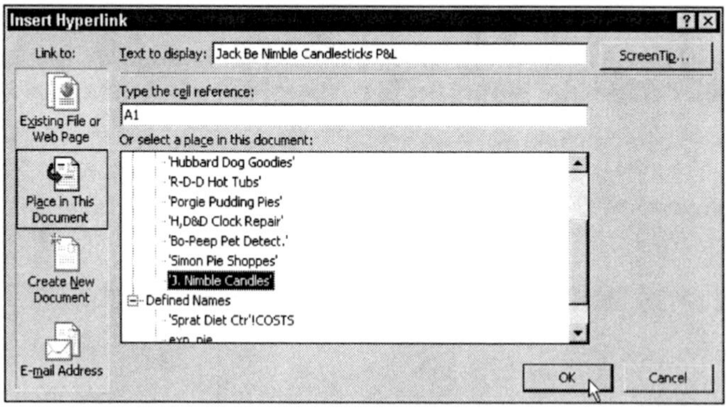

**Figura 10-2:**
Vincularse a un nombre de rango de una hoja de trabajo o referencia de celda en el recuadro de diálogo Insert Hyperlink.

**3c.** Para abrir un nuevo mensaje de correo electrónico dirigido a una persona en particular, haga clic sobre el botón E-mail Address y luego introduzca la dirección de correo electrónico de esta en la casilla de texto E-mail Address (como se muestra en la Figura 10-3).

**Figura 10-3:**
Vincularse a
una página
de dirección
de correo
electrónico
en el recua-
dro de diálo-
go Insert
Hyperlink.

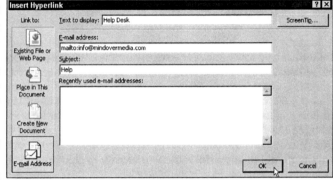

En la mayoría de los casos, su programa de correo electrónico es Outlook Express — el cual contiene Internet Explorer 5.5, que es incluido
dentro de Office.

Tan pronto empiece a digitar la dirección de correo electrónico en la casilla
de texto E-mail Address, Excel inserta el texto `mailto:` delante de cualquier
cosa que haya introducido. (`mailto:` es la etiqueta de HTML que le indica
a Excel abrir su programa de correo electrónico cuando hace clic sobre en
hipervínculo).

Si desea que el hipervínculo agregue el asunto de su mensaje cuando abre uno
nuevo en su programa de correo electrónico, introduzca este texto en la casilla
de texto Subject.

Si la dirección del beneficiario ya está desplegada en la casilla de lista Recently
Used E-mail Addresses, puede introducirla en la casilla de texto E-mail Address
haciendo clic sobre esa dirección en esta casilla de lista.

4. **(Opcional) Para cambiar el texto del hipervínculo que aparece en la celda
   de la hoja de trabajo (subrayado y en azul) o agregar texto si la celda está en
   blanco, digite la etiqueta deseada en la casilla de texto Text to Display.**

5. **(Opcional) Para agregar un consejo de pantalla al hipervínculo que aparece
   cuando coloca el puntero del mouse sobre él, haga clic sobre el botón
   ScreenTip, digite el texto que desea que aparezca al lado del puntero del
   mouse en la casilla ScreenTip Text y haga clic sobre OK.**

6. **Haga clic sobre OK para cerrar el recuadro de diálogo Insert Hyperlink.**

# ¡Siga esos hipervínculos!

Luego de que haya creado un hipervínculo en una hoja de trabajo, puede seguirlo a cualquier destino al que lo asoció. Para seguir un hipervínculo, coloque el puntero del mouse sobre el texto subrayado en azul (si asignó el hipervínculo a un texto en una celda) o a una imagen gráfica (si asignó el hipervínculo a un gráfico insertado en la hoja de trabajo). Cuando el puntero del mouse cambia a una mano con el dedo índice que señala hacia arriba, haga clic sobre el hipertexto o imagen gráfica y Excel hace el salto al documento externo designado, página Web, celda dentro del libro de trabajo o mensaje de correo electrónico. Lo que ocurre cuando hace el salto depende del destino del hipervínculo, de la siguiente forma:

✔ **Hipervínculos de documentos externos:** Excel abre el documento en su propia ventana. Si el programa en el que creó el documento (como Word o Power-Point) no está aún corriendo, Windows lanza el programa a la vez que abre el documento meta.

✔ **Hipervínculos de página Web:** Excel abre la página Web en su propia ventana del explorador de la Web. Si no está en línea en el momento en que hace clic sobre este hipervínculo, Windows abre el recuadro de diálogo Connect To y necesita hacer clic sobre el botón Connect. Si Internet Explorer no está abierto cuando hace clic sobre este hipervínculo, Windows abre este explorador de la Web previo a abrir la página Web con la dirección del URL indicada en el hipervínculo.

✔ **Hipervínculos de dirección de celda:** Excel activa la hoja de trabajo en el libro de trabajo actual y selecciona la celda o celdas de la hoja y la dirección del rango de celdas en el hipervínculo.

✔ **Hipervínculos de correo electrónico:** Excel lanza su programa de correo electrónico, el cual abre un nuevo mensaje de correo electrónico dirigido a la dirección que especificó cuando crea el hipervínculo.

Luego de que haya seguido un vínculo de hipertexto a su destino, el color de su texto cambia del tradicional azul a un tono morado oscuro (sin afectar su subrayado). Este cambio de color indica que el hipervínculo ha sido usado. (Sin embargo, tome nota de que los hipervínculos gráficos no muestran ningún cambio de color después de que los haya seguido). Además, Excel automáticamente restaura este texto subrayado a su color azul original (antes de seguirlo) la próxima vez que abra el archivo del libro de trabajo.

Cuando sigue los hipervínculos dentro de una hoja de trabajo, puede utilizar los botones en la barra de herramientas Web. Para mostrar la barra de herramientas Web, seleccione View➪Toolbars➪Web en los menúes desplegables de Excel.

Puede utilizar los botones Back y Forward en la barra de herramientas Web (mostrada en la Figura 10-4) para saltar hacia delante y hacia atrás entre la celda con el hipervínculo interno y su hoja o destino de dirección de celda. Luego de hacer clic sobre el hipervínculo en una celda y saltar a su destino, puede hacer clic sobre el botón Back en la barra de herramientas Web para saltar de regreso a su celda original. Cuando está de regreso a la celda con el hipervínculo, puede saltar nuevamente al destino haciendo clic sobre el botón Forward en la barra de herramientas Web.

**Figura 10-4:**
Puede usar los botones en la barra de herra-mientas Web para saltar hacia delante y hacia atrás entre vínculos.

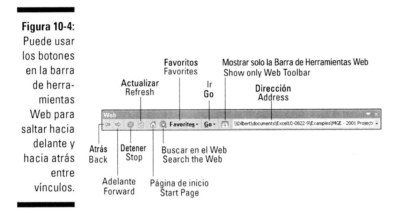

En las Figuras de 10-5 a la 10-7, le muestro cómo puede utilizar los hipervínculos para saltar a diferentes partes del mismo libro de trabajo. Mire la Figura 10-5 para visualizar una hoja de trabajo que contiene una tabla de contenidos interactiva a todas las tablas y cuadros de datos de Ganancias y Pérdidas en este libro de trabajo. Esta tabla de contenidos interactiva consiste de una lista de las tablas y cuadros de datos incluidos en el libro de trabajo. Un vínculo de hipertexto a la debida hoja de trabajo y rango de celdas ha sido agregada a cada entrada de esta lista en el rango de celdas B4:B15. (eliminé la cuadrícula de esta hoja de trabajo para que sea más fácil de visualizar y utilizar los hipervínculos).

Cuando hago clic sobre el hipervínculo <u>Mother Goose Enterprises P&L</u>, mostrado en la Figura 10-5, Excel inmediatamente me lleva a la celda A1 de la hoja de trabajo Total Income. En esta, la imagen gráfica de la página de inicio (hecha del contorno de una casa en una hoja de papel) aparece a la derecha del título de la hoja de trabajo en la celda A1, mostrada en la Figura 10-6. Este gráfico incluye un hipervínculo que, cuando se hace clic sobre este, lo lleva a la celda A1 de la hoja de trabajo TOC del libro de trabajo (la que se muestra en la Figura 10-5).

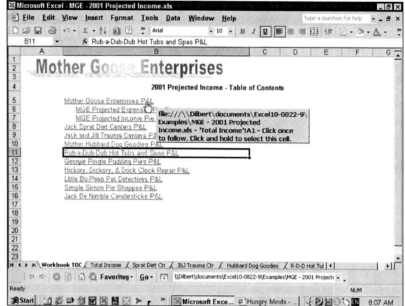

**Figura 10-5:** Salta directamente a las diferentes hojas del libro de trabajo con los vínculos de hipertexto de la tabla de contenidos.

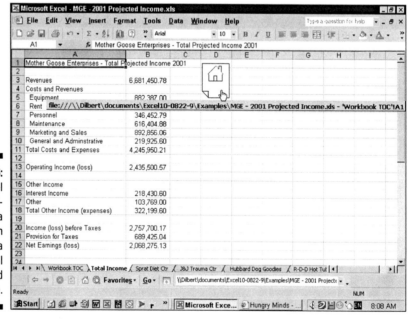

**Figura 10-6:** Seguir el vínculo adjuntado a este botón Home en la hoja Total Projected Income.

Cuando hago clic sobre el vínculo de hipertexto <u>MGE Projected Expenses Pie Chart</u> el resultado es el mostrado en la Figura 10-7. Este hipervínculo está adjunto al rango de celdas denominado, Exp_Pie. Este rango de celdas incluye las celdas A28:D45 en la hoja de trabajo Total Projected Income. Note que al hacer clic sobre este vínculo de hipertexto, se seleccionan todas las celdas en este rango de celdas denominado, que justamente son las que se encuentran bajo el gráfico circular en 3-D que muestra el detalle de los gastos anticipados proyectados para el 2001. Debido a que no hay forma de adjuntar un hipervínculo directamente al gráfico que agregó a la hoja de trabajo, tiene que recurrir a seleccionar las celdas subyacentes cuando desea que el hipervínculo muestre un gráfico particular que ha sido agregado a la hoja de trabajo.

A la derecha del gráfico circular MGE Projected Expenses, puede ver un gráfico de explosión de color (que creé con la barra de herramientas Drawing, utilizando la opción Stars and Banners en el menú contextual AutoShapes). Esta imagen gráfica hecha a mano contiene el mismo hipervínculo que la página de inicio del gráfico Clip Art (mostrado en la Figura 10-6) para que, cuando se haga, también me regrese a la celda A1 de la hoja de trabajo TOC del libro de trabajo.

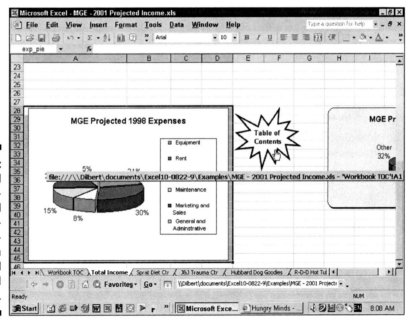

**Figura 10-7:**
Seguir el vínculo adjuntado al gráfico Table of Contents en la hoja Total Projected Income.

## Editar y formatear vínculos de hipertexto

Los contenidos de las celdas que incluyen vínculos de hipertexto están formateados según las configuraciones incluidas en dos estilos incorporados de libro
de trabajo: Hipervínculo e Hipervínculo de Seguimiento. El estilo Hipervínculo
se aplica a todos los vínculos de hipertexto nuevos que usted configura en una
hoja de trabajo que no ha utilizado aún. El Hipervínculo de Seguimiento se aplica a todos los vínculos de hipertexto que ha utilizado. Si desea cambiar la forma en que aparecen los hipertextos usados y no usados en el libro de trabajo,
necesita cambiar el formato empleado en los estilos de Hipervínculo de Seguimiento e Hipervínculo respectivamente. (Refiérase al Capítulo 3 para más información acerca de modificar estilos).

Si necesita editar los contenidos de una celda que incluye un vínculo
de hipertexto, debe tener cuidado que, cuando le solicita a Excel entrar al modo Edit para que pueda cambiar el texto, no siga el vínculo
inadvertidamente. ¡Esto significa que bajo ninguna circunstancia puede hacer clic sobre la celda con el vínculo de hipertexto con el botón
(primario) del mouse, porque esa es la forma en que se sigue el vínculo de hipertexto a su destino! La mejor forma de obviar este problema,
si está acostumbrado a seleccionar celdas haciendo clic sobre ellas, es
haciendo lo siguiente:

1.  **Haga clic sobre una celda justo al lado de la que contiene el vínculo de hi-
    pertexto (arriba, abajo, a la derecha o a la izquierda), siempre y cuando es-
    ta celda vecina no contenga su propio hipervínculo.**

2.  **Pulse la debida tecla direccional para seleccionar la celda con el vínculo de
    hipertexto por ser editada ($\downarrow$, $\uparrow$, $\rightarrow$, ó $\leftarrow$).**

3.  **Pulse F2 para que Excel entre en el modo Edit.**

4.  **Haga sus cambios a los contenidos del hipertexto en la celda; luego haga
    clic sobre el botón Enter en la barra Formula o pulse la tecla Enter para
    completar sus ediciones.**

Si necesita editar el destino de un vínculo de hipertexto (a diferencia de los
contenidos de la celda a la cual está adjuntado el vínculo), necesita hacer clic
derecho sobre la celda que incluye el vínculo para abrir el menú de atajo de
esta (y evitar seguir el hipervínculo) y luego seleccionar el comando Edit Hyperlink de este menú. Al hacer esto, abre el recuadro de diálogo Edit Hyperlink
(que se semeja mucho al recuadro de diálogo Insert Hyperlink mostrado en la
Figura 10-1 una vez que lo ha completado) en el cual puede cambiar ya sea el tipo o la ubicación del hipervínculo.

Para deshacerse de un hipervínculo y mantener la entrada de texto de la celda,
haga clic derecho sobre el hipervínculo y seleccione Remove Hyperlink del menú

de acceso directo de la celda. Para deshacerse del hipervínculo y la entrada de texto de la celda, seleccione la celda y luego pulse la tecla Delete (el equivalente de seleccionar Edit⇨Clear⇨All de la barra de menú).

# Editar y formatear gráficos con hipervínculos

Cuando llega la hora de editar imágenes gráficas a las cuales les asigna hipervínculos, puede editar la imagen gráfica haciendo clic derecho sobre la imagen y seleccionando la barra de herramientas Show Picture de su menú de acceso directo. Al hacerlo, selecciona el gráfico y abre la barra de herramientas Picture en la cual puede modificar varios y diversos atributos de la imagen. Puede cambiar el color, relleno, profundidad y contraste, la forma en que es reducida y si la imagen se mueve o cambia de tamaño cuando le realiza una edición en las celdas subyacentes. También puede abrir el recuadro de diálogo Format Picture haciendo clic derecho en la imagen y seleccionando Format Picture de su menú de acceso directo y utilizar sus opciones para editar ciertas propiedades del gráfico (como el color, relleno, transparencia, estilo de línea, tamaño y protección).

Si desea cambiar manualmente el tamaño de la imagen del gráfico o moverla a un nuevo sitio en la hoja de trabajo, necesita hacer Ctrl+click sobre el gráfico (sosteniendo la tecla Ctrl mientras hace clic) y luego manipularlo con el mouse. Para cambiar el tamaño de la imagen del gráfico, debe arrastrar los controladores de dimensionamiento apropiados. Para cambiar la ubicación de la imagen gráfica, arrástrela (cuando el puntero del mouse cambia de una punta de flecha a dos flechas con doble cabeza en forma de una cruz) a su nueva posición en la hoja de trabajo.

Para copiar una imagen gráfica junto con su hipervínculo, puede hacer clic sobre la imagen mientras sostiene la tecla Ctrl y luego (sin soltar la tecla Ctrl) arrastre una copia de la imagen a su nueva ubicación. Otra forma en que lo puede hacer es haciendo clic derecho sobre la imagen gráfica y luego colocarla en el Clipboard seleccionando el comando Copy del menú de acceso directo del gráfico. Una vez que copia el gráfico con su hipervínculo en el Clipboard, puede pegarlo a una hoja de trabajo seleccionando Edit⇨Paste de la barra de menú regular de Excel (o pulse Ctrl+V) o haciendo clic sobre el botón Paste en la barra de herramientas Standard.

Para borrar una imagen gráfica y a la vez remover su hipervínculo, haga Ctrl+clic sobre este para seleccionarlo y luego pulse la tecla Delete. Para eliminar un hipervínculo sin borrar la imagen gráfica, haga clic derecho sobre el gráfico y luego seleccione Remove Hyperlink del menú de acceso directo.

Para editar el destino del hipervínculo, haga clic derecho sobre el gráfico y luego seleccione el comando Edit Hyperlink del menú de acceso directo de la imagen. Este abre el recuadro de diálogo Edit Hyperlink en el cual puede modificar la ubicación por seguir.

# ¿Hojas de cáculo en la Web?

En la actualidad, el concepto de publicar datos de hojas de cálculo de Excel en la World Wide Web tiene mucho sentido desde un punto de vista del diseño tabular de la hoja de trabajo y los contenidos calculados de esta. Como cualquiera que ha intentado codificar una tabla de HTML (Lenguaje de Marcado de Hipertexto), le dirá que esta es una de las tareas más arduas que una persona puede ejecutar. Aun crear la tabla más sencilla de HTML es un dolor, debido a que tiene que usar las etiquetas <TH> y </TH > para configurar los encabezados de columna en la tabla junto con las etiquetas <TR> y </TR> para establecer las filas de esta, y las etiquetas <TD> y </TD> para definir el número y ancho de las columnas – así como cuáles datos van en cada celda de la tabla.

Excel le permite crear páginas Web que muestran sus datos de la hoja de trabajo en un modo estático, mirar pero no tocar o en un modo interactivo, que le permite divertirse. Cuando crea una página Web con datos estáticos de una hoja de trabajo, sus usuarios pueden visualizar los datos de Excel solo con sus exploradores de la Web. Cuando crea una página Web con datos interactivos de una hoja de trabajo, sus usuarios pueden seguir jugando con los datos, editando y formateando sus valores. Dependiendo de la naturaleza de la hoja de cáculo, sus usuarios hasta pueden continuar ejecutando cálculos y en casos de listas de datos, manipularlos organizándolos o filtrándolos.

Guardar una hoja de trabajo de Excel como una página Web es tan fácil como seleccionar el comando File⇨Save as Web Page de la barra de menú de Excel. Cuando selecciona este comando, Excel abre el recuadro de diálogo Save As, mostrado en la Figura 10-8. Como puede notar, la versión de la página Web en el recuadro de diálogo Save As incluye los mismos controles básicos que la del libro de trabajo regular. La versión de la página Web difiere de la de la hoja de trabajo en los siguientes controles:

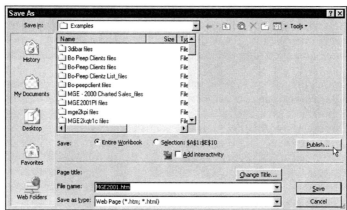

**Figura 10-8:** El recuadro de diálogo Save As aparece cuando selecciona el comando File⇨Save as Web Page.

✔ **Entire Workbook o Selection: Sheet:** Cuando selecciona el comando File⇨Save as Web Page, Excel le brinda una escogencia entre guardar todos los datos en todas las hojas de trabajo (con el botón de opción Entire Workbook, el cual es seleccionado de forma predeterminada) y guardar solo los datos en la hoja de trabajo actual (con el botón de opción Selection: Sheet). Cuando ningún gráfico o rango de celdas es seleccionado en la hoja de trabajo actual, este botón aparece como Selection: Sheet, y cuando selecciona el botón de opción Selection: Sheet, Excel toma todos los datos de la hoja de trabajo actual y los coloca en una nueva página Web. Cuando haya seleccionado un gráfico en el libro de trabajo, este botón aparece como Selection: Chart. Cuando haya seleccionado un rango de celdas, este botón aparece como Selection:, con las direcciones de las celdas del rango que se colocan después de los dos puntos.

✔ **Publish:** Haga clic sobre el botón Publish para abrir el recuadro de diálogo Publish as Web Page (mostrado en la Figura 10-9) en el cual especifica un número de diferentes opciones de publicación. Este recuadro de diálogo le permite:

> Seleccionar cuáles elementos en el libro de trabajo desea incluir en la nueva página Web

> Editar el tipo de interactividad, si lo desea, que va a usar

> Editar el nombre del archivo de una nueva página Web

> Decidir si abrir la página Web en el explorador de la Web de su computadora

✔ **Add Interactivity:** Seleccione la casilla de verificación Add Interactivity cuando desea que sus usuarios sean capaces de editar y calcular nuevamente los datos de la hoja de trabajo o filtrar o, en el caso de listas de base de datos, organizar los registros.

✔ **Title:** Haga clic sobre el botón Change Title a la derecha del encabezado Page Title para abrir el recuadro de diálogo Set Page Title en el cual puede agregar un título a su nueva página Web. El título que agrega en esta parte aparece centrado y en la parte superior de la página Web justo arriba de cualquier dato de la hoja de trabajo o gráficos que incluye la página. (No confunda el Título con el Encabezado de la página Web que aparece en la barra de título del explorador de la Web del usuario). Cualquiera que sea el título que digitó en el recuadro de diálogo Set Page Title luego aparece en el recuadro de diálogo Save As después de la etiqueta Título de la Página cuando hace clic sobre OK.

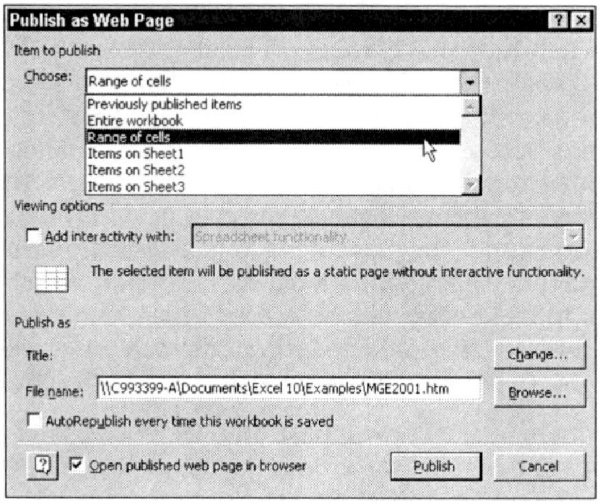

**Figura 10-9:**
Seleccione
entre las op-
ciones del
recuadro de
diálogo Pu-
blish as
Web Page.

# Guardar una Página Web estática

Las páginas Web estáticas les permiten a sus usuarios visualizar los datos, pero no cambiarlos de ninguna manera. Para crear una página Web estática, debe seguir estos pasos generales:

1. **Abra el libro de trabajo con los datos por ser guardados como una página Web.**

2. **(Opcional) Cuando guarda algo menor que un libro de trabajo completo o la actual hoja de trabajo completa, seleccione el item de las celdas. Si está insertando un gráfico, haga clic sobre este. Si está insertando un rango de celdas, selecciónelo.**

   Si sabe que desea guardar un gráfico en particular o un rango de celdas de una hoja de trabajo en la nueva página Web, debe seleccionar el gráfico que va a ser guardado antes de abrir el recuadro de diálogo Save As (como se indica en el paso 3). Al seleccionar el gráfico antes de tiempo, cambia el botón de opción Selection: Sheet al botón de opción Selection: Chart. En el caso de una selección de rango de celdas, el botón de opción Selection: Sheet cambia a un botón de opción Selection: seguido de la dirección de las celdas seleccionadas.

3. **Seleccione File⇨Save as Web Page de la barra de menú para abrir el recuadro de diálogo Save As (refiérase a la Figura 10-8).**

4. **Indique qué parte del libro de trabajo debe guardarse en la nueva Página Web.**

   Para guardar los contenidos de todas las hojas en el libro de trabajo, asegúrese de que el botón de opción Entire Workbook esté seleccionado. Para guardar solo los datos en la hoja de trabajo actual, seleccione el botón de opción Selection: Sheet en su lugar. ***Nota:*** Si hizo clic sobre el gráfico en la hoja de trabajo que tiene pensado convertir en un gráfico de página Web, antes de abrir el recuadro de diálogo Save As, necesita seleccionar el botón de opción Selection: Chart (el cual reemplaza el botón Selection: Sheet). Si seleccionó un rango de celdas, necesita escoger el botón de opción Selection: seguido de la dirección del rango de celdas seleccionado.

Para guardar los contenidos de una hoja de trabajo distinta de que la que se encuentra seleccionada actualmente, haga clic sobre el botón Publish, y luego seleccione la hoja por su descripción del cuadro de listas desplegable Choose.

Para guardar un gráfico que no seleccionó previo a abrir el recuadro de diálogo Save As, haga clic sobre el botón Publish y luego seleccione el gráfico (identificado por su descripción) de la lista desplegable Choose.

Para guardar un rango específico de celdas que no seleccionó previo a abrir el recuadro de diálogo Save As, haga clic sobre el botón Publish. Luego seleccione Range of Cells de la lista desplegable Choose antes de digitar la dirección del rango en la casilla de texto inmediatamente debajo o introdúzcala seleccionando el rango de celdas de forma que las destaque en la hoja de trabajo.

5. **Especifique un nombre de archivo para una nueva página Web.**

   Introduzca el nombre para la nueva página Web en la casilla de texto File Name. Note que Excel le adjunta la extensión del nombre de archivo .htm (que significa marcado de Hipertexto e indica que este es un archivo de texto de HTML) para cualquier nombre de archivo que digite en esta casilla de texto. Si planea publicar la página Web en un servidor de la Web Unix, tenga en mente que este sistema operativo es sensitivo a mayúsculas y minúsculas en el nombre del archivo. (Los sistemas operativos de Macintosh y Windows no son sensitivos a las mayúsculas y minúsculas en los nombres de archivo).

6. **Designe la ubicación donde debe guardarse la Página Web.**

   Cuando guarda una nueva página Web en el disco duro de su computadora o hasta en una unidad de la red, necesita indicar la unidad y el directorio en el cuadro de texto Save In como lo haría cuando guarda un archivo de un libro de trabajo de Excel. (Consulte el Capítulo 2 para más acerca de guardar archivos de libro de trabajo). Para guardar la página en una carpeta:

   > Para guardar la nueva página Web directamente en la Internet de su compañía o en el sitio Web de su intranet, haga clic sobre el botón Web Folders, y luego abra la carpeta en la que desea guardar la página.

   Para guardar la nueva página en un sitio FTP (Protocolo de Transferencia de Archivo) que su administrador de la Web o persona favorita de TI ha configurado, seleccione FTP Locations de la casilla de lista desplegable Save In, y luego abra la carpeta FTP en la cual desea almacenar la página.

En ambos casos, ya tiene que haber configurado las carpetas Web o sitios FTP antes de que pueda guardar su hoja de trabajo de páginas Web allí.

7. **(Opcional) Especifique un título para la página Web.**

Si desea que Excel agregue un título (que aparece centrado en la parte superior de la página antes de cualquier dato o gráfico), haga clic sobre el botón Change Title en el recuadro de diálogo Save As. Luego digite el texto para el título en el recuadro de diálogo Set Page Title y haga clic sobre OK. Nótese que también puede agregar o editar un título con el botón Change Title en el recuadro de diálogo Publish as Web Page (el cual abre haciendo clic sobre el botón Publish en el recuadro de diálogo Save As).

8. **Guarde la página Web.**

Para guardar su nueva página Web usando las configuraciones que estableció en los pasos anteriores, seleccione el botón Save en el recuadro de diálogo Save As (refiérase a la Figura 10-8). Si desea visualizar una vista preliminar de su página Web inmediatamente después de que la haya guardado, haga clic sobre el botón Publish para abrir el recuadro de diálogo Publish as Web Page. Seguidamente, seleccione la casilla de verificación Open Published Web Page in Browser antes de hacer clic sobre el botón Publish o pulse Enter.

*Nota:* Cuando guarda sus datos de la hoja de trabajo en la nueva página Web, Excel automáticamente crea una nueva carpeta con el mismo nombre que el archivo .htm que contiene todos los archivos de apoyo, incluyendo elementos como los archivos gráficos y gráficos entre los datos numéricos. Por tanto, si traslada la página Web de una unidad locala un servidor de la Web, necesita copiar la carpeta de archivos de soporte así como su archivo de página Web para asegurarse de que el explorador del usuario puede reproducir exitosamente todos los contenidos de la página.

Si prefiere que Excel no cree una carpeta separada con los archivos de soporte, puede cambiar esta configuración en el recuadro de diálogo Web Options (seleccionando Tools➪Options y luego haciendo clic sobre el botón Web Options en la pestaña General). En el recuadro de diálogo Web Options, sencillamente elimine la marca de verificación del cuadro Organize Supporting Files in a Folder en la pestaña Files.

Note también que cuando guarda un libro de trabajo completo que contiene datos y gráficos de una hoja de trabajo en hojas de trabajo separadas, Internet Explorer guarda el esquema original de la hoja de Excel en la página Web estática resultante agregando pestañas de hoja en la parte inferior de la ventana de Internet Explorer.

# Guardar una Página Web interactiva

La opción de páginas Web Interactivas es una de las opciones más fabulosas de Excel. Esto debido a que ellas le permiten al usuario que visualiza sus páginas Web con Microsoft Internet Explorer (Versión 4.0 o posterior) realizarles cambios a los datos de la hoja de trabajo – sin ningún tipo de creación de script o programación de su parte. Estos cambios pueden incluir cualquiera de los siguientes elementos cubiertos en otras partes de este libro:

✔ **Tablas de datos de hojas de trabajo:** En las tablas interactivas de las hojas de trabajo, puede editar los valores y hacer que las fórmulas se actualicen automáticamente (o manualmente) en sus tablas. También puede cambiar el formato de los datos y las partes de la hoja de trabajo que se muestran en la página Web. (Refiérase a los Capítulos 3 y 4 para más información acerca de formatear y editar datos de hojas de trabajo, incluyendo fórmulas).

✔ **Listas de base de datos:** En las listas de base de datos interactivas, puede organizar y filtrar los registros más o menos como lo haría en las bases de datos de Excel normales (refiérase al Capítulo 9 para más detalles acerca de configurar y mantener una base de datos de Excel), así como editar los datos y cambiar el formato de la lista.

✔ **Gráficos:** En los gráficos interactivos, puede editar los datos de soporte y hacer que los gráficos se grafiquen automáticamente de nuevo en la página Web. También puede realizarle cambios al gráfico en sí, incluyendo el tipo de gráfico, títulos y ciertos formatos de este.

Para crear una página Web interactiva, debe seguir los mismos pasos detallados en la sección de este mismo capítulo "Guardar una página Web estática," con la siguiente excepción: debe seleccionar la casilla de verificación Add Interactivity previo a guardar o publicar la nueva página Web.

 Representar con datos interactivos de la hoja de File➪Save as Web Page. Excel automáticamente agregará los datos de soporte de la hoja de trabajo a la nueva página Web (siempre y cuando no se le olvide seleccionar la casilla de verificación Add Interactivity previo a guardar o publicar la página) debajo del gráfico interactivo.

## Representar con datos interactivos de la hoja de trabajo

Mire la Figura 10-10 para ver una nueva página Web que contiene una tabla de ventas del primer trimestre completamente interactiva (creada del libro de trabajo de ventas de Mother Goose - 2001) como aparece cuando es abierto con Microsoft Internet Explorer 5.5 incluido en Office. Yo creé esta página Web interactiva seleccionando el rango de celdas A1:E10 previo a abrir el comando File➪Save as Web Page y seleccionando la casilla de verificación Add Interactivity.

La mayor advertencia en Internet Explorer de que está lidiando con una tabla interactiva de una hoja de trabajo y no con una estática es la aparición de la barra de herramientas en la parte superior de la tabla de datos. Puede usar estos botones para editar los datos de la tabla, así como modificar cómo se mostrará la información.

Puede usar cualquiera de las barras de desplazamiento que aparecen en el borde derecho e inferior de la tabla para resaltar nuevos datos de la hoja de trabajo a la vista. También puede modificar manualmente los anchos de las columnas o el alto de las filas arrastando sus bordes a la izquierda y derecha o hacia abajo o arriba, o puede usar la opción AutoFit para cambiar el tamaño de las columnas haciendo doble clic en el borde derecho de la celda con la letra de la columna (refiérase al Capítulo 3 para más acerca de cambiar los tamaños de las columnas y filas).

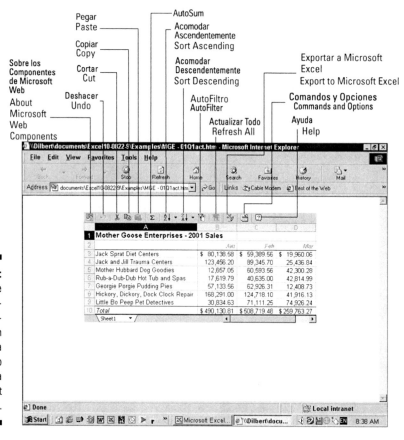

**Figura 10-10:**
Una tabla de ventas totalmente interactiva en una nueva página Web mostrada con Internet Explorer 5.5.

### *Cambiar los contenidos*

Para cambiar una celda en particular de los datos de la hoja de trabajo, haga doble clic sobre los datos para seleccionar sus contenidos. Si la celda contiene una etiqueta o valor, este texto es seleccionado y puede reemplazarlo digitando una nueva etiqueta o valor. Si la celda contiene una fórmula, el resultado calculado es reemplazado por la fórmula, la cual usted puede editar.

Si desea impedir que sus usuarios sean capaces de cambiar celdas, en particular en los datos de la hoja de trabajo, necesita proteger la tabla u hoja previo a guardar los datos como una página Web. Puede permitirles a sus usuarios de la Web cambiar celdas en particular (como cantidades que desean ordenar) sin que editen otras (como las celdas que contienen los precios y aquellas con fórmulas que calculan los totales). Para lograr esto, necesita desbloquear las celdas que desea que sean capaces de editar antes de proteger la hoja de trabajo (lo cual les impide cambiar cualquier otra celda). Refiérase al Capítulo 6 para más detalles acerca de lograr esto.

### *Cambiar los datos desplegados*

El recuadro de diálogo Commands and Options es la clave para cambiar la forma en que los datos de la hoja de trabajo se muestran en su página Web interactiva. Para abrir este recuadro de diálogo, puede hacer clic sobre el botón Commands and Options en la barra de herramientas arriba de los datos de la hoja de trabajo. (Si la barra de herramientas no está mostrada, haga clic derecho sobre la tabla de la hoja de trabajo y seleccione Commands and Options del menú de acceso directo).

Puede ver la tabla de ventas del primer trimestre del 2001 con el recuadro de diálogo Commands and Options mostrado en la Figura 10-11. Este recuadro de diálogo contiene cuatro pestañas (Format, Formula, Sheet y Workbook) con varias opciones para modificar la apariencia y funcionalidad de la tabla de ventas interactiva.

Aunque el recuadro de diálogo Commands and Options le permite un número de ediciones y formatos, tenga cuidado de que cualquier cambio que le haga a la tabla de datos de la hoja de trabajo con estas opciones son temporales: no puede guardar sus cambios a la página Web. Lo mejor que puede hacer es imprimir la página Web usando el comando del explorador File➪Print para obtener un documento impreso de los datos de la tabla editados y reformateados. O, si tiene Excel en su computadora, puede exportar la página Web a un libro de trabajo de Excel de solo lectura haciendo clic sobre el botón Export to Excel en la barra de herramientas arriba de la tabla de datos. (refiérase a la Sección "Exportar una página Web interactiva a Excel" más adelante en este capítulo para algunos detalles).

En la Figura 10-12, revise la página Web con la tabla de ventas de primer trimestre del 2001 una vez que fueron eliminados la visualización de la pestaña de la hoja, los encabezados de columna y fila, y la cuadrícula, sencillamente desactivando sus opciones de las casillas de verificación en el área Show/Hide en la pestaña Sheet.

**Figura 10-11:** Tabla de ventas interactiva con el recuadro de diálogo Commands and Options mostrado.

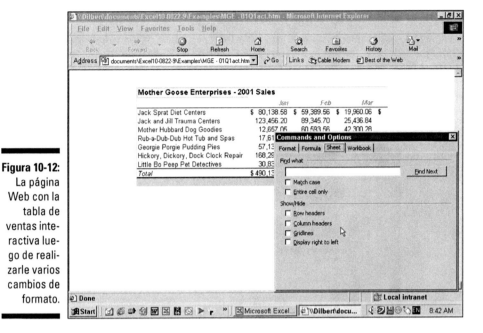

**Figura 10-12:**
La página
Web con la
tabla de
ventas inte-
ractiva lue-
go de reali-
zarle varios
cambios de
formato.

Más de una vez, en lugar de hacerle cambios a la apariencia de la tabla de datos de la hoja de trabajo, le hará cambios a los contenidos. Las Figuras 10-13 y
10-14 ilustran justo este tipo de cambios. En la Figura 10-13, verá una nueva página Web creada con una hoja de trabajo de Excel que incluye un formulario de
pedido de Georgie Porgie Pie Palace. Este formulario de pedido contiene todas
las fórmulas necesarias para calcular los precios extendidos para cada tipo de
pastel ordenado, así como el subtotal para todos los pasteles solicitados, cualquier impuesto aplicable y finalmente el gran total del pedido. La Figura 10-14
muestra la misma página Web después de digitar toda la información del pedido en la diversas celdas en blanco.

Para impedir cambios no deseados (para no mencionar aquellos in-
justificados) en el formulario de pedido de los pasteles, me aseguré
de que el usuario solo pueda editar las celdas sombreadas en la tabla
de datos de la hoja de trabajo de la página Web mostrada en las Figuras 10-13 y 10-14. Hice esto en Excel previo a crear la página Web des-
bloqueando las celdas sombreadas y luego activando la protección
para la hoja de trabajo. (Refiérase al Capítulo 6 para más detalles
acerca de hacer esto).

### Travesear una base de datos interactiva

Las páginas Web que contienen una lista interactiva de datos organizada como
una base de datos (como lo indico en el Capítulo 9) le permite hacer todos los
mismos tipos de cambios de contenidos y formatos que una tabla de datos de hoja de trabajo estándar. Además, también pueden organizar los registros en la lista
de datos y usar un formulario levemente modificado de la capacidad de AutoFilter
para filtrar todo salvo los registros deseados.

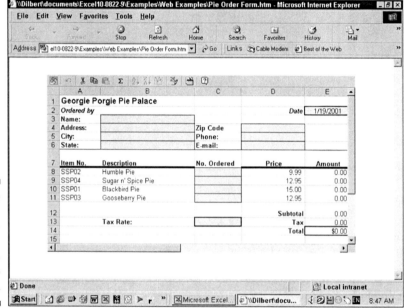

**Figura 10-13:**
Una página
Web que
contiene un
formulario
de pedido
interactivo.

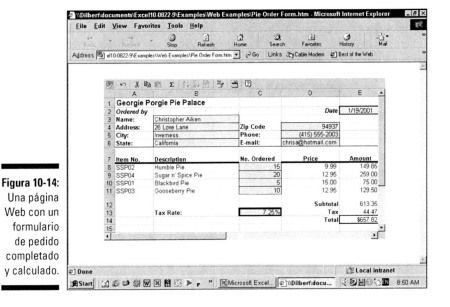

**Figura 10-14:**
Una página
Web con un
formulario
de pedido
completado
y calculado.

Examine las Figuras 10-15 y 10-16 para ver cómo usar la opción de AutoFilter en una página Web que contiene una base de datos interactiva. La Figura 10-15 muestra la base de datos Bo Beep Client List luego de guardarla en una página Web interactiva.

Para organizar esta base de datos, haga una de las siguientes cosas:

✔ Haga clic sobre la columna (campo) en la que desea que se organicen los registros y luego haga clic sobre el botón Sort Ascending o Sort Descending en la barra de menú.

✔ Haga clic derecho sobre la base de datos y seleccione Sort Ascending o Sort Descending del menú de acceso directo. Luego, de la lista contextual que aparece, seleccione el nombre del campo en el cual organiza la base de datos.

Para filtrar los registros en una base de datos, muestre los botones contextuales AutoFilter haciendo clic sobre el botón AutoFilter en la barra de herramientas o el comando AutoFilter del menú de acceso directo de la base de datos. Luego de que los botones contextuales AutoFilter son mostrados en las celdas con los nombres de campo de la base de datos, puede filtrar los registros seleccionando las entradas deseadas de la lista contextual del debido campo.

Vea los resultados en la Figura 10-16 de Bo Peep Client List una vez que yo haya filtrado sus registros para que aparezcan solo los que contienen AZ (Arizona) o CA (California). Para lograr esto, hice clic sobre el botón contextual AutoFilter en el campo State para abrir la lista contextual State donde la casilla de verificación Show All fue seleccionada (por tanto, seleccionar los cuadros de verificación para todas las entradas de los estados individuales). Luego seleccione la casilla de verificación (Show All) para deseleccionarlo o borrarlo: así, deseleccionando automáticamente las casillas de verificación para todas las entradas de los estados individuales. Seguidamente, seleccioné las casillas de verificación de AZ y CA antes de hacer clic sobre OK en la parte inferior de la lista contextual.

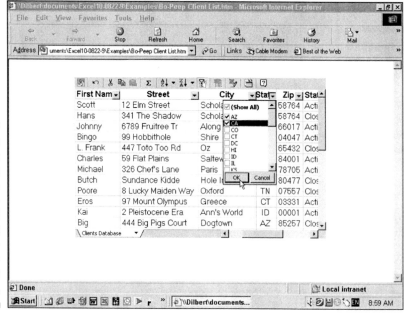

**Figura 10-15:** La página Web con base de datos interactiva la cual muestra los botones AutoFilter arriba de cada campo.

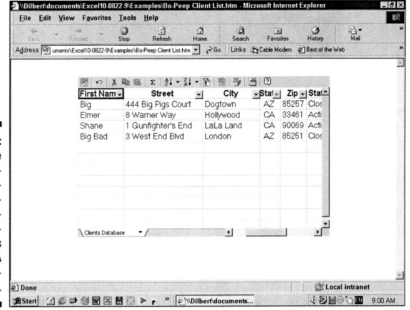

**Figura 10-16:**
Una base de
datos inte-
ractiva des-
pués de fil-
trar los re-
gistros a so-
lo aquellos
con AZ o CA
en el cam-
po State.

Para restaurar una lista de base de datos luego de filtrar sus registros, haga clic sobre el botón AutoFilter en el campo o campos involucrados en el filtro y seleccione la casilla de verificación Show All para restaurar su marca de verificación (y las marcas de verificación en todas las casillas para todas las entradas individuales también) antes de hacer clic sobre OK en la parte inferior de la lista contextual.

### Actuar sobre un gráfico interactivo

Las páginas Web con gráficos de Excel interactivos muestran el gráfico y los datos de soporte de la hoja de trabajo. Cuando les hace cambios a los datos de soporte, el gráfico se actualiza automáticamente en una página Web. Además de ser capaz de actualizar el gráfico editando los datos de soporte, sus usuarios también pueden hacer ciertos cambios de edición al gráfico (como cambiar el tipo de gráfico o editar su título).

La Figura 10-17 muestra una nueva página Web con un gráfico interactivo creado de un gráfico Columnas Agrupadas agregado a la hoja de trabajo del primer trimestre del 2001 de Mother Goose que representa las ventas de enero, febrero y marzo para las diversas compañías de Mother Goose. Como puede apreciar en esta figura, los datos de soporte de la hoja de trabajo aparecen debajo del gráfico agrupado con la ahora conocida barra de herramientas interactiva.

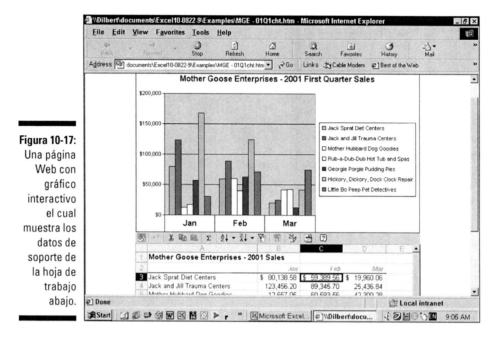

**Figura 10-17:**
Una página
Web con
gráfico
interactivo
el cual
muestra los
datos de
soporte de
la hoja de
trabajo
abajo.

Si cambia los valores en los datos de soporte de la hoja de trabajo, el gráfico se actualiza automáticamente, como lo muestra la Figura 10-18. En esta figura, he aumentado las ventas de febrero para Jack Sprat Diet Centers de $59,389.56 a $259,389.56 en los datos de soporte. Para verificar que el gráfico Columnas Agrupadas ha sido actualizado para demostrar este aumento, comparé el tamaño de la columna del centro en el primer grupo en la Figura 10-18 con la del centro del primer grupo en la Figura 10-17.

## Agregar datos de una hoja de trabajo a una Página Web existente

No siempre tiene que guardar sus datos de hoja de trabajo de Excel en una nueva página Web. De hecho, puede agregar datos a una página Web existente. Solo tenga en mente que en cualquier momento en que agrega datos de una hoja de trabajo a una página Web existente, Excel siempre adjunta los datos a la parte inferior de la página. Si desea que los datos aparezcan más temprano en la página Web, necesita editarla como lo explico en la sección siguiente "Editar su hoja de trabajo de páginas Web".

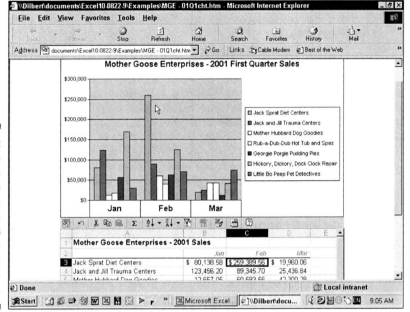

**Figura 10-18:**
Un gráfico interactivo actualizado luego de cambiar un valor en los datos de soporte de la hoja de trabajo abajo.

Para adjuntar datos de una hoja de trabajo de Excel en una página Web existente, debe seguir todos los mismos pasos como lo haría para guardar una nueva página Web, con la siguiente excepción. En lugar de especificar un nuevo nombre de archivo en el cual guardar los datos, necesita especificar (generalmente explorando) el nombre del archivo existente al cual se le agregará los datos.

Luego de seleccionar el nombre del archivo existente al cual desea adjuntarle los datos o gráfico de la hoja de trabajo seleccionada, Excel muestra un recuadro de alerta que contiene tres botones: Add to File, Replace File y Cancel.

Asegúrese de seleccionar el botón Add to File en lugar del botón Replace File. Si selecciona el botón Replace File en lugar del de Add to File, Excel reemplaza la página existente con una nueva que contiene solo los datos o gráfico seleccionados en lugar de agregarlos al final del archivo existente.

## *Editar su hoja de trabajo de Páginas Web*

Se preguntará ¿qué podría hacer si agrego algunos datos de la hoja de trabajo o un gráfico de Excel a una página Web existente, pero no deseo que la información quede en la parte más abajo de esta página? En ese caso, necesita editar la página Web y mover los datos o gráfico de la hoja de trabajo a la posición deseada en la página Web.

Puede editar las nuevas páginas Web que creó en Excel o las páginas existentes a las que ha adjuntado datos de hoja de trabajo con cualquiera de las herramientas de edición de página Web basada en Windows. Si no tiene un programa de edición de página Web favorito, utilice Word (que está incluido en parte de la secuencia de aplicaciones de Office) como su editor de página Web. Es bastante apto y muy bueno acerca de resguardarlo de las etiquetas de HTML y los scripts complicados de XML.

Tenga en mente que hacer doble clic sobre un icono de archivo de página Web en Windows Explorer o My Computer solo resultará en abrir la página Web en su explorador de la Web favorito (donde puede mirar pero no tocar). Para abrir una página Web para su edición, debe recordar lanzar primero un editor de la Web (como Word o, en algunos casos, Excel) y luego usar el comando del programa de edición File⇨Open para abrir la página Web que requiere cambios.

Para abrir una página Web para su edición en Word, siga estos pasos:

1.  **Lance Word.**

    Puede lanzar Word haciendo clic sobre el botón Microsoft Word en la barra de herramientas de Office o haciendo clic en el botón Start y seleccionando Programs⇨Microsoft Word de los menúes contextuales.

2.  **Seleccione File⇨Open de la barra de menú de Word o haga clic sobre botón Open en la barra de herramientas Standard de Word para mostrar el recuadro de diálogo Open.**

3.  **En el recuadro de diálogo Open, seleccione la carpeta que incluye la página Web que desea abrir de la casilla de lista desplegable Look In en la parte superior; luego haga clic sobre el nombre del archivo con la página Web en la casilla de lista central.**

    Una vez que haya seleccionado el archivo de la página Web que desea editar, abra el archivo en Word haciendo clic en el botón Open. Debido a que Office mantiene un registro de cuales programas crearon la página Web (indicado por la presencia del icono del programa particular en la parte superior del icono normal de la página Web), puede necesitar usar el comando Open in Microsoft Word, en lugar de sencillamente hacer clic sobre el botón Open, si el archivo de la página Web que creó está asociado con Excel en lugar de Word.

4.  **Si está abriendo una página Web que fue creada en Excel y nunca ha sido editada en Word, seleccione la opción Open in Microsoft Word del menú contextual del botón Open. Si está abriendo una página Web que fue últimamente editada en Word, solo haga clic sobre el botón Open o pulse Enter.**

Cuando la página Web se abre en Word, puede editar sus contenidos o cambiar su formato conforme sea necesario. Por ejemplo, para mover una tabla de datos o gráfico de una hoja de trabajo que ha sido ajuntada a la parte inferior de una página Web, seleccione la tabla o gráfico y luego use los métodos tradicionales de cortar y pegar o arrastrar y soltar para colocarlo en el lugar deseado en la página Web. Cuando mueve una tabla de hoja de trabajo de Excel, tenga en mente lo siguiente:

✔ Para seleccionar una tabla de datos de una hoja de trabajo y todos sus contenidos, coloque el puntero del mouse de Word en algún lugar a lo largo de la parte superior de la tabla. Cuando el puntero asume la forma de una flecha que apunta hacia abajo, haga clic sobre el mouse y Word seleccionará todas las celdas en la tabla.

✔ Para mover una tabla de una hoja de trabajo que ha seleccionado en Word usando la técnica de arrastrar y soltar, coloque el puntero del mouse en el cuadro con la cruz doble que aparece en la esquina superior izquierda de la tabla seleccionada. Cuando el puntero en sí asume la forma de la cruz doble, use este puntero para arrastrar el contorno de la tabla al lugar deseado en el documento de la Página Web. Cuando haya arrastrado el puntero al inicio de la línea en el documento donde debe aparecer la fila superior de la tabla, suelte el puntero del mouse.

✔ Para mover una hoja de trabajo que ha seleccionado en Word usando la técnica cortar y pegar, seleccione Edit⇨Cut (o pulse Ctrl+X) para colocar la tabla en el Clipboard de Windows. Luego posicione el cursor de punto de inserción al principio de la línea donde debe aparecer la primera fila y seleccione Edit⇨Paste (o pulse Ctrl+V).

Cuando mueve un gráfico de Excel, tenga presente lo siguiente:

✔ Para seleccionar un gráfico en Word, haga clic en algún lugar en este como lo haría en Excel. Apenas hace clic, aparecen los controladores de selección alrededor del perímetro del gráfico y aparece la pantalla la barra de herramientas Picture.

✔ Para mover un gráfico que ha seleccionado en Word usando la técnica de arrastrar y soltar, coloque el puntero del mouse en algún sitio en el gráfico seleccionado. Cuando el puntero asume la forma de una flecha con el controno de un pequeño cuadro debajo de este, arrastre este puntero al lugar deseado en el documento de la página Web. Cuando haya arrastrado el puntero a la línea en el documento en el que debe aparecer la parte superior del gráfico, suelte el puntero del mouse.

✔ Para mover un gráfico que ha seleccionado en Word usando la técnica de cortar y pegar, seleccione Edit⇨Cut (o pulse Ctrl+X) para colocar la tabla en el Clipboard de Windows. Luego coloque el cursor del punto de inserción al inicio de la línea donde debe aparece la primera fila y seleccione Edit⇨Paste (o pulse Ctrl+V).

## *Editar una hoja de trabajo de Página Web en Excel*

No existe una regla que diga que no puede abrir y editar una página Web en Excel. De hecho, si solo desea cambiar algunos datos en una tabla de una hoja de trabajo o corregir algunas entrada en la lista de la base de datos, abrir la Web en Excel y hacer los cambios, es la mejor forma de hacerlo. Para abrir una página Web en Excel, sencillamente siga el procedimiento para abrir un archivo estándar de un libro de trabajo (para más detalles acerca de abrir archivos en Excel, refiérase al Capítulo 4).

Si la página Web que desea editar en Excel está ubicada en un servidor de la Web para el cual un acceso directo de carpeta Web ha sido creado, haga clic sobre el botón Web Folders en la ventana izquierda del recuadro de diálogo Open y luego haga doble clic sobre el nombre de la carpeta Web que contiene el archivo de la página Web. Para abrir la página Web, haga clic sobre el icono del archivo y seleccione el botón Open (o simplemente haga doble clic sobre el icono del archivo).

Si el icono del archivo para el archivo de la página Web que desea abrir no muestra una *XL* arriba de la página con un globo (como sería el caso si editara una página Web en otro programa como Word y guardara dichos cambios), hacer clic sobre el botón Open no abrirá la página para editar Excel. En dicho caso, necesita hacer clic sobre el botón contextual adjuntado al botón Open y seleccionar la opción Open en Microsoft Excel del menú contextual.

Luego de abrir la página Web y realizar sus cambios de edición en sus datos, puede guardar sus cambios al archivo Web (en el formato de archivo estándar de HTML) seleccionando el comando File⇨Save (o haciendo clic sobre el botón Save en el menú de Standard, o pulsando Ctrl+S). Si la página que editó está ubicada en un servidor de la Web, Excel abrirá una LAN o una conexión de marcado a la Internet para que los cambios sean guardados directamente en el servidor.

Si requiere hacer cambios de edición como mover una tabla de datos de una hoja de trabajo o gráfico de Excel, cambiar el fondo de una página Web o insertar imágenes de gráfico, entonces realmente debería usar un editor de página Web completo como Word, debido a que la orientación basada en celdas hace estos tipos de ediciones casi imposibles.

Si trabaja con una hoja de cáculo que debe editar continuamente y luego publicar como una página Web en su forma actualizada, puede hacer que Excel automatice este proceso. Simplemente seleccione la casilla de verificación AutoRepublish Every Time this Workbook is Saved en el recuadro de diálogo Publish as Web Page (refiérase a la Figura 10-9) la primera vez que publica la hoja de trabajo como una página Web. De allí en adelante, Excel siempre publicará nuevamente de forma automática la página Web con sus ediciones a la vez que guarda sus cambios en el archivo de su libro de trabajo.

## Exportar una página Web interactiva a Excel

No puede guardar los cambios que les hace a los datos interactivos en la página Web en el explorador de la Web. Si decide que desea guardar sus cambios (como puede quere hacerlo experimentando con varios escenarios de qué pasaría), necesita exportar la página Web a Excel y luego guardar los datos ya sea como una página Web o un archivo de un libro de trabajo de Excel.

Para guardar los datos de edición que le hace a una tabla de datos interactiva, lista de base de datos o datos de gráfico de soporte (desafortunadamente no puede guardar ninguno de los cambios de edición hechos al gráfico en sí), simplemente haga clic sobre el botón Export to Excel en la barra de herramientas que aparece arriba de los datos. Este es el botón con una imagen de un lápiz debajo de una X verde.

Al hacer clic sobre el botón Export to Excel lanza Excel, se abre, de forma simultánea, la página Web con los datos editados (en el caso de gráficos interactivos, la tabla con los datos de soporte editados aparecen sin el gráfico asociado). En la barra de título de Excel, verá que a la página Web exportada se le ha dado un nombre de archivo temporal como OWCsheet1.xml (Read Only). OWCsheet, que significa hoja de Office Web Components.

Debido a que Excel abre la página Web con los datos actualizados de la hoja de trabajo en el modo de solo lectura, la única manera en que puede guardar los datos actualizados es seleccionando el comando File⇨Save As y dándole a la página Web un nuevo nombre de archivo. Si selecciona Save en lugar de Save As, Excel muestra un recuadro de diálogo de alerta que le recuerda que el archivo es de solo lectura.

De forma predeterminada, Excel guarda la página Web en el formato de archivo XML (Lenguaje de Marcado Extensible). Si desea guardar el archivo con los datos de la hoja de trabajo actualizada como un archivo de un libro de trabajo de Excel regular, debe recordar cambiar la configuración Save as Type from XML Spreadsheet (*.xml) a Microsoft Excel Workbook (.xls) al mismo tiempo que modifica el nombre del archivo en la casilla de texto File Name en el recuadro de diálogo Save As.

Si no tiene Excel en la computadora que está usando en el momento que edita la hoja de trabajo interactiva de la página Web en Internet Explorer, intente enviar el archivo de la página Web `OWCsheet.htm` que Internet Explorer genera a un compañero de trabajo cuya computadora está corriendo Excel. Los archivos de OWCsheet están ubicados en la carpeta Temp dentro de la carpeta `Windows` en el disco duro de su computadora. Para enviar un archivo de página Web a un compañero de trabajo, simplemente insértelo en un mensaje de correo electrónico que le envía.

Si está usando Windows 98/Me, puede determinar cuáles de los archivos OWCsheet en la carpeta `Temp` enviar mirando una vista preliminar de sus contenidos en Windows Explorer:

1. **Abra la carpeta Temp con Windows Explorer.**

2. **En el menú contextual de Views, asegúrese de que el comando As Page Web es seleccionado.**

3. **Destaque cada icono de archivo.**

   Una pequeña vista preliminar de los datos de la hoja de trabajo aparece en la ventana izquierda.

# Enviar Hojas de Trabajo vía Correo Electrónico

La última opción relacionada con la Internet y Excel es su capacidad de enviar la hoja de trabajo actual a los beneficiarios del correo electrónico ya sea como parte del cuerpo de un nuevo mensaje de correo electrónico o como un adjunto. Esta opción facilita el envío de cifras financieras, listas y gráficos a compañeros de trabajo y clientes.

Si desea compartir únicamente los datos con su beneficiario de correo electrónico, envíe una hoja de trabajo como el cuerpo de un mensaje de correo electrónico. Solo tenga presente que cuando hace esto, el único lugar donde puede agregar su propio texto es en el área Subject del mensaje de correo electrónico y el área Introduction en el encabezado del mensaje.

Si desea que el beneficiario del correo electrónico sea capaz de interactuar con los datos (como actualizar cierta información financiera o agregar datos faltantes), entonces necesita enviar una hoja de trabajo como un adjunto del correo electrónico. Cuando hace esto, su beneficiario recibe el archivo completo del libro de trabajo, y digita su propio mensaje de correo electrónico (completo con cualquier advertencia o instrucciones especiales). Tenga cuidado que para que su beneficiario de correo electrónico sea capaz de abrir el archivo del libro de trabajo, él o ella debe tener acceso a Excel 97, 2000 ó 2002 (o Excel 98 ó 2001 en Macintosh) o algún otro programa de cálculo que pueda abrir archivos de Microsoft Excel 97/2000/2002.

Para enviar una hoja de trabajo como el cuerpo de un nuevo mensaje de correo electrónico, siga estos pasos:

1. **Abra el libro de trabajo y seleccione la hoja de trabajo que desea enviar vía correo electrónico.**

2. **Haga clic sobre el botón E-mail en la barra de herramientas Standard o seleccione el comando File⇨Send To⇨Mail Recipient Recipient de la barra de menú.**

   Excel agrega un título de correo electrónico con su propia barra de herramientas, los campos To, Cc, Bcc y Subject en la parte superior de la hoja de trabajo actual (similar a los que se muestran en la Figura 10-19).

3. **Digite la dirección de correo electrónico del beneficiario en el campo To o haga clic sobre el botón To y seleccione la dirección de su libreta de direcciones de Outlook o Outlook Express (si mantiene una).**

4. **(Opcional) Si desea enviar copias de la hoja de trabajo a otros beneficiarios, digite sus direcciones en el campo Cc separado de puntos y comas (;) o use el botón Cc para seleccionar sus direcciones de su libreta de direcciones de Outlook o Outlook Express.**

   También puede introducir esta información en el campo Bcc (copia carbón ciega) en su lugar. Haga esto cuando desea enviar copias a cada beneficiario sin que ninguno de los demás sepa quién más recibió una copia de la hoja de trabajo.

5. **De forma predeterminada, Excel introduce el nombre del libro de trabajo actual en el campo Subject del mensaje de correo electrónico. Si lo desea, edite el campo Subject para que refleje algo más descriptivo del contenido de la hoja de trabajo.**

6. **Introduzca cualquier saludo o texto descriptivo que les explique a sus beneficiarios su razón para enviarles la hoja de trabajo en el campo Introduction.**

7. **Para enviar un nuevo mensaje con la hoja de trabajo como el contenido, haga clic sobre el botón Send This Sheet en la barra de herramientas del correo electrónico (como se muestra en la Figura 10-19).**

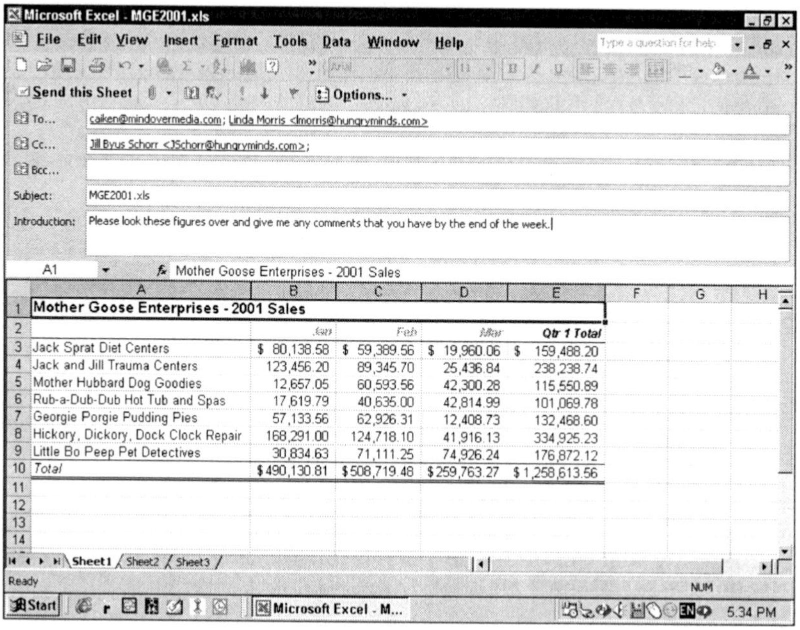

**Figura 10-19:**
Enviar una hoja de trabajo como el cuerpo de un mensaje de correo electrónico.

Cuando hace clic sobre el botón Send This Sheet, Excel envía el mensaje del correo electrónico (conectándolo a su proveedor de servicio de la Internet, si es necesario), cierra la barra de herramientas del correo electrónico y elimina los campos To, Cc, Bcc y Subject de la parte superior de su hoja de trabajo de Excel.

Para enviar una hoja de trabajo como un adjunto de correo electrónico, debe seleccionar el comando File⇨Send To⇨Mail Recipient (as Attachment) de la barra de menú. Seleccionar este comando abre el recuadro de diálogo Choose Profile en el cual selecciona el nombre de su cuenta de correo electrónico (llamado su *perfil*). Luego de que haya seleccionado el nombre de su cuenta de correo electrónico en la casilla de lista desplegable Profile Name y haya hecho clic sobre OK, Excel abre su programa de correo electrónico usando su configuración de cuenta con un nuevo mensaje de correo electrónico (como el que se muestra en la Figura 10-20) completo con los campos To, Cc, Bcc, y Subject y un sitio en donde digitar el texto de su mensaje. También Excel automáticamente adjunta una copia del libro de trabajo actual (incluyendo todas las hoja de trabajos) en su nuevo mensaje. Sabrá que el libro de trabajo está adjuntado cuando visualiza su nombre de archivo y el tamaño del mismo en el campo Attach, el cual aparece justo arriba del lugar para el mensaje de texto.

Luego de llenar los campos To, Cc, Bcc y Subject, e introducir su mensaje, envíe este mensaje del libro de trabajo al beneficiario del correo electrónico haciendo

clic sobre el botón Send en la barra de herramientas de la ventana. También puede pulsar Alt+S o seleccionar File⇨Send Message de la barra de menú de la ventana. El envío de su mensaje cierra las ventanas del correo electrónico.

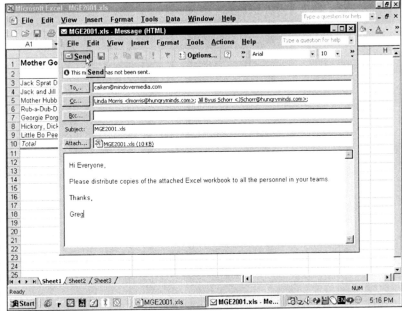

**Figura 10-20:**
Enviar un
archivo de
libro de tra-
bajo como
un adjunto
de correo
electrónico.

# Parte V
# Los Diez Mejores

**La 5a Ola**                    **Por Rich Tennant**

MI NOVIA EJECUTÓ UNA HOJA DE CÁLCULO DE MI VIDA Y GENERÓ ESTE GRÁFICO. MI ESPERANZA ES QUE CAMBIE SU ESPECIALIDAD DE CIENCIAS DE LA COMPUTACIÓN A SERVICIOS DE REHABILITACIÓN.

## En esta parte . . .

*P*or último, llega a la parte graciosa de este libro, en la que los capítulos consisten en listas de los diez mejores consejos de Excel sobre esto, aquello y todo lo que haya en el medio. En homenaje a David Letterman (hijo predilecto de Indiana), encontrará capítulos sobre las diez mejores opciones en Excel 2002 y los diez elementos básicos para principiantes. Y, en homenaje a Cecil B. de Mille, Moses, y un poder mucho mayor, ha sido incluido un capítulo con los Diez Mandamientos de Excel 2002 que, aunque no están escritos en piedra, al ser seguidos fielmente, garantizan darle beneficios celestiales.

# Capítulo 11

# Las Diez Nuevas Opciones de Excel 2002

. . . . . . . . . . . . . . . . . . . . . . . . . . . . . . . . . . . . . . . . . . . . . . . . . . . . .

**S**i está buscando un resumen de lo que ofrece de novedoso Excel 2002, ¡no busque más! Aquí está mi lista oficial de las Diez Nuevas Opciones. Con una rápida lectura, esta lista le indica que el avance de las nuevas opciones es "auto" esto y lo otro, diversos consejos y muchos Asistentes.

Y por aquello que esté interesado en conocer más que una breve descripción de una opción, he incluido un referencia cruzada a cualquier lugar en este libro en la que explico la opción con mayor detalle.

10. **Publicar nuevamente una hoja de trabajo como una página Web cada vez que guarda cambios en el archivo del libro de trabajo:** Las opciones Auto-Republish de Excel le facilitan la tarea de publicar los cambios que realiza periódicamente en cuadros y tablas de una hoja de cálculo que están guardadas como páginas Web. Sencillamente seleccione la casilla de verificación AutoRepublish Every Time This Workbook is Saved, en el recuadro de diálogo Publish as Web Page, la primera vez que guarda una copia de los datos de un cuadro o tabla como una página Web. De allí en adelante, Excel automáticamente guarda la nueva información en la página Web existente cada vez que guarda sus ediciones en el libro de trabajo de Excel con File↪Save. Refiérase al Capítulo 10 para más detalles.

9. **Buscar ayuda sobre el uso de Excel digitando su pregunta en la casilla de texto Ask a Question en la barra de menú:** Excel 2002 realmente le facilita la tarea de solicitar ayuda acerca del uso del programa. Solamente haga clic sobre la casilla de texto Ask a Question a la derecha de la barra de menú, introduzca su pregunta y pulse la tecla Enter. Excel le responde con un menú contextual de temas de ayuda potencialmente relevantes que puede consultar. Refiérase al Capítulo 1 para más información acerca del uso de esta opción.

8. **Modificar las opciones de Paste luego de copiar o completar una selección utilizando el controlador Fill:** Esta novedosa opción de Excel 2002 le permite copiar o completar un rango Fill y luego aplicar nuevas opciones a la celda seleccionada, copiada o completada. Por ejemplo, cuando Excel copia automáti-

camente un valor al rango de celdas, puede cambiar las copias en una serie de valores completados seleccionando el ítem Fill Series en el menú contextual de Paste Options. Del mismo modo, cuando Excel llena automáticamente una serie de valores, puede modificarlos a una copia del valor inicial seleccionando el ítem Copy Cells en el menú contextual de Paste Options. Un icono contextual similar Paste Options aparecerá cuando objetos que haya cortado o copiado en el Windows Clipboard. Refiérase al Capítulo 4 para más detalles.

7. **Buscar los archivos del libro de trabajo que necesita para editar en la ventana de tareas Search:** Esta fabulosa y novedosa ventana de tareas nueva le permite buscar los archivos del libro de trabajo que necesita para editar directamente desde el área de la hoja de trabajo. Puede utilizar la ventana de tareas Search para ejecutar todo tipo de búsquedas de archivos, desde las más simples hasta las más complejas. Para más acerca del uso de la ventana de tareas Search para ubicar y abrir archivos del libro de trabajo, refiérase al Capítulo 4.

6. **Visualizar e insertar cosas copiadas al Windows Clipboard desde la ventana de tareas Clipboard:** La ventana de tareas Clipboard automáticamente aparece cuando copia o corta más de dos objetos en el Clipboard. Esta ventana de tareas representa visualmente cada objeto (hasta los últimos 24) que ha cortado (Edit⇨Cut) o copiado (Edit⇨Copy) en el Clipboard. Para pegar un objeto que aparece en la ventana de tareas Clipboard en la celda actual en una hoja de trabajo, sencillamente haga clic sobre este en la ventana de tareas. Refiérase al Capítulo 4.

5. **Buscar e insertar una imagen prediseñada desde la ventana de tareas Insert Clip Art:** La ventana de tareas Insert Clip Art que aparece automáticamente cuando selecciona Insert⇨Picture⇨Clip Art le permite utilizar palabras claves para buscar diferentes tipos de imágenes almacenadas en la Media Gallery de su computadora. Los resultados de la búsqueda luego aparecen como miniaturas en la ventana de tareas, los cuales puede hacerles clic para insertarlos en la hoja de trabajo actual.  Para conocer más acerca de buscar para clip art en la ventana de tareas Insert Clip Art, refiérase al Capítulo 8.

4. **Abrir Libros de Trabajo nuevos y existentes desde la ventana de tareas New Workbook:** Cuando abre por primera vez Excel con una hoja de trabajo nueva, el programa automáticamente abre una ventana de tareas New Workbook a la derecha del área de esta. Puede utilizar los vínculos en esta ventana de tareas para abrir cualquiera de los últimos cuatro libros de trabajo que editó, o bien, abrir uno nuevo, sea basado en un archivo de libro de trabajo existente o en una de la plantillas a su disposición. Para conocer más acerca de esta maravillosa opción, refiérase a los Capítulos 1 y 4.

3. **Hacer que Excel lea de nuevo sus entradas de celdas para que pueda validar su exactitud con la opción Text-to-Speech:** La opción Text-To-Speech de Excel 2002 le permite escuchar, en voz alta, las entradas hechas por usted en cualquier grupo de celdas. También puede configurar esta opción para que le

indique que acaba de ingresar a una nueva celda apenas pulse la tecla Enter. Para más acerca de cómo utilizar esta opción para detectar y eliminar errores de entrada de datos, refiérase al Capítulo 4.

2. **Hacer que Excel tome dictado y acate órdenes con su voz:** Si su computadora está debidamente equipada (es decir que tiene parlantes, un procesador lo suficientemente rápido y un micrófono muy sensitivo), puede utilizar las nuevas opciones de reconocimiento de habla para introducir datos de voz y enviar comandos de voz. Para más detalles acerca de cómo entrenar el software de reconocimiento de voz y utilizarlo para introducir datos o dar comandos de voz en Excel 2002, refiérase al Capítulo 2.

1. **Rescatar ediciones no guardadas después de una anomalía operativa con la opción AutoRecover:** La opción novedosa más práctica en Excel 2002 ha sido su capacidad de recuperar datos no almacenados luego de que haya experimentado algún tipo de anomalía operativa. AutoRecover automáticamente guarda los cambios en cualquier archivo del libro de trabajo abierto en intervalos de diez minutos (siempre y cuando los haya guardado manualmente al menos una vez con File⇨Save). Si su computadora padece de una anomalía operativa, la próxima vez que inicie Excel, el programa automáticamente abre la ventana de tareas Document Recovery (esta aparecerá a la izquierda del área de trabajo) donde puede abrir la versión más completa del archivo recuperado. Para más detalles acerca de configurar el intervalo para la opción AutoRecover y asegurarse de que esté activada, refiérase al Capítulo 2.

# Capítulo 12

# Los Diez Elementos Básicos para Principiantes

$S$i estos diez elementos son todo lo que desearía dominar en Excel 2002, todavía estará años luz de la competencia. Al fin y al cabo, esta lista de los diez elementos básicos le enseña todas las destrezas fundamentales requeridas para usar Excel 2002 de manera exitosa:

10. **Para iniciar Excel 2002 desde Windows 98/Me o 2000,** haga clic sobre el botón Start, seleccione Programs en el menú de Start, y luego seleccione Microsoft Excel 2002 en el menú de continuación Programs.

9. **Para desplegar automáticamente Excel 2002 a la vez que abre un libro de trabajo de Excel 2002 que requiere edición** (en la ventana Windows Explorer o My Computer), sencillamente ubique la carpeta que incluye el libro de trabajo de Excel que desea editar y haga doble clic sobre su icono.

8. **Para ubicar una parte de la hoja de trabajo que no puede ver en la pantalla,** use las barras de desplazamiento a la derecha y en la parte inferior de la ventana del libro de trabajo para traer nuevas partes de la hoja de trabajo a la vista.

7. **Para iniciar un nuevo libro de trabajo (que contenga tres hojas de trabajo en blanco),** seleccione la herramienta New en la barra de herramientas Standard (o seleccione File⇨New en los menúes desplegables o pulse Ctrl+N). Para insertar una nueva hoja de trabajo en un libro de trabajo (si necesitara más de tres), seleccione Insert⇨Worksheet de la barra de menú o pulse Shift+F11.

6. **Para activar un libro de trabajo abierto y desplegarlo en la pantalla** (delante de cualquier otro que haya abierto), abra el menú de Window y seleccione el nombre o número del libro de trabajo que desea. Para ubicar una hoja de trabajo particular en el libro de trabajo activo, haga clic sobre la pestaña de la hoja de trabajo en la parte inferior de la ventana del documento del libro de trabajo. Para mostrar más pestañas, haga clic sobre las flechas direccionales de la hoja a la izquierda de la parte inferior de la ventana del libro de trabajo.

5. **Para introducir cosas en una hoja de trabajo,** seleccione la celda donde la información debe aparecer; luego empiece a digitar. Cuando haya terminado, haga clic sobre el botón Enter en la barra Formula (aquel con la casilla de verificación) o pulse Tab, Enter o una de las teclas de flecha.

4. **Para editar las cosas que ya introdujo en una celda,** haga doble clic sobre la celda o coloque el puntero de la celda en esta y pulse F2. Excel luego ubica el punto de inserción al final de la entrada de la celda y entra en el modo Edit (refiérase al Capítulo 2 para más detalles). Cuando haya terminado de corregir la entrada, haga clic sobre el botón Enter en la barra de Fórmula o pulse Tab o Enter, o una de las teclas de flecha.

3. **Para seleccionar uno de los diversos comandos en los menúes desplegables,** seleccione el nombre del menú (en la barra de menú) para abrirlo y luego seleccione el nombre del comando en el menú desplegable. Para seleccionar un comando en un menú de acceso directo, haga clic derecho sobre el objeto (celda, pestaña de hoja, barra de herramientas, cuadro, y así sucesivamente).

2. **Para guardar una copia de su libro de trabajo en un disco la primera vez,** seleccione File➪Save o File➪Save As de la barra de menú (o haga clic sobre el botón Save en la barra de herramientas Standard o pulse Ctrl+S); luego designe la unidad y el directorio donde el archivo debe ubicarse en la casilla de texto desplegale Save y reemplace el nombre del archivo temporal BOOK1.XLS en la casilla de texto File Name con su propio nombre de archivo (hasta 255 caracteres, incluyendo espacios) y luego haga clic sobre el botón Save. Para guardar los cambios en el libro de trabajo de aquí en adelante, haga clic sobre la herramienta Save en la barra de herramientas Standard (o seleccione File➪Save o pulse Ctrl+S o pulse Ctrl+S o Shift+F12).

1. **Para salir de Excel cuando haya terminado con el programa,** seleccione el comando File➪Exit en la barra de menú o haga clic sobre la casilla de cierre del programa o pulse Alt+F4. Si el libro de trabajo que ha abierto contiene cambios sin guardar, Excel 2002 le solicita si desea guardar el libro de trabajo antes de cerrar Excel y regresar a Windows. Antes de apagar su computadora, debe asegurarse de usar el comando Shut Down en el menú de Start para apagar el sistema operativo de Windows.

# Capítulo 13

# Los Diez Mandamientos de Excel 2002

· · · · · · · · · · · · · · · · · · · · · · · · · · · · · · · · · · · · · · · · · · ·

**C**uando trabaja con Excel 2002, descubre ciertas cosas que se deben y no hacer, si se siguen religiosamente, que pueden hacer el uso de este programa todo un éxito. Los siguientes Diez Mandamientos de Excel incluyen dichos preceptos para alcanzar el éxito sublime.

10. **Encomiende su trabajo a un disco** guardando frecuentemente sus cambios (seleccione File⇨Save o pulse Ctrl+S). Si encuentra que a menudo se le olvida guardar su trabajo periódicamente, asegúrese de tener activada la opción AutoRecover. Seleccione Tools⇨Options, haga clic sobre la pestaña Save y luego seleccione el cuadro de verificación Save AutoRecover Info para que el programa automáticamente guarde su trabajo cada diez minutos.

9. **Nombre sus libros de trabajo** cuando los guarda la primera vez con los nombres de archivo de no más de doscientos cincuenta y cinco caracteres (255), incluyendo espacios y todo tipo de signos y símbolos. También debe marcar bien en cuál carpeta guardó el archivo para alarmarse pensando que perdió el libro de trabajo, la próxima vez que lo busca.

8. **No expanda los datos en la hoja de trabajo,** más bien recopile las tablas y evite saltarse columnas y filas, salvo que esto sea necesario para que la información sea intelegible. Debe considerar todo esto para resguardar la memoria de su computadora.

7. **Empiece toda fórmula de Excel 2002 con el = (igual)** como el signo de computación. Sin embargo, si proviene de la tribu de Lotus 1-2-3, debe tener dispensación especial y puede iniciar sus fórmulas con el signo + y sus funciones con el signo @.

6. **Debe seleccionar sus celdas antes de usar cualquier comando de Excel en estas,** para lograr sus cometidos.

5. **Debe usar la opción Undo (seleccione Edit⇨Undo o pulse Ctrl+Z)** inmediatamente después de que note que ha cometido cualquier equivocación en su hoja de trabajo para poder rectificarla. Si se le olvidara usar esta opción, debe selec-

cionar la acción para rectificar el error del menú contextual ligado al botón Undo en la barra de herramientas Standard. Note que cualquier acción que seleccione de este menú, no solo deshace esa acción, sino también todas las acciones que la precede en este menú.

4. **No elimine, ni inserte, columnas y filas en una hoja de trabajo** salvo que haya primero verificado que ninguna parte no desplegada de la hoja de trabajo haya sido borrada o de otro modo desplazada.

3. **No imprima su hoja de trabajo antes de haber revisado la vista preliminar de la información por imprimir (seleccione File⇨Print Preview)** y está satisfecho de que todas las páginas están como las desea ver impresas. Si aún no está seguro de los saltos de página, asegúrese de usar el comando View⇨Page Break Preview para verificar cómo Excel las divide.

2. **Cambie la manera en que calcula nuevamente los libros de trabajo de automático a manual Tools⇨Options⇨Calculation tab⇨Manual)** cuando su libro de trabajo crece tan grande en tamaño que Excel disminuye de velocidad cuando intenta hacer cualquier cosa en una de sus hojas de trabajo. Sin embargo, también debe remover la marca de verificación del cuadro de verificación Recalculate before Save cuando configura el cálculo manual, o ignore el mensaje Calculate en la barra de estado y no pulse la tecla Calculate Now (F9) antes de dicho tiempo ya que podría imprimir cualquier información del libro de trabajo.

1. **Proteja el libro de trabajo completo y todas sus hojas de corrupción** en manos de otros (seleccione Tools⇨ Protection⇨Protect Sheet or Protect Workbook). Se le aconseja agregar una contraseña para proteger su libro de trabajo, sin embargo, tenga cuidado de no olvidarla ya que si ocurre no podrá acceder nunca jamás a su libro de trabajo.

# Índice